1968 – Demonstranten vor Gericht

Caroline Dostal

1968 – Demonstranten vor Gericht

Ein Beitrag zur Justizgeschichte der Bundesrepublik

PETER LANG
Frankfurt am Main · Berlin · Bern · Bruxelles · New York · Oxford · Wien

Bibliografische Information Der Deutschen Bibliothek
Die Deutsche Bibliothek verzeichnet diese Publikation in der Deutschen Nationalbibliografie; detaillierte bibliografische Daten sind im Internet über <http://dnb.ddb.de> abrufbar.

Zugl.: Berlin, Humboldt-Univ., Diss., 2005

D 11
ISBN 3-631-54455-3

www.peterlang.de

Für Rupert

Vorwort

Die vorliegende Arbeit wurde von der Juristischen Fakultät der Humboldt-Universität zu Berlin im Sommersemester 2004 als Dissertation zur Erlangung des akademischen Grades Dr. iur. angenommen. Sie befindet sich auf dem Stand Sommer 2004. Meinem Doktorvater, Herrn Prof. Dr. Rainer Schröder, danke ich für die kontinuierliche Begleitung der Arbeit und seine Anregungen. Herr Prof. Dr. Klaus Marxen war so freundlich, die Zweitkorrektur zu übernehmen.

Berlin im Juli 2005 **Caroline Dostal**

Inhaltsverzeichnis

1 Einleitung 12

2 Historische Ausgangslage 19

2.1 Vereins- und Versammlungsrecht 19

2.2 Versammlungsfreiheit und Strafrecht 25

2.2.1 Auflauf 26

2.2.2 Aufruhr und Landfriedensbruch 27

2.3 Zusammenfassung 30

3 Versammlungsfreiheit in der Bundesrepublik 31

3.1 Grundgesetzliche Konzeption der Versammlungsfreiheit 31

3.1.1 Bedeutung und Stellenwert der Versammlungsfreiheit 31

3.1.2 Versammlungsbegriff 33

3.1.3 Friedlichkeit der Versammlung 34

3.1.4 Zusammenfassung 37

3.2 Versammlungsgesetz von 1953 38

3.3 Handhabung der Grundrechte in der frühen Bundesrepublik 39

3.4 Versammlungsfreiheit und Verwaltungsrecht 41

3.4.1 Schrifttum und Rechtsprechung 41

3.4.2 Zusammenfassung 47

3.5 Strafrechtliche Grenzen der Versammlungsfreiheit 48

3.5.1 § 116 StGB, Auflauf: Schrifttum und Rechtsprechung 49

3.5.2 § 125 StGB, Landfriedensbruch: Schrifttum und Rechtsprechung 51

3.5.3 Zusammenfassung 56

3.6 Fazit 56

4 Die „68er"-Demonstrationen 58

4.1 Entstehung und Themen der Studentenbewegung 58

4.2 Bedeutung der Demonstrationen für die Studentenbewegung 62

4.3 Verlauf der Demonstrationen 67

4.4 Gesellschaftliche Diskussion über die Studentendemonstrationen 75

4.4.1 Erhaltung der Ordnung und der Staatsautorität 75

4.4.2 Die Autorität der Polizei und des Rechts 78

4.4.3 Mahnung zur Besonnenheit 81

4.4.4 Kritik am politischen Prozess 85

4.5 Zusammenfassung 89

5 Versammlungsfreiheit in den Demonstrationsprozessen 92

5.1 Grundsatzdiskussion über das Demonstrationsrecht zur Zeit der Studentendemonstrationen 93

5.1.1 Bedeutung und Stellenwert der Versammlungsfreiheit 93
5.1.2 Versammlungsbegriff 111
5.1.3 Friedlichkeit der Versammlung 113
5.1.4 Zusammenfassung 115
5.2 Versammlungsfreiheit und Verwaltungsrecht 117
5.2.1 Schrifttum zur Zeit der Demonstrationsprozesse 117
5.2.2 Lösungswege der Rechtsprechung in den Demonstrationsprozessen 135
5.2.3 Zusammenfassung 138
5.3 Versammlungsfreiheit und Strafrecht 140
5.3.1 Auflauf 140
5.3.1.1 Schrifttum zur Zeit der Demonstrationsprozesse 140
5.3.1.2 Lösungswege der Rechtsprechung in den Demonstrationsprozessen 149
5.3.1.2.1 Urteile aus dem Jahr 1968 149
5.3.1.2.2 Urteile aus dem Jahr 1969 165
5.3.1.3 Zusammenfassung 169
5.3.2 Landfriedensbruch und Aufruhr 171
5.3.2.1 Schrifttum zur Zeit der Demonstrationsprozesse 171
5.3.2.2 Lösungswege der Rechtsprechung in den Demonstrationsprozessen 178
5.3.2.2.1 Urteile aus dem Jahr 1968 178
5.3.2.2.2 Urteile aus dem Jahr 1969 191
5.3.2.3 Zusammenfassung 204
5.3.3 Nötigung 204
5.3.3.1 Schrifttum zur Zeit der Demonstrationsprozesse 205
5.3.3.2 Lösungswege der Rechtsprechung in den Demonstrationsprozessen 214
5.3.3.2.1 Urteile aus dem Jahr 1968 215
5.3.3.2.2 Urteile aus dem Jahr 1969 223
5.3.3.3 Zusammenfassung 229
5.4 Versammlungsfreiheit und Zivilrecht 231
5.4.1 Schrifttum zur Zeit der Demonstrationsprozesse 232
5.4.1.1 Schadensverteilung auf die Allgemeinheit 232
5.4.1.2 Rechtmäßigkeitsgrenzen der Wahrnehmung politischer Interessen 236
5.4.1.3 Schadensverantwortlichkeit 245
5.4.2 Lösungswege der Rechtsprechung in den Demonstrationsprozessen 248
5.4.3 Zusammenfassung 258
6 Ende des Konflikts **261**
6.1 Strafrechtsreform 261
6.2 Die Amnestie 261

7 Resümee 262
8 Literaturverzeichnis 265

1 Einleitung

1968 gingen in der Bundesrepublik vorwiegend Studenten im Rahmen der Studentenrevolte auf die Straße und demonstrierten, um ihre Inhalte zu proklamieren und in den Prozess der öffentlichen Meinungsbildung einzubringen. Mit ihren nicht immer störungsfrei verlaufenden Demonstrationen forderten sie die Reaktionen der staatlichen Funktionenträger heraus. Zahlreiche Gerichtsverfahren folgten. Gegenstand waren Reichweite und Grenzen des Demonstrationsrechtes.

In den Demonstrationsprozessen von 1967 bis 1970 geriet die Justiz in den Strudel der gesellschaftlichen Auseinandersetzung.

Aus Sicht der damals protestierenden Studenten sollte die Justizmaschinerie vollenden, was Wasserwerfer und Polizeiknüppel nicht geschafft hatten.[1] Für sie waren die Gerichtsverfahren sowie Inhalt und Ergebnis der Urteile politische bzw. Klassenjustiz.[2] Zum einen meinten sie damit sicher eine sozialistische Justizkritik im Sinne von Klassenjustiz.[3] Gerade im Strafprozess sahen die demonstrierenden Studenten die Rolle der Justiz als Klassen- und Unterdrückungsinstrument.[4] Zum anderen war aber sicher gerade auch in Bezug auf die Demonstrationsprozesse politische Justiz im Sinne von *O. Kirchheimer* gemeint, also die Inanspruchnahme der Gerichte für politische Zwecke, so dass das Feld politischen

---

[1] Deutsche Justizkomödie, Konkret, Heft 12/1968, S. 30.

[2] Vgl. dazu etwa Behnken u.a., Revolutionäre Disziplin, Konkret, Heft 8/1969, S. 16 ff., 16.; Neusüss, Außerparlamentarische Opposition, in: Schoeps/Dannemann: Die rebellischen Studenten, 1968, S. 48ff, 62; Autorenkollektiv, Welche praktische Solidarität erfordert die Konfrontation mit der Justiz?, Neue Kritik, Nr. 51/52, 1969, S. 10 ff., 10; Schneider, Alle Richter sind Papiertiger, Konkret, Heft 16/1968, S. 11 ff; Rote Pressekorrespondenz, Nr. 29/1969, S. 14 ff.

[3] Vgl. dazu Rottleuthner, Klassenjustiz?, KJ 1969, S. 1 ff.; Th. Raiser, Zum Problem der Klassenjustiz, in: Jahrbuch für Rechtssoziologie und Rechtstheorie, Band 4, 1976, S. 123; zum Begriff der Klassenjustiz R. Schröder, Klassenjustiz, Ergänzbares Lexikon des Rechts, 1986, S. 1 ff; vgl. auch zur Frage der Klassenjustiz ders., Die Richterschaft am Ende des zweiten Kaiserreichs unter dem Druck polarer sozialer und politischer Anforderungen, in: Buschmann u.a., Festschrift für R. Gmür, 1983, S. 201 ff., 204 ff.

[4] Vgl. dazu etwa Schneider, Alle Richter sind Papiertiger, Konkret, Heft 16, 1968, S. 11 ff.; Rote Presse Korrespondenz, Nr. 29, 1969, S. 14 ff.; Deutsche Justizkomödie, Konkret, Heft 11, 1968, S. 32 ff; Zur Geschichte der Justizkampagne, Rote Presse Korrespondenz, Nr. 23/24, 1969, S. 5 ff; Glaser M., 2000 Chefideologen. Nachspiel zu den Senghor-Demonstrationen anlässlich der 68er Buchmesse, Konkret, Heft 23, 1969, S. 51 ff; Autorenkollektiv, Welche praktische Solidarität erfordert die Konfrontation mit der Justiz?, Neue Kritik, Nr. 51/52, 1969, S. 10 ff.; Pontius, Wohl nicht ganz richtig im Kopf, Konkret, Heft 17, 1969, S. 7 f.; Teufel/Langhans, Strafprozeßordnung, Anweisung der Kommune I für Angeklagte bei bürgerlichen Gerichten.

Handelns für die politisch Verantwortlichen ausgeweitet und abgesichert werden kann.[5] Denn im Verlauf der Demonstrationsverfahren berichteten die Stundenten von einseitiger Ermittlungstätigkeit gegen sie. Von ihnen angestrengte Verfahren gegen Polizisten seien dagegen eingestellt oder kaum verfolgt worden.[6] Daraus folgte für sie, dass die für die pluralistische Gesellschaft kennzeichnende gegenseitige Machtkontrolle aufgehoben war. Die Justiz sollte hier keinen Verantwortlichen finden können, weil sie selbst zu dem Apparat gehöre, der gegen die Demonstranten eingesetzt werde.[7]

Regierenden Politikern hingegen konnte die justizielle Ahndung des Demonstrationsgeschehens nicht schnell und restriktiv genug erfolgen. So hatte der damalige Bundeskanzler *K. Kiesinger* im Laufe der Ereignisse sich nicht nur auf Unterstützung durch verschärfte Maßnahmen der Polizei, sondern auch der Justiz berufen.[8] Teile der Öffentlichkeit wiederum, unter anderem *Th. Adorno, R. Augstein und K.-D. Bracher* forderten in einer öffentlichen Erklärung, dass die Vorgänge um die Demonstrationsgeschehen mit peinlicher Sorgfalt geprüft und von unabhängigen Richtern gewissenhaft beurteilt werden sollten.[9] Seit Beginn der sechziger Jahre war die Justiz zunehmend in die Kritik von außen geraten, unter anderem wegen ihrer obrigkeitsstaatlichen Orientierung. So formulierte *R. Dahrendorf* beispielsweise schon 1961, dass sich die Staatsvorstellung der Richterschaft immer noch am Kaiserreich orientiere.[10]

In der Justiz selbst war seit den frühen sechziger Jahren von einer „Krise der Justiz" die Rede, einige sprachen von einer inneren Legitimationskrise.[11] Während der Demonstrationsprozesse erörterten die an dieser

---

5 Kirchheimer, Funktionen des Staates und der Verfassung, 1972, S. 143. Vgl. auch Politische Justiz: Verwendung juristischer Verfahrensmöglichkeiten zu politischen Zwecken, 1981.

6 Vgl. dazu Deutsche Justizkomödie, Konkret, Heft 12, 1968, S. 30 ff; Autorenkollektiv, Welche praktische Solidarität erfordert die Konfrontation mit der Justiz?, Neue Kritik, Nr. 51/52, 1969, S. 10 ff.

7 So wiedergegeben bei Enzensberger (Hrsg.), Der nicht erklärte Notstand, Kursbuch 12, 1968, S. 172.

8 Vgl. zur Auseinandersetzung der Regierung mit dem Richterbund: Der Richterbund setzt sich zur Wehr, Süddeutsche Zeitung vom 22. April 1968, S. 2; Büttner, Richter und Politik, ZRP 1969, S. 53 ff.

9 Zur Polizei und den Studenten, „Die Zeit" Nr. 23 vom 9. Juni 1967, S. 16.

10 Deutsche Richter, in: ders., Gesellschaft und Freiheit, 1961, S. 251.

11 Vgl. dazu etwa Sontheimer, Deutschland, 1971, S. 250; So auch Hofmann, Die Krise des Staats und das Recht, KJ 1968, S. 1 ff., 7; Eschke, Autoritätskrise in der Justiz, ZRP 1969, S. 235; zur inneren Legitimationskrise vgl. z.B. Gelhausen, Die große Jus-

Debatte beteiligten Diskutanten die Arbeitsweise der Justiz, deren Stellung im politischen System, Persönlichkeitsfaktoren der Juristen und in großem Umfang Ausbildungsfragen.[12] Für den entscheidenden Richter wurde der geänderte Typ des „politischen Richters" postuliert, den die offene Gesellschaft verlange und der an die Stelle des neutralen, unpolitischen Richters gesetzt wurde. Von der politischen Funktion der Rechtsprechung war die Rede, die richterliche Tätigkeit sollte nicht mehr unpolitische Machtausübung mit sozialrelevanten Folgen, sondern sozialpolitisches Handeln mit den Elementen der Freiheit und der subjektiven Beweglichkeit im Rahmen der Urteilstätigkeit sein. Der Rechtsprechung sollte die Aufgabe zu kommen, die Normen zu aktualisieren, die in einer Gesellschaft gelten. Recht sollte nicht mehr Kraft seines Begriffes existieren, sondern nur die Abbreviatur für eine vom Menschen zu bewältigende gesellschaftliche und soziale Aufgabe sein.[13] Die Urteilstätigkeit sah man damit als Wertverwirklichung immer als politische Tätigkeit, die Gesellschaft gestaltend, die Juristen mussten Abschied nehmen

---

tizreform hat schon begonnen!, DRiZ 1967, S. 145 ff.; Leverenz, Das Bild des Richters von morgen, DRiZ 1967, S. 115 ff.; Raiser, Aufgabe und Verantwortung, Tübinger Festschrift, 1968, S. 383 ff. Vgl. auch Neidhard, Die Richter im Urteil der deutschen Öffentlichkeit, DRiZ 1969, S. 316 ff.

[12] Vgl. dazu Gelhausen, Die große Justizreform hat schon begonnen!, DRiZ 1967, S. 145 ff., Leverenz, Das Bild des Richters von morgen, DRiZ 1967, S. 115 ff.; Arndt, Der Jurist in unserer Zeit, Recht und Politik 1966, S. 4 ff. Vgl. zu Rechtssoziologie vor allem Bender, Rechtssoziologie in der alten Bundesrepublik. Prozesse, Konturen, Zäsuren, in: Simon (Hrsg.), Rechtswissenschaft in der Bonner Republik, 1994, S. 100 ff.; Berra, Der Paragrphenturm, 1966; Rottleuthner, Zur Soziologie richterlichen Handelns, KJ 1970, S. 283 ff.; Th. Raiser, Was nützt die Soziologie dem Recht, JZ 1970, S. 665 ff.; Kramer, Der Kampf um die Rechtswissenschaft, ZRP 1970, S. 82 ff. Zur Diskussion um die Ausbildung vgl. Simon, Die Unabhängigkeit des Richters, 1975, S. 124 ff. und 144 ff. Vgl. weiter zu der damaligen Debatte Rasehorn u. a., Im Namen des Volkes, Neuwied 1968; Külz, Neue gerichtliche Verhandlungsformen, Recht und Politik 1968, S. 111 ff.; Kriele, Antijustizkampagne - Was Tun ?, ZRP 1969, S. 38 ff.; Wasserman (Hrsg.), Justizreform, Neuwied und Berlin 1970; Kaupen, Der Jurist als Behüter oder als Gestalter der Gesellschaft, Recht und Politik 1970, S. 112 ff.; Ders., Die Hüter von Recht und Ordnung, 1969; Kaupen/Rasehorn, Die Justiz zwischen Obrigkeitsstaat und Demokratie, 1971.

[13] Vgl. dazu Simon, Die Unabhängigkeit des Richters, 1975, S. 112; Mayer-Maly, Die politische Funktion der Rechtsprechung in einer pluralen Gesellschaft, DRiZ 1971, S. 325 ff; ähnlich auch Zöllner, Arbeitsrecht und Politik, DB 1970, S. 54 ff; Joachim, Politisches Engagement des Richters, Recht und Politik 1968, S. 9 ff; Ecker, Das Recht wird in und mit der Auslegung, JZ 1969, S. 477 ff; Huhn, Gesetz und Recht, DRiZ 1967, S. 340 ff.; Franssen, Positivismus als juristische Strategie, JZ 1969, S. 766 ff.; Schneider, Richterrecht, Gesetzesrecht, Verfassungsrecht, 1969; Zweigert, Zur Unabhängigkeit des Richters, in: Festschrift für v. Hoipel, Tübingen 1967, S. 711 ff.

von der Vorstellung, dass die Rechtspraxis wertneutrale, unpolitische Entscheidung war.[14]

Anlässlich der Demonstrationsprozesse stand die Unabhängigkeit der Justiz im Vordergrund.[15] Nach den Osterunruhen 1968 gab der Deutsche Richterbund eine Erklärung unter dem Motto „Richter sind nicht die Büttel der Nation" ab. Gemeint war mit dieser Erklärung auch ein politisches Bekenntnis zu den Grundwerten der Demokratie.[16] Angesichts der deutlichen Forderungen zahlreicher Politiker wurde die Unabhängigkeit der Justiz betont, der Richterbund wollte dem Bürger das Gefühl vermitteln, dass auch bei einem Konflikt mit der Exekutive die Gerichte dem Bürger unabhängig gegenübertreten und nicht nur als „Anhängsel der Staatsmacht".[17] Die Richterschaft sollte das Bewusstsein entwickeln, nicht Diener des Staates, sondern Diener am Recht in einem demokratischen Gemeinwesen zu sein.[18] Der Unabhängigkeitsbegriff sollte die Erhaltung und Stärkung des demokratischen Rechtsstaates beinhalten.[19]

Die Rechtsprechung zur Zeit der Kommunistenverfolgung in der Bundesrepublik in den 50er und frühen 60er Jahren ist erforscht.[20] Die politischen Entwicklungen nach den 68ern hin zur Roten Armee Fraktion (RAF) sind bekannt, die staatlichen und rechtlichen Reaktionen auf die RAF untersucht.[21] Trotz der Bedeutung, die gerade auch den Gerichts-

---

14 Redeker, Bild und Selbstverständnis des Juristen von heute, 1970, S. 15; ähnlich auch Schmid, Weltanschauliche Hintergründe in der Strafrechtsprechung, in: Böhme (Hrsg.), Weltanschauliche Hintergründe in der Rechtsprechung, 1968, S. 33 ff., 35; Grimm, Recht und Politik, JuS 1969, S. 501 ff.

15 Schieler, Demonstrationsprozesse, DRiZ 1969, S. 79; Neidhard, Die Richter im Urteil der deutschen Öffentlichkeit, DRiZ 1969, S. 317; Joachim, Kritik und Selbstkritik der Richter, KJ 1968, S. 22 ff., 25; Richter, Bemerkungen zur Sozialstruktur der Richterschaft, DRiZ 1969, S. 34 ff., 35; ders., Zur soziologischen Struktur der deutschen Richterschaft, 1968.

16 Die Erklärung ist wiedergegeben bei Büttner, Richter und Politik, ZRP 1969, S. 53 ff., 53. Vgl. dazu auch Süddeutsche Zeitung vom 22. April 1968, S. 2.

17 Büttner, Richter und Politik, ZRP 1969, S. 53 f.

18 Büttner, Richter und Politik, ZRP 1969, S. 53.

19 Neidhard, Die Richter im Urteil der deutschen Öffentlichkeit, DRiZ 1969, S. 317 f.

20 v. Brünneck, Politische Justiz gegen Kommunisten, 1978.

21 Vgl. dazu vor allem Bundsminister des Inneren (Hrsg.), Analysen zum Terrorismus, 1981; Peters, RAF - Terrorismus in Deutschland, 1991; Klughardt, Die Gesetzgebung zur Bekämpfung des Terrorismus aus strafrechtlich-soziologischer Sicht, 1984; Polzin, Deutscher Herbst im Bundesverfassungsgericht, 2001; Woicke, Verhandlungen des Deutschen Bundestages über den Terrorismus, 1982; Bundeszentrale für politische Bildung, Freiheit und Sicherheit, 1979; Kampfes, Baader und Herold, 1997; Aust, Baader Meinhof Komplex, 1998.

verfahren anlässlich der Studentenrevolte im Hinblick auf die späteren Entwicklungen gegeben wird[22], fehlt eine Untersuchung zur Rechtsprechung in dieser Zeit.

Betrachtet man die Rechtsprechung in den Demonstrationsprozessen vor dem Hintergrund der polarisierten gesellschaftlichen Verhältnisse, so drängt sich die Frage auf, wie die Rechtsprechung denn nun reagierte. Ist das Urteil der Studenten gerechtfertigt? Urteilte die Rechtsprechung im obrigkeitsstaatlichen Sinne das Demonstrationsverhalten der Studenten ab? Oder folgte den gesellschaftlichen Umbrüchen der sechziger Jahre auch ein Umbruch in der Rechtsprechung?

Der Akt der Rechtsprechung ist ein komplexer Prozess. Entscheidungssoziologische Untersuchungen unterscheiden bei der Betrachtung juristischer Tätigkeit zwischen Entscheidungsherstellung und Entscheidungsbegründung.[23] Eine juristische Entscheidung setzt sich theoretisch aus den beiden zeitlich aufeinander folgenden Phasen des Rechtsfindens und – begründens zusammen, wobei in der Realität nicht von einer völligen Trennung der beiden Vorgänge auszugehen ist.[24] Das verbindliche Ergebnis der Entscheidungsherstellung findet sich letztendlich in der Urteilsformel. Die Entscheidungsherstellung selbst ist ablesbar aus der Entscheidungsbegründung. Das „Kondensat" des Rechtsprechungsprozesses zur Zeit der Demonstrationsprozesse findet sich also in den Urteilen.

Die Rechtsprechung und damit die Urteile entstehen allerdings nicht in einem argumentativ bezugsfreien quasi „luftleeren Raum". Die Richterschaft agiert in einem zeitgenössischen rechtswissenschaftlichen Umfeld. Rechtswissenschaftliche Beiträge werden auch zu dem Zweck verfasst, die Rechtsprechung in ihrem Sinne zu beeinflussen und die Urteile inhaltlich mitzugestalten. Zumindest ein Teil der Richter greift dankbar auf diese Anregungen zurück, verleihen sie seiner Argumentation im Ergebnis auch mehr Autorität. In die Betrachtung wird daher ebenfalls das zeitgenössische rechtswissenschaftliche Schrifttum mit einbezogen.

Hauptquellen für diese Untersuchung sind die großen juristischen Fachzeitschriften sowie die einschlägigen Kommentare. Erfasst im Hinblick auf Urteile und rechtswissenschaftliche Beiträge zum Demonstrationsrecht werden die Jahrgänge der Zeitschriften NJW, ZRP, JZ, DRiZ, Kriti-

---

[22] Vgl. dazu Sack, Protest und Reaktion, in: Ders./Steinert: Bundesminister des Inneren: Analysen zum Terrorismus, Prozesse und Reaktionen in Staat und Gesellschaft, Band 2, 1984

[23] So Lautmann, Justiz – die stille Gewalt, 1972, insbesondere S. 175 m.w.N. und S. 192 f.; Schneider/Schroth, Sichtweisen, 1994, S. 480.

[24] Schneider/Schroth, a.a.O., S. 480.

sche Justiz, Recht und Politik, DöV, DVBl, Der Staat, und Goldtammers Archiv für Strafrecht für die Jahre 1967 bis 1970.

Die Untersuchung beleuchtet die Anwendung des geltenden Demonstrationsrechtes. Dabei gilt herauszuarbeiten, welches Verständnis, welche Ansichten und Auffassungen die in der Quellengrundlage repräsentierten Richter und Rechtswissenschaftler der Versammlungsfreiheit entgegenbrachten. Ablesbar sind die Ansichten und Auffassungen in den Urteilen zum einen an den Wert- und Rechtsauffassungen bezüglich des Demonstrationsrechtes. Die Wert- und Rechtsauffassungen wiederum sind geprägt von dem jeweils zeithistorischen Kontext, den sich wandelnden sozialen sowie zeitgeistlichen Verhältnissen.[25] Zum anderen zeigen sie sich in der dogmatischen und methodischen Aufarbeitung der Gesetzestexte, soweit diese Instrumentarien genutzt werden, das Demonstrationsrecht in einer gewissen Weise auszugestalten.[26] Nicht von Interesse ist, ob die Rechtsprechung „richtige" Urteile gefällt hat. Ob also das tatsächliche Geschehen und die den Urteilen zugrunde liegenden Sachverhalte übereinstimmten und ob die Gerichte die Beweismittel, wie z.B. die Zeugen, richtig würdigten. Auch soll nicht die dogmatische oder methodische Richtigkeit der Rechtsanwendung und –auslegung beurteilt werden.

Zunächst wird daher die Entwicklung der Versammlungsfreiheit für die Jahre bis 1968 rechtsgeschichtlich erfasst, um mögliche Umbrüche in der Rechtsanwendung und –auslegung zu ermitteln (Kapitel 2. und 3.). Zur Erfassung des zeithistorischen Kontexts schließt sich die Beschreibung der konkreten gesellschaftspolitischen Auseinandersetzung um die Versammlungsfreiheit an (Kapitel 4.). Darauf folgt die Darstellung von Anwendung und Handhabung des Demonstrationsrechtes während der Demonstrationsprozesse (Kapitel 5).

Der Begriff Demonstrationsrecht ist verfassungsrechtlich nicht geregelt. Gleichwohl hat er sich in der Rechtspraxis eingebürgert. Aus rechtlicher Sicht beinhaltet das Demonstrationsrecht zum einen das klassische Grundrecht der Versammlungsfreiheit aus Art 8 GG. Zum anderen sind in diesem Zusammenhang die anderen „demokratischen Grundrechte" wie die Meinungsfreiheit aus Art. 5 GG und die Koalitionsfreiheit aus Art. 9 GG zu sehen. Die vorliegende Untersuchung beschränkt sich auf die Auseinandersetzung der Rechtsprechung und Rechtswissenschaft mit der Versammlungsfreiheit aus Art. 8 GG, wobei nur die Versamm-

---

[25] Vgl. dazu Würtenberger, Zeitgeist, 2. Auflage 1991, S. 157 ff.; Hassemer, Strafrechtsdogmatik, 1974, S. 196.

[26] Vgl. dazu Hassemer, Rechtssystem und Kodifikation, in: Kaufmann/Ders. (Hrsg.), Einführung in die Rechtsphilosophie, 1977, S. 72 ff.,

lungen unter freiem Himmel, also Demonstrationen auf öffentlicher Straße betrachtet werden.

Die Versammlungsfreiheit steht im Spannungsverhältnis zwischen den Ordnungsinteressen des Staates sowie den Freiheitsrechten derer, die nicht an einer Versammlung beteiligt sind. Sie findet ihre Grenzen daher sowohl im öffentlichen Recht als auch im Strafrecht und Zivilrecht. Alle drei Rechtsgebiete sind Gegenstand der Untersuchung.

Die beiden Komplexe des rechtswissenschaftlichen Schrifttums und der Rechtsprechung werden nicht isoliert, sondern innerhalb der jeweiligen inhaltlichen Themenkreise jeweils nacheinander unter Einhaltung der Chronologie dargestellt. Dabei werden die zwischen den beiden Bereichen bestehenden inhaltlichen Verflechtungen herausgearbeitet, soweit sie sichtbar sind.

2 Historische Ausgangslage

Heinrich Heine: „Erinnerung aus Krähwinkels Schreckenstagen“, 1853
Wo ihrer dreier beisammen stehen,
da soll man auseinandergehen,
Des Nachts soll niemand auf den Gassen
sich ohne Leuchte sehen lassen.
Wer auf der Straße räsoniert,
wird unverzüglich füsiliert;
das Räsonieren durch Gebärden
soll gleichfalls hart bestrafet werden.
Vertrauet eurem Magistrat,
der fromm und liebend schützt den Staat
durch huldreich hochwohlweises Walten
euch ziemt es stets das Maul zu halten.

Um mögliche Bewegungen und Fortschritte bei der Auslegung und Anwendung der Normen aus heutigem Blickwinkel nachvollziehen zu können, muss man sich zunächst den historischen Nährboden verdeutlichen, auf dem die versammlungsrechtliche Rechtspraxis der Bundesrepublik aufbaute.

2.1 Vereins- und Versammlungsrecht

Das Freiheitsrecht der Versammlungsfreiheit prägte die Verfassungsentwicklung seit dem Kampf des Liberalismus gegen die absolute Monarchie.[27] Mit der französischen Revolution begannen auch in Deutschland die entscheidenden Jahre des Kampfes um die Anerkennung eines „Associationsrechts“. Das Bürgertum und die niederen Stände waren von jeder politischen Mitbestimmung ausgeschlossen, so dass seitdem die Vereins- und Versammlungsfreiheit als eines der wesentlichen Frei-

---

[27] Vgl. zu den philosophischen und geistesgeschichtlichen Wurzeln der Grundrechte Oestreich, Geschichte der Menschenrechte und Grundfreiheiten im Umriß, 1978; Mayer-Maly/Simsons (Hrsg.) Das Naturrechtsdenken heute und morgen, 1983; Link, Herrschaftsordnung und bürgerliche Freiheit, 1979; Kriele, Zur Geschichte der Grund- und Menschenrechte, in: Festschrift für H. U. Scupin, 1973, S. S. 187 ff.; vgl. ferner zur „Positivierung“ der Grundrechte Stern, Idee der Menschenrechte und Positivität der Grundrechte, in: Isensee/Kirchhoff: Handbuch des Staatsrechts, Band V, 1992, S. 3 ff. Vgl. ferner zu den Grundrechten Birtsch (Hrsg.), Veröffentlichungen zur Geschichte der Grund- und Freiheitsrechte, Band I und II, 1981 und 1987; vgl. auch Habermas, Strukturwandel, 1962, S. 158 ff.

heitsrechte zur politischen Betätigung und als ein Garant von staatsfreiem Raum gesehen wurde.[28]

Die Paulskirchenverfassung von 1849 legte erstmals das Grundrecht der Versammlungsfreiheit fest und zwar sprachlich in einer weithin Art. 8 GG entsprechenden Weise. Versammlungen durften danach entgegen der bisher geltenden Rechtslage ohne Genehmigung gebildet und abgehalten werden. Mit großer Mehrheit verabschiedete die Nationalversammlung aber gesetzliche Beschränkungen der Versammlungsfreiheit.[29] § 161 der Verfassung des deutschen Reiches lautet demnach: „Die Deutschen haben das Recht, sich friedlich und ohne Waffen zu versammeln; einer besonderen Erlaubnis dazu bedarf es nicht. Volksversammlungen unter freiem Himmel können bei dringender Gefahr für die öffentliche Ordnung und Sicherheit verboten werden".[30]

Die Bestimmungen der Paulskirchenverfassung lebten als Bürgerrechte in den Verfassungen der Einzelstaaten weiter[31], allerdings wurde das Vereins- und Versammlungsrecht hier weitgehend eingeschränkt. Gemäß der bisher geltenden Praxis[32] wurden Genehmigungspflichten wieder eingeführt, für Versammlungen unter freiem Himmel ein allgemeines gesetzliches Verbot mit Erlaubnisvorbehalt. In Preußen beispielsweise wurden die durch die Paulskirchenverfassung eingeführten Liberalisierungen wieder beseitigt und für Versammlungen, in denen öffentliche Angelegenheiten erörtert werden sollten und solche unter freiem Himmel, war wieder eine behördliche Erlaubnis erforderlich nach Maßgabe der Verordnung über die Verhütung eines die gesetzliche Freiheit und Ordnung gefährdenden Missbrauchs des Versammlungs- und

---

[28] Wichardt, Die Rechtsprechung des königlich Preußischen Oberverwaltungsgerichtes zur Vereins- und Versammlungsfreiheit von 1875 bis 1914, 1976, S. 16 und 19.

[29] Scholler (Hrsg.), Die Grundrechtsdiskussion in der Paulskirche, S. 26.

[30] § 161 der Verfassung des deutschen Reiches vom 28. 3. 1849.

[31] Z.B. in Preußen: § 29 der Verfassung von 1850: „Alle Preußen sind berechtigt, sich ohne vorgängige obrigkeitliche Erlaubniß friedlich und ohne Waffen in geschlossenen Räumen zu versammeln. Diese Bestimmung bezieht sich nicht auf Versammlungen unter freiem Himmel, welche auch in Bezug auf vorgängige obrigkeitliche Erlaubniß der Verfügung des Gesetzes unterworfen sind." Hierzu wurde das Vereinsgesetz vom 11.3.1850 erlassen.

[32] Vgl. zur früheren Rechtspraxis im Vereins- und Versammlungsrecht, Hardtwig, Deutsche Verwaltungsgeschichte, 1987, S. 337 ff.; ders., Politische Gesellschaft und Verein zwischen aufgeklärtem Absolutismus und der Grundrechtserklärung der Frankfurter Paulskirche, in: Birtsch (Hrsg.), Grund- und Freiheitsrechte, I, S. 336 ff.; Tießler, Das Grundrecht der Vereins- und Versammlungsfreiheit, 1930.

und Vereinsrechts vom 11. März 1850.[33] Um eine „flächendeckende“ Zusammenarbeit und Verbindung von politischen Vereinen untereinander zu verhindern, sah § 8 Ziffer b des obigen Gesetzes vor, dass politische Vereine miteinander nicht in Verbindung treten durften.

1908 wurde als reichseinheitliche Regelung des Vereins- und Versammlungsgesetzes das Reichsvereinsgesetz geschaffen. Dieses Gesetz, obwohl im Allgemeinen schon von einem freiheitlicheren Geist getragen[34], blieb im Wesentlichen ein Polizeigesetz. Mit den vorgesehenen Beschränkungen erkannte man die Versammlungsfreiheit keineswegs als ein staatsbürgerliches politisches Recht an. Versammlungen zu veranstalten war keine rechtliche Kompetenz, kein verliehenes Recht, sondern allein eine natürliche Fähigkeit: „Das ganze Vereins- und Versammlungsrecht besteht ausschließlich in Beschränkungen dieser Freiheit.“[35] *G. Anschütz* formulierte:

> „Dieses Recht ist auf Abwehr staatlicher Eingriffe in die persönliche Freiheit, nicht aber auf die Anteilnahme an der Bildung des Staatswillens gerichtet, es hat also mit den staatsbürgerlichen oder politischen Rechten nicht das mindeste zu tun.“[36]

Nach § 7 des Gesetzes bedurften alle öffentlichen Versammlungen unter freiem Himmel der polizeilichen Genehmigung. Diese musste vierundzwanzig Stunden vor Beginn unter Angabe von Ort und Zeit eingeholt werden. Versagt werden durfte die Genehmigung, wenn aus der Abhaltung der Versammlung eine Gefahr für die öffentliche Sicherheit zu befürchten war.[37] Nach § 14 RVG war die Polizei befugt, die Versammlung aufzulösen, wenn eine Genehmigung nach § 7 nicht erteilt war, wenn Bewaffnete aus der Versammlung nicht entfernt wurden, wenn Rednern in nicht-deutscher Sprache das Wort nicht entzogen wurde, wenn die Zulassung der Beauftragten der Polizeibehörde verweigert wurde oder wenn in der Versammlung Anträge oder Vorschläge erörtert wurden, die eine Aufforderung oder Anreizung zu Verbrechen enthielten.[38]

Im Jahre 1918 wurde das Versammlungsrecht erstmals so konzipiert, dass es ein Recht des Einzelnen zur Einwirkung auf die Meinungsbil-

---

[33] §§ 1-10 des Gesetzes abgedruckt bei Wichardt, Die Rechtsprechung des königlich Preußischen Oberverwaltungsgerichtes, S. 161 ff.

[34] Füßlein, Vereins- und Versammlungsfreiheit, in: Neumann/Nipperdey/Scheuner, Die Grundrechte, Band 2, 1954, S. 425 ff., 427.

[35] Laband, DJZ 1908, S. 5.

[36] Anschütz, Preußische Verfassungsurkunde, abgedruckt bei Wichardt, a.a.O., S. 39.

[37] Reichsvereinsgesetz abgedruckt in Goehrke, Das Reichsvereinsgesetz, Berlin 1912, S. 5.

[38] A.a.O., S. 7 f.

dung und das gemeinsame Handeln innerhalb des öffentlichen Lebens darstellte.[39]

Der Aufruf der Volksbeauftragten vom 12. November 1918 hob in Deutschland den zu Anfang des ersten Weltkrieges verhängten Belagerungszustand auf und setzte damit unter anderem auch das Vereins- und Versammlungsgesetz von 1908 wieder in Kraft. Dabei regelte der Aufruf auch Teilbereiche der Versammlungsfreiheit neu. Angehörigen des öffentlichen Dienstes wurde nunmehr ohne Einschränkungen erlaubt, an Demonstrationen teilzunehmen. „Das Vereins- und Versammlungsrecht unterliegt keiner Beschränkung, auch nicht für Beamte und Staatsarbeiter."[40] Die Genehmigungspflicht gemäß § 7 des alten Vereins- und Versammlungsrechtes für öffentliche Versammlungen und Aufzüge unter freiem Himmel wurde aufgehoben. Eine Anmeldepflicht wurde ebenfalls nicht statuiert. Der Aufruf beanspruchte Gesetzeskraft und blieb während der gesamten Weimarer Republik in Kraft.[41]

Art. 123 der am 11. August 1919 in Kraft getretenen Weimarer Reichsverfassung (WRV) bestätigte zumindest teilweise den Inhalt des Aufrufs der Volksbeauftragten vom November 1918:

> „Alle Deutschen haben das Recht, sich ohne Anmeldung oder besondere Erlaubnis friedlich und unbewaffnet zu versammeln.
>
> Versammlungen unter freiem Himmel können durch Reichsgesetz anmeldepflichtig gemacht und bei unmittelbarer Gefahr für die öffentliche Sicherheit verboten werden."

Wesentlich war, dass Versammlungen - öffentliche oder nichtöffentliche – keiner besonderen Erlaubnis durch die Polizeibehörde mehr bedurften.[42]

Allerdings hatte man es gemäß Absatz 2 des Art. 132 WRV, Halbsatz 2, für notwendig gehalten, eine Ausnahmeregelung für Versammlungen unter freiem Himmel mit aufzunehmen und damit den Aufruf der Volksbeauftragten teilweise einzuschränken. Der Verfasser der Konstitution, *H. Preuß*, war der Auffassung, dass nicht nur gesetzliche Befug-

---

[39] E.-R. Huber, Deutsche Verfassungsgeschichte, Band VI, 1981, S. 109.

[40] Vorige Fußnote, S. 109.

[41] E.-R. Huber, Deutsche Verfassungsgeschichte, Band V, 1978, S. 732. Am 4. März 1919 wurde der Aufruf der Volksbeauftragten nochmals per Gesetz bestätigt, Reichs-Gesetzblatt, 1919, S. 285. Vgl. auch Ehls, Protest und Propaganda, 1997, S. 27. Seine Tragweite, seine rechtliche Qualität und seine Vereinbarkeit mit dem Vereins- und Versammlungsrecht blieben jedoch während der gesamten Weimarer Republik streitig, Vgl. Drews, Allgemeine und politische Polizei, 1932, S. 261 ff.; dazu auch Ehls, ebenda, S. 27.

[42] Anschütz, Die Verfassung des Deutschen Reiches, 1933, S. 569.

nisse missbraucht werden könnten, sondern auch die Freiheitsrechte, damit müsse man rechnen. Außerdem habe die Erfahrung in den Städten gezeigt, dass man wissen müsse, wo große Versammlungen stattfänden, schon im Interesse des öffentlichen Verkehrs, um diesen nach Möglichkeit aufrechtzuerhalten. *Preuß* glaubte nicht, dass durch den Abs. 2 irgendwelche Gefahren für die politische Freiheit entstehen könnten.[43]

Durch Absatz 2 des Art. 123 WRV, Halbsatz 1, wäre der Gesetzgeber ermächtigt gewesen, Versammlungen unter freiem Himmel anmeldepflichtig zu machen. Bis zum Jahre 1933 war ein solches Gesetz aber nicht erlassen. Vielmehr galt das Vereins- und Versammlungsgesetz von 1908 weiterhin fort und blieb bis zum Ende der Weimarer Republik in Kraft. Dieses Gesetz sah eine Anmeldepflicht nicht vor, hatte es doch in seinem § 7 eine Genehmigungspflicht enthalten, welche aber wiederum mit Erlass des Art. 123 WRV entfallen war. Es blieb also bei der lediglich verfassungsrechtlichen theoretischen Möglichkeit, Versammlungen anmeldepflichtig zu machen, es bestand ein Versammlungsrecht, das weit über die noch heute üblichen Normen hinausging.

Zu Zeiten der WRV sollte eine Versammlung nicht jedes öffentliche oder sonstige Zusammensein einer Anzahl von Menschen sein, sondern nur das Zusammenkommen zu gemeinsamen, bewussten Zwecken und Zielen und der Erörterung und Beratung von Angelegenheiten, gleichgültig ob sie private, öffentliche oder politische seien.[44] Für Versammlungen unter freiem Himmel, denen die Aufzüge gleichstanden, war es gleichgültig, ob irgendetwas beraten oder erörtert werden sollte oder nicht. *H. Delius* verstand den Versammlungsbegriff so weit, da die Möglichkeit des Zusammenströmens unbegrenzter Menschenmengen bei Versammlungen unter freiem Himmel eine Gefährdung der öffentlichen Sicherheit hervorrufen könne. Eine solche Versammlung könne jederzeit, wenn geeignete Anreizung erfolge, zur Tat, zur Empörung gegen die Staatsgewalt übergehen, eine Gefahr, die alle anderen Rücksichten überwiege, insbesondere auch den Umstand, dass freie Diskussion gewährt werden solle. Reden waren nicht unbedingt erforderlich.[45] Das OLG Düsseldorf hielt eine Versammlung für gegeben, anlässlich derer keine Diskussionen geführt wurden, sondern der Inhalt einer Resolution

[43] Heifron (Hrsg.), Nationalversammlung, Band VI, S. 3967 ff.; ebenso Ehls, Protest und Propaganda, 1997, S. 33.

[44] Delius, Art. 123, in: Nipperdey, Die Grundrechte und Grundpflichten der Reichsverfassung, 1930 , S. 138 ff., 143; so auch schon RGSt , S. 71 ff., 73.

[45] Delius, Art. 123, in: a.a.O., 143 f.

auf einer Tafel geschrieben und schriftlich zur Abstimmung gebracht wurde.[46]

Eine solche Versammlung durfte nicht unfriedlich sein, in ihr durften keine Waffen gebraucht werden oder sie durfte keine – nunmehr anders als im RVG - unmittelbare Gefahr für die öffentliche Sicherheit darstellen. Denn fehlten diese Voraussetzungen, konnte eine Versammlung gemäß Abs. 2 des Art. 123 WRV verboten werden. Die Versammelten sollten keinen Grundrechtsschutz genießen und alle Hemmungen für die Polizei sollten wegfallen, sie sollte zum unbeschränkten Einschreiten befugt sein.[47]

Wo lagen also die Grenzen zur Unfriedlichkeit? Laut *Delius* gaben die Gesetzesmaterialien über die Bedeutung der Friedlichkeit keine Auskunft. Eine Versammlung sollte seiner Auffassung nach aber noch nicht zu einer unfriedlichen werden, wenn die Versammelten die parlamentarischen Sitten nicht innehielten, z.B. Schimpfwörter gebrauchten oder scharfe Erörterungen stattfänden. „Friedlich" stehe nicht im Gegensatz zu „zwieträchtig, erregt" sondern zu „aufrührerisch". Allerdings sollte die Grenze des Art. 123 Abs. 2 WRV überschritten sein, wenn der Inhalt der geführten Erörterungen den öffentlichen Frieden bedrohe oder die Art und Weise des Zusammenseins die Versammlung zu einer unfriedlichen mache, etwa durch Tumulte innerhalb der Versammlung. Über den Wortlaut hinaus sollte nach *Delius* eine Versammlung auch nicht den Strafgesetzen zuwiderlaufen dürfen.[48] Denn kein Staat könne dulden, dass Versammlungen einen strafrechtswidrigen Zweck verfolgten. Unter Strafgesetzen seien alle Strafrechtsnormen zu verstehen, ja sogar Polizeiverordnungen. Keines Beweises bedürfte es, dass die Strafrechtsnormen des Aufruhrs, Auflaufs und Landfriedensbruchs (§§ 115, 116, 125 RStGB) noch zu Recht bestünden.[49]

Bei der Bestimmung, was „bei unmittelbarer Gefahr" bedeuten sollte, differierten die Anschauungen. Für die Lehre galt, dass ein Verbot nur von Fall zu Fall, also nur gegen bestimmte einzelne Versammlungen erlassen werden durfte, es musste eine gegenwärtige oder zeitlich begrenzte Gefahr sein und nicht eine, die erst in ungewisser Zukunft bevorstand.[50] Die Verwaltungspraxis z.B. in Preußen, Baden und Bayern

---

[46] OLG Düsseldorf, DJZ 1916, S. 100.

[47] Delius, Art. 123, in: a.a.O., S. 145 f.

[48] Nach Art. 124 WRV hatten alle Deutschen das Recht, zu Zwecken, die den Strafgesetzen nicht zuwiderlaufen, Vereine oder Gesellschaften zu bilden.

[49] Delius, Art. 123, in: a.a.O., S. 145 f.

[50] Deluis, Art. 123, a.a.O., S. 155; Anschütz, Die Verfassung des Deutschen Reiches, S. 570; Ehls, Protest und Propaganda, 1997, S. 36.

sah dies jedoch anders. Sie hielt es für zulässig, Verbote gem. § 123 Abs. 2 WRV allgemein, für längere Zeit und mit Wirkung für das ganze Land zu erlassen.[51]

Mit der „Notverordnung des Reichspräsidenten zum Schutz von Volk und Staat" vom 28. Februar 1933 wurde Art. 123 WRV außer Kraft gesetzt. Behördliche Maßnahmen gegen Versammlungen waren seitdem weder an die Schranken des Grundrechts, noch an den Aufruf des Rates der Volksbeauftragten, noch an das Reichsvereinsgesetz gebunden.[52] Eine Versammlungsfreiheit bestand damit nicht mehr.

2.2 *Versammlungsfreiheit und Strafrecht*

Seit jeher fanden sich in den Strafgesetzbüchern die so genannten „Rotten"- oder „Massedelikte". Im Jahre 1871 erhielten die Tatbestände des Auflaufs, des Aufruhrs und des Landfriedensbruchs, in identischer Fassung mit dem Preußischen Strafgesetzbuch von 1851, Eingang in das Reichsstrafgesetzbuch.[53] In dieser Form galten sie im wesentlichen unverändert im Kaiserreich, in der Weimarer Republik, im nationalsozialistischen Strafrecht und im StGB der Bundesrepublik bis zu den Studentenprotesten 1968, nämlich bis 1970.[54] Dem Gesetzgeber des Reichsstrafgesetzes mit seiner liberalen und individualistischen Einstellung galt die Masse als ein gefährliches Gebilde, welches die ganze Aufmerksamkeit des Staates und den Einsatz schärfster Reaktionen erforderte. Die Erhebungen und Unruhen des 19. Jahrhunderts ließen die Masse als proletarische Masse entsprechend dem Schlagwort „Massen gegen die Klassen" begreifen.[55] Die Masse an sich galt als ein Explosivstoff, denn im Gefühl geballter Macht und verantwortungshemmender Anonymität sollte der Mensch impulsiv und unberechenbar werden.[56] Zwar wurden diese Massenerscheinungen nur als Ausnahmeerscheinungen in unruhigen Zeiten verstanden, wie etwa die Erfahrungen aus dem Vormärz und der 48er Revolution. Die Schaffung der Massendelikte intendierte

---

[51] Anschütz, a.a.O., S. 572.

[52] Füßlein, Versammlungsgesetz, 1954, S. 5 f.

[53] Roth, Kollektive Gewalt und Strafrecht, 1989, S. 179.

[54] Vorige Fußnote, S. 204. § 116 StGB a.F. gehörte zu den wenigen Bestimmungen des StGB, die bei allen in der Bundesrepublik zum StGB ergangenen Novellen unverändert geblieben waren, vgl. dazu Tabelle der Änderungen des StGB bei Schwarz/Dreher, S. XXXI ff. und XXXVI ff., 29. Auflage, 1967.

[55] Tiedemann, Beteiligung an Aufruhr und Landfriedensbruch, JZ 1968, S. 761 ff., 764; nach Roth, a.a.O., hatte schon der Begriff Rotte einen negativen Klang im Sinne von „schlimme Schar, Bande", S. 185.

[56] Leipziger Kommentar zum Strafgesetzbuch, 10. Auflage, Vor § 125, Rdnr. 2.

aber den Schutz des öffentlichen Friedens vor dem Auftreten jedweder Menschenansammlungen: Das Auftreten einer Menschenmenge an sich konnte unter den „Auflauf" fallen, Ausschreitungen von Einzelnen aus einer Menge heraus konnten zum Tatbestand des Landfriedensbruch oder „Aufruhr" der ganzen Ansammlung führen. Das Demonstrationsrecht konnte seine Grenzen also auch immer schon im Strafrecht finden.

Im Reichsstrafgesetzbuch von 1871 waren die Massedelikte eingeordnet in die Abschnitte „Widerstand gegen die Staatsgewalt" bzw. „Vergehen gegen die öffentliche Ordnung".

2.2.1 *Auflauf*

Das für die spätere Entwicklung des „Auflaufs" maßgebliche Gesetzbuch des Königreichs Sachsens von 1841 hatte erstmals diesen eigenen Tatbestand normiert.[57] Zum Auflauf gehörte Ungehorsam oder Geringschätzung gegenüber der Obrigkeit.[58] Die Deputation der I. Kammer Sachsen äußerte zum Entwurf des sächsischen StGB und zum Tatbestand des „Auflauf", dass dieser ein zufälliges Zusammenkommen voraussetze und geprägt sei durch ungebührliche Äußerungen gegenüber der Obrigkeit. Bei dem Verbrechen sei im Interesse der öffentlichen Ordnung die Strafdrohung so zu regeln, dass sie dahin wirke, die Teilnehmer zu zeitiger Rückkehr zum Gehorsam zu bewegen.[59]

Nach § 92 des Preußischen Strafgesetzbuches von 1851 war wegen Auflaufs strafbar, wer nach einer dritten Aufforderung an eine Menschenmenge (durch einen zuständigen Beamten oder den Befehlshaber einer bewaffneten Macht), sich zu entfernen nicht Gehorsam leistet. Die Strafe war Gefängnis bis zu drei Monate oder Geldstrafe.[60]

Im Reichsstrafgesetzbuch war der Auflauf wie schon in den Partikulargesetzen kein Gewaltdelikt, sondern die Widersetzung gegenüber dem obrigkeitlichen Gebot, auseinander zu gehen.

Die gesetzgeberische Intention, jedwedes Auftreten von Menschenansammlungen zu unterbinden, setzte das Reichsgericht entsprechend um.

Die reichsgerichtliche Rechtsprechung differenzierte nicht danach, zu welchem Zwecke eine Menschenmenge zusammengekommen war, die sich nach dreimaliger Aufforderung nicht auflöste.[61] So war auch gleich-

---

[57] Roth, Kollektive Gewalt und Strafrecht, 1989, S. 177.

[58] Roth, a.a.O., S. 177.

[59] Stellungnahme abgedruckt bei Roth, a.a.O., S. 177.

[60] In diesem Wortlaut abgedruckt bei Roth, a.a.O., S. 179.

[61] RGSt 12, S. 426 ff., 427; so auch v. Ohlshausen, Kommentar zum Strafgesetzbuch, 11. Aufl. 1927, § 116 Anm. 1.

gültig, auf welche Weise der einzelne in die versammelte Menschenmenge gekommen war.[62] Die Aufforderung sich zu entfernen, musste sich an die versammelte Menschenmenge richten, nicht an den Einzelnen.[63] Dementsprechend drang das nahe liegende Verteidigungsmittel, der Angeklagte habe die Auflösungsanordnung nicht persönlich wahrgenommen, beim Reichsgericht nicht durch. Nach dessen Auffassung war nach Wortlaut und Sinn des Gesetzes nicht zu bezweifeln, dass jede, auch die durch Mitteilung Dritter erlangte Kenntnis von der dreimaligen Aufforderung genüge, um nach dieser Richtung hin den subjektiven Tatbestand des Vergehens herzustellen. Es sei im Gesetz nicht gesagt, dass der Täter die Aufforderung selbst gehört haben müsse. Nach den allgemeinen Grundsätzen setze der Vorsatz des Täters nur dessen Kenntnis von denjenigen Tatumständen voraus, welche den gesetzlichen Tatbestand bilden, bei § 116 StGB also die irgendwie erlangte Kenntnis der Tatsache, dass eine dreimalige Aufforderung erfolgt sei. Vielmehr ging es dem Reichsgericht darum, alle in einer Menge Anwesenden in die Strafbarkeit mit einzubeziehen. Denn § 116 StGB a.F.

> „will unter Strafe stellen die Unbotmäßigkeit gegen die darin bezeichnete, in der vorgeschriebenen Form kundgegebene amtliche Verordnung, die dreimalige, an die versammelte Menge gerichtete Aufforderung, von dem öffentlichen Platze, wo sie versammelt ist, sich zu entfernen. Die amtliche Anordnung und der ihr bezeigte Ungehorsam bleiben dieselbe, mag der Thäter auf Grund eigenen Hörens oder auf andere Weise von dem Vorliegen der ersteren Kenntnis erlangt haben."[64]

Würde man die Strafbarkeit des Ungehorsams vom eigenen Hören abhängig machen, wäre die Folge davon,

> „daß derjenige straflos bleiben müsste, welcher erst nach ergangener öffentlicher Aufforderung den von dem Verbote der Ansammlung betroffenen Platz betritt, von ihm aber sich nicht entfernt, obwohl er von der Tatsache, dass die vorschriftsmäßige dreimalige Aufforderung vorher erfolgt war, Kenntnis erlangt – eine Folge, die offenbar vom Gesetzgeber nicht gewollt sein kann."[65]

2.2.2 *Aufruhr und Landfriedensbruch*

Für den Landfriedensbruch bestand in den Partikulargesetzbüchern des 19. Jahrhunderts die Übereinstimmung darin, dass der Landfriedensbruch kein unmittelbar gegen die Obrigkeit gerichtetes Handeln erfordere. Strafschärfend spielte das Tatbestandsmerkmal der Bewaffnung eine Rolle. Zur Vollendung des Delikts genügte nach den meisten Gesetzen die Kundgabe der Absicht, Straftaten begehen zu wollen, auch

---

[62] RGSt 19, S. 213 f., 213.

[63] RGSt 12, S. 426 ff., 427.

[64] RGSt 13, S. 66 f., 66 und RGSt 21, S. 154 ff., 155.

[65] RGSt 21, ebenda, S. 156.

hier war die tatsächliche Verübung von Gewalt lediglich Verschärfungsgrund.[66]

Nach § 125 RStG war Landfriedensbruch gegeben, wenn sich eine Menge öffentlich zusammenrottete und mit vereinten Kräften gegen Personen oder Sachen Gewalttätigkeiten beging. Jeder, der an dieser Zusammenrottung teilnahm, sollte mit Gefängnis nicht unter drei Monaten bestraft werden. Die Rädelsführer, sowie diejenigen, welche Gewalttätigkeiten gegen Personen begangen oder Sachen plünderten oder zerstörten, wurden mit Zuchthaus bis zu zehn Jahren bestraft. Vollendet war der Landfriedensbruch also erst dann, wenn tatsächlich Gewalttaten verübt worden waren.[67]

Wegen Aufruhr nach § 115 RStGB war strafbar die Teilnahme an einer öffentlichen Zusammenrottung, bei der entweder eine Behörde genötigt oder einem Beamten Widerstand geleistet wurde. Strafe war Zuchthaus nicht unter sechs Monaten, für die Rädelsführer bis zu zehn Jahren. Die Gewalt musste im Rahmen des Aufruhrs also tätlich begangen, nicht lediglich beabsichtigt sein.[68]

Für die Tatbestände des Aufruhrs und des Landfriedensbruchs charakteristisch war das Merkmal der Zusammenrottung. Dessen Auslegung und Anwendung durch das Reichsgericht erfolgte in einer eher extensiven Weise:

Danach war für eine Zusammenrottung erforderlich, dass eine räumlich verbundene Personenmehrheit bewusst zusammenblieb, obwohl aus dieser Gruppe heraus Gewalttätigkeiten begangen wurden. Zudem musste die den Teilnehmern bewusste Möglichkeit des Anschlusses weiterer Personen (unbestimmt welcher und wie vieler) bestehen.[69] Strafbar als täterschaftliche Teilnahme war damit nämlich nicht nur das Zusammentreten einer Mehrheit von Personen zu einem gemeinschaftlichen bedrohlichen oder gewalttätigen Handeln, sondern auch das Sich-Nicht-Entfernen aus einer absichtslos zusammengekommenen Menge,

[66] Vgl. dazu nur Roth, Kollektive Gewalt und Strafrecht, 1989, S. 182.

[67] Roth, a.a.O., S. 183 f.

[68] Roth, a.a.O., S. 182 f.

[69] RGSt 51, S. 422; 56, S. 281; RGSt 60, S. 334. Im Gegensatz zu § 115 StGB a.F. war bei § 125 StGB a.F. für die Zusammenrottung nicht die Absicht erforderlich, später die (später verwirklichten) Gewalttätigkeiten zu begehen. Allerdings musste auch hier die allgemeine Tendenz zur Rechtsfeindschaft gegeben sein. Im Gegensatz zu § 115 StGB a.F. musste die Zusammenrottung eine gewisse zahlenmäßige Stärke erreicht haben, also eine Ansammlung, deren zahlenmäßiger Bestand nicht mehr übersehbar war.

die dann später gegen die Obrigkeit auftrat.[70] Die Frage der Teilnahme wurde dogmatisch damit nicht im Sinne Täterschaftslehre gelöst.

Für das Tatbestandsmerkmal „mit vereinten Kräften" genügte es, dass einer allein die Tathandlungen beging, „wenn die übrigen durch ihre Beteiligung bewussterweise zur Ausführung beigetragen haben".[71] An den Gewalttätigkeiten selbst brauchte man sich, um Täter zu sein, nicht zu beteiligen, man brauchte sie nicht einmal zu billigen, sie konnten einem sogar widerstreben.[72] Bedeutungslos für die Teilnahme war es auch, ob der Täter sich zur Zeit der Ausschreitungen noch in der Menge befunden hatte.[73] Teilnahme nach Verübung von Gewalttätigkeiten genügte allerdings ebenso wenig wie Teilnahme an einer Zusammenrottung, die zu keiner Gewalttätigkeit geführt hatte.[74] Die Praxis dieser Auslegung hatte zur Folge, dass sogar Neugierige in die Strafbarkeit mit einbezogen worden waren, sowie Pressevertreter oder Parteivertreter Beteiligte sein konnten.[75] Entscheidend war also, dass nicht die Teilnahme an bestimmten Handlungen, sondern die Teilnahme an der Masseseele bestraft wurde, die Begehung der Gewalttätigkeiten durch andere war bloße objektive Bedingung der Strafbarkeit.[76]

Dementsprechend musste sich auch der Vorsatz auf die Teilnahme an der Masseseele beziehen. Denn die Absicht, selbst Gewalttätigkeiten zu begehen, war nicht notwendig, der Täter brauchte die Gewalttätigkeiten auch nicht zu billigen oder seine Billigung kundzutun.[77] Erforderlich war vielmehr, dass der Täter das Bewusstsein hatte, sich in einer zusammengerotteten Menschenmenge zu befinden, die gegen Personen oder Sachen Gewalttätigkeiten begeht, verbunden mit dem Willen, in dieser Menge und als Teil derselben zu verbleiben.[78] Darüber hinaus musste er sich auch bewusst sein, dass sich beliebig viele Menschen dieser Menge anschließen können und er selbst durch seine Anwesenheit die Gefährlichkeit der Zusammenrottung für die Öffentlichkeit erhöht.[79]

---

[70] Vgl. auch Roth, Kollektive Gewalt und Strafrecht, 1989, S. 185.

[71] RGESt 30, S. 392; RGSt 52, S. 35.

[72] RGSt 54, S. 301; RGSt 54, S. 85.

[73] RGSt 54, S. 85.

[74] Ebenda, S. 85

[75] RGSt 20, S. 405; RGSt 55, S. 249; RGSt 58, S. 209.

[76] Binding, Grundriss, 1897, S. 811.

[77] RGSt 55, S. 249.

[78] Ebenda, S. 249.

[79] RG, JW 1931, S. 366.

2.3 *Zusammenfassung*

Als Essenz der vorherigen Betrachtungen zeigt sich für die versammlungsrechtlichen Regelungen, dass die gesetzlichen Festlegungen des Versammlungsrechtes bis zur Weimarer Republik immer darauf ausgerichtet waren, die Versammlungsfreiheit nicht als ein zur Gestaltung der öffentlichen und staatlichen Willensbildung politisches Teilhaberecht zu konzipieren. Im Prinzip bot es nie mehr als die Möglichkeit unter dem Genehmigungsvorbehalt der Obrigkeit im öffentlichen Raum Meinungen zu debattieren.

Aus verfassungs- und verwaltungsrechtlicher Sicht war der Versammlungsbegriff unter der WRV weit gefasst. Er beinhaltete die verschiedensten Formen der öffentlichen Meinungskundgabe. Die Voraussetzungen, nach denen eine Versammlung nicht mehr friedlich sein sollte, waren durch Rechtswissenschaft und Rechtssprechung nicht eindeutig festgelegt. Deutlich einschränkt wurde die Versammlungsfreiheit allerdings dadurch, dass Versammlungen aus dem Schutzbereich fallen sollten, die den Strafgesetzen, also den Massedelikten, zuwiderliefen. Denn gerade die strafrechtliche Sicht auf Versammlungen war so restriktiv, dass die Ausübung der Versammlungsfreiheit jederzeit zu einer Kollision mit dem Strafrecht führen konnte und einem unumschränkten Einschreiten nichts mehr im Wege stand.

Aus strafrechtlicher Sicht war das Phänomen versammelter Menschenmengen etwas Suspektes. Ihrem Auftreten setzten Rechtswissenschaft und Rechtsprechung mit dem Mittel des Strafrechts enge Grenzen. Die Tatbestandsmerkmale der Massedelikte legten sie sehr weit aus und vertraten einen extensiven Rechtsgüterschutz zugunsten der öffentlichen Sicherheit und Ordnung. Nach dieser Auslegungspraxis war es ein unüberschaubares strafrechtliches Risiko, einer einmal versammelten Menschenmenge beizuwohnen.

3 Versammlungsfreiheit in der Bundesrepublik

Es ist gezeigt worden, an welche rechtlichen Traditionen bezüglich der Versammlungsfreiheit man in der Bundesrepublik anknüpfen konnte. Nun soll der für das Demonstrationsrecht relevante zeitgenössische rechtliche Referenzrahmen ermittelt werden: die grundgesetzliche Verankerung der Versammlungsfreiheit und das neu geschaffene Versammlungsgesetz, die Bedeutung der Grundrechte im Rahmen der Rechtsanwendung und die Auslegung und Anwendung der die Versammlungsfreiheit begrenzenden einfachrechtlichen Normen. Anhand dieses Bezugsrahmens kann man zum einen nachvollziehen, auf welches dogmatische Instrumentarium von Ausgestaltung und Anwendung des Demonstrationsrechtes die Juristen um 1968 zurückgreifen konnten. Was sie also für ein Wissen erzeugen konnten bzw. welches Wissen sie hätten erzeugen müssen. Zum anderen lässt sich ermessen ob und was sich änderte in der Handhabung des Demonstrationsrechtes seit Gründung der Bundesrepublik.

3.1 Grundgesetzliche Konzeption der Versammlungsfreiheit

Im Folgenden wird die verfassungsrechtliche Debatte um Bedeutung und Stellenwert der Demonstrationsfreiheit betrachtet. Denn auf dieser Ebene wird der Maßstab gesetzt, an dem sich alle weitere Ausgestaltung der Versammlungsfreiheit orientiert. Es geht in diesem Zusammenhang darum, das Grundverständnis über die Versammlungsfreiheit überhaupt herauszuarbeiten. Einmal an Hand der ganz generellen Bedeutungszumessung im Rahmen des politischen Willensbildungsprozesses. Zum anderen an der Definition, was alles in den Schutzbereich der Versammlungsfreiheit fallen soll. Also der Bestimmung des Versammlungsbegriffs sowie der Umgrenzung der Friedlichkeit.

3.1.1 Bedeutung und Stellenwert der Versammlungsfreiheit

Der Parlamentarische Rat erteilte im Unterschied zu allen bisherigen deutschen Verfassungen den Grundrechten einen noch nie anerkannten Stellenwert, er normierte neuartige Grundrechtswirkungen samt neuartigen Kontroll- und Durchsetzungsmöglichkeiten: schon die Landesverfassungen hatten versucht, den Grundrechtsteil zu einer allgemeinen Rechtsordnung der Gemeinschaftsbildung im gesellschaftlichen Leben auszudehnen[80], das Grundgesetz selbst sollte von den Grundrechten re-

[80] Schmidt, Grundrechte - Theorie und Dogmatik seit 1946 in West-Deutschland, in Simon (Hrsg.), Rechtswissenschaft in der Bonner Republik, 1994, S. 188 ff., S. 194; vgl. auch im Zusammenhang mit der Versammlungsfreiheit, Bäumen, Sinn- und Grenzen der Vereins- und Versammlungsfreiheit, 1955, S. 38 ff.

giert werden[81]. Demnach sollte der Grundrechtskatalog nicht mehr wie in Weimar einem allgemeinen Gesetzesvorbehalt unterliegen.[82] Der Weimarer Grundrechtskatalog schien seines Wertes entkleidet, weil er im Wege der einfachen Gesetzgebung abgeändert werden konnte. Deshalb wurden stabile und nicht bloß im wechselnden Mehrheitswillen verankerte Grundrechte gefordert.[83] Die Grundrechte sollten und sollen also die gesamte Staatsgewalt binden gem. Art. 20 I S. 3 GG, einschließlich den Gesetzgeber, für den damit die Grundrechte die Grenze seiner Entscheidungsfreiheit darstellten und -stellen.[84]

Mit der sprachlichen Fassung von Art. 8 GG knüpfte der Parlamentarische Rat an die Tradition von 1848 an. Die eigentliche verfassungsrechtliche Garantie spricht Art. 8 I GG aus, der den Grundrechtsschutz dabei von vornherein auf solche Versammlungen beschränkt, die die Regeln der Friedlichkeit und Waffenlosigkeit beherzigen. Art. 8 II GG enthält sodann für Versammlungen unter freiem Himmel einen außerordentlich weit gefassten Gesetzesvorbehalt, der eine Beschränkung durch Gesetz oder auf Grund eines Gesetzes vorsieht.

> „Alle Deutschen haben das Recht, sich ohne Anmeldung oder Erlaubnis friedlich und ohne Waffen zu versammeln.
>
> Für Versammlungen unter freiem Himmel kann dieses Recht durch Gesetz oder auf Grund eines Gesetzes beschränkt werden."

Die erste Auflage von *H. v. Mangoldt* aus dem Jahre 1953 enthielt keine grundsätzlichen Ausführungen zu Bedeutung und Stellenwert der Versammlungsfreiheit. Die Kommentierung beschäftigte sich im Wesentlichen mit der Weitergeltung des Reichsvereinsgesetzes und verwies ansonsten nur auf die Ermächtigung des Gesetzgebers zum Erlass eines

---

81 So v. Doemming u.a., Entstehungsgeschichte der Artikel des Grundgesetzes, JöR 1951, S. 42. Bäumen, a.a.O., sprach davon, dass sich die Aufgabe einer Verfassung nicht nur darin erschöpfe, die Formprinzipien festzulegen, sondern die letzten Wertungsgrundsätze staatlichen Lebens zu fixieren. Die eigentliche Aufgabe der Grundrechte liege darin, diese Lebenswerte zu verkörpern, S. 59 f.

82 Allerdings wurde für einige Grundrechte ein beschränkter Gesetzesvorbehalt als notwendig angesehen, wobei das Grundrecht gem. Art. 19 I, II GG nicht in seiner Substanz angetastet werden durfte, v. Doemming, a.a.O., S. 14.

83 Hesse, Bestand und Bedeutung der Grundrechte in der Bundesrepublik Deutschland, EuGRZ 1978, S. 427 ff., 427.

84 Die Bindung der vollziehenden Gewalt an die Grundrechte war auch im früheren deutschen Staatsrecht anerkannt, die Bindung der Rechtsprechung hatte kaum eine Rolle gespielt und die Bindung des Gesetzgebers war umstritten, vgl. dazu Hesse, a.a.O., S. 429. Vgl. auch E. Fischer in seiner Einleitung zu „Deine Rechte im Staat, 9. Aufl. 1958, S. 3.

Versammlungsgesetzes.[85] Als Literatur wurden drei Quellen angeführt, unter anderem *Anschütz*, Kommentar zu Art. 123 WRV.[86]

Spätere Kommentierungen befassten sich etwas ausführlicher auch mit der grundsätzlichen Bedeutung der Versammlungsfreiheit. So schrieb *R.-W. Füßlein*, dass in Art. 8 GG das Institut der Versammlung als eine für die Demokratie unentbehrliche Form der Meinungsäußerung und Meinungsbildung anerkannt werde.[87] Auch in der zweiten Auflage von *v. Mangoldt* gab es grundsätzliche Ausführungen zur Versammlungsfreiheit: Das Grundrecht war wie alle Grundrechte als ein Abwehrrecht des Bürgers gegen staatliche Machtentfaltung konzipiert.[88] Das Versammlungsrecht sollte den breiten Massen der Bevölkerung die Möglichkeit geben, unmittelbar an den öffentlichen Diskussionen teilzunehmen. Versammlungen böten eine Einwirkungsmöglichkeit in die politische und soziale Sphäre, womit das Versammlungsrecht als ein unverzichtbares Mittel einer aktiven Demokratie galt.[89]

3.1.2 Versammlungsbegriff

Einig waren sich die Kommentatoren, in Übereinstimmung mit der Rechtspraxis aus der Weimarer Republik, in der Definition des Versammlungsbegriffs. Das Grundgesetz sollte die Voraussetzungen, die seit dem Reichsvereinsgesetz in Rechtslehre, Rechtsprechung und Verwaltungspraxis fest standen, nicht geändert haben. In diesem Sinne verstand *Füßlein* den Begriff aus der rechtsgeschichtlichen Entwicklung heraus, nämlich dem Kampf um den Schutz vor staatlichen Eingriffen gegenüber solchen Veranstaltungen, die der öffentlichen Meinungsbildung dienten: eine Versammlung war eine Zusammenkunft einer Anzahl von Menschen zu dem Zweck, öffentliche Angelegenheiten gemeinsam zu erörtern oder eine gemeinsame Kundgebung zu veranstalten.[90] Eine Diskussion gehörte nicht notwendig zum Begriff der Ver-

---

[85] Ebenda, Art. 8 GG, Anm. 4.

[86] Daneben wurden angegeben Nebinger, Kommentar zu Art. 14 und Nawiasky, Kommentar zu Art. 113.

[87] Füßlein, Vereins- und Versammlungsfreiheit, in: Neumann/Nipperdey/Scheuner (Hrsg.), Die Grundrechte, Band II, 1954, S. 443.

[88] v. Mangoldt/Klein, Das Bonner Grundgesetz, Art. 8, Anm. 6, 1966; Kommentar zum Bonner Grundgesetz, Zweitbearbeitung, Art. 8, Rdnr. 15, 1964.

[89] v. Mangoldt/Klein, a.a.O., Art. 8 GG, Anm. 2 a).

[90] Füßlein, ebenda, S. 443; ebenso v. Mangoldt in seiner 1. Aufl., 1953, noch in Anlehnung an Anschütz, Anm. 2, in der 2. Aufl. v. Mangoldt/Klein in Anlehnung an Füßlein, Art. 8 GG, Anm. III 2; Maunz, Staatsrecht, 5. Aufl., 1956, S. 97; vgl. auch Schmidt-Bleibtreu/Klein, Kommentar zum Grundgesetz, 1967, Rndnr. 3. Ebenso auch Enderling, Versammlungsgesetz, 1953, § 1 VersG, Anm. 3.

sammlung, es genügte und war aber auch erforderlich, wenn nur ein Redner öffentliche Angelegenheiten erörterte. Demnach war das Grundrecht des Versammlungsteilnehmers auf Teilnahme an der Versammlung im Wesentlichen nur ein passives Teilnahmerecht. Einen Anspruch auf „prominente" Teilnahme, zum Beispiel als Diskussionsredner, sollte der Teilnehmer nicht haben.[91] Der Veranstalter sollte es in der Hand haben, ob er eine Diskussion stattfinden lassen wollte oder nicht.[92] Wesensnotwendig für eine Versammlung war also die Beratung, Kundgabe oder Erörterung von öffentlichen Angelegenheiten *in* der Versammlung *durch* Redner, demnach eine in der Öffentlichkeit abgehaltene „Debattierveranstaltung".

3.1.3 Friedlichkeit der Versammlung

Auch die Bestimmung der Friedlichkeit orientierte sich an dem *internen* beziehungsweise *inneren* Ablauf einer Debattierveranstaltung. Nach *Füßlein* sollte der Begriff der Friedlichkeit eng ausgelegt werden, nicht alles, was nach dem allgemeinen Sprachgebrauch unfriedlich sei, falle darunter. Da eine Versammlung den Zweck habe, einen Meinungsstreit auszutragen, sei sie auch dann, wenn sie „zwieträchtig und erregt" sei, immer noch friedlich.[93] „Aufrührerisch" und damit unfriedlich sei eine Versammlung erst dann, wenn Gewalt ausgeübt oder angedroht werde mit Gefahr für Leben und Gesundheit von Teilnehmern. Die aufrührerische Tendenz konnte vom Veranstalter, von den Teilnehmern oder von dem Leiter oder allen zusammen ausgehen. Dabei machten Ausschreitungen von einzelnen Teilnehmern die Versammlung noch nicht zu einer unfriedlichen. Dies sollte vielmehr erst dann der Fall sein, wenn die anderen Teilnehmer angriffsweise gegen den Störenfried vorgingen oder wenn sie sich mit dem Gewalt anwendenden solidarisch erklärten oder wenn die Ordnungsgewalt des Leiters sich gegen die Gewalt oder ihre Androhung nicht durchsetzen konnte.[94] Allerdings sollte auch ohne äußere Gewalttätigkeiten eine Versammlung zu einer unfriedlichen wer-

---

[91] Füßlein, Vereins- und Versammlungsfreiheit, in: Neumann/Nipperdey/Scheuner (Hrsg.), Die Grundrechte, Band II, 1954, S. 445 f.

[92] v. Mangoldt/Klein, a.a.O., 2. Aufl. 1966, Art. 8 GG, Anm. III 2.

[93] Füßlein, a.a.O., S. 446; vgl. auch Kommentar zum Bonner Grundgesetz, (Bonner Kommentar), 1950 ff., Art. 8 GG, Rdnr. 29.

[94] Füßlein, Vereins- und Versammlungsfreiheit, in: Neumann/Nipperdey/Scheuner (Hrsg.), Die Grundrechte, Band II, S. 446 f.; Kommentar zum Bonner Grundgesetz (Bonner Kommentar), 1950 ff., Art. 8 GG, Rdnr. 29; so auch v. Mangoldt/Klein, 2. Aufl. 1966, Art. 8 GG, Anm. III 4 a, in Anlehnung an Füßlein; vgl. ebenfalls Hamann, Das Grundgesetz, 2. Aufl. 1961, Art. 8, B 3.

werden, wenn der Inhalt der geführten Erörterungen den öffentlichen Frieden bedrohe.[95]

Konkrete Aussagen der Rechtsprechung über die Voraussetzungen der Friedlichkeit bzw. Unfriedlichkeit ließen sich in zwei Urteilen noch vor Inkrafttreten des VersG finden. Der BGH äußerte sich im Rahmen eines Strafprozesses, das andere Urteil war vom OVG Hamburg.

Bezüglich der Frage, ob sich der Angeklagte nach § 110 StGB a.F. (Aufforderung zum Ungehorsam) strafbar gemacht hatte, bejahte der BGH in seinem Urteil aus dem Jahr 1951 die Rechtsgültigkeit einer Polizeiverordnung des Landes Nordrhein-Westfalens, durch welche dem „Komitee der Kämpfer für den Frieden in Westdeutschland" und anderen politischen Organisationen die Durchführung von Umzügen und Versammlungen unter freiem Himmel verboten wurde.[96] Die Verordnung war auf Grund des § 14 des Preußischen PVG vom 1. Juni 1931 in Verbindung mit § 1 des Vereinsgesetzes vom 19. April 1908 ergangen. Nach der erstgenannten Vorschrift hatten die Polizeibehörden im Rahmen der geltenden Gesetze die nach pflichtgemäßem Ermessen notwendigen Maßnahmen zu treffen, um von der Allgemeinheit oder dem Einzelnen Gefahren abzuwenden, durch welche die öffentliche Sicherheit und Ordnung bedroht werde. § 1 Abs. 1 des Vereinsgesetzes gestattete den Reichsangehörigen die Versammlung unbeschränkt für alle Zwecke, die nicht den Strafgesetzen zuwiderlaufen, und ließ in Abs. 2 die Einschränkungen zu zwecks Verhütung unmittelbarer Gefahr für Leben und Gesundheit der Teilnehmer.[97] Diesbezüglich hatte der BGH keine Bedenken, so dass er weiter ausführte:

> „Art. 8 Abs. 1, 123 des GG, die inhaltlich mit Art. 123 Abs. 1, 178 WRV übereinstimmen, haben den durch diese Bestimmung geschaffenen Rechtszustand wiederhergestellt. Demzufolge sind heute nur friedliche Versammlungen erlaubt, deren Zwecke nicht den Strafbestimmungen zuwiderlaufen.
>
> Die Polizeiverordnung vom 5.9.1950 konnte sonach erlassen werden, wenn eine der vorgenannten Voraussetzungen fehlte, wenn also z.B. die durch die Verordnung verbotenen Versammlungen unfriedlich waren. Unfriedlich ist eine Versammlung dann, wenn bei deren Einberufung die Absicht auf eine Störung des Friedens nicht nur unter ihren Teilnehmern, sondern auch des staatsbürgerlichen Friedens in der Bevölkerung überhaupt gerichtet ist. Daß eine derartige Absicht bei den in der Polizeiverordnung aufgeführten Demonstrationen nicht etwa grundlos vermutet wird, sondern tatsächlich besteht, ist im Hinblick auf die von ihnen verfolgten politischen Ziele nach Lage der Verhältnisse nicht

---

[95] Füßlein, ebenda, S. 447. Etwas kurz in der Definition der Friedlichkeit Maunz, Staatsrecht, 5. Aufl. 1956, nach dem nur friedliche, d.h. den Rechtsfrieden nicht beeinträchtigende Versammlungen geschützt seien, S. 97.

[96] BGH, DVBl. 1951, S. 736 f., 736.

[97] Ebenda, S. 736.

> zweifelhaft, wie denn auch die Polizeiverordnung unter ausdrücklichem Hinweis auf die bereits eingetretene Störung der öffentlichen Ordnung und Sicherheit ergangen ist. Infolgedessen konnten die von den bezeichneten Organisationen veranstalteten oder geplanten öffentlichen Versammlungen ohne nähere Einzelprüfung untersagt werden. Dazu kommt, dass im Falle der Abhaltung solcher Veranstaltungen wegen der teilweise scharfen Gegensätze unter den zu erwartenden Teilnehmern die Gefahr von Zusammenstößen zwischen den Personengruppen verschiedener politischer Richtungen gegeben gewesen wäre."[98]

Mit Urteil vom 30. Januar 1953 bestätigte das Hamburger OVG das Verbot einer Versammlung auf der Grundlage der polizeilichen Generalklausel gemäß § 1 Hamb. PVG vom 7.11.1947.[99] Grund des Verbots war ein Aufruf während des Hamburger Hafenstreiks im Oktober/November 1951:

> „Heraus zur Protest-Kundgebung! Gegen den Polizeieinsatz im Hamburger Hafen! Gegen die Beschlagnahme von Lebensmittelspenden für die Familien der streikenden Hafenarbeiter! Am Dienstag, dem 6.11.1951, um 17.00 Uhr – St. Pauli, Wilhelminenplatz."

Begründet hatte der Beklagte das Verbot damit, dass die geplante Versammlung nach ihrem in dem Aufruf bekannt gegebenen Ziel und den näheren Umständen für die öffentliche Sicherheit und Ordnung eine Gefahr bilde.

Nach Auffassung des Gerichts war die polizeiliche Generalklausel in jedem Falle dann voll anwendbar, wenn die geplante Versammlung als unfriedlich im Sinne des Art. 8 Abs. 1 GG zu bezeichnen sei. Nur für friedliche Versammlungen sollte nach Art. 8 Abs. 1 GG das Grundrecht der Versammlungsfreiheit gelten.

Das Gericht ging davon aus, dass es zulässig sei, eine unfriedliche Versammlung auf Grundlage der polizeilichen Generalklausel einzuschränken, wenn deren Voraussetzungen vorlägen.[100] Vorliegend handelte es sich nach Auffassung des Gerichts um eine unfriedliche Versammlung. Ob eine Versammlung friedlich oder unfriedlich sei, bestimme sich nicht allein nach ihrem Verlauf, sondern nicht minder nach dem von ihr bestimmten Zweck. Sei der Zweck den näheren Umständen nach von vorneherein unfriedlich, so sei der Polizei nicht ver-

---

[98] BGH, DVBl. 1951, S. 736

[99] DVBl. 1953, S. 250 ff., 250.

[100] Dies geschah im Rahmen einer ausführlichen Auseinandersetzung mit den Rechtsgrundsätzen und Rechtsauffassungen während der Weimarer Republik, so unter Bezugnahme auf ein Urteil des Preußischen OVG, auf Delius sowie das Urteil des BGH, DVBl 1951, 736, der mit seiner Rechtsprechung zu der Gültigkeit der Polizeiverordnung im Ergebnis auch der Auffassung aus der Weimarer Republik gefolgt war, DVBl 1953, S. 251.

wehrt, ein vorbeugendes Versammlungsverbot zu erlassen. Eine Versammlung sei dann unfriedlich, wenn die tatsächlich stattfindenden Erörterungen den öffentlichen Frieden störten. Eine solche Bedrohung des öffentlichen Friedens könne auch bereits in dem Inhalt der geführten Erörterung liegen. Stünde als Zweck der Versammlung jedoch schon von vorneherein eine Kundgebung fest, die nach ihrem Inhalt unfriedlichen Charakter trüge, so brauche die Polizei mit ihrem Einschreiten nicht abzuwarten, ob der angekündigte Zweck auch tatsächlich bei den Erörterungen verwirklicht werde. Sie sei berechtigt, die Versammlung wegen des für sie von dem Veranstalter bestimmten Zwecks von vorneherein zu verbieten. Für das Gericht kam für die Unfriedlichkeit der Versammlung allerdings noch hinzu, dass der Aufruf nicht den einzigen Anhaltspunkt bot. Denn in Anbetracht der zahlreichen strafbaren Übergriffe der Streikenden, ja sogar der als Streikposten eingeteilten Personen, und bei Würdigung des eigenen Verhaltens, das der Kläger bei der Durchführung des Streiks als erster Vorsitzender der Streikleitung bewiesen habe, stehe die unfriedliche Tendenz der Versammlung fest.[101]

3.1.4 Zusammenfassung

Wollte man sich bis 1968 über die verfassungsrechtlichen Grundlagen der Versammlungsfreiheit informieren, so war dies allein an Hand der Kommliteratur möglich, Aufsätze waren im Quellenmaterial nicht zu finden. In den wenigen vorhandenen Beiträgen wurde im Laufe der Zeit zwar statuiert, dass das Demonstrationsrecht einen nicht unerheblichen Stellenwert in einer Demokratie besäße. Allerdings blieb es bei diesem doch recht abstrakten Postulat, die theoretische Anerkennung wurde nicht wirklich mit Leben ausgefüllt. Wie das Freiheitsrecht praktisch zu einem mitgestaltenden Funktionselement bei der politischen Willensbildung werden sollte, wurde nicht wirklich konkretisiert.

Die Autoren rekurrierten auf die Literatur und Rechtsprechung aus der Weimarer Republik und noch früheren Epochen. Sie übernahmen unverändert die Begrifflichkeiten. Den Versammlungsbegriff fassten sie gar noch enger als in Weimar. Eine wortlose Kundgebung genoss keinen Grundrechtsschutz. Im Übrigen hielten die Beiträge an dem tradierten Grundrechtsverständnis der Versammlungsfreiheit lediglich als eines Abwehrrechtes gegen den Staat fest.

Die beiden in den Zeitschriften noch vor Inkrafttreten des VersG veröffentlichten Urteile zeigen ein eher restriktives Verständnis gegenüber dem Auftreten von Versammlungen. Abgesehen von der nach heutigen dogmatischen Maßstäben unhaltbaren Möglichkeit des polizeilichen Einschreitens auf Grund einer Polizeiverordnung trafen beide Gerichte

---

[101] OVG Hamburg, DVBl. 1953, S. 252.

auch sehr pauschale und undifferenzierte Prognoseentscheidungen über die mögliche Unfriedlichkeit von Versammlungen. Hier zeigte sich ein grundsätzliches Verständnis der Richter, als Entscheidungsprämisse nicht einen friedlichen Ablauf von Versammlungen zugrunde zu legen, sondern aus den immer möglichen negativen Vorkommnissen bei Versammlungen die Notwendigkeit einer grundsätzlich extensiven Gefahrenprognose herzuleiten.

3.2 Versammlungsgesetz von 1953

Am 10. August 1953 trat das Versammlungsgesetz in Kraft, welches den in Art. 8 II GG vorgesehenen Gesetzesvorbehalt ausführte. Für Versammlungen unter freiem Himmel zog der Gesetzgeber die Grenzen durch die Verbots- und Auflösungstatbestände der §§ 14, 15 Versammlungsgesetz (VersG).

Nach diesen Regelungen muss jede Versammlung unter freiem Himmel mindestens 48 Stunden vor der Bekanntgabe bei der zuständigen Behörde unter Angabe des Gegenstandes der Versammlung angemeldet werden, wobei auch der verantwortliche Leiter angeben werden muss.

Die zuständige Behörde kann dann die Versammlung verbieten oder von bestimmten Auflagen abhängig machen, wenn nach den zur Zeit des Erlasses der Verfügung erkennbaren Umständen die öffentliche Sicherheit und Ordnung bei Durchführung der Versammlung oder des Aufzuges unmittelbar gefährdet ist.

Eine Auflösung kann erfolgen, wenn die Versammlung nicht angemeldet ist, von den Angaben der Anmeldung abgewichen oder den Auflagen zuwider gehandelt wird oder wenn die Voraussetzungen zu einem Verbot wegen Gefährdung der öffentlichen Sicherheit und Ordnung gegeben sind.

Die Vorschriften sind Eingriffsbefugnisse der Polizei. Mit ihrem Inkrafttreten war nun auch für die bundesrepublikanischen Gerichte der noch aus der Weimarer Republik überkommene Streit, ob gegen eine Versammlung unmittelbar auf Grund der polizeilichen Generalklausel vorgegangen werden durfte, obsolet geworden.[102] Der für den Gesetzgeber leitende Gedanke war die Regelung der Ordnung *in* der Versammlung. Laut amtlicher Begründung wollte der Gesetzgeber für den Ablauf von Versammlungen lediglich „die durch Übung und Sitte bereits festgelegten Spielregeln des Versammlungsablaufs" festlegen.[103] Man wollte

---

[102] Zur Relevanz dieser Frage für die Gerichte vor Inkrafttreten des VersG vgl. oben Kapitel 3.1.3.

[103] Abgedruckt bei Ott, Das Recht auf freie Demonstration, 1967, S. 21.

die Rechtsbeziehungen zwischen Veranstalter, Leiter und Teilnehmern regeln.[104] Problematisch war demnach, im Rahmen des kollektiven Handelns die Freiheitssphären der einzelnen Mitbeteiligten voneinander abzugrenzen.[105] Mit den §§ 14 und 15 VersG hatte der Gesetzgeber seine Bedürfnisse verfolgt, die staatlichen Belange gegenüber der Versammlungsfreiheit ausreichend zu wahren. Denn seiner Auffassung nach galt die Versammlung als ein besonders schlagkräftiges Werkzeug der öffentlichen Meinungsbildung, das in Spannungszeiten für den jeweiligen Träger der Staatsgewalt gefährlich werden konnte.[106]

3.3 Handhabung der Grundrechte in der frühen Bundesrepublik

Als neue verfassungsrechtliche Situation in der Bundesrepublik hatte sich nunmehr alle Rechtsanwendung an den vorrangigen Grundrechten zu orientieren. Gerade das Versammlungsrecht ist im Lichte des Grundrechts auszulegen, so dass fraglich ist, wie seit Inkrafttreten des Grundgesetzes die Handhabung der Grundrechte im Allgemeinen und der Versammlungsfreiheit im Besonderen bis zu den 68er Prozessen ausgearbeitet war.

Die Anwendung der Grundrechte in der Bundesrepublik war und ist vor allem dadurch geprägt, dass der Vorrang der Verfassung durch die Einführung eines allgemeinen richterlichen Prüfungsrechtes und eines Verwerfungsmonopols des Bundesverfassungsgerichts umgesetzt wurde.[107] *A. Arndt*, Mitglied des Bundestages, führte 1959 auf der zweiten Bundestagung der Arbeitsgemeinschaft sozialdemokratischer Juristen aus, dass dieser Zustand für die Richterschaft eine neue Situation sei: gehörte es doch bis in die Mitte der zwanziger Jahre des letzten Jahrhunderts zu den staatsrechtlichen Dogmen, dass ein richterliches Prüfungsrecht ausgeschlossen, die Rechtsprechung also nicht befugt sei, ein Gesetz auf seine Vereinbarkeit mit der Grundordnung hin zu beurteilen.[108] Als das Reichsgericht angefangen habe, das richterliche Prüfungsrecht in Anspruch zu nehmen, ging es um die Frage, ob der Gesetzesbeschluss seinem Verfahren nach ordnungsgemäß zustande ge-

---

[104] Füßlein, Versammlungsgesetz, 1954, S. 11.

[105] v.Mangoldt/Klein, Art. 8, Anmerkung III., 1, unveränderter Nachdruck 1966; Füßlein, a.a.O., S. 11 und ders., Rechtliche Probleme des Versammlungsgesetzes, DVBl 1954, S. 553 ff., 553.

[106] Füßlein, a.a.O., S. 553.

[107] Ein Gesetz als nichtig zu befinden liegt allein in der Kompetenz des BVerfG, Art. 100 Abs. 1 GG, § 13 Nr. 11-13 BverfGG.

[108] Arndt, Das nichterfüllte Grundgesetz, Recht und Staat, 1960, S. 3 ff., 3.

kommen sei.[109] Das Bonner Grundgesetz konstituierte das richterliche Prüfungsrecht nun dahin, dass der Richter zu entscheiden hatte, ob ein Gesetz inhaltlich seinem rechtlichen Gehalt nach mit den Grundwertentscheidungen der Verfassung im Einklang stehe:

> „Um die Tragweite dieser Entwicklung zu kennzeichnen, will ich am Rande bemerken, daß nach einer neuerdings in der Verfassungslehre vertretenen Auffassung die Rechtsprechung erst durch das richterliche Prüfungsrecht zum Range einer der Gesetzgebung und der vollziehenden Gewalt gleichgeordneten Gewalt aufsteigt."[110]

Es bestand also in der frühen Bundesrepublik für die Gerichte die neuartige Situation, dass der Grundrechtsschutz allen Gerichten oblag.

Laut *W. Schmidt* nahmen die Grundrechte in den frühen wissenschaftlichen Reaktionen auf das Grundgesetz nur einen geringen Raum ein.[111] In der damals viel beachteten „Ansprache"[112] von *V. Laun* an Hamburger Studenten vom Mai 1949 kamen sie beispielsweise gar nicht vor, in der noch heute zitierten Rektoratsrede von *H.P. Ipsen*[113] blieben sie am Rande.[114] Weitere systematische Aufarbeitungen und die Befassung mit einzelnen Grundrechten kamen erst in zeitlicher Parallele oder im Wechsel mit der Rechtsprechung des BVerfG zustande, so dass *Schmidt* von dem schon damals beginnenden „Bundesverfassungsgerichtspositivismus" spricht.[115]

Im Januar 1958 legte das BVerfG fest, wie sich die Grundrechte auf die Anwendung der einfachen Gesetze auswirkten und setzte den Maßstab für deren Auslegung im Lichte des Grundgesetzes.[116] Das BVerfG forderte in seinem so genannten „Lüth"-Urteil eine Wechselwirkung in dem Sinne:

---

109 Arndt, a.a.O., S. 4.

110 Arndt, a.a.O., S. 4.

111 Schmidt, Grundrechte, in Simon (Hrsg.), Rechtswissenschaft in der Bonner Republik, 1994, S. 188 ff., 196.

112 V. Laun, Das Grundgesetz Westdeutschlands, 2. Auflage 1953.

113 Über das Grundgesetz, 1950.

114 Schmidt, Grundrechte, in Simon (Hrsg.), Rechtswissenschaft in der Bonner Republik, 1994, S. 188 ff., 196.

115 Schmidt, a.a.O., S. 196.

116 BVerfGE 7, S. 198 ff. Im Rahmen dieser Entscheidung beendete das BVerfG auch den Streit um die Frage, inwieweit die Grundrechte, vor allem der Meinungsfreiheit, in den zivilrechtlichen Rechtsgüterschutz hineinwirkten. Vgl. dazu auch Gottwald, Das allgemeine Persönlichkeitsrecht, 1996.

„Die allgemeinen Gesetze müssen in ihrer das Grundrecht beschränkenden Wirkung ihrerseits im Lichte der Bedeutung dieses Grundrechts gesehen und so interpretiert werden, daß der besondere Wertgehalt dieses Rechtes, der in der freiheitlichen Demokratie zu einer grundsätzlichen Vermutung für die Freiheit der Rede in allen Bereichen, namentlich aber im öffentlichen Leben führen muß, auf jeden Fall gewahrt bleibt. Die gegenseitige Beziehung zwischen Grundrecht und 'allgemeinem Gesetz' ist also nicht als einseitige Beschränkung der Geltungskraft des Grundrechts durch die 'allgemeinen Gesetze' aufzufassen; es findet vielmehr eine Wechselwirkung in dem Sinne statt, daß die 'allgemeinen Gesetze' zwar dem Wortlaut nach dem Grundrecht Schranken setzen, ihrerseits aber aus der Erkenntnis der wertsetzenden Bedeutung dieses Grundrechts im freiheitlichen demokratischen Staat ausgelegt und so in ihrer das Grundrecht begrenzenden Wirkung selbst wieder eingeschränkt werden müssen."[117]

Nach einem Urteil zu Art. 8 GG sucht man bis zu den 68er Prozessen vergebens. Mit der Frage, was der Gehalt des Art. 8 GG im Staat des Bonner Grundgesetzes ausmachte und wie die konkrete Ausgestaltung der grundgesetzlich festgelegten Versammlungsfreiheit erfolgen sollte, befasste sich das BVerfG erst im Jahre 1985.[118] Lediglich im Zusammenhang mit anderen Grundrechtsnormen bzw. anders gelagerten politischen Prozessen machte des BVerfG Aussagen über den politischen Willensbildungsprozeß im System der parlamentarischen Demokratie.

3.4 *Versammlungsfreiheit und Verwaltungsrecht*

3.4.1 *Schrifttum und Rechtsprechung*

Der Gesetzgeber hatte mit der Schaffung von §§ 14, 15 VersG seinem Bedürfnis Ausdruck verliehen, die staatlichen Belange gegenüber der möglichen Inanspruchnahme der Versammlungsfreiheit sowie die überkommenen Sitten des Versammlungsablaufs zu wahren. Der tatsächlich mögliche Handlungsrahmen zum Demonstrieren hing nun davon ab, wie die Eingriffsvoraussetzungen durch die verwaltungsrechtliche Praxis festgelegt wurden. Welche Bedeutung wurde dem Tatbestandsmerkmal der Anmeldung zuerkannt, und wann sollten Verbote und Auflagen oder eine Auflösung zum Schutz der öffentlichen Sicherheit und Ordnung gerechtfertigt sein, wie erfolgte die Rechtsgüterabwägung zwischen Versammlungsfreiheit und entgegenstehenden Rechtsgütern? Wie wurden das VersG und die grundgesetzliche Ordnung in Einklang gebracht?

Polizeirat *H. Trubel* und Polizei-Oberkommissar *F. Heinka* veröffentlichten im Jahre 1953 die erste Auflage „Das Versammlungsrecht. Ausführlicher Kommentar zum Versammlungsgesetz". Laut ihres Vorwortes

---

[117] BVerfGE 7, S. 208 f..

[118] BVerfGE 69, S. 315 ff.

verlangte die weitreichende Bedeutung dieses Gesetzes von jedem, der direkt oder indirekt davon berührt werde, genaue Kenntnis seiner Bestimmungen.

> „Obwohl das Gesetz als abschließende Regelung des Versammlungswesens durchaus klar und übersichtlich ist, schien es doch erforderlich, seinen Inhalt, der gegenüber dem bisherigen Recht wesentliche Neuerungen bringt, schon jetzt [...] zu erläutern, das es nicht nur jedem Polizei- und Verwaltungsbeamten ermöglicht, sich in die außerordentlich schwierige Materie des Versammlungsrechtes hineinzufinden, sondern das auch dem Richter, Staatsanwalt und Rechtsanwalt als praktischer Ratgeber zu dienen geeignet ist."[119]

Nach Ansicht der Autoren bestand die Grundtendenz des Versammlungsgesetzes darin, einen geordneten Verlauf aller öffentlichen Versammlungen und Aufzüge sicherzustellen, indem es dem Veranstalter und dem Leiter sowie den Teilnehmern ein angemessenes Verhalten auferlegte. Es wolle insbesondere auch gewährleisten, dass das durch Art. 8 Abs. 1 GG gewährte Grundrecht der Versammlungsfreiheit weder missbraucht noch unberechtigt eingeschränkt werde. Das Versammlungsgesetz regele das Verhältnis zwischen dem Veranstalter, Leiter, den Ordnern und den Teilnehmern bei öffentlichen Versammlungen und Aufzügen. Darüber hinaus lege es die Befugnisse der zuständigen Behörden auf dem Gebiete des Versammlungswesens fest.[120] Für die Eingriffsvoraussetzungen für öffentliche Versammlungen unter freiem Himmel gemäß § 15 VersG ergab sich für *Trubel/Hainka* daher folgendes:

Die Frage, ob eine Versammlung unter freiem Himmel oder ein Aufzug zu verbieten oder von bestimmten Auflagen abhängig zu machen sei, stand nicht im Belieben der Behörde. Sie hatte vielmehr pflichtgemäß zu prüfen, ob nach den Umständen die öffentliche Ordnung oder Sicherheit unmittelbar gefährdet sei. Erst nach dieser pflichtgemäßen Prüfung könne eine entsprechende Maßnahme getroffen werden. Mit der Möglichkeit, die Versammlung von Auflagen abhängig zu machen, stellte der Gesetzgeber den schon allgemein geltenden Grundsatz der Verhältnismäßigkeit des Mittels zum Zweck im Interesse weitgehender Vermeidung behördlicher Beschränkungen der Versammlungsfreiheit noch besonders heraus. Demnach musste die Behörde von einem gänzlichen Verbot einer Versammlung absehen, wenn zwar nach den im Einzelfall gegebenen Umständen die öffentliche Sicherheit oder Ordnung zwar gefährdet schien, die Gefährdung jedoch durch Erteilung entsprechender Auflagen soweit herabgemildert werden könne, dass ein vorbeugendes Verbot nicht gerechtfertigt erscheine. Das vorbeugende Verbot durfte also nur das äußerste Mittel sein. Die Erteilung von Auflagen konnte

---

119 Das Versammlungsrecht, 1953, S. 8.

120 Trubel/Hainka, a.a.O., S. 13.

sich auf Ort und Zeit der Veranstaltung sowie auf die Art und Weise ihrer Durchführung erstrecken.[121] Zu den Auflagen wurde weiter ausgeführt:

> „Bei Versammlungen unter freiem Himmel und bei Aufzügen größeren Ausmaßes wird die Erteilung bestimmter Auflagen zur Verhinderung unmittelbarer Gefährdung der öffentlichen Sicherheit oder Ordnung, ganz besonders aber mit Rücksicht auf den Gemeingebrauch an öffentlichen Straßen und Plätzen, wohl in allen Fällen notwendig sein. Dabei ist davon auszugehen, daß solche Veranstaltungen auch in Beziehung auf den Straßenverkehr keine bevorzugte Stellung einnehmen. Sie unterliegen, [...] den allgemeinen verkehrsrechtlichen Vorschriften. Auflagen, die zur reibungslosen Abwicklung des Straßenverkehrs notwendig sind, z.B. Beschränkung von Aufzügen auf Dreierreihe, Einhaltung der rechten Fahrbahnseite, Freilassung der Gehbahn und der Straßenbahnschienen [...] sind daher zulässig."[122]

Die Sorge für die Leichtigkeit des Verkehrs gehörte dabei für die Autoren zur Aufrechterhaltung der öffentlichen Ordnung.

Ging die Gefahr nicht von der Versammlung, sondern von dritter Seite aus und sei dadurch eine Störung einer an sich nicht verbotenen Versammlung zu befürchten, so hatte die Polizei nach Ansicht von *Trubel/Hainka* die Pflicht, alle Vorkehrungen zu treffen, um die ungehinderte Ausübung des Versammlungsrechts zu gewährleisten. Unter allen Umständen müsste die Beeinträchtigung des Versammlungsrechts verhindert werden und erforderlichenfalls müsste gegen die Störer eingeschritten werden. Nur in ganz besonderen Ausnahmefällen dürfte gegen die Versammlung selbst vorgegangen werden.[123] War eine Versammlung nicht angemeldet, was nach § 14 VersG zwingend vorgeschrieben war, so musste die Auflösung erfolgen, ein Ermessensspielraum bestand dann nicht mehr.[124] Auch für die Auflösung einer Versammlung sollte der zuständige Polizeibeamte im Interesse einer weitgehenden Vermeidung behördlicher Beschränkungen sehr sorgfältig prüfen, ob nicht ein milderes Mittel zur Verfügung stünde. Auf keinen Fall dürften übereilte polizeiliche Maßnahmen dazu führen, dass die Unparteilichkeit der Polizei in Zweifel gezogen und das polizeiliche Einschreiten als eine nicht gerechtfertigte Beschneidung staatsbürgerlicher Rechte empfunden werde.[125]

Für *Füßlein*, dessen Kommentar 1954 erschien, wirkten Versammlungen zu allen Zeiten auf den Staat, bald fördernd und ihm ständig neue Im-

---

[121] Trubel/Hainka, a.a.O., S. 89.

[122] Trubel/Hainka, a.a.O., S. 57.

[123] Trubel/Hainka, Das Versammlungsrecht, 1953, S. 58 f.

[124] Trubel/Hainka, a.a.O., S. 60.

[125] Trubel/Hainka, S. 61.

pulse erteilend, bald seine Autorität schwächend und zersetzend. Eine solche Nahtstelle zwischen Staat und Gesellschaft sei daher stets ein Politikum ersten Ranges. Der Staat des fürstlichen Absolutismus und die moderne Diktatur würden deshalb dazu neigen, Versammlungen uneingeschränktem staatlichen Zugriff zu unterwerfen, während der demokratische Rechtsstaat sich in Gefahr sehe, die gesetzlichen und für alle gleichen Freiheiten, die er dem Staatsbürger auch auf diesem Gebiet gewähre, unter Umständen zu einer Bedrohung für seine Existenz werden zu lassen.[126] Nach *Füßlein* war der das VersG beherrschende Gedanke die Ordnung *in* der Versammlung, also die Rechtsbeziehungen zwischen Veranstalter, Leiter und Teilnehmern umfassend zu regeln. Stärker in den Vordergrund getreten waren in dem neuen VersG die Vorschriften über die Befugnisse der Polizei.[127] Für die Eingriffsbefugnisse der Polizei galt für *Füßlein* folgendes:

Aus § 14 Abs. 1 VersG folgte, dass eine Versammlung unter freiem Himmel oder ein Aufzug ohne Veranstalter, also eine Spontanveranstaltung, zwar denkbar seien, aber nach dem Gesetzeszusammenhang als unzulässig und im Sinne des § 29 Nr. 1 VersG als verboten angesehen werden müssten:

> „Das ergibt sich einmal daraus, daß sonst unter Umgehung des Gesetzes jede nach § 15 VersG verbotene Versammlung durch eine beliebige andere Person als den von dem Verbot betroffenen Veranstalter dennoch abgehalten werden könnte. Die Unzulässigkeit ist auch aus den Strafbestimmungen abzuleiten, denn nach § 26 Abs. 1 Nr. 2 macht sich strafbar, wer eine unangemeldete Versammlung unter freiem Himmel oder einen unangemeldeten Aufzug leitet; wenn also die Leitung einer Spontanversammlung unter freiem Himmel oder eines Spontanaufzuges strafbar ist, dann ist das Unternehmen selbst ebenfalls gesetzwidrig und verboten."[128]

Zu § 15 VersG führte *Füßlein* aus, dass im Gegensatz zu Versammlungen in geschlossenen Räumen das Verbot hier nicht nur im Einzelfall sondern – sofern die übrigen Voraussetzungen vorlägen – auch generell durch Verordnung erfolgen könne, also ebenfalls für noch nicht angemeldete Versammlungen. Für ein Verbot sollte weiter gelten, dass auf Grund von verkehrspolizeilichen Vorschriften über die Verkehrsregeln jederzeit ein Verbot ergehen konnte. Ihnen unterliege jeder Verkehrsteilnehmer, gleichgültig, ob er sich in einer Versammlung befinde oder nicht. Die Beachtung der Verkehrsvorschriften sei daher eine dem Grundrecht der Versammlungsfreiheit immanente Schranke.[129]

---

[126] Versammlungsgesetz, Erläuterungsbuch, 1954, S. 1.

[127] Füßlein, a.a.O., S. 11.

[128] Füßlein, a.a.O., S. 65.

[129] Füßlein, a.a.O., S. 67.

Die Anwendung von Auflagen an Stelle eines Verbotes sei schon unter der Geltung des Reichsvereinsgesetzes zulässig gewesen, in § 1 der Notverordnung des Reichspräsidenten vom 4. Februar 1933 seien Auflagen ausdrücklich vorgesehen gewesen. Mit den Auflagen sollten räumliche und zeitliche Beschränkungen festgelegt werden können, aber auch Ablauf und Inhalt der Veranstaltung betreffen können. Allerdings durften sie nicht willkürlich sein und mussten durch den polizeilichen Grundsatz der Verhältnismäßigkeit des Mittels bestimmt sein.[130]

Für die nach den Umständen unmittelbar gefährdete öffentliche Sicherheit und Ordnung kamen als Tatbestände neben den in § 5 VersG genannten vor allem auch verkehrspolizeiliche und allgemein sicherheitspolizeiliche Erwägungen in Betracht. Nicht notwendig sei es, dass die erwartete Gefährdung nur vom Veranstalter oder seinem Anhang ausgehe. Mit der Vorschrift sei zugleich das polizeiliche Notstandsrecht in Bezug genommen, wonach bei der Unmöglichkeit, eines pflichtwidrigen Umstandes anders Herr zu werden als durch Inanspruchnahme eines Unbeteiligten, auch der Unbeteiligte – also der Veranstalter im Falle einer von dritter Seite zu erwartenden Störung – ausnahmsweise in Anspruch genommen werden könne. Demnach könne also ein Aufzug einer politischen Vereinigung verboten werden, gegen die an sich keine Bedenken bestünden, wenn mit einer Störung von gegnerischer Seite in einem solchen Maße zu rechnen sei, dass die öffentliche Sicherheit oder Ordnung gefährdet sei und wenn die Gefahr nicht anders als durch ein Verbot behoben werden könne.[131] Für die Tatbestandsalternative der Auflösung sollte es möglich sein, statt dieser auch eine Unterbrechung der Versammlung vorzunehmen, wenn der polizeiliche Zweck auch so erreicht werden könne.[132]

Im Jahre 1960 veröffentlichte *A. Stümper* einen Aufsatz zum polizeilichen Einschreiten gegen Menschenansammlungen. Focus des anderthalbseitigen Aufsatzes war zunächst der Begriff der Versammlung. Denn die Voraussetzungen, unter denen die Polizei gegen eine Menschenansammlung einschreiten dürfe, seien je nachdem, ob es sich um eine Versammlung im Sinne des VersG handele oder nicht, verschieden. Zur Bestimmung des Versammlungsbegriffs bediente sich *Stümper* der Auslegung des Reichsgerichts und eines Urteils des Kammergerichts aus dem Jahre 1891. Im Ergebnis sollte die Polizei gegen eine Menschenansammlung, die keine Versammlung darstellte, aufgrund der allge-

---

[130] Füßlein, Versammlungsgesetz, 1954, S. 68.

[131] Füßlein, a.a.O., S. 68 f.

[132] Füßlein, a.a.O., S. 69. In dem Aufsatz „Rechtliche Probleme des Versammlungsgesetzes", DVBl 1954, S. 553 ff., erschienen dieselben Gedanken noch einmal in gedrängter Form.

meinen polizeilichen Voraussetzungen einschreiten können, da nicht unmittelbar ein Grundrecht beschnitten werde.[133] Anders verhalte es sich beim Einschreiten gegen Versammlungen, da hier das unmittelbare Grundrecht aus Art. 8 GG beschränkt werde. Eine solche Beschränkung sei nur auf Grund eines Gesetzes möglich, nämlich des Versammlungsgesetzes:

> „Das Grundrecht der Versammlungsfreiheit ist ein Ausfluß des schwerwiegenden Grundrechts der persönlichen Freiheit und des Rechts der freien Meinungsäußerung. Selbst das Kaiserreich, in dem der sonstige Grundrechtskatalog erheblich eingeschränkt war (vgl. ReichsvereinsG v. 19.4.1908) achtete das Recht der Versammlungsfreiheit, so daß es sich um so mehr einem demokratisch-liberalem Staat geziemt, dieses Recht nicht unnötig anzutasten. Eine zu starke Beschneidung dieses Grundrechts wirkt sich auch staatspolitisch nachteilig aus. Es läßt in der Bevölkerung den Argwohn entstehen, man beschneide sie in ihrer politischen [...] Willensbildung. Auch treibt es gewisse Kreise dazu, unerlaubte Versammlungen abzuhalten, die in ihrer von vornherein vorhandenen Gesetzwidrigkeit sehr viel gefährlicher sind. Auch ist es gut, wenn die Volksmeinung ein Ventil hat, durch das sie an die Oberfläche treten kann. Eine zu starke Beschneidung legt auch den Verdacht eines 'Polizeistaates' und einer totalitären Staatsauffassung nahe. Die Polizei wird also das Recht der Versammlungsfreiheit im vertretbaren Rahmen voll respektieren."[134]

Allerdings sei es vom polizeilichen Gesichtspunkt aus nicht zu verkennen, dass die Ansammlung einer anonymen Menschenmenge nicht nur eine gewisse Störung der öffentlichen Ordnung (so z.B. des Straßenverkehrs) darstelle, sondern

> „auch eine gewisse Gefährdung der Allgemeinheit bedeutet, so wenn Diskussionen in Ruhestörungen (Pfui-Rufen) und Schlägereien ausarten. Auch suchen bekanntlich asoziale Elemente oder störungsfreudige Personen Gelegenheiten, Krawall zu machen. Versammlungen bieten hierzu oft eine willkommene Gelegenheit."[135]

Rechtsprechung zu Auslegung und Anwendung des VersG ließ sich in den Kommentaren bis 1966 nicht finden. Noch in diesem Jahr verwies der Kommentar von *v. Mangoldt/Klein* lediglich auf das Urteil des OVG Hamburg vom Januar 1953, welches noch vor Inkrafttreten des VersG ergangen war.[136]

---

[133] Stümper, Das polizeiliche Einschreiten gegen Menschenansammlungen, DöV 1960, S. 116 ff., 117.

[134] Stümper, a.a.O., S. 117.

[135] Stümper, Das polizeiliche Einschreiten gegen Menschenansammlungen, DöV 1960, S. 116 ff., 117.

[136] v. Mangoldt/Klein, Bonner Grundgesetz, 2. Aufl. 1966, Anm. III 2. zum Versammlungsbegriff; auch der Kommentar von Hamann, 2. Aufl. 1961, verwies lediglich auf

3.4.2 *Zusammenfassung*

Die verwaltungsrechtliche Auseinandersetzung mit der Versammlungsfreiheit erfolgte nicht besonders intensiv und tiefgehend. So beschränkte sich hier die Debatte auf insgesamt vier Autoren, bis 1968 waren in dem vorliegenden Quellenmaterial zwei Aufsätze zu finden. Das einzige in den Quellen zu findende verwaltungsrechtliche Urteil stammte noch aus der Zeit von vor Inkrafttreten des VersG.

Aus den betrachteten Beiträgen zu Ausgestaltung und Anwendung des Versammlungsrechtes lässt sich zwar die Tendenz herauskristallisieren, dem Demonstrationsrecht einen gewissen Stellenwert beizumessen und dessen wichtige Bedeutung für die Demokratie zu betonen. Aber ebenso wie auf verfassungsrechtlicher Ebene spiegelte sich dies nicht ganz in der praktischen Umsetzung wieder. Das „Lüth"-Urteil des BVerfG und ein verfassungsgerichtliches Urteil zur Versammlungsfreiheit waren zum Zeitpunkt der Veröffentlichung der Beiträge noch nicht erschienen. Eine wirkliche Vorstellung davon, wie das Versammlungsrecht im Einklang mit Art. 8 GG anzuwenden ist, schien aber auch noch nicht vorhanden zu sein. Denn die Auslegung des VersG erfolgte ohne jegliche Bezugnahme auf den Bedeutungsgehalt des Grundrechts. Zwar spielte der Grundsatz der Verhältnismäßigkeit eine zentrale Rolle. Seine konkrete Ausgestaltung blieb aber hinter dem heute gültigen Auslegungsstandard weit zurück.[137] So war der Straßenverkehr gleichrangiges Rechtsgut zur Versammlungsfreiheit, im Rahmen der Abwägung wurde er ohne weitere Einzelfallbezogenheit schematisch dem Demonstrationsrecht entgegengesetzt. Eine Hilfestellung für einen differenzierteren Abwägungsvorgang boten die Erörterungen nicht, sie blieben schematisch und sehr im Vagen.

Ob die Autoren sich den Ablauf einer Großdemonstration nicht vorstellen konnten oder wollten, mag dahinstehen. Die Vorstellung gegenüber einer Versammlung mit dem Mittel der Unterbrechung einzuschreiten lässt zumindest die Vorstellung obrigkeitlicher Lenkung des Versammlungsablaufes durchscheinen. In Übereinstimmung mit dieser Tendenz steht ebenso die formale Auffassung über das Anmeldeerfordernis und in Folge deren Fehlens die Unzulässigkeit von (Spontan) Versammlungen.

Zusammenfassend vermittelt die Handhabung der Dogmatik den Eindruck, dass nach Auffassung der hier vorgestellten Autoren sich die öf-

---

dieses Urteil. Auch der Kommentar von Dietel/Gintzel aus dem Jahre 1968 verweist lediglich auf dieses Urteil. Vgl. zu dem Urteil oben Kapitel 3.1.3.

[137] Vgl. dazu nur das Urteil des BVerfG zu Art. 8 GG aus dem Jahre 1985, BVerfGE 69, S. 315 ff.

fentliche politische Meinungsbildung nicht „staatsfrei" vollziehen sollte, vielmehr der Staat wie bei Bestehen eines Genehmigungsvorbehaltes nach wie vor seine lenkende Hand über die Durchführung von Versammlungen halten sollte.

3.5 *Strafrechtliche Grenzen der Versammlungsfreiheit*

Nach der überlieferten strafrechtlichen Auffassung waren der Bildung von Menschenansammlungen jeder Art restriktive strafrechtliche Grenzen gesetzt. Nun sind größere Demonstrationen - zumindest rein physisch betrachtet – aber immer Massenvorgänge und nicht nur die neue dogmatische Ausgestaltung der Grundrechte in der Bundesrepublik sondern auch ein geändertes demokratisches Grundverständnis hätten zu einer neuen Betrachtungsweise der tradierten Auslegung und Anwendung der die Versammlungsfreiheit beschränkenden Strafrechtsnormen führen müssen. Änderte sich in der Bundesrepublik aus strafrechtlicher Sicht also etwas an der Einstellung gegenüber dem Auftreten von Menschenansammlungen? Gab es im Strafrecht eine Auseinandersetzung mit dem Grundrecht der Versammlungsfreiheit?

Zur allgemeinen Struktur der Massedelikte führte *R. Maurach,* habilitiert bereits im Jahre 1934 und zuvor ordentlicher Professor im ehemals preußischen Königsberg[138], im Jahre 1956 in seinem Strafrechtslehrbuch zum Wesen der Massedelikte aus, die gesetzliche Konstruktion der Normen sei wohldurchdacht, gemeinsames Gefahrmoment sei die Bildung der fluktuierenden und nicht kontrollierbaren Menschenanhäufung mit den unabsehbaren Folgen der plötzlichen Impulsbildung innerhalb derselben. Das „Wehe, wenn sie losgelassen!" habe ursprünglich den mechanisch wirkenden Naturgewalten gegolten – es gelte aber in gleichem Maße für die Bildung des Masseninstinktes, so dass man zu Recht die §§ 115 StGB a.F. ff. den gemeingefährlichen Verbrechen gleichgesetzt habe.[139]

> „Die latente Gefahr der Menge in ihrer bloßen Existenz liegt einmal im Massebewusstsein als solchem, dem übersteigerten Kraftgefühl, das der einzelne als Mitglied der Masse im Vertrauen auf die um ihn Stehenden, in gleicher Richtung Beeinflussbaren oder Beeinflussten, nur zu leicht gewinnt, zum zweiten in der beängstigend leichten Lenkbarkeit der Masseninstinkte und der Bildung des Massewillens, der gerade elementar zu Selbsthilfe neigt."[140]

---

138 Kürschners, 1976, S. 2028 f.

139 Maurach, Deutsches Strafrecht, Besonderer Teil, 2. Auflage, 1956, S. 531.

140 Maurach, a.a.O., S. 531.

Auch im Jahre 1964 fand sich in seinem Lehrbuch noch diese Auffassung.[141]

3.5.1 § 116 StGB, Auflauf: Schrifttum und Rechtsprechung

Der in der Bundesrepublik zur Zeit der 68er Ereignisse geltende § 116 StGB a.F. lautete:

> „Wird eine auf öffentlichen Wegen, Straßen oder Plätzen versammelte Menschenmenge von dem zuständigen Beamten oder Befehlshaber der bewaffneten Macht aufgefordert, sich zu entfernen, so wird jeder der in der Menge versammelten, welcher nach der dritten Aufforderung sich nicht entfernt, wegen Auflaufs mit Gefängnis bis zu drei Monaten oder mit Geldstrafe bestraft."[142]

Zweck der Norm war weiterhin, die Auflösung jedweder Menschansammlung zu ermöglichen.

Im Jahre 1953 befasste sich der BGH unter der bundesrepublikanischen Rechtsordnung erstmals mit § 116 StGB a.F. im Zusammenhang mit der Versammlungsfreiheit, als er über eine Demonstration vor einem Lichtspieltheater, in dem *Willi Frosts* Film „Die Sünderin" lief, urteilen musste.[143] Das LG hatte festgestellt, dass der örtlich und sachlich zuständige Polizeirat die vor dem Theater versammelte Menge dreimal aufgefordert hatte, sich zu entfernen, der Angeklagte aber auch nach der dritten Aufforderung nicht weggegangen sei. Trotzdem verurteilte es ihn nicht, da es in den Anweisungen des Polizeirates keinen Befehl im Sinne des § 116 StGB a.F. gesehen hatte. Diese Auffassung teilte der BGH nicht. Er stellte fest:

> „Wegen Auflaufs macht sich [...] strafbar, wer als Angehöriger einer Menschenmenge der dreimal verkündeten polizeilichen Aufforderung, sich zu entfernen, nicht folgt. Auf den Wortlaut eines solchen Befehls kommt es nicht an, sofern nur deutlich wird, daß die Auflösung der Menschenansammlung verlangt wird. Der Ungehorsam gegenüber einem solchen Befehl ist mit Strafe bedroht, weil das Zusammenbleiben der Menge jederzeit eine Gefahr für die öffentliche Sicherheit und Ordnung hervorrufen kann. [...] Zur Aufrechterhaltung der Ordnung gehört *auch* die Sorge für die glatte Abwicklung des Straßenverkehrs. Auch aus diesem Gesichtspunkt kann die Polizei anordnen, daß sich die Angehörigen einer Menschenmenge zu entfernen haben. [...] Die Befugnis, in jedem Augenblick Anordnungen nach § 116 StGB zu treffen, ergibt sich aus der erhöhten Gefährdung der öffentlichen Sicherheit und Ordnung durch die An-

[141] Maurach, Deutsches Strafrecht, Besonderer Teil, 4. Auflage 1964, S. 607.

[142] Schwarz/Dreher, Strafgesetzbuch, § 116, 29. Auflage 1967.

[143] Hildegrad Knef war in diesem Film in einer kurzen Nacktszene zu sehen. Der Film rief deswegen eine heftige Protestkampagne hervor, Pfarrer predigten von der Kanzel gegen die „Sünderin", Kinos wurden von aufgebrachten Moralaposteln verbarrikadiert. Flugblätter stellten die „Ehre unserer Frauen und Mädchen" und „das gesunde Ehrbarkeitsgefühl unseres Volkes" wieder her, das Hildegard Knef „verhöhnt" hatte, vgl. dazu Glaser, a.a.O., 2000, S. 219.

sammlung einer Menschenmasse. Das Zusammenströmen der Menschen in der Öffentlichkeit kann zunächst friedlich und harmlos sein, aber in kurzer Zeit zu einer Gefahrenquelle werden, so daß die zuständigen Beamten jederzeit berechtigt sein müssen, von den Teilnehmern der Versammlung zu verlangen, daß sie sich entfernen."[144]

Zur inneren Tatseite führte der BGH noch aus, dass es nicht erforderlich sei, dass der Angeklagte selbst unmittelbar von dem Befehl Kenntnis nahm. Es sollte genügen, wenn er durch andere Teilnehmer der Versammlung von der Anordnung erfuhr.[145]

Über dieses Urteil hinaus konnte man sich in den fünfziger und frühen sechziger Jahren lediglich in Kommentaren und Lehrbüchern über die Auslegung des § 116 StGB a.F. informieren.[146] Der Frage über eine geänderte Auslegung des Begriffs der versammelten Menschenmenge bzw. des Verhältnisses des „Auflaufs" überhaupt zu dem dogmatisch neu ausgestalteten Grundrecht der Versammlungsfreiheit ging ebenso wie der BGH niemand nach. So führte *Schönke/Schröder* noch im Jahre 1965 aus: „Der Tatbestand des Auflaufs schützt die öffentliche Sicherheit und Ordnung; gegen ihn bestehen daher keine verfassungsrechtlichen Bedenken".[147] Entsprechend führte der Leipziger Kommentar im Jahre 1957 aus, dass jede zusammengelaufene Menge eine Gefährdung für das Schutzgut der öffentlichen Ordnung darstelle.[148]

Im Übrigen wurde zu § 116 StGB a.F. folgende Auslegung vertreten: Strafbar war zwar nicht schon das Sich-Versammeln, aber das Sich-Nicht-Entfernen nach einer dreimaligen Aufforderung durch einen Polizeibeamten.[149] Gleichgültig war, mit welcher Zielsetzung - ob zu erlaubten oder unerlaubten Zwecken - sich eine Menge versammelt hatte.[150]

---

[144] BGHSt 5, 245 ff., 250 f.

[145] BGHSt, a.a.O., S. 251.

[146] Vgl. dazu etwa Maurauch, der bis zur 4. Aufl. 1964 keinerlei „Spezialliteratur" aus jüngeren Fachzeitschriften zu § 116 StGB a.F. anführt.

[147] Schönke/Schröder, Strafgesetzbuch, § 116, Rndnr. 1, 12. Auflage, 1965. Bei Mezger und Mezger/Blei finden sich in der 6. Aufl. 1958 und der 8. Aufl. 1964 lediglich die Ausführungen, dass sich die Norm auf das Sich-Nicht-Entfernen nach dreimaliger Aufforderung beziehe, verfassungsrechtliche Überlegungen werden dementsprechend nicht angeführt, S. 271.

[148] § 116, Anmerkung I, 8. Auflage. Die neunte Auflage erschien im Jahre 1974.

[149] Welzel, Deutsches Strafrecht, bis zur 9. Aufl. 1965, S. 455; Leipziger Kommentar, 8. Auflage 1957, § 116, Anm. I.

[150] So noch Schönke/Schröder § 116, Anm. I., 12. Aufl. 1965. Vgl. auch Maurach, Strafrecht, Besonderer Teil, 2. Aufl. 1956 bis 4. Aufl. 1964, der es nicht als erforderlich ansah, dass die Menschenmenge von potentieller Rechtsfeindlichkeit geprägt sei, S. 535 in der 2. Aufl.

An die Rechtmäßigkeit der Auflösungsanordnung wurden geringste Anforderungen gestellt: der auffordernde Beamte musste sachlich und örtlich zuständig sein, ob die Aufforderung im Einzelfalle angebracht war, also nach verwaltungsrechtlichen Gesichtspunkten rechtmäßig, spielte keine Rolle, sie durfte nur nicht rein willkürlich sein. Die Rechtmäßigkeit der Aufforderung war lediglich objektive Bedingung der Strafbarkeit.[151] Bei dem eigentlich schwer zu führenden Nachweis der inneren Tatseite, nämlich dem Umstand, ob ein Teilnehmer den Befehl überhaupt gehört hatte, schloss man sich der reichsgerichtlichen Rechtsprechung und dem BGH-Urteil aus dem Jahre 1953 an. Nach wie vor entging man der Beweisnot durch eine großzügige Handhabung des Vorsatzes: von dem Befehl musste man nicht selbst unmittelbar Kenntnis genommen haben. Es genügte, wenn man durch andere Anwesende in der Menschenmenge oder sonst wie die Auflösungsaufforderung hätte erfahren können.[152]

Im Jahre 1964 äußerte das BayObLG keine Bedenken gegen die Verfassungsmäßigkeit von § 116 StGB a.F. Der Ungehorsam gegen eine Auflösungsanordnung sollte, in Anlehnung an obiges BGH-Urteil strafbewehrte Folgen haben, wenn

> „die Anordnung die Zerstreuung einer auf öffentlichen Wegen und Plätzen versammelten Menschenmenge zum Ziel hat. Die Auflösung solcher Menschenansammlungen ist ein Zweck, der gegenüber den Grundrechten der freien Entfaltung der Persönlichkeit und der persönlichen Freiheit (Art. 2 GG) bestehen kann, weil die Ansammlung zu einer Gefahr für den öffentlichen Frieden werden, zumindest aber die geordnete Abwicklung des Straßenverkehrs nachhaltig stören kann. [...] Die Strafvorschrift dient also der Wahrung von Rechtsgütern, die auch im Sinne des Strafrechts schutzwürdig sind."[153]

3.5.2 § 125 StGB, Landfriedensbruch: Schrifttum und Rechtsprechung

Bis zu den 68er Ereignissen galt für den Landfriedensbruch folgende Fassung:

> „Wenn sich eine Menschenmenge öffentlich zusammenrottet und mit vereinten Kräften gegen Personen oder Sachen Gewalttätigkeiten begeht",

so lag ein Landfriedensbruch nach § 125 I StGB a.F. vor und damit wurde jeder,

---

[151] Schwarz/Dreher, § 116, 24. Aufl. 1962, Anm. 1 B, ebenso noch in der 27. Aufl. 1965, Anm. 1.B. Ebenso auch Leipziger Kommentar, Anm. III, 8. Aufl. 1957.

[152] Maurach, Strafrecht, Besonderer Teil, 2. bis 4. Aufl., in Bezugnahme auf den BGH, S. 535; Schwarz/Dreher, § 116, Anm. 2., 24 Aufl. 1962; Schönke/Schröder, Strafgesetzbuch, 9. Aufl. 1959, Anm. IV. Leipziger Kommentar, 8. Aufl. 1957, Anm. VI.

[153] BayObLG, NJW 1964, S. 676 f., 676.

„welcher an dieser Zusammenrottung teilnimmt, wegen Landfriedensbruchs mit Gefängnis nicht unter drei Monaten bestraft." Absatz II lautete: „Die Rädelsführer sowie diejenigen, welche Gewalttätigkeiten gegen Personen begangen oder Sachen geplündert, vernichtet oder zerstört haben, werden mit Zuchthaus bis zu zehn Jahren bestraft; auch kann auf Zulässigkeit von Polizeiaufsicht erkannt werden."[154]

Geschütztes Rechtsgut dieser Norm war nach wie vor der Zustand der öffentlichen Ruhe und Ordnung.[155] Wesen des „Aufruhrs" gemäß § 115 StGB a.F. war die Teilnahme an einer öffentlichen Zusammenrottung, in deren Verlauf mit vereinten Kräften die Tatbestände des Widerstandes gegen die Staatsgewalt oder der Beamtennötigung begangen wurden. Strafdrohung war Gefängnis nicht unter sechs Monaten.[156]

Wie oben dargestellt barg durch die Auslegung des Reichsgerichts jedwedes Sich-Aufhalten in einer Menschenmenge das Risiko in sich, sich eines Landfriedensbruchs schuldig zu machen. Änderte sich an dieser Auslegung nun etwas unter der Rechtsordnung der Bundesrepublik? Was lässt sich zum Spannungsverhältnis Landfriedensbruch und Demonstrationsrecht herausfinden?

Zur Problematik über das Spannungsverhältnis von versammelten Menschenmengen im Verhältnis zu § 125 StGB a.F. wird man in dem ersten Zeitraum der Bundesrepublik vor allem fündig in Bezug auf das Streikrecht. So ergingen im Nachgang zu den Streiks Anfang der 50er Jahre zahlreiche Urteile wegen Landfriedensbruchs.[157] In seiner Untersuchung dieser Urteile konstatierte *Niese*, dass sich fast alle Gerichte bei der Umschreibung dessen, was man unter Landfriedensbruch zu verstehen habe, durchgängig formelhafter Wendungen bedienten. Dies liege aber daran, so *Niese*, dass seit langem die Rechtsprechung unter Führung des Reichsgerichtes feststehende Grundsätze ausgebildet hätte. Insofern würden die Streik-Urteile juristisch nichts Neues enthalten, sondern nur eine Bestätigung der bisherigen Praxis und Lehre.[158] Die gleiche Feststellung traf *G. Kaiser* in seiner Untersuchung über die Verfahren wegen Landfriedensbruchs anlässlich der Halbstarkenkrawalle.[159]

Die Kommentare und Lehrbücher übernahmen die durch die alte Lehre und Rechtsprechung entwickelte Auslegung. Mehrheitlich finden sich

---

[154] Schwarz/Dreher, § 125, 29. Auflage 1967.

[155] So bezeichnet in Schönke/Schröder, § 125, Rdnr. 1, 12. Auflage 1965.

[156] Maurach, Strafrecht, Besonderer Teil, 5. Auflage 1969, S. 647.

[157] Vgl. dazu Niese, Streik und Strafrecht, 1954; Vgl. zu den Streiks Rupp, Politische Geschichte der Bundesrepublik, 3. Auflage 2000, S. 77 ff.

[158] Niese, Streik und Strafrecht, 1954, S. 148.

[159] Vgl. dazu nur Kaiser, Randalierende Jugend, 1959, hier insbesondere S. 29 ff.

als Urteilsangaben die oben aufgeführten Reichsgerichtsentscheidungen[160], die ohne jede weitere Kritik oder Überprüfung nach nunmehr bundesrepublikanischen Rechtsmaßstäben übernommen wurden.[161] Daneben wurden in den Kommentaren drei neuere Urteile genannt, zwei Urteile des BGH aus dem Jahre 1954 und eines des BayObLG aus dem Jahre 1955. Schrifttum wurde aus den zwanziger Jahren bzw. aus dem 19. Jahrhundert angeführt.[162]

Auch diese Urteile brachten keine Änderung in Auslegung und Anwendung des Landfriedensbruchs, bis auf das der BGH in einer seiner Entscheidungen auf der Ebene des subjektiven Tatbestandes von der Rechtsprechung des Reichsgerichts abwich. In seinem Urteil vom Februar 1954 führte der BGH zur Auslegung des § 125 StGB a.F. aus:

> „Den Erwägungen des angefochtenen Urteils ist entgegenzuhalten, daß eine den Wortlaut des Gesetzes nicht einschränkende Auslegung zu durchaus sinnvollen und gerechten Ergebnissen führt. Wie in der Rechtsprechung allgemein anerkannt wird, ist Täter nach § 125 I StGB jeder, der willentlich an der Zusammenrottung teilnimmt, auch wenn er die von der Menge begangenen Gewalttätigkeiten nicht billigt oder sogar mißbilligt (RGSt 55, 2249; 58, 207, 209; 60, 331)."[163]

In seinem Urteil vom 28. September 1954 rekurrierte der BGH auf der Ebene des objektiven Tatbestandes auf die reichsgerichtliche Rechtsprechung und sah auch keinen Anlass, von dieser Rechtsauffassung abzuweichen[164]. Der Unrechtsgehalt der Teilnahme ergab sich nach dem BGH demnach daraus, dass der Täter durch seinen Anschluss an die zusammengerottete Menschenmenge oder sein Verbleiben in ihr deren

---

[160] Vgl. dazu oben Kapitel 2.2.2.

[161] Im Rahmen des Aufruhrs zitierte Maurach, 3.Aufl. 1959, RGSt 56, 281; RGSt 20, 403. Schönke/Schröder berief sich im Rahmen der Kommentierung zu § 125 StGB a.F. auf RGSt 60, S. 332; ebenso auf RGSt 56, S. 281; RGSt 55, S. 249; 58, S. 209. Dreher, 24. Aufl. 1962, zu § 125 StGB a.F. führte RGSt 20, S. 405; 60, S. 332; 54, S. 85 und 301 an. Die gleichen Urteilsangaben finden sich in den Ausführungen zu §§ 115, 125 StGB a.F. bei Mezger, 6. Aufl. 1958, 268 f. sowie 8. Aufl. 1964, S. 269 f.; ebenso bei Welzel, 5. Aufl. 1956, S. 394 f. und 6. Aufl. S. 414 f.

[162] So gab Schönke/Schröder in seiner 9. Aufl. aus dem Jahre 1959 einen Aufsatz von Arndt, Das Wesen des Landfriedensbruchs, ZStW 53, 216 (1933) an sowie Monographien aus dem Jahre 1928 und 1893. Maurach, Strafrecht, Besonderer Teil, führt in seiner 3. Aufl. aus dem Jahr 1959 ein ähnliches Schrifttum an, verweist aber auch auf den Aufsatz von Heinitz, Nötigung, Aufruhr und Landfriedensbruch bei Streikausschreitungen, JR 1956, S. 3 ff.

[163] BGHSt 5, S. 344 ff., 345; mit der Entscheidung leider nicht abgedruckt ist der ihr zugrunde liegende Sachverhalt.

[164] BGH, NJW 1954. S. 1694. Auch hier ist der zugrundeliegende Sachverhalt nicht mit abgedruckt.

friedensstörende Ziele fördere. Bezüglich des subjektiven Tatbestandes nahm der BGH aber eine Korrektur der reichsgerichtlichen Rechtsprechung vor: Zwar erfordert der innere Tatbestand nach wie vor nicht, dass der Täter die friedensstörenden Ziele der zusammengerotteten Menschenmenge billige. Er setze aber voraus, dass er sich der jene Ziele fördernden, die Gefährlichkeit vergrößernden Wirkung seines Verhaltens bewusst sei. Wer ohne dieses Bewusstsein oder gar in der Absicht, beruhigend zu wirken, zu einer zusammengerotteten Menschenmenge in räumliche Beziehung trete oder in ihr verbleibe, könne nicht wegen Landfriedensbruchs bestraft werden. Dass dieser Nachweis in einer mehr oder minder großen Anzahl von Fällen nicht erbracht werden könne, sei im Übrigen kein Grund, das Erfordernis des Vorsatzes auf einen Teil des äußeren Tatbestandes zu beschränken.[165]

Das Urteil des BayObLG befasste sich mit einem Landfriedensbruch anlässlich eines Streiks.[166] Bei diesem war eine versammelte Menschenmenge quasi als menschliche Mauer aufgetreten und hatte am Streik Unbeteiligte auch körperlich belästigt. In diesem Verhalten sah das BayObLG alle Merkmale des § 125 I StGB a.F. erfüllt, was folgende Erwägungen ergaben:

> „Dabei wird unter 'Zusammenrotten' verstanden das räumliche Zusammentreten oder Zusammenhalten einer Mehrheit von Personen zu einem gemeinschaftlichen bedrohlichen oder gewalttätigen Handeln dergestalt, daß sie nach außen hin als eine vereinte Macht und ihr Ziel, der sie beherrschende Wille, als friedensstörend, also rechtswidrig erkennbar wird (Vgl. RGSt 53, 503; BGH, NJW 54, 1694 [= BGHSt 5, 344 ff., C.D., vgl. dazu vorne.]) [...] Gewalttätigkeit setzt keine körperliche Berührung voraus, es genügt schon der Versuch (nicht aber die bloße Androhung oder Absicht) der Köperverletzung (vgl. RGSt 47, 178, 179/180; 65, 389) und jedes in Bewegung setzen physischer Kraft, die andere als körperlich empfinden und die sie in ihrer Bewegungsfreiheit lähmt [...]; schon das Versperren eines Zugangs durch eine Menschenmenge oder das feindselige Vorrücken einer Menschenmenge gegen Polizeibeamte ist eine Gewalttätigkeit (vgl. RGSt 45, 153/156 und 54, 89/90). Als eine von der Menge mit vereinten Kräften begangene Gewalttätigkeit hat auch eine von einem einzelnen begangene zu gelten, wenn sie von einer einzelnen Person 'unter passiver Assistenz der Rottierer' begangen wird [...], d.h. wenn ein einzelner in der Zusammenrottung handelt und die anderen billigend ihm zur Seite stehen [...]. Als Teilnehmer am Landfriedensbruch ist jeder zu behandeln, der sich vorsätzlich an die öffentlich zusammengerottete Menschenmenge, in welcher der Gesetzgeber eine gefahrdrohende Zusammenballung sieht, anschließt oder in ihr verweilt in dem Bewusstsein, daß es möglicherweise zu Gewalttätigkeiten kommen werde; neben dem äußeren Zusammenschluß vereint die Teilnehmer das ge-

165 BGH, a.a.O., S. 1694.

166 NJW 1955, S. 1806 f.

meinsame Bewußstein, Teil einer gewalttätig vorgehenden Menge zu sein (vgl. RGSt 58, 207/208/209 [...]).“[167]

Einen kritischen Blick auf die geltende Rechtslage, allerdings auch wieder in Bezug auf das Verhältnis von Streikrecht und Landfriedensbruch, fand man in dem Aufsatz von *E. Heinitz* aus dem Jahre 1956.[168] Seiner Ansicht nach war es bedenklich, das Streikpostenstehen, wie es sich in den letzten Jahrzehnten durch tatsächliche Übung entwickelt hatte, ohne Rücksicht auf die Besonderheiten des Streiks nur unter dem Gesichtspunkt der öffentlichen Ordnung zu betrachten.[169] Für ihn stellte sich vielmehr die Frage, ob aus der Anerkennung eines Streikrechts nach dem Grundsatz, dass das Gesetz, das eine Institution anerkennt, auch die Mittel zu seiner Durchführung geben muss, besondere Tatbestandseinschränkungen und Rechtfertigungsgründe abzuleiten seien.[170] In seinem Aufsatz hieß es:

> „Daß eine Zusammenballung von Menschen, aus deren Mitte heraus es jederzeit zu Gewalttätigkeiten kommen kann, auch vom Gesetzgeber als überaus gefährlich betrachtet wird, läßt sich aus dem Strafrecht entnehmen. Nicht nur sind die Strafdrohungen der §§ 115, 116, 125 StGB auffallend hart, sondern es werden auch die Teilnehmer an der Massenbildung u.U. bestraft, wenn es selbst ohne ihr Verschulden zu Gewalttätigkeiten seitens der Masse kommt. Die Rechtsprechung des Reichsgerichts ist hier bekanntlich stets von einer besonderen Unerbittlichkeit gewesen.“[171]

Schließlich war es nach *Heinitz* auch nicht mehr zeitgemäß, den Pressevertreter zu bestrafen, der sich aus „sachlicher Neugier“ unter die Menge mischte, um damit seiner Berufspflicht zu genügen.[172] Ein Aspekt der

---

[167] BayObLG, a.a O., S. 1806 f.

[168] Nötigung, Aufruhr und Landfriedensbruch bei Streikausschreitungen, JR 1956, S. 3 ff.

[169] Nach seiner Auffassung hatte die Betrachtung des Streiks von den allgemeinen Gesetzen her, so unanfechtbar der rechtliche Ausgangspunkt auch sein mochte, in der Vergangenheit, namentlich vor dem 1. Weltkrieg, dazu geführt, dass Polizei und Gerichte ohne Verständnis für die Besonderheiten des Arbeitskampfes die Strafbestimmungen über Erpressung, Landfriedensbruch, Aufruhr etc. anwandten und damit, wenn auch in der Überzeugung, die allgemeinen Gesetze anzuwenden, tatsächlich die Interessen der bürgerlichen Gesellschaft gegen die Arbeiter wahrnahmen, S. 3. Vgl. dazu auch R. Schröder, Die strafrechtliche Bewältigung der Streiks durch die Obergerichtliche Rechtsprechung zwischen 1870 und 1914, Archiv für Sozialgeschichte 31, 1991, S. 85 ff., S. 96 ff. und ders., Die Entwicklung des Kartellrechts und des kollektiven Arbeitsrechts durch die Rechtsprechung des Reichsgerichts vor 1914, 1988.

[170] Heinitz, a.a.O., S. 3.

[171] Heinitz, a.a.O., S. 4 f.

[172] Heinitz, a.a.O., S. 5.

reichsgerichtlichen Rechtsprechung, den auch *Maurach* unter dem Gesichtspunkt der Berufspflicht der Presse zur Berichterstattung als sehr zweifelhaft anführte.[173]

3.5.3 *Zusammenfassung*

Im Strafrecht fand wie in den anderen Rechtsgebieten keine weitreichende Auseinandersetzung mit der Demonstrationsfreiheit statt. Es gab zwei Urteile zu § 116 StGB a.F. im Zusammenhang mit dem Versammlungsrecht. Urteile, in denen das Verhältnis der Versammlungsfreiheit zu § 125 StGB a.F. fraglich gewesen wäre, ließen sich in dem betrachteten Quellenmaterial nicht finden.

Eine wesentliche Änderung der Auslegung unter der bundesrepublikanischen Rechtsordnung im Vergleich zu früher ist nicht festzustellen. Nach wie vor war aus dem strafrechtlichen Blickwinkel das Auftreten von Menschenmengen möglichst in engen Grenzen zu halten. Lediglich in Bezug auf das Streikrecht kam der Gedanke auf, dass durch die geltende Auslegung das theoretisch anerkannte Recht praktisch unmöglich gemacht wurde. Die durchgeführten grundrechtsdogmatischen Erwägungen zeigten methodisch als auch inhaltlich das mangelnde Bewusstsein, wie die Grundrechte bzw. vor allem Art. 8 GG bei Anwendung der einfachrechtlichen Normen hätten zur Geltung gebracht werden müssen. So kam der BGH im Jahre 1954 nicht von allein auf die Idee, bei seiner Würdigung eines Demonstrationsgeschehens Art. 8 GG in seine Überlegungen im Rahmen des § 116 StGB a.F. mit einzubeziehen. Spätestens das BayObLG in seinem Urteil aus dem Jahre 1964 hätte sich aber mit der Wechselwirkungstheorie des „Lüth"-Urteils aus dem Jahre 1958 auseinandersetzen müssen, um nicht pauschal zu konstatieren, dass die Störung des Straßenverkehrs durch eine Menschenmenge strafbewehrten Schutz verdiene.

3.6 *Fazit*

Im Verlauf der vorliegenden Darstellung ist deutlich geworden, dass in denen für das Versammlungsrecht rechtlich relevanten Teilgebieten eine besonders intensive und tiefgehende Auseinandersetzung mit diesem Freiheitsrecht nicht stattfand. In allen Bereichen sind Abhandlungen über das Versammlungsrecht nur in geringer Zahl vorhanden. Das Demonstrationsrecht fristete eher einen „Dornröschenschlaf".

Die Beiträge aus allen Rechtsgebieten rekurrierten auf Literatur und Rechtsprechung aus der Weimarer Republik oder früheren Epochen. Eine kritische Würdigung dieser überkommenen Auffassungen nun im

[173] Strafrecht, Besonderer Teil, 2. Auflage 1956, S. 532.

Sinne der bundesrepublikanischen Rechtsordnung fand nicht statt. Die Argumentationsführungen im Zusammenhang mit der Versammlungsfreiheit änderten sich weder inhaltlich noch qualitativ. So entsprachen vor allem grundrechtsdogmatische Erwägungen, wenn sie überhaupt erfolgten, methodisch und inhaltlich bei weitem nicht der heute geltenden Dogmatik. Sowohl das „Ob" als auch das „Wie" einer verfassungskonformen Auslegung der einfachrechtlichen Normen war nicht selbstverständlich bei der Rechtsanwendung.

Zusammenfassend kann man also festhalten, dass sich in den Argumenten und Wertungen der in dieser Untersuchung betrachteten bundesrepublikanischen Rechtspraxis vor 1968 ein „Mentalitäts"- bzw. „Qualitätswechsel" in der Norminterpretation gegenüber Weimar und früheren Zeiten nicht wirklich vollzogen hatte. Das Niveau von Ausgestaltung und Anwendung der Demonstrationsfreiheit lag noch deutlich hinter dem Standard zurück, welchen die heutige Rechtspraxis erreicht hat.

4 Die „68er"-Demonstrationen

Ziel des folgenden Kapitels ist nicht, die Geschichte der 68er Demonstrationen (neu) zu schreiben und das Demonstrationsgeschehen wie es gewesen sein mag, zu rekonstruieren beziehungsweise die gesellschaftliche Auseinandersetzung um diese Ereignisse kritisch zu würdigen. Den zeitgenössischen gesellschaftspolitischen Kontext herzustellen, ist aus zweierlei Gesichtpunkten erforderlich: erstens darf der Betrachter keine Position einnehmen, die ihn wissender macht als die damaligen Akteure, da der Jurist nur die in seiner Zeit vorhandenen gesellschaftlichen Strömungen in sein Handeln mit einbeziehen kann. Zweitens lässt sich nur vor dem zeitgenössischen Hintergrund beurteilen, ob bzw. welche zeitgeistlichen Tendenzen sich in den Wert- und Rechtsauffassungen ausfindig machen lassen. Beleuchtet werden daher im Folgenden der Verlauf der Studentenbewegung und die von den einzelnen gesellschaftlichen Gruppen über den Prozess der politischen Willensbildung vertretenen Positionen.

4.1 Entstehung und Themen der Studentenbewegung

Seit dem Beginn der 60er Jahre entwickelte sich die „außerparlamentarische Opposition" (APO), der Sammelname für eine Vielzahl außerparlamentarischer Kampagnen und Aktionen. Unter die APO dieser Zeit fasst man die „Ostermarsch"-Bewegung beziehungsweise spätere „Kampagne für Abrüstung" (KfA)[174], die Opposition gegen die Notstandsgesetze[175] und die Studentenbewegung.[176] Organisatorischer Trä-

---

[174] Die 1960 ins Leben gerufene „Ostermarsch"-Bewegung war ein Zerfallsprodukt der „Kampf-dem-Atomtod"-Kampagne, Brand/Büsser/Rucht, Aufbruch in eine andere Gesellschaft, 1986, S. 61. Diese Kampagne hatte sich gegründet anlässlich der Auseinandersetzung um die atomare Bewaffnung 1957-56. Sie war getragen von der SPD, dem DGB, evangelischen Kreisen und Vertretern der FDP. Im Rahmen dieser Auseinandersetzung entstand eine weitreichende Bewegung, eine Welle von Kundgebungen und Demonstrationen erfasste die Bundesrepublik, vgl. dazu Rupp, Außerparlamentarische Opposition, 1970, S. 182 ff.; Cohn-Bendit/Mohr, 1968, 1988, S. 16. Die Ostermarschbewegung marschierte bei ihren Aktionen zu militärischen Anlagen und Stützpunkten, um „Deutschland und der Welt ein Zeichen zu setzen", Brand, a.a.O., S. 62. Seit 1962 nannte sie sich in „Kampagne für Abrüstung" (KfA) um und öffnete sich den verschiedensten oppositionellen Kräften auf der Basis eines antimilitärischen Minimalkonsenses. Die Zahl der Marsch- und Kundgebungsteilnehmer wuchs ständig: von 1000 im Jahre 1960 über 50.000 im Jahr 1963 auf 150.000 im Jahr 1967, Brand, a.a.O., S. 62. Am Osterwochenende 1968 erreichten die Aktionen der „KfA" mit etwa 300 000 Teilnehmern ihren Höhepunkt, Otto, APO, 1989, S. 432.

[175] Vgl. zu den Notstandsgesetzen Neubauer, Notstandsgesetze, in: Hanno Drechsler/Wolfgang Hilligen/Ders. (Hrsg.), Gesellschaft und Staat. Lexikon der Politik,

ger der APO-Bewegung auf der einen Seite war die KfA, auf der anderen Seite der Sozialistische Deutsche Studentenbund (SDS)[177], wobei dieser laut *K. W. Brand* mehr Protest-Avantgarde als organisatorische Basis der Studentenbewegung war.[178] Die Entwicklung der APO war ab dem Jahre 1967 im Wesentlichen durch den Verlauf der Studentenbewegung und den hier handlungsbestimmenden SDS geprägt.[179]

Die Vorkämpfer der Protestbewegung haben sich zwar gegen die einschränkende Bezeichnung „Studentenbewegung" gewehrt.[180] Aber die soziale Basis der APO war sehr schmal und umfasste keineswegs „die Jugend". Unbestritten ist, dass die Hochschulen die Aktionszentren waren und Schüler und Lehrlinge allenfalls „Mitläufer" der Bewegung waren, die Studenten aber in allen öffentlichkeitswirksamen Aktionen und ganz besonders in der Theorie den Ton angaben.[181] Bundesinnenminister *Lücke* führte im Februar 1968 im Bundestag aus:

> „Der SDS hat etwa 1600 Mitglieder bei etwa 300 000 Studenten. Hier wird deutlich, dass es sich um eine verschwindende Minderheit handelt, die allerdings so militant und aktiv ist, dass sie es vermocht hat, in Deutschland den Eindruck zu

---

1989, S. 492; Abendroth, Zusätzliche Notstandsermächtigungen?, Frankfurter Hefte, Nr. 3 und 4, 1962, S. 155 ff. und 244 ff.; Klein, Überlegungen zur Verfassungsmäßigkeit der „einfachen" Notstandsgesetze, DB 1967, S. 297 ff.; Benda, Die Notstandsverfassung, 1968; Ders., Notstandsverfassung und Arbeitskampf, 1963; Schäfer, Die Notstandsgesetze. Vorsorge für die Menschen und den demokratischen Rechtsstaat, Köln und Opladen 1966; Sterzel, N., 1968; Böll, Nachtrag zum Notstand. Zersetzen, Zersetzen, Zersetzen, Konkret, Nr. 10, 1968, S. 39 ff.; Rüthers, Arbeitskampf und Notstandsverfassung, Der Betrieb 1968, S. 1948 ff.; M. Schneider, Demokratie in Gefahr?, 1986; Krohn, Die gesellschaftlichen Auseinandersetzungen um die Notstandsgesetze, 1981.

[176] Otto, a.a.O., S. 13.

[177] Der SDS war der Studentenverband der SPD, von dem sich diese Im Jahre 1961 trennte und somit alle Fördermaßnahmen für diesen einstellte, Otto, a.a.O., S. 20. Vgl. weiter zur Geschichte des SDS Fichter/Lönnendonker, Kleine Geschichte des SDS, 1977; Albrecht, Der Sozialistische Deutsche Studentenbund (SDS), 1994.

[178] Brand/Büsser/Rucht, Aufbruch in eine andere Gesellschaft, 1986, S. 61.

[179] Brand, a.a.O., S. 63.

[180] So Dutschke, Geschichte ist machbar, 1980, S. 129 ff.

[181] Leggewie, 1968 – Ein Laboratorium der nachindustriellen Gesellschaft?, Aus Politik und Zeitgeschichte, Nr. 20, 1988, S. 3 ff, 6; v. Brentano, Privilegierter Protest?, in: Schumann (Hrsg.), Die Rolle der Opposition in der Bundesrepublik, 1976, S. 350 f.; ebenso auch Kleßmann, 1968 – Studentenrevolte oder Kulturrevolution?, in: Hettling (Hrsg.), Revolution in Deutschland?, 1991, S. 90 ff., 93

erwecken, als ob die deutschen Studenten, die deutsche Jugend aus lauter Radikalinskis bestünden."[182]

Die Aktivisten waren eine intellektuelle Gruppe häufig älterer, politisch engagierter Studenten, außerhalb der Hochschule spielten Intellektuelle, darunter viele Angehörige des akademischen Mittelbaus, exponierte Vordenker-Rollen.[183] Die Teilnehmer der „Studentenbewegung" stellten nur eine Minderheit der gesamten Studentenschaft dar.[184] Allerdings ist festzuhalten, dass sich im Laufe der Studentenrevolte eine immer größere Zahl von Studenten politisch engagierte.[185]

Die Studentenbewegung und der SDS lassen sich im weitesten Sinne unter den Begriff der „Neuen Linken"[186] fassen. Seit seinem Ausschluss aus der SPD im Jahre 1961 hatte der nun programmatisch freie SDS begonnen, eigene ideologische Positionen zu formulieren.[187] Bundesweit zunächst tonangebend in der Studentenbewegung war die linkssozialistische Ausrichtung. Ab 1966 traten die so genannten Antiautoritären auf.[188] Sie bestimmten ab 1967 die Aktivitäten, wobei es ihnen um eine grundlegende soziale Erneuerung der Gesellschaft, eine Revolution, ging.[189]

---

182 Die Unruhe unter der deutschen Jugend, Aus der Fragestunde des 5. Deutschen Bundestages, Das Parlament, Nr. 8 vom 21. Februar 1968, S. 10.

183 Spender, Das Jahr der jungen Rebellen, 1969, S. 230; Leggewie, a.a.O., S. 8; Kleßmann, a.a.O., S. 101.

184 Nach Schuster in der „SZ" vom 10. Feb. 1968, S. 4, waren einige wenige Prozent politisch aktiv geworden, ein Prozent macht jene Gruppen aus, für die die „Vernichtung der rechtsstaatlichen Ordnung" im Vordergrund stand. Vgl. auch Linksradikale Studenten in der Minderzahl, Das Parlament, Nr. 8, 21. Feb. 1968, S. 8. An Demonstrationen und Kundgebungen gegen die Bildung der großen Koalition, die an einem Drittel der westdeutschen Universitäten stattfanden, beteiligten sich etwa 2 % der westdeutschen Studenten, Allerbeck, Soziologie Radikaler Studentenbewegungen, 1973, S. 26. Ähnlich auch Ellwein, Das Regierungssystem der Bundesrepublik, 2. Auflage 1965, S. 61; Mania, Jugend, Protest, Kultur, 1999, S. 16. Wird also im Folgenden von den „Studenten" oder der „Studentenbewegung" gesprochen, so ist immer diese Minderheit gemeint.

185 Das Parlament, Nr. 8, 21. Februar 1968, S. 8; Neue Züricher Zeitung, Nr. 152, 6. Juni 1967.

186 Zum Begriff der Neuen Linken vgl. Seifert, Die Neue Linke, Frankfurter Hefte, 1968, S. 30 ff.; Janssen, Neue Linke - Aufbruch in die Sackgasse?, die „Zeit" vom 9. September 1966, entnommen aus: Dönhoff u.a., a.a.O., S. 217 ff.

187 Seifert, a.a.O., S. 31.

188 Richter, Die Außerparlamentarische Opposition in der Bundesrepublik Deutschland 1966 bis 1968, in: Gilcher-Holtey (Hrsg.), 1968, 1998, S. 35 ff., 49.

189 Davon zeugen zahlreiche programmatische Erklärungen, theoretische Zukunftsentwürfe und Abhandlungen, was zuletzt das von Hans Magnus Enzensberger mit

Die Ideen von 1968 bildeten keine geschlossene Programmatik beziehungsweise lässt sich von keiner einheitlichen ideologischen Ausrichtung sprechen.[190] Wesentliche Bewegungsgründe für die Studenten waren aber marxistische, existentialistische, anarchistische und psychoanalytische Ideen, die das politische Bewusstsein der Studenten - beeinflusst durch die Frankfurter Schule[191] - prägten.[192] Zu den zentralen Themen der Studentenbewegung gehörte die Hochschul- und Bildungsreform.[193] Als Empörungsmotiv lässt sich auch die nach Ansicht der 68er nicht bewältigte nationalsozialistische Vergangenheit anführen, die immer mehr zum Politikum zwischen der Elterngeneration und ihren Kindern geriet.[194] Auslöser und ebenfalls Thema war der Generationenkonflikt, wobei sich 1968 nicht einfach als Generationskonflikt in einem allgemeinen Sinn verstehen lässt, gerade weil die Bewegung so eindeutig von Studenten und Schülern bestimmt war und die große Masse der Jugend eher am Rande stand.[195] Allerdings gehörten die Träger der Bewegung, wie *R. Löwenthal* schrieb,

> „zu einer Generation, die inmitten der Gefahren und Belastungen des Ost-West-Konflikts aufgewachsen war, ohne die prägenden Erfahrungen seiner Entstehung geteilt zu haben und ohne ihm daher einen moralischen Sinn abgewinnen zu können, und die darum großenteils bereit war, ihre Verurteilung der amerikanischen Intervention in Vietnam unkritisch auf die gesamte westliche Nachkriegspolitik auszudehnen".[196]

Rudi Dutschke, Bernd Rabehl und Christian Semler geführte Interview zeigt, Kursbuch 14 (1968), S. 146-168. So auch Rucht, Die Ereignisse von 1968 als soziale Bewegung, in: Gilcher-Holtey (Hrsg.), 1968, 1998, S. 116 ff., 121.

[190] Sichtermann, 1968 – Ein Symbol, 1988, S. 36 ff., 37; Leggewie, 1968 – Ein Laboratorium der nachindustriellen Gesellschaft?, Aus Politik und Zeitgeschichte, Nr. 20, 1988, S. 3 ff, 13; Ellwein, Das Regierungssystem der Bundesrepublik, 2. Auflage 1965, S. 61

[191] Vgl. dazu vor allem Wiggershaus, Die Frankfurter Schule, 3. Auflage 1991.

[192] Rolke, Protestbewegungen in der Bundesrepublik, 1987, S. 256; Leggewie, a.a.O., S. 13; Ellwein, a.a.O., S. 61. Vgl. auch Brand/Büsser/Rucht, Aufbruch in eine andere Gesellschaft, 1986, S. 39 ff. Th. Schmid, Die Wirklichkeit eines Traumes, 1988, S. 9 ff.

[193] Kleßmann, 1968 – Studentenrevolte oder Kulturrevolution?, in: Hettling (Hrsg.), Revolution in Deutschland?, 1991, S. 90 ff., 94 f.; Die Unruhe unter der deutschen Jugend und ihre Hintergründe, Aus der Fragestunde des 5. Deutschen Bundestages, Das Parlament, Nr. 8 vom 21. Februar 1968, S. 9.

[194] Leggewie, a.a.O., S. 6; Mania, Jugend, Protest, Kultur, 1999, S. 14; Th. Schmid, ebenda, S. 9 f.

[195] Kleßmann, a.a.O., S. 97; Leggewie, a.a.O., S. 6 f.; Ellwein, a.a.O., S. 61. Kritisch mit dieser Interpretation der Studentenbewegung setzt sich vor allem Allerbeck auseinander, Soziologie radikaler Studentenbewegungen, 1973, S. 100 ff.

[196] Der romantische Rückfall, 1970, S. 6.

Nach *Ch. Kleßmann* spielten ohne Zweifel in der Wahl der politischen Vorbilder – Ho Tschi Minh, Mao, Che Guevara oder Fidel Castro – Wert- und Orientierungskonflikte zwischen den Generationen eine zentrale Rolle.[197] *Th. Ellwein* formuliert, dass sich 1968 zugleich die jahrelange Tabuisierung oder Verfemung des Kommunismus rächte[198]. Abgesehen von dem Schaden, den sie einer offenen, also diskutierenden Gesellschaft zugefügt hätte, brachen nun Neugier und auch der Wunsch nach Alternativen durch.[199] Sowohl die linkssozialistische Ausrichtung als auch die Antiautoritären formulierten in ihren Thesen, dass der militante und emotionale Antikommunismus wesentlich die autoritären Tendenzen in der Bundesrepublik gesteigert habe. Nach Ansicht der neuen Linken hatte der in der Bundesrepublik geschürte Antikommunismus dazu gedient, jede ernsthafte Kritik und Opposition zu verkehren. Er hatte ebenfalls zur Entmachtung des Parlaments geführt. Eine Möglichkeit diese Funktion deutlich zu machen, sah man in der theoretischen Auseinandersetzung mit dem Kommunismus. Vom „real existierenden Sozialismus" wollte man sich aber abgrenzen.[200]

4.2 *Bedeutung der Demonstrationen für die Studentenbewegung*

Im Jahre 1965 traten *R. Dutschke* und *B. Rabehl* in den Berliner SDS ein, der ab dem Jahr 1967 als die antiautoritäre Gruppe bundesweit die Avantgarde-Funktion für den weiteren Verlauf der Protestbewegung hatte. Spätestens mit Bildung der großen Koalition war für die Antiauto-

---

197 Kleßmann, 1968 – Studentenrevolte oder Kulturrevolution?, in: Hettling (Hrsg.), Revolution in Deutschland?, 1991, S. 90 ff., 97.

198 Zum Antikommunismus in der frühen Bundesrepublik vgl. Grosser: Die Bundesrepublik Deutschland. Bilanz einer Entwicklung, 1967, hier vor allem S. 47 ff.; Kogon: Die Funktion des Antikommunismus in der Bundesrepublik, in: Anatomie des Antikommunismus, Peace Education Division des American Friends Service Committee (Hrsg.), 1970; Sontheimer, Deutschland zwischen Demokratie und Antidemokratie, 1971, S. 153. Vgl. zur Bedeutung des Anti-Kommunismus in der Adenauer-Ära Bracher, Wird Bonn doch Weimar?, in: Der Spiegel vom 13.3.1967, S. 60 ff.; Rupp, Außerparlamentarische Opposition in der Adenauer-Ära, 1970; Blasius, Geschichte der politischen Kriminalität in Deutschland, 1983; v. Brünneck, politische Justiz gegen Kommunisten in der Bundesrepublik, 1972; Ross, Zwischen Kirch und Kirche. Nach Kohls Untergang und Haiders Aufstieg: Was bleibt vom Konservativismus, in „Die Zeit" vom 17.2.2000, S. 49 ff.

199 Ellwein, Das Regierungssystem der Bundesrepublik, 2. Auflage 1965, S. 61.

200 Seifert, Die Neue Linke, Frankfurter Hefte, 1968, S. 30 ff., 32; Bauß, Die Studentenbewegung der sechziger Jahre in der Bundesrepublik und Westberlin, 1977, S. 301 und 320; Ellwein spricht davon, dass ganz unabhängig von der Realität der Sowjetunion sich das marxistische Gedankengut als interessant erwies, a.a.O., S. 61.

ritären das parlamentarische System mehr oder weniger gescheitert.[201] *Dutschke* vertrat: „Ich halte das bestehende parlamentarische System für unbrauchbar."[202] Nach seiner Auffassung hatte sich eine gesellschaftliche Situation entwickelt, in der das staatlich tolerierte Unrecht nur durch eine Revolution beseitigt werden konnte. Eine Revolution, die dem „gigantischen System von Manipulation und Meinungsmache die Macht nehme".[203] Die führenden Protagonisten des SDS, wie *Dutschke, Rabehl, Lefèvre* und *Wolff* setzten als Alternative zu dem „abgewirtschafteten Parlamentarismus" auf ein Rätesystem.[204] Demokratischer orientiert wurde formuliert:

> „Wird das Phänomen einer außerparlamentarischen Opposition zu einer gesellschaftlich relevanten Erscheinung, so signalisiert das den Legitimitätsschwund des parlamentarischen Systems, den Verlust der Repräsentanz der demokratischen Alternative in den parlamentarischen Institutionen und den Rückfall des Parlamentarismus hinter seinen objektiven Sinn. Die APO darf sich dann solange als einzige Vertretung des allgemeinen demokratischen Interesses verstehen, solange es in den parlamentarischen Gremien nicht wirkungsvoll vertreten ist und durch juristische Vorkehrungen [...] daran gehindert wird, bestehende Parteioligopole zu durchbrechen und sich parlamentarisch zu artikulieren."[205]

---

201 Die große Koalition bildete sich Anfang Dezember 1966 aus SPD und CDU/CSU, nachdem die FDP aus der Regierung ausgeschieden war. Georg Kiesinger wurde Kanzler, Willy Brandt Vizekanzler. Kiesinger bezeichnete die Koalition als ein Bündnis auf Zeit, das unbewältigte Aufgaben zu lösen habe: den Ausgleich der öffentlichen Haushalte, die Stabilisierung der Wirtschaft und Währung, die Reform des Wahlrechts und der Finanzverfassung, eine konsequente Friedenspolitik, die Spannungen beseitigen und das Wettrüsten eindämmen sollte, Lehmann, Chronik der Bundesrepublik, 1989, S. 68. Im Mai 1968 verabschiedete die Große Koalition die Notstandsgesetze, Neubauer, Notstandsgesetze, in: Drechsler /Hilligen /Ders. (Hrsg.), Gesellschaft und Staat. Lexikon der Politik, 7. Auflage, 1989 S. 492. Vgl. weiter der Großen Koalition Hildebrand, Geschichte der Bundesrepublik Deutschland, Band 4, 1984, S. 241 und aus damaliger Sicht Sommer, Koalition auf Bewährung, in „Die Zeit" vom 2. Dezember 1966, abgedruckt in Dönhoff u.a., a.a.O., S. 227 ff.

202 Machen Sie doch mal Revolution, Pardon, Heft Nr. 1, Januar 1968, S. 27.

203 Ebenda, S. 27.

204 So wurden am Osterwochenende in Berlin eine Erklärung verlesen, in der der Rücktritt des Senats, die Enteignung Springers und die Bildung eines „Rates aus Arbeitern, Angestellten, Studenten und Schülern" gefordert wurde, berichtet in der „Süddeutschen Zeitung" vom 16. April 1968, S. 3, Kinnigkeit, Aus der TU Rufe nach Gewalt. So auch Kleßmann, 1968 – Studentenrevolte oder Kulturrevolution?, in: Hettling (Hrsg.), Revolution in Deutschland?, 1991, S. 90 ff. 94.

205 Neusüss, Außerparlamentarische Opposition, in: Schoeps/Dannemann (Hrsg.): Die rebellischen Studenten, 1968, S. 51.

Die Quintessenz der Hypothesen der Antiautoritären bestand darin, dass der autoritäre Staat im System des „integralen Etatismus"[206] seine bislang vollkommenste Gestalt angenommen habe. *Dutschke* und *Krahl* führten in ihrem Organisationsreferat auf der 22. Delegiertenkonferenz des SDS in Frankfurt im September 1967 aus:

> „Wenn die Struktur des integralen Etatismus durch all seine institutionellen Vermittlungen hindurch ein gigantisches System von Manipulation darstellt, so stellt dieses eine neue Qualität von Leiden der Massen her, die nicht mehr aus sich heraus fähig sind, sich zu empören. Die Selbstorganisation ihrer Interessen, Bedürfnisse, Wünsche ist damit geschichtlich unmöglich geworden. Sie erfassen die soziale Wirklichkeit nur noch durch die von ihnen verinnerlichten Schemata des Herrschaftssystems selbst. Die Möglichkeit zu qualitativer politischer Erfahrung ist auf ein Minimum reduziert worden."[207]

Nach Ansicht der studentischen Protagonisten hatte die Entwicklung der Parteien und Gewerkschaften zu Quasi-Staatsorganen dazu geführt, dass diese nicht mehr in der Lage waren, die vorhandenen gesellschaftlichen Konflikte im parlamentarischen Rahmen auszutragen:

> „Das Parlament übernimmt nicht mehr die Funktion, die ihm nach liberalem Verständnis zugeschrieben worden ist, sondern ist Mittel der herrschenden Klassen. [...] Tatsächlich erweist sich das parlamentarische Repräsentationsprinzip [...] als wirksamstes Mittel, die Massen von den Machtzentren des Staates und - durch die staatlich-rechtliche Vermittlung - von den Entscheidungszentren der Gesellschaft fern zu halten."[208]

Darüber hinaus ließ deren Verfilzung und Bürokratisierung nicht mehr auf ihre Unterstützung für den Transformationsprozess der Gesellschaft hoffen.[209]

---

[206] Vgl. zu diesem Begriff und auch zu weiteren Erläuterungen zur Interpretation der Wirtschaftskrise von 1966/67 durch die Antiautoritären die Ausführungen von Kraushaar, Autoritärer Staat und Antiautoritäre Bewegung, in: ders. (Hrsg.): Frankfurter Schule und Studentenbewegung, Band 3, 1998, S. 15ff., hier insbesondere S. 19 ff.

[207] Abgedruckt bei Kraushaar, a.a.O., S. 22. Ähnlich heißt es auch bei Rudi Dutschke, Die Widersprüche des Spätkapitalismus, die antiautoritären Studenten und ihr Verhältnis zur Dritten Welt, in: Bergmann u.a., Die Rebellion der Studenten oder die neue Opposition, 1968, S. 33 ff., 34.

[208] Agnoli, Thesen zur Transformation der Demokratie und zur außerparlamentarischen Opposition, Neue Kritik, Nr. 47, 1968, S. 24 ff, 27 und 28; ähnlich auch Börnsen, Die Außerparlamentarische Opposition im Konflikt mit der etablierten Obrigkeit, in: Die rebellischen Studenten, 1968, S. 77 ff, 77.

[209] Richter, Die Außerparlamentarische Opposition in der Bundesrepublik 1966 bis 1968, in: Gilcher-Holtey (Hrsg.), 1968 - vom Ereignis zum Gegenstand der Geschichtswissenschaft, 1998, S. 35 ff., 43.

Eine Verlagerung auf den außerparlamentarischen Raum schien geboten, da die institutionalisierten Gruppen einen Platz freigemacht hatten, der von unabhängigen, außerhalb der Parteien stehenden politischen Organisationen wahrgenommen werden sollte.[210] Eine breite Mobilisierung der öffentlichen Meinung sollte durch eine planvolle Zusammenarbeit dieser Organisationen erreicht werden. Folgendermaßen sollte vorgegangen werden:

> „Zu beginnen wäre mit einer Bestandsaufnahme der Ziele, des Einflusses, der Wirkungsmöglichkeiten aller Gruppen und Vereinigungen, die auf dem Boden des Grundgesetzes stehen und die nicht 'unterwandert' sind, gleich ob sie sozialistische, christliche, pazifistische oder humanistische Ziele verfolgen. Sie sollten sich dann zu bestimmten Aktionen zusammenfinden - unter Aufrechterhaltung ihrer organisatorischen Selbständigkeit."[211]

Nach Einschätzung der Antiautoritären war der direkte Zugang zur politischen Realität verstellt, so dass fraglich war, wie die in der Gesellschaft vorhandene abstrakte Gewalt zur sinnlichen Gewissheit werden konnte.[212]

Den Weg dafür sahen *Krahl* und *Dutschke* in der direkten, bewusstseinsbildenden Aktion, die in einer Kette von Aktionen stattfinden sollten, die bestehende Gesellschaft provozieren und ihr den Zwangsmechanismus des spätkapitalistischen Systems klar machen sollte.[213] Für sie war unstrittig, dass es in der alles entscheidenden Frage der Bewusstseinskonstitution prinzipiell neuer Formen des politischen Kampfes bedurfte. So könne die Erkenntnis der Gesellschaft sich nur in der provokativen, regelverletzenden Tat einstellen:

> „Die Agitation in der Aktion, die sinnliche Erfahrung der organisierten Einzelkämpfer in der Auseinandersetzung mit der staatlichen Exekutivgewalt bilden die mobilisierenden Faktoren in der Verbreiterung der radikalen Opposition und ermöglichen tendenziell einen Bewußtseinsprozeß für agierende Minderheiten innerhalb der passiven und leidenden Massen, denen durch sichtbar ir-

---

[210] Beispiele für solche politischen Handlungsformen boten die staatsbürgerlichen Vereinigungen in den USA oder andere sogenannte Einpunktbewegungen, wie die Ostermarschbewegung oder die Kampagne gegen die Notstandsgesetze. Besonders zwei Artikel hatten auf diese neue Form des politischen Protests aufmerksam gemacht, Flechtheim, Die Neue Linke in der Neuen Welt, Frankfurter Hefte 18 (1963), S. 148 ff., 150; Vester, Die Linke in den USA, Neue Kritik 1963, S. 4 ff..

[211] Flechtheim, a.a.O., S. 150.

[212] Kraushaar, a.a.O., S. 22.

[213] So Dutschke in einem Interview mit dem Spiegel in der „Spiegel" vom 10. Juli 1967, abgedruckt in Dutschke-Klotz/Miermeister/Treulieb (Hrsg.), Rudi Dutschke. Die Revolte, 1983, S. 20 f.

reguläre Aktionen die abstrakte Gewalt des Systems zur sinnlichen Gewißheit werden kann."[214]

Unter die provokative oder direkte Aktion subsumierten die Antiautoritären vielerlei Aktivitäten: nicht angemeldete Aufzüge, teach-ins, sit-ins, Happenings.[215] Dabei waren im Verlauf der Protestbewegung auch immer mehr Elemente der Aktionsformen der Berliner Kommunarden übernommen worden: phantastische Verkleidungen, eigentlich Vermeidung von physischer Gewalt, damit so die Polizei der Lächerlichkeit preisgegeben werden konnte.[216] Sollten sich diese Mittel der Steigerung als nicht wirksam erweisen, gab es die Möglichkeit des demonstrativen zivilen Ungehorsams:

> „Die Demonstranten übertreten hier - ohne Gewalt anzuwenden - bestimmte Gesetze und Anordnungen, um auf ihr politisches Anliegen aufmerksam zu machen. Sie zwingen dadurch die Polizei, pflichtgemäß gegen sie zu vorzugehen. Die Demonstranten suchen sich den Sanktionen, die bei Gesetzesübertretungen vorgesehen sind, nicht zu entziehen. Sie sind bereit, einen Preis für die Publizität ihrer Sache zu bezahlen. (Dies schließt nicht aus, daß sie gegen unverhältnismäßig hohe Strafen auf dem Rechtswege vorgehen.) Durch dieses Akzeptieren von Sanktionen machen die Demonstranten klar, daß sie die Notwendigkeit von Gesetzen grundsätzlich bejahen und nur wegen eines außerordentlichen Notstandes sich zum zivilen Ungehorsam entschlossen haben. Dieses würdige und verantwortungsbewußte Verhalten verspricht weit eher als das Werfen von Farbe oder auch Bomben die Aufmerksamkeit auf die politische Motivation des zivilen Ungehorsams zu lenken."[217]

Die provokative Aktion war also für die Antiautoritären ein „Kampfinstrument der Bewusstwerdung primär für die an ihr Beteiligten"[218], „[...] das erste Ziel der Demonstration seien die Demonstranten selbst [...]"[219]. Die durch sie ausgelösten Reaktionen der staatlichen Funktionsträger - Polizeieinsätze, Illegalisierungen, Verhaftungen und Prozesse - ermöglichten den Aktivisten, den autoritären Charakter des Staates zu erkennen:

---

214 Abgedruckt in Kraushaar, Autoritärer Staat und Antiautoritäre Bewegung, in: ders. (Hrsg.): Frankfurter Schule und Studentenbewegung, Band 3, 1998, S. 15ff., 22.

215 Ebert, Direkte Aktion in formalen Demokratien, in: Schoeps/Dannemann, Die rebellischen Studenten, 1968, S. 124 ff., 124.

216 So Brand/Büsser/Rucht, Aufbruch in eine andere Gesellschaft, 1986, S. 66.

217 Ebert, Direkte Aktion in formalen Demokratien, in: Schoeps/ Dannemann, Die rebellischen Studenten, 1968, S. 124 ff., S. 132.

218 Ebert, a.a.O., S. 126.

219 Bluem, Mißlungene Proben des akademischen Proletariats für den aufgeschobenen Aufstand, abgedruckt in Kraushaar, Autoritärer Staat und Antiautoritäre Bewegung, in: ders. (Hrsg.): Frankfurter Schule und Studentenbewegung, Band 2, 1998, S. 225.

„Gefördert wird die Bildung von Subsystemen der partizipierenden Demokratie durch ganz bewußt gewaltfreie Aktionen, die vor ihrer Ankündigung öffentlich beraten, auf ihre organisatorischen Bedingungen geprüft und in ihren politischen Konsequenzen durchdacht werden. Das wichtigste Argument für das gewaltfreie Verhalten im Verlauf der Aktion selbst ist: gehen die Polizei oder Störer gegen die Demonstranten mit Gewalt vor, stellen sich die Angreifer dadurch bloß und isolieren sich in der Öffentlichkeit, wenn nicht sofort, so doch Zug um Zug. Das gewaltfreie Verhalten der Demonstranten kann so die Widersprüche zwischen demokratischer Ideologie und tendenziell faschistischer Praxis öffentlich machen."[220]

War diese Erkenntnis aber einmal gewonnen, so versage der Manipulationsapparat des Staates und die Notwendigkeit einer Umwälzung war nicht mehr zu umgehen. Den Protestaktionen wurde also eine direkte gesellschaftsverändernde Kraft zugeschrieben: der autoritäre Charakter des Staates wurde manifest, gleichzeitig wurde bei den Aktionen ein Erkenntnis- und Bewusstseinsprozess der Beteiligten ausgelöst, welcher schon Teil des gesellschaftlichen Transformationsprozesses war. „Die gesellschaftliche Erkenntnis", so Dutschke, „ist gesellschaftliche Veränderung".[221]

4.3 *Verlauf der Demonstrationen*

Die Auseinandersetzungen zwischen Studenten und staatlicher Obrigkeit nahmen ihren Anfang an der Freien Universität in Berlin.[222] Dabei war es nicht das Ausmaß studentischer Aktionen, die die Bedeutsamkeit

[220] Ebert, Direkte Aktion in formalen Demokratien, in: Schoeps/ Dannemann, Die rebellischen Studenten, 1968, S. 124 ff., 126.

[221] Wiedergegeben bei Richter, Die Außerparlamentarische Opposition in der Bundesrepublik 1966 bis 1968, in: Gilcher-Holtey (Hrsg.), 1968 - vom Ereignis zum Gegenstand der Geschichtswissenschaft, 1998, S. 35 ff., 50.

[222] Dem Publizisten E. Kuby, der vom AStA aus Anlass des 20. Jahrestages der Kapitulation des Dritten Reiches eingeladen worden war, wurde vom Rektorat ein Redeverbot auferlegt, Seibold, Die 68er, 1988, S. 34; Hermann, Wie sich das angebahnt hat, in „Die Zeit" vom 16. Juni 1967, entnommen aus Dönhoff u.a., a.a.O., S. 242 ff., 245; vgl. zur Geschichte der FU v. Friedeburg u.a., Freie Universität und politisches Potential der Studenten, 1968. Die beginnende Auseinandersetzung endete mit einem generellen Verbot politischer Veranstaltungen in Hörsälen. Die Studenten begannen dann, mit Reformplänen gegen die Restaurationstendenzen zu kämpfen, was den Konflikt mit der Universitätsobrigkeit verschärfte. Aus der universitären Auseinandersetzung wurde die Konfrontation mit dem „Establishment", da die Studenten begannen, den Universitätskonflikt in die Stadt zu tragen, Herrmann, a.a.O., S. 256. Im April und Mai 1965 demonstrierten in Berlin Studenten der Freien Universität (FU) in Anlehnung an das Beispiel von Berkeley für die völlige Freiheit von Veranstaltungen der Studentenschaft in der Universität, Allerbeck, Soziologie radikaler Studentenbewegungen, 1973, S. 26. Vgl. auch AStA der Freien Universität (Hrsg.), Von der Freien zur Kritischen Universität, 2. Auflage, Berlin, 1968.

des Konfliktes ausmachten, sondern die geographische und politische Lage Berlins an der Nahtstelle des Kalten Krieges und die Quasi-Monopolstellung der Springer-Presse. Dies waren die Rahmenbedingungen, die eine Konfrontation und Eskalation zwischen Studenten, Universitätsleitung, Senat und Bevölkerung erleichterten.[223]

Berlin war damals „Frontstadt". Für die eingesessenen Berliner war das kein Schimpfwort, sondern ein Ehrentitel. Sie hatten Trümmerzeiten, Blockaden, Luftbrücken, Aufstände, Fluchtwellen, Mauerbau, Kriegsängste, nächtliche Schüsse, Schreie, Hundegebell, dramatische Szenen aller Art erlebt. Dazu Schikanen der ost-deutschen Volkspolizisten, wann immer sie die Stadt verlassen wollten.[224] Die West-Berliner hatten über zwei Jahrzehnte hinweg in einer völlig verspannten, unhaltbaren Lage gelebt und es ging ihnen trotz Subventionen ökonomisch relativ bescheiden.[225] Erste Bürgerpflicht unter den Berlinern war Gemeinsamkeit.[226] Demgegenüber standen Zehntausende junger Zugezogener aus West-Deutschland, darunter viele, die sich auf diese Weise dem Wehrdienst entzogen hatten. Auch kamen dazu, zumindest vor 1961, viele junge Leute aus dem Osten.[227] Der Maler Markus Lüpertz, der 1957 aus der DDR übersiedelt war, sprach von einem provinziellen Riesenkaff, in dem langsam eine brodelnde Masse von jungen Leuten ankam, die versuchten, sich in dieser Stadt zu orientieren.[228]

Die Konfrontation von Studenten und „Springer"-Presse trug weiteres zur Eskalation des Konflikts bei. Erst die hysterischen Schlagzeilen, Berichte und Karikaturen von B.Z., Morgenpost, Welt und Bild übernah-

---

223 Kleßmann, 1968 – Studentenrevolte oder Revolution, in: Manfred Hettling: Revolution in Deutschland? 1789 – 1989, S. 90 ff., 91; Koenen, Das rote Jahrzehnt, 2001, S. 36 ff.; vgl. zur Entwicklung und Entstehung der Studentenbewegung in Berlin Lönnendonker/Fichter, Freie Universität Berlin 1948-1973, Teil IV: Die Krise (1964-1967), 1975; Teil V: Gewalt und Gegengewalt (1979-1969), 1983.

224 Koenen, a.a.O., S. 38; ähnlich auch Fichter/Lönnendoncker, a.a.O., S. 88; Benneter, Februar 1968, 1968, S. 9.

225 Koenen, a.a.O., S. 38 f.

226 Hermann, Wie sich das angebahnt hat, in „Die Zeit" vom 16. Juni 1967, entnommen aus Dönhoff u.a., a.a.O., S. 242 ff., 245. Vgl. dazu auch Fichter/Lönnendoncker, a.a.O., S. 88, die davon sprechen, dass die Bevölkerung durch Wirtschaftskrise, NS-Terror, Bombennächte im Keller, Demontage, Spaltung der Stadt und Mauerbau eine Durchhaltementalität entwickelt hatte die jede Kritik im Innern als abweichendes Verhalten bestrafte; ähnlich auch Benneter, Februar 1968. Tage die Berlin erschütterten, 1968, S 9.

227 Koenen, Das rote Jahrzehnt, 2001, S. 38.

228 Gespräch zwischen Markus Lüpertz und Heinz Peter Schwefel aus dem Jahre 1989, abgedruckt in: Bude, Altern einer Generation, 1995, S. 26.

men von den Protestlern die umstürzlerische Bedeutung, die sie sich selbst unbedingt zuschreiben wollten: „Die Bild-Zeitung insbesondere legte uns auf die Revolution fest, als diese für uns noch ein historischer Begriff war."[229] Die Studenten starteten ihre Anti-Springer Kampagne. Der in Berlin marktbeherrschenden Springer-Presse sollte eine „Gegenöffentlichkeit" entgegengesetzt werden.[230] Nach einem Aktionsprogramm von *Dutschke* war eine Aufklärungskampagne über die Funktion des Verlagshauses Axel Springer (Springer-Tribunal, eine populär gemachte APO-Wochenzeitung) und die Verhinderung der Auslieferung der „Bild"-Zeitung an einem Anti-Springertag vorgesehen.[231] Die Springer-Blätter ihrerseits schufen das Stereotyp des bärtigen, ungewaschenen Gammler-Studenten, der auf Kosten der arbeitenden Bevölkerung randaliere. Die Demonstranten bezeichnete man als „Radikalinskis und Herrschaften mit Linksdrall", „hysterische Rudel von akademischen Halbstarken", „geschulte kommunistische Straßenkämpfer", „gelbsichtige Mao-Jünger", „rote SA-Kohorten" oder „fünfte Kolonne Pankows".[232] Andere Zeitungen sprachen von Progromhetze und -stimmung, welche durch die „Bild"-Zeitung und Berliner „Springer"-Blätter erzeugt worden sei.[233]

In dieser Phase war sowohl die Häufigkeit und Art der Aktionen als auch die Partizipation der unorganisierten Studenten nicht dramatisch.

---

[229] Hartung, Versuch, die Krise der antiautoritären Bewegung wieder zur Sprache zu bringen, Kursbuch 48/1977, S. 20 f.; so auch Koenen, a.a.O., S. 37 f.

[230] Anläßlich der zunehmenden Pressekonzentration in der Bundesrepublik hatte der Bundestag die sogenannte „Günther-Kommission" eingerichtet. In dieser Kommission saßen sechs Verleger, ein BDI-Vertreter des DIHT und demgegenüber acht Vertreter (auch Springer) mit ganz unterschiedlicher Interessenlage (darunter ein Gewerkschafter). Trotzdem hatte diese Kommission Gefahren fortgeschrittener Pressekonzentration konstatiert und Maßnahmen gegen sie ins Auge gefasst. Daraufhin traten die Verleger Springer und Betz aus der Kommission zurück, vgl. dazu Bericht der Günther-Kommission, BT V/1950, S. 1968 ff.

[231] Fichter/Lönnendonker, Freie Universität Berlin 1948-1973, Teil IV: Die Krise (1964-1967), 1975; Teil V: Gewalt und Gegengewalt (1979-1969), 1983, S. 117; Laut Koenen, Das rote Jahrzehnt, 2001, hatte das anfangs noch etwas vom Ethos einer zivilen Notwehr. Für die Projekte wurden denn auch ohne Scheu erhebliche Subsidien der Konkurrenten Springers in Anspruch genommen, wie überhaupt die Herausgeber des Spiegel, des Stern und der Zeit, Augstein, Nannen und Buceruis, dem SDS und besonders Dutschke gegenüber fast als „suggar daddies" auftraten, S. 37.

[232] Vgl. zu dieser Berichterstattung, Hermann, Wie sich das angebahnt hat, in „Die Zeit" vom 16. Juni 1967, entnommen aus Dönhoff u.a., a.a.O., S. 242 ff., 245 f. Vgl. auch Koenen, a.a.O., S. 38.

[233] Sommer, Die Vernunft bleibt auf der Strecke, in „Die Zeit" vom 19. April 1968, entnommen aus: Dönhoff u.a., Zeit - Geschichte der Bonner Republik 1949-1999, 1999, S. 253 ff., 256; Köhler, Störenfriede ausmerzen, „Der Spiegel" Nr. 4/1967.

An den westdeutschen Universitäten war jedoch nichts vergleichbares zu finden.[234] *K. Allerbeck* bezeichnet die Geschehnisse in Berlin als die erste Phase der Studentenbewegung. Als Aktion der Studenten fand beispielsweise eine am 5. Februar 1966 Vietnamdemonstration mit ca. 2500 Teilnehmern statt, bei der erstmalig der Verkehr für zwanzig Minuten auf dem Kurfürstendamm blockiert wurde.[235] Bei einer anderen Demonstration, der wegen eines Demonstrationsverbotes in der Innenstadt von Berlin eine menschenleere Umgehungsstraße zugewiesen worden war, wichen 200 Studenten von dem ca. 2000 Teilnehmer umfassenden Hauptzug von der genehmigten Route ab. Es kam zur ersten großen Konfrontationen zwischen den Demonstranten und der Polizei, die die Demonstration auflöste, wahllos mit Knüppeln auf die Demonstranten einschlug und Plakate beschlagnahmte.[236] Die Studenten gingen hier auch schon zu neuen Protestformen über, wie der „Spaziergangdemonstration":

> „ [...] neue Protestformen [...], die es der Polizei unmöglich machen sollten, so aggressiv wie bisher gegen Demonstranten vorzugehen. Die Provokation bestand darin, daß die Studenten sich immer wieder beim Eintreffen der Polizei zerstreuten, um wenige Minuten später erneut einen 'Auflauf' (Auflauf gem. § 116 StGB a.F., C.D.) zu machen und so die Polizei ins Leere stoßen ließen."[237]

Zur Taktik der Demonstranten hieß es in einem verteilten Flugblatt: „ [...] will die versteinerte Legalität lächerlich machen, will das irrationale der rationellen Ordnung bloßlegen, will durch Spaß zeigen, dass die Vor- und Leitbilder dieser Gesellschaft Narren sind."[238] An diesem Tag wurden 86 vermeintliche Protestierende festgenommen, unter anderem zwei zur Beobachtung der Demonstration anwesende Journalisten.[239] Laut *Allerbeck* wurde das Bedürfnis politischer und auch universitärer Instanzen, die politische Aktivität der Studentenschaft in Berlin mit

---

[234] Allerbeck, Soziologie radikaler Studenten, 1973, S. 26.

[235] Bericht der Berliner Redaktion, Süddeutsche Zeitung vom 7.2.1966, S. 2, vgl. auch noch ausführlicher zu dieser Demonstration und der Beteiligung der SED an der Veranstaltung Kinnigkeit, Eine rote Laus im Pelz des Bären?, Süddeutsche Zeitung vom 9.2.1966.

[236] Juchler, Die Studentenbewegungen in den Vereinigten Staaten und der Bundesrepublik Deutschland der sechziger Jahre, 1996, S. 225. Vgl. auch Uwe Bergmann u.a., Rebellion der Studenten oder Die neue Opposition, 1968, S. 24 und S. 167 ff.

[237] Bergmann u.a., a.a.O., S. 25.

[238] Abgedruckt bei Juchler, Die Studentenbewegungen in den Vereinigten Staaten und der Bundesrepublik Deutschland der sechziger Jahre, 1996, S. 226.

[239] „Der Spiegel" Nr. 7/1967, S. 39.; Enzensberger (Hrsg.), Kursbuch 12, Der nichterklärte Notstand, 1968; Berlins Polizei verstand den Spaß nicht, Süddeutsche Zeitung vom 19. Dezember 1966.

rechtlichen Sanktionen einzuschränken um so größer, je mehr studentische Kritik an der Südostasienpolitik der USA in Erscheinung trat.[240]

Die zweite Phase der Studentenbewegung folgt für *Allerbeck* mit den Ereignissen des 2. Juni 1967 in Berlin, die eine bundesweite Mobilisierung der Studenten nach sich zogen[241]. Er nennt sie die „antiautoritäre" Phase. Die Protestaktionen der verschiedensten Art, die engagierte Minderheiten unternahmen, waren überwiegend gewaltlos und darauf bedacht, die Unterstützung einer möglichst großen Zahl von Studenten zu finden. In der Mehrheit der Aktionen wurde auf die Einhaltung formaler Legalität geachtet.[242]

Konkret gab es an allen Stationen des Schah-Besuchs in der Bundesrepublik Proteste und das Vorgehen der Polizei war überall rigoros. So berichtete ein Zeuge in Hamburg über den Einsatz der Polizei:

> „Ich stand auf dem Rathausmarkt; die Demonstranten riefen Sprechchöre, tätliche Übergriffe von seiten der Demonstranten konnte ich nirgendwo beobachten. Plötzlich stürzten Gruppen von Polizisten unter die Menge, umringten einzelne Demonstranten und schlugen wahllos mit Fäusten und Knüppeln auf diese ein. Ich machte Aufnahmen von diesen Szenen. Drei Beamte packten mich und führten mich unter Schlägen und Tritten in Richtung Straßenbahninsel. Dort bat ich einen Beamten um seine Visitenkarte. Daraufhin schlug er mich mit der Faust ins Gesicht. Sofort stürzten sich noch weitere Beamte auf mich. Ich leistete keinen Widerstand, ich wäre dazu auch gar nicht imstande gewesen, da ich über die Schulter eine schwere Kameratasche [...] trug. Etwa acht Beamte schlugen mich nieder und prügelten und traten weiter auf mich ein, als ich am Boden lag. Blut lief mir aus Nase und Mund. [...] Ich möchte hinzufügen, daß ich keinerlei Interesse an Delikten wie Widerstand gegen die Staatsgewalt und Aufruhr habe, da ich selber in der Behörde für Inneres - der Polizeipräsident - beschäftigt bin. Ich habe Anzeige erstattet."[243]

---

[240] Allerbeck, Soziologie radikaler Studenten, S. 26.

[241] Für die Studenten war der Schah der Repräsentant einer gewaltsamen Diktatur. Die Informationen über Persien bezogen die Studenten aus dem weitverbreiteten Buch des Exilpersers Bahman Nirumand, Persien, Modell eines Entwicklungslandes oder die Diktatur der Freien Welt, 1967. Die Politik hofierte nun aber den Schah als Vertreter eines befreundeten Landes. Dadurch manifestierte sich für viele der Widerspruch zwischen der Verfassung und der Verfassungswirklichkeit, dem, was über Menschenrechte geschrieben stand und dem, wie dann tatsächlich gehandelt wurde, Interview mit Bahman Nirumand in der taz vom 31.5/1.6. 1997, S. 5.

[242] Allerbeck, a.a.O. S. 27

[243] Abgedruckt bei Nevermann, Der 2. Juni 1967, 1967, S. 23. Zeugenberichte derselben Art fanden sich noch an den anderen Stationen des Schah-Besuchs, so in Bonn und München, Ebenso abgedruckt bei Nevermann, ebenda, S. 25; ähnliche Zeugenberichte finden sich auch in „Der Spiegel" vom 12.6.1967, S. 42; vgl. auch die „Zeit" Nr. 24 vom 17.6.1967, S. 18. Vgl. dazu auch Hannover, Die Republik vor Gericht, 2. Aufl. 2001, S. 180 ff.

Den tragischsten Verlauf nahmen die Geschehnisse in Berlin, als während der Auflösung der Demonstration vor der Berliner Oper der Student *Benno Ohnesorg* von dem Polizeioberwachtmeister *Kurras* erschossen wurde.[244] Schon vor der eigentlichen Auflösung war die Polizei vehement gegen die Demonstranten vorgegangen, allerdings waren auch Polizisten von Demonstranten mit Steinen verletzt worden. Das eigentliche „Massaker", wie „Die Zeit" später schrieb, ereignete sich dann, als die Polizei die Demonstration vor der Oper räumte.[245]

Der Polizeipräsident sprach von einem zu erfüllenden Kampfauftrag.[246] Um die Demonstration zu beenden, wurden die sich auf dem schmalen Seitenstreifen hinter Hamburger Gittern befindenden Menschen nach dem „Leberwurstprinzip"[247] auseinander getrieben. Die Polizei ging gegen die Mitte der Menschenmenge vor, damit sie zu den Seiten herausplatzten. Sie machte das mit hartem Knüppeleinsatz und ohne vorher die erforderliche Räumungswarnung über den Lautsprecher durchzugeben.[248] Als die Menschen sich dann anfingen in die Seitenstraße zu flüchten, nahm die Polizei die Verfolgung auf. Aus welchem Anlass diese Räumung nach dem „Leberwurstprinzip" stattgefunden hatte, wieso genau zu diesem Zeitpunkt, unvermittelt und ohne Vorwarnung, innerhalb von Minuten und mit Gewalt, konnte nachher keiner der Verantwortlichen mehr erklären. Es ging wohl eigentlich mehr darum, die

---

244 Zimmer, Füchsejagen in der Bismarckstraße, die „Zeit" vom 9. Juni 1967, abgedruckt in: Dönhoff u.a., Zeit - Geschichte der Bonner Republik 1949-1999, 1999, S. 233 ff., S. 234 und 236.

245 Vgl. als besonders anschauliche Darstellung zu den Ereignissen am Abend vor der Oper Zimmer, Füchsejagen in der Bismarckstraße, die „Zeit" vom 9. Juni 1967, entnommen aus: Dönhoff u.a., a.a.O., S. 233 ff.; eine ebenfalls sehr ausführliche Schilderung über den Geschehensablauf vor der Oper und die Arbeit des später eingerichteten Untersuchungsausschuss im Abgeordnetenhaus von Berlin bietet das Kursbuch 12, Der nichterklärte Notstand, 1968, S. 35 ff. Vgl. auch Hermann, Die Revolte der Studenten, 1967, S. 9 f. Vgl. zu den Ereignissen schon am Tag vor dem Schöneberger Rathaus Hermann, Die Polizeischlacht von Berlin, in die „Die Zeit" Nr. 23 vom 9.6.1967, S. 2; „Der Spiegel" vom 12.6.1967, S. 41 f.

246 Hermann, Die Revolte der Studenten, 1967, S. 13 ff.

247 So die Erklärung des Polizeipräsidenten Dünsing auf einer späteren Pressekonferenz, „Der Abend" vom 6.Juni 1967, auch nach Hermann, Die Polizeischlacht von Berlin, „Die Zeit", Nr. 23 vom 9. Juni 1967, S. 2; Winkler, Das Establishment, 1968, S. 17.

248 So entsprechend ein Zeugenbericht abgedruckt in der „Frankfurter Allgemeinen Zeitung" vom 8.6.1967; Zimmer, Füchsejagen in der Bismarckstraße, die „Die Zeit" vom 9. Juni 1967, entnommen aus: Dönhoff u.a., Zeit - Geschichte der Bonner Republik 1949-1999, S. 233 ff., 234.

Demonstration an sich zu beseitigen, ein „Exempel“[249] zu statuieren, denn der Polizeipräsident erklärte später vor dem Untersuchungsausschuss, dass er die Räumung nur solange hinausgezögert hatte, damit nicht am Ende beim Eintreffen des Schahs noch die Räumungsaktion im Gange war.[250] Im Zusammenhang mit den Demonstrationen am 2. Juni wurden in Berlin 25 Verfahren gegen Studenten eingeleitet, unter anderem gegen den Studenten Fritz Teufel wegen schwerem Landfriedensbruch. Der Polizist *Kurras* wurde wegen fahrlässiger Tötung angeklagt.[251] Teufel befand sich bis zum Beginn seines Prozesses fünf Monate in Untersuchungshaft.[252]

Höhepunkt und Ende dieser zweiten Phase der Studentenbewegung in der Bundesrepublik war laut *Allerbeck* die Kampagne gegen die Notstandsgesetzgebung, die in dem Sternmarsch auf Bonn am 11. Mai 1968 eine beachtliche Kundgebung nationaler Dimension hervorbrachte.[253] Nach dem Scheitern dieser Kampagne änderte sich das Selbstverständnis, Aktionsformen und Identität der Protestbewegung erheblich. Während dieser nach *Allerbeck* dritten Phase war der Grundsatz der Gewaltlosigkeit nicht mehr ganz unumstritten; eine Einigung der verschiedenen Gruppierungen und Richtungen auf den Formelkompromiss „Gewalt gegen Personen nein, gegen Sachen ja“ erwies sich als brüchig. Die Aktionen waren nicht mehr auf ein hohes Maß von Legalität bedacht, sondern oft auf deren Verletzung. Die organisierten Minderheiten bemühten sich nicht mehr, die Unterstützung der Mehrheit der Studenten für ihre Aktionen zu gewinnen, sondern höchstens um sekundäre Solidarität nach dem provozierten Polizeieinsatz. Die Blockaden der Druckereien des „Springer“-Verlages Ostern 1968 waren der Markstein

---

[249] Hermann, Die Polizeischlacht von Berlin, „Die Zeit“, Nr. 23 vom 9. Juni 1967, S. 2.

[250] Hermann, Die Revolte der Studenten, 1967, S. 13 ff.

[251] Vgl. zu dem Urteil gegen Teufel unten Kapitel 5.3.2.2.1. Vgl. zu dem Prozess gegen Kurras Gast, Freispruch trotz erwiesener Tötung, taz vom 31.5/1.6.1997, S. 4; vgl. weiter Preuß, Der Fall Teufel, in: „Die Zeit“ vom 28.7.1967, Nr. 30, S. 28 .

[252] Den erforderlichen dringenden Tatverdacht begründete das Gericht damit, daß Teufel an einer öffentlichen Zusammenrottung einer Menschenmenge, die mit vereinten Kräften gegen Personen Gewalttätigkeiten beging, als Rädelsführer teilgenommen habe und dabei selbst Gewalttätigkeiten gegen Personen begangen habe. Begründet wurde die Untersuchungshaft mit Fluchtgefahr in Anbetracht der zu erwartenden hohen Strafe, vgl. dazu Sack, Protest und Reaktion, in: ders./Steinert, Fritz, Bundesminister des Inneren: Analysen zum Terrorismus, Prozesse und Reaktionen in Staat und Gesellschaft, Band 2, 1984, S. 197; vgl. weiter zu den gesamten Verfahren von Teufel Preuß, Der Fall Teufel, in „Die Zeit“ vom 28.7.1967, Nr. 30, S. 28. Vgl. zu dem Urteil unten Kapitel 5.3.2.2.1.

[253] Soziologie radikaler Studenten, 1973, S. 29

dieser dritten Phase.[254] Der Anstreicher *Josef Bachmann* schoss am 11. April 1968 *Dutschke* auf dem Kurfürstendamm nieder. Der Hauptschuldige für die Studenten war das Verlagshaus Springer.[255] Neun Stunden nach dem Attentat fand in Berlin bereits eine Aktion gegen den Springer-Konzern statt. Das ganze Osterwochenende folgten weitere Aktionen in der gesamten Republik. In allen Städten der Bundesrepublik, in denen die „Bild"-Zeitung gedruckt oder ausgeliefert wurde, also in Frankfurt, Essen, Köln, München und Hamburg, versuchte man nach dem Dutschke-Attentat „Springer"-Druckereien zu blockieren.[256] Von beiden Seiten, Demonstranten wie Polizei, wurde mit vehementem Einsatz vorgegangen. Die Demonstranten begingen Sachbeschädigungen, in Berlin brannten Auslieferungswagen der Springer-Druckerei[257], die Polizei ging beritten, mit Wasserwerfern und „Polizeikesseln" vor[258]. Laut „Spiegel" führten in Berlin 10 000 Polizisten einen „Hundertstundenkampf" gegen die Demonstrationen, an denen am Ostersonntag 12 000 Menschen teilnahmen. Im Verlauf des Osterwochenendes wurden 388 Demonstranten in Arrest genommen, über 200 Demonstranten, aber auch Spaziergänger und 54 Polizisten verletzt[259], in München wurden 110 Demonstranten festgenommen während der Zusammenstöße zwischen 1200 Demonstranten und 1000 Polizisten.[260]

Innenminister Benda berichtete, dass sich nach den Schätzungen der Polizei täglich zwischen 5000 und 18 000 Personen an den Demonstrationen beteiligt hätten. Zu organisierten Gewaltanwendungen sei es in 26 Fällen gekommen, bei denen zwischen 4000 und 11 000 Personen demonstriert hätten. Wenn die kleineren Zwischenfälle mitgezählt würden, sei es an 27 Orten der Bundesrepublik zu Demonstrationen gekommen. Von den 575 vorläufig Festgenommenen sei die Mehrzahl

---

[254] Allerbeck, a.a.O., S. 29.

[255] So der „Spiegel", Heft 18, 1968, S. 32

[256] Vgl. zu ausführlichen Sachverhaltsdarstellungen unten bei der Urteilsanalyse Kapitel 5.3.

[257] Kinnigkeit, Aus der TU Rufe nach Gewalt, „Süddeutsche Zeitung" vom 16. April 1968, S. 3; Fichter/Lönnendonker, Kleine Geschichte des SDS, 1977, S. 127 f.

[258] Vgl. zum Vorgehen der Polizei aus Teilnehmersicht Eckart, Notstandsübung, in: Grossmann/Negt (Hrsg.), Die Auferstehung der Gewalt, 1968, S. 42 ff., 67; vgl. auch Kuballa, Nach der Schlacht zaghafte Manöverkritik, „Süddeutsche Zeitung" vom 29. April 1968, S. 3.

[259] Entnommen aus Otto, APO, 1989, S. 269.

[260] „Süddeutsche Zeitung", ebenda, S. 2; entnommen aus Otto, a.a.O., S. 270.

wieder freigelassen worden. Es waren zwei Tote in München zu verzeichnen und 400 Schwer- und Leichtverletzte.[261]

4.4 *Gesellschaftliche Diskussion über die Studentendemonstrationen*

Wie reagierten nun die verschiedenen gesellschaftlichen Gruppen auf die Demonstrationen, welches Verständnis brachte man ihnen entgegen, welche Konsequenzen zogen die jeweiligen gesellschaftlichen Gruppen aus dem Demonstrationsgeschehen?

4.4.1 *Erhaltung der Ordnung und der Staatsautorität*

Schon die ersten Protestaktionen in Berlin im Jahre 1966 veranlassten Politiker aller Richtungen, sich deutlich gegen die Möglichkeit des Demonstrierens zu äußern.[262] Der Berliner Senatssprecher erklärte, man lasse sich nicht auf der Nase herumtanzen, schon gar nicht von Leuten, die sich Studenten nennen.[263] Das Abgeordnetenhaus sprach von „Anarchie", von der „Gefahr einer politischen Unterwanderung aus dem Osten", die „Staatsautorität" müsse sich diesen Tendenzen entgegenstellen.[264] Der Landesvorstand der regierenden SPD sagte, dass solche Demonstrationen nicht hingenommen werden könnten, missbilligte das Verhalten der Randalierer und sprach vom Ausdruck bewusst undemokratischer Haltung.[265] Die oppositionelle CDU sah eine Herausforderung der Bürger und forderte die Polizei auf, für Ordnung zu sorgen, damit das Ansehen Berlins durch derartige linksradikale Wichtigtuer nicht gefährdet werde.[266]

Nach den Ereignissen vom 2. Juni 1967 in Berlin äußerte der damals amtierende Berliner Bürgermeister *H. Albertz* in einer Ansprache im Berliner Fernsehen, dass die Zwischenfälle des 2. Juni auf das Konto der Studenten gingen,

---

261 Bericht der „Süddeutschen Zeitung", Bundesregierung will Grundrechte schützen und Gewaltanwendung unterbinden, 18. April 1968, S. 1; vgl. auch Fichter/Lönnendonker, Kleine Geschichte des SDS, 1977, S. 127. Vgl. auch Chausy, Keine Story. Studentenunruhen in München. Zwei Menschen sterben. Sie wurden nie ein großer Fall für die Medien, taz Ostern 1998, S. 18.

262 Vgl. zur besonderen Lage in Berlin oben Kapitel 4.3.

263 Abgedruckt bei Sack, Protest und Reaktion, in: ders./Steinert, Fritz, Bundesminister des Inneren: Analysen zum Terrorismus, Prozesse und Reaktionen in Staat und Gesellschaft, Band 2, 1984, S. 118.

264 Abgedruckt bei Sack, a.a.O., S. 118.

265 Kursbuch 12, Der nichterklärte Notstand, 1968, S. 22 f.

266 Ebenda, S. 23.

> „weil sie sich das traurige Verdienst erworben haben, einen Gast der Bundesrepublik in der deutschen Hauptstadt beschimpft und beleidigt zu haben. Sie haben die Auseinandersetzungen verursacht, denen ein Student zum Opfer gefallen ist."

Weiter führte er aus:

> „Wir lassen uns nicht länger von einer Minderheit terrorisieren. Was sich in den letzten 24 Stunden ereignete, hat mit dem Recht auf freie Meinungsäußerung nicht das Geringste gemein. Die Geduld der Berliner hat ein Ende. Sicherheit und Ordnung müssen in dieser Stadt gewährleistet bleiben. Aus diesem Grund hat sich die Stadt veranlaßt gesehen, bis auf weiteres jede öffentliche Demonstration zu untersagen. Wer sich dieser Anordnung widersetzt, wird auf den energischen Einsatz der Polizei stoßen und ohne Ansehen der Person strafrechtlich verfolgt werden."[267]

Im Zusammenhang mit Blockaden der Bremer Straßenbahnbetriebe im Januar 1968[268] wies Bundesinnenminister *Lücke* darauf hin, dass es zum Wesen der Staatsautorität gehöre, zu ergreifende Maßnahmen gut zu überlegen und diese einmal ergriffenen Maßnahmen dann allerdings auch durchzuhalten. Sonst werde es den Kräften, die an der Autorität zweifelten, eben sehr leicht gemacht.[269] In einer „aktuellen Stunde" im Februar 1968 im Bundestag führte der CSU-Abgeordnete *Jaeger* zu den Ereignissen in Berlin im Juni 1967 und in Bremen im Januar aus, dass der Dreiklang von Freiheit, Recht und Staat eine unauflösliche Einheit bilde. Eventuell sei in der Vergangenheit im Bundestag als auch im staatsbürgerlichen Unterricht von der Bundeszentrale bis zu den Volksschulen allzu viel von der Freiheit und ihren Rechten gesprochen und all zuwenig vom Staat und seiner strengen Pflicht gesprochen worden:

> „Wir haben erschreckende Erschütterungen der Staatsautorität erlebt, als eine Landesregierung wegen der Studentenunruhen zurückgetreten ist, eine andere vor dem Druck der Straße kapituliert hat."[270]

Nach dem Osterwochenende 1968 ließen sich einige Politiker zu recht drastischen Äußerungen hinreißen. Der Oberbürgermeister von Frankfurt beschrieb die Demonstranten als „kampflüsterne Elemente". Ein CDU-MdB nannte sie „Landfriedensbrecher, Brandstifter und Totschläger, für die in unserem Land kein Platz mehr sei" oder sie erschie-

---

[267] Abgedruckt bei Hermann, Die Revolte der Studenten, 1967, S. 15 f.

[268] Vgl. dazu auch die Schilderungen bei Hannover, Republik vor Gericht, 2. Aufl. 2001, S. 212 ff. und unten Kapitel 5.3.

[269] Die Unruhe unter der deutschen Jugend, Aus der Fragestunde des 5. Deutschen Bundestages, Das Parlament, Nr. 8 vom 21. Februar 1968, S. 10.

[270] Abgedruckt in „Das Parlament", Nr. 7 vom 14. Februar 1968, S. 3..

nen dem damaligen Verteidigungsminister als „skrupellose Gegner der demokratischen Ordnung mit Hintermännern in der SED".[271]

Auch für eine vor allem institutionalisierte Form der politischen Willensbildung plädierte der Göttinger Professor und langjährige Bundesverfassungsrichter G. *Leibholz*, der von einer parteienstaatlichen Demokratie sprach und seine Parteienstaatstheorie mit der Kernthese vertrat:

> „Die Parteien sind es, die in den großen Flächenstaaten heute allein die Möglichkeit haben, die Millionen Wähler zu politisch aktionsfähigen Gruppen zusammenzufassen. Sie sind geradezu das Sprachrohr, dessen sich das mündig gewordene Volk bedient, um sich artikuliert äußern und politische Entscheidungen fällen zu können."[272]

In diese Richtung argumentierten auch noch andere, wenn sie konstatierten, dass sich zwar die Bildung einer außerparlamentarischen Opposition aus dem Mangel an plebiszitären Elementen erklären mochte[273], andererseits eine Stärkung derselben ebenfalls nicht den Ausweg aus dem Dilemma weisen konnte,

> „ist es doch das Volk selbst, das zukunftsträchtige Maßnahmen meist selbst nicht versteht. Seinetwegen zögern doch die auf Wahlchancen bedachten Politiker."[274]

Auch *v. Nell-Breuning* ging mit seiner Auffassung über den Organisationsgrundsatz der Demokratie in eine ähnliche Richtung, vertrat er doch, dass es genüge,

> „daß eine politische Führungsschicht vorhanden ist, aus der die stimmberechtigten Staatsbürger die ihnen am meisten vertrauenswürdig erscheinenden Persönlichkeiten auswählen können, um durch sie die Staatsgeschäfte besorgen zu lassen."[275]

Für einen „starken Staat" trat auch die Zeitschrift „Der Staat" auf, die im Jahre 1962 mit dem Motto herauskam, dass „das Verständnis für die politische und rechtliche Bedeutung des Staates geschwunden, der Staat zerredet worden" sei. Erforderlich sei daher diese „Stätte der Staatsbe-

---

[271] Abgedruckt bei Eckart, Notstandsübung, in: Grossmann, Heinz/Negt, Oskar, Die Auferstehung der Gewalt, 1968, S. 42 ff., 42.

[272] Leibholz, Parteienstaat des Bonner Grundgesetzes, Recht, Staat, Wirtschaft 1951, S. 99 ff., 104. Ders., Demokratie und Rechtsstaat, Schriftenreihe der Niedersächsischen Landeszentrale für politische Bildung, 1961, S. 16 ff. So auch noch ders. 1967 in seinem Buch Strukturprobleme der modernen Demokratie, S. 89 ff. und S. 93 ff.

[273] Burichter, Kritisches zur Außerparlamentarischen Opposition, in: Schoeps/Dannemann (Hrsg.), Die rebellischen Studenten, 1968, S. 68 ff., 68.

[274] Schoenbohm u.a., Die herausgeforderte Demokratie, 1968, S. 101.

[275] v. Nell-Breuning, Streit um Mitbestimmung, 1968, S. 44; ähnlich beschreibt es auch Rupp, Politische Geschichte der Bundesrepublik Deutschland, 3. Auflage, 2000, S. 27.

sinnung".[276] Bracher attestierte der Zeitschrift, dass mit Nachdruck und viel Sympathie für *C. Schmitt* die Sache des Staates verfochten werde, von Demokratie und Opposition an Stelle von Tendenzen zu einer Verstärkung von Regierung und Verwaltung sei in dieser Zeitschrift wenig die Rede.[277] *Graf Krockow* unterzog den „Staat" einer Ortsbestimmung und verwies auf den schillernden Freiheitsbegriff, den die Mitarbeiter – Juristen, Historiker, Philosophen – der Zeitschrift zugrunde legten: Nur der Staat könne die Freiheit schützen, darum keine Freiheit gegen den Staat.[278] In eben diesem Sinne drückte es auch *E. Forsthoff* aus:

> „Staatsgesinnung als Grundlage der Gehorsamsbereitschaft erwächst nicht aus der Freiheit. Die Freiheit isoliert den Menschen, sie distanziert ihn vom Staat. Sie konstituiert nichts an überindividueller Ordnung, auch nicht im Ethischen. Sie bringt keine Staatsgesinnung hervor."[279]

4.4.2 Die Autorität der Polizei und des Rechts

Der Bundesminister für wissenschaftliche Forschung *Stoltenberg*, CDU, führte im Februar 1968 im Bundestag aus, dass rechtsradikale Reaktionen bei großen Teilen der Bevölkerung zu befürchten seien, halte die Situation der Rechtsunsicherheit, der ständigen Rechtsverletzung ohne ein gesetzmäßiges Handeln der staatlichen Organe, an.[280]

> „Was wir hier brauchen, ist die Autorität des Rechtes. Wenn sich die Autorität des Rechtes nicht durchsetzt und in der öffentlichen Diskussion von den öffentlich-rechtlichen Anstalten nicht auch die notwendige Unterstützung erhält, dann wird in Deutschland eine falsche Autoritätsvorstellung vergangener Zeiten wieder an Boden gewinnen, die wir alle als politisch verhängnisvoll ansehen."[281]

Ebenfalls Assoziationen zur Vergangenheit und den Wunsch nach einem „Zusammenstehen" aller staatlichen Obrigkeit brachte Bundesinnenminister *Lücke* in derselben Bundestagsdebatte zum Ausdruck. Er sprach von der alten Erfahrung, welche die Älteren des Hauses nur allzu gut kannten, dass die extremen Kräfte der Linken und der Rechten

---

[276] Der Staat, Nr. 1, 1962, Geleitwort S. 1 f.

[277] So Bracher, Staatsbegriff und Demokratie in Deutschland, PVS 1968, S. 2 ff., 22.

[278] Staatsideologie oder demokratisches Bewußtsein, die deutsche Alternative, PVS Nr. 6, 1965, S. 118 ff.

[279] Rechtsstaat im Wandel, 1964, S. 66.

[280] Die Unruhe unter der deutschen Jugend, Aus der Fragestunde des 5. Deutschen Bundestages, Das Parlament, Nr. 8 vom 21. Februar 1968, S. 9. Auf diese Aussage folgte lebhafter Beifall im ganzen Haus.

[281] Ebenda, S. 9. Auch hierauf folgte wieder lebhafter Beifall auf allen Seiten des Bundestages. Eine ähnliche Auffassung äußerte auch Erdsieck, Die gewalttätige Demonstration im Rechtsstaat, in der FAZ Nr. 189 vom 18.8.1969, S. 2.

sich gegenseitig bedingen würden. Einig seien sich die Links- und Rechtsradikalen dann darin, die bestehende demokratische Ordnung abzulehnen:

> „Deshalb müssen alle staatlichen Organe entschlossen und einig – ich wiederhole einig – die Aufrechterhaltung der öffentlichen Ordnung und den Schutz der Bürger unter allen Umständen gewährleisten. Der Bürger muß wissen, dass diese unsere Demokratie nicht mit Schwäche verwechselt werden darf. Der Bürger muß wissen, dass Demokratie weder Schwäche noch Anarchie ist und dass wir keine braunen Ordnungshüter brauchen, um uns vor dem Terror der Linken zu schützen."[282]

Mit „einig" meinte der Bundesinnenminister, dass bei der Anwendung des Rechts und der Beschleunigung der anhängigen Rechtsverfahren unterschiedlich verfahren werde. Es habe sich herausgestellt, dass eine Reihe von Ermittlungsverfahren liefen, aber die Verfahren bei den Gerichten nicht zum Abschluss kämen. Wichtig sei, dass die Gesetze schnell, wirkungsvoll und in allen Bereichen einheitlich zur Anwendung gelangten.[283] Darüber hinaus sollten sich die Politiker hinter die Ordnungsorgane stellen. Die Polizei sollte nicht immer kritisiert werden, schließlich führe sie nur Befehle aus. Es sei sonst nicht möglich, mit diesen schwierigen und zum Teil neuartigen Demonstrationen fertig zu werden.[284]

Nach dem Osterwochenende wurde das Vorgehen der Polizisten von einigen Seiten als „korrekt" bezeichnet. Die Münchner Polizeiführung beispielsweise versicherte:

> „Verhältnismäßiger und zurückhaltender wie bei den Einsätzen insbesondere am Ostermontag kann keine Polizei der Welt Ordnungsstörungen und Gesetzesverletzungen gegenüber vorgehen."[285]

Der damalige Innenminister *Benda* forderte am 30. April 1968 im Bundestag eine schnelle und nachhaltige Ahndung strafbarer Handlungen:

> „Das Rechtsbewußtsein der Bevölkerung müßte erschüttert werden, wenn begangene Straftaten nicht, nicht nachhaltig und nicht binnen angemessener Frist geahndet würden. Es besteht kein begründeter Anlaß der Richterschaft, sich gegen einen Appell zur Wehr zu setzen, der nicht mehr aber auch nicht weniger erwartet, als daß Gesetz und Recht gewahrt werden. Dies ist die Aufgabe aller Organe des Staates, auch der Justiz. Das zu sagen bedeutet keine Mißachtung

---

[282] Ebenda, S. 9. Diese Äußerung erntete Beifall bei den Regierungsparteien.

[283] Ebenda, S. 9.

[284] Ebenda, S. 10.

[285] Straßenschlacht mit Frankfurts Polizei, „Süddeutsche Zeitung" vom 16. April 1968, S. 2; vgl. auch Eckart, Notstandsübung, in: Grossmann, Heinz/Negt, Oskar, Die Auferstehung der Gewalt, 1968, S. 42 ff., S. 45.

der verfassungsmäßig garantierten, von der Bundesregierung anerkannten Unabhängigkeit der Richter."[286]

Bundeskanzler *Kiesinger* äußerte in derselben Bundestagsdebatte:

„Ich habe in diesem Zusammenhang über das Fernsehen eine Mahnung und eine Warnung an diejenigen unter den Studenten gerichtet, die es auf Gewalt ankommen lassen wollen, und habe sie darauf aufmerksam gemacht, daß eine solche Gewalt, eine sich derart steigernde Gewalt die staatlichen Abwehrkräfte zwangsläufig verschärfen müßte."[287]

Vielerorts forderte man die schnelle und strenge Aburteilung der Unruhestifter. Bei den Landesjustizministerien wurde auf ein rasches Eingreifen gedrängt. Bundesjustizminister Heinemann mahnte: „Was die Justiz in diesen Fällen besser als in der Vergangenheit lernen muss, das ist ein schnelles Abhandeln solcher Taten."[288] Unter der Devise, den „Terror des SDS zu brechen", machte der baden-württembergische Innenminister deutlich, dass der liberale Rechtsstaat bereit sei, die ihm zustehenden Zwangsmittel auch zu gebrauchen.[289] Der *Bayern-Kurier* der CSU erklärte sich bereit, den „eingeschüchterten Richtern und Staatsanwälten 'mit der Autorität des Volkes' beizuspringen".[290] Der CDU-Bundestagsabgeordnete *F. v. Eckardt* mutmaßte, dass die Justiz nur solange auf dem Boden des Rechts stehe, solange sie spüre, dass sie die Autorität des Staates und der demokratischen Gesetzmäßigkeit hinter sich habe.[291]

Ebenfalls forderte Innenminister *Benda* als erster öffentlich die allgemeine richterliche Vorbeugehaft für Demonstranten.[292] Auch von anderen politischen Richtungen existierten schon Gesetzesentwürfe, welche die Vorbeugehaft für Tatbestände wie Mord, Totschlag, aber auch die qualifizierte Körperverletzung vorsahen.[293] Nach den Äußerungen eines

---

[286] Presse- und Informationsdienst der Bundesregierung, Probleme der Jugend unserer Zeit. Diskussion des deutschen Bundestages zur innenpolitischen Lage, Bulletin des Presse- und Informationsamtes der Bundesregierung, S. 22.

[287] Abgedruckt im Presse- und Informationsdienst der Bundesregierung, a.a.O., S. 26; vgl. zu der Erklärung des Deutschen Richterbundes unten Kapitel 4.1.1.

[288] In der FAZ vom 22. 4. 1968.

[289] So Röhrl, Haut sie, bis die rote Rotze fließt, Konkret Heft 3, 1969, S. 6f., 7.

[290] Sondersitzung des Bundestages am 30. April, Auf der Tagesordnung: die Unruhen, Süddeutsche Zeitung vom 20./21. April 1968, S. 2; Enzensberger, Der nicht erklärte Notstand, Kursbuch 12, 1968, S. 170.

[291] Süddeutsche Zeitung, a.a.O., S. 2; Enzensberger, a.a.O., S. 170.

[292] Stascheid/Hart, Vorbeugehaft für Demonstranten, KJ 1969, S. 88 ff., 90 f.

[293] Der CSU-Entwurf sah vor, dass die Vorbeugehaft bei Wiederholungsgefahr verhängt werden konnte, wobei nicht an bestimmte Straftatbestände angeknüpft wurde,

SPD-Abgeordneten waren zum Beispiel mit dem SPD-Entwurf die Demonstranten „mit in den Griff zu bekommen“: der Tatbestand der gemeinsam begangenen Körperverletzung konnte schon dann verwirklicht sein, wenn eine leichte Körperverletzung von "mehreren gemeinschaftlich" begangen würde, so dass die Voraussetzungen für die Verhängung der Vorbeugehaft erfüllt wären.[294]

4.4.3 *Mahnung zur Besonnenheit*

Zundel schrieb nach dem 2. Juni 1967 in der „Zeit“ über die Politiker, dass diese an den Erfahrungen der Vergangenheit orientiert seien, Staat und Ordnung stabil erhalten wollten und dabei vergessen würden, dass die Demokratie unter anderem auch den Sinn habe, den Protest gegen die etablierte Ordnung zu fördern und zu kanalisieren: „Demokratie ist Revolution in verträglicher Dosis.“[295]

Ebenfalls nach dem 2. Juni forderten in einer öffentlichen Erklärung unter anderem *T. W. Adorno, R. Augstein, K.-D. Bracher, G. Grass, A. Mitscherlich*, dass alle relevanten Vorgänge mit peinlicher Sorgfalt geprüft und von unabhängigen Richtern gewissenhaft beurteilt werden sollten. Es wäre verhängnisvoll, wenn sich die offizielle Lesart, nur weil sie die offizielle sei, durchsetzen würde.

> „Die Bürger der Bundesrepublik haben in einer Lage, in der sie sich auf gefestigte rechtsstaatliche Traditionen nicht verlassen können, Anspruch darauf, durch schleunige und minutiöse Untersuchungen darüber Gewissheit zu erlangen, ob ihre Polizei Terror übt – oder ob dieser Verdacht zu Unrecht besteht.“[296]

---

sondern an jedes vorsätzliche Verbrechen oder Vergehen, wenn allerdings bei dem zu erwartenden Strafverfahren mit einer Gefängnisstrafe von bis zu 6 Monaten gerechnet werden konnte, vgl. dazu Klug, Rechtsstaatswidrige Vorbeugehaft, ZRP 1969, S. 1 ff., 1.

[294] Berichtet bei Klug, Rechtsstaatswidrige Vorbeugehaft, ZRP 1969, S. 1 ff., 2. Kritische Stimmen bemerkten dazu, dass sich daraus bedrohliche Manipulationsmöglichkeiten gegenüber dem politischen Gegner ergäben. Man müsse sich nur klar machen, wie schnell es bei Demonstrationen zu gemeinschaftlich begangenen leichten Körperverletzungen kommen könne. Unter dem Deckmantel kriminalpolitischer Zweckmäßigkeit werde der verfassungsrechtlich so wesentliche Freiheitsschutz in unzulässiger Weise eingeschränkt, Klug, a.a.O., S. 2; vgl. zur Kritik an der Vorbeugehaft auch Stascheid/Hart, Vorbeugehaft für Demonstranten, KJ 1969, S. 88 ff., 90; ähnlich auch Ender, Zur erneuten Reform des Haftrechts - insbesondere zur Vorbeugungshaft, NJW 1969, S. 867 ff., 867.

[295] Die heimatlose Opposition, in „Die Zeit“ vom 16. Juni 1967, abgedruckt in Dönhoff u.a., Zeit - Geschichte der Bonner Republik 1949-1999, 1999, S. 239 ff., S. 241.

[296] Zur Polizei und den Studenten, „Die Zeit“ Nr. 23 vom 9. Juni 1967, S. 16.

Augstein äußerte sich darüber hinaus noch des Öfteren zur Art und Weise der staatlichen Reaktion. Zwar müssten die Protest-Studenten begreifen, dass Tomaten und freche Losungen die Welt nicht veränderten. Er fühlte sich aber, nach Kenntnis von Zeugenaussagen und Photos von den Polizeieinsätzen beim Schah-Besuch, an „Killer-Instinkte aus KZ-Zeiten erinnert. Eine Polizei, die Frauen zusammenschlage, sei eine „entmenschte Bande".[297] Später qualifizierte er die Behandlung von *F. Teufel*, vor allem die Gründe des Gerichts, fünf Monate die Untersuchungshaft aufrecht zu erhalten, als Aufreizung zum Landfriedensbruch.[298]

Auch in Berlin gab es schon zu einem frühen Zeitpunkt der Auseinandersetzung Mahnungen zur Besonnenheit und zu einer inhaltlichen Auseinandersetzung mit den Studenten. *H. Ingensand*, Senatsdirektor beim Kultussenator von Berlin, äußerte in einer Studie im Jahre 1967 für den West-Berliner Senat:

> „ ... Man kann einmal, einige Male Demonstranten durch Polizeieinsatz zerstreuen. Es wird von Mal zu Mal schwerer. ... Man kann nicht gegen Massen regieren – und 5000, 10 000, 15 000 Studenten sind Massen, die auf die Beine zu bringen sich manche Partei glücklich schätzen würde. ... Eine bloße Verstärkung des Einsatzes staatlicher Gewalt wird verheerende Folgen haben: Sie treibt die Masse der Studenten unter die Parolen der extremen Linken. Diese findet keine große Gefolgschaft, wenn der Staat überzeugend maßvoll auftritt. Sie bekommt intellektuelle Führung, wenn sich der Staat so zeigt, wie sie ihn als autoritäre Obrigkeit in ihrer Ideologie vertritt."[299]

Und auch die Einsätze bzw. die Ausbildung der Polizei wurde hinterfragt. So war es der FDP-Fraktionsvorsitzende im Abgeordnetenhaus von Berlin, der feststellte, dass es auch in den Reihen der Polizei sicher noch Beamte gäbe, die zum Beispiel in einer Vietnam-Demonstration schlechthin die Störung von Sicherheit und Ordnung, in einzelnen Demonstranten den Aufrührer gegen die Staatsgewalt sähen. Diese Ansicht gelte es zu bekämpfen, sie sei aber auch auf eine nicht sachgerechte Ausbildung der Polizei zurückzuführen. Denn soweit in den Polizeiausbildungsbüchern vorwiegend militärische Sprache benutzt werde, sei eine Ausbildung der Polizei auf demokratische Verhältnisse und für ihre Verwendung zur Erledigung ihrer zivilen Aufgaben zumindest fragwürdig.[300]

---

[297] Der „Spiegel", vom 19. Juni 1967, S. 18.

[298] Der "Spiegel", vom 18. Juli 1967, S. 14.

[299] Abgedruckt in Winkler, Das Establishment antwortet der APO, 1968, S. 19.

[300] Es handelte sich um eine Debatte anlässlich einer Vietnam-Demonstration, abgedruckt in Winkler, a.a.O., 1968, S. 19; ähnlich auch die Meinung der FDP-Abgeordneten Dr. Diemer-Nicolaus in der Fragestunde des 5. Bundestages, 154. Sit-

Der Polizeigewerkschaftsführer *W. Kuhlmann* kritisierte die Politik, welche die Polizei in die falsche Rolle des alleinigen Sanktionshandelns im Umgang mit den Demonstranten gedrängt und die Frage nach den Ursachen für den außerparlamentarischen Protest, der keine Gefahr im Sinne des Art. 91 GG darstelle, vernachlässigt habe. Die polizeiliche Schieflage habe nur entstehen können,

> „weil Politiker aller Schattierungen die Auseinandersetzung mit der außerparlamentarischen Opposition ausschließlich der Polizei überließen, anstatt die Ursachen der Konflikte mit politischen Mitteln anzugehen."[301]

M. Gräfin Dönhoff folgerte aus den Ereignisse in Bremen, dass die „Erwachsenen" sich wohl so an den Klüngel gewöhnt hatten und daran, alles nach taktischen Gesichtspunkten zu beurteilen und nach Opportunität zu entscheiden, dass die ganz und gar nicht geplante Revolte der Jungen Demokratie wahrscheinlich nur gut tun werde – trotz der beschädigten Fahrzeuge. Allerdings verwarf sie geplante Gewaltakte der Studenten, wie den nächtlichen Einwurf von Fensterscheiben der „Berliner Morgenpost". Auch habe man vom ersten Tag der Rebellion der Studenten an in der „Zeit" versucht, Verständnis für die Anliegen der Studenten zu wecken, aber von positiven Demokratisierungsbestrebungen könne nicht mehr die Rede sein, wenn nur noch von Paritäten und Machtergreifung die Rede sei.[302]

---

zung, Das Parlament Nr. 8 vom 21. Februar 1968, S. 10; vgl. auch Kentler, Polizeipsychologe bei der Berliner Polizei, der von einem vordemokratischen Denken in weiten Kreisen der Polizei sprach, welches in der Polizei in erster Linie ein Organ staatlicher Gewalt und damit ein Instrument der den Staat beherrschenden Gruppen sah, abgedruckt in Winkler, a.a.O., S. 19 f. Vgl. auch die Aussage des ehemaligen Direktors der Bereitschaftspolizei des Landes Nordrhein-Westfalen H. Olszewski, wonach er im Jahre 1952 Ausbilder bei der Polizei hatte, die aus der Wehrmacht gekommen seien, also ganz strikt an Befehl und Gehorsam gebunden waren, die nie begriffen hätten, was demokratischer Verfassungsstaat sei, was Grundrechte seien, abgedruckt bei Kleinknecht, Die Polizei im gesellschaftlichen Diskurs, Westfälische Forschungen, 48/1998, S. 311 ff., 318. Vgl. weiter zur Frage des Status der Polizei auch Kuhlmann, Moderne Gesellschaft – Moderne Polizei, 1969. Vgl. zur Polizei und den 68er-Demonstrationen vor allem auch Kleinknecht, Die Polizei im gesellschaftlichen Diskurs, Westfälische Forschungen, 48/1998, S. 311 ff.

[301] Kuhlmann, Dutschkes APO ist tot, a.a.O., S. 369 ff., 370. In diesem Zusammenhang können auch die Ratschläge der Fachpsychologen genannt werden, entsprechend empirischen Untersuchungen zu „weichen" Methoden bei den Einsätzen überzugehen, die scheinbar Anleihen bei Maos Guerilla-Taktik machten. So hieß es in Hinweisen an die Polizei, nicht einzuschreiten, Übertretungen und Vergehen zuzulassen, denn dann würde der Schaden gering bleiben. Würde die Polizei aber einschreiten, so sei sie der eigentliche Urheber der großen Auseinandersetzung, Sieber, Politische Demonstrationen und Gewaltanwendung, Die Streife 8 (1969), Heft 7, S. 6.

[302] „Die Zeit" vom 9. Februar 1968.

Bundesjustizminister *G. Heinemann* richtete in Rundfunk und Fernsehen am Osterwochenende 1968 an die Bevölkerung einen Appell zur Bewahrung von demokratischem Verhalten. Alle hätten sich zu fragen, was man in der Vergangenheit dazu beigetragen haben könnte, dass ein Antikommunismus sich bis zu einem Mordanschlag gesteigert hätte, und dass Demonstranten sich in Gewalttaten der Verwüstung bis zur Brandstiftung verloren hätten:

> „Das Kleid unserer Freiheit sind die Gesetze, die wir uns selber gegeben haben. Diesen Gesetzen die Achtung und Geltung zu verschaffen, ist Sache der Polizei und Justiz. Es besteht kein Anlaß, zu bezweifeln, daß Polizei und Justiz tun, was ihre Aufgabe ist.
>
> Wichtiger aber ist es, uns gegenseitig zu dem demokratischen Verhalten zu verhelfen, das den Einsatz von Justiz und Polizei erübrigt. Zu den Grundrechten gehört auch das Recht zum Demonstrieren, um öffentliche Meinung zu mobilisieren. Auch die junge Generation hat einen Anspruch darauf, mit ihren Wünschen und Vorschlägen ernst genommen zu werden. Gewalttat aber ist ein gemeines Unrecht und eine Dummheit obendrein. Es ist eine alte Erfahrung, daß Ausschreitungen und Gewalttaten genau die gegenteilige öffentliche Meinung schaffen, als ihre Urheber wünschten. Das sollten, so meine ich, gerade auch die politisch bewegten Studenten begreifen und darum zur Selbstbeherrschung zurückfinden. ..."[303]

Innenminister *Benda* wurde von der Opposition – der FDP - in der Bundestagsdebatte nach dem Osterwochenende vorgehalten, er habe für den uninformierten Zuhörer den Eindruck erweckt, es hätte in der Osterwoche und auch vorher auf den Straßen nur SDS-Drahtzieher, nur Verfassungsbrecher, nur Steinewerfer und Schläger gegeben.[304] Sie machte der CDU den Vorwurf, dass die Demonstrationen der ganzen letzten Zeit als reine Gewaltakte dargestellt worden seien, ohne dass erkennbar geworden sei, welche politischen Ziele hinter den Protesten standen.[305] *W. Scheel* von der FDP führte aus:

> „[...] Das sind die Zustände, die zu einer Politisierung der Studenten geführt haben. Diese Politisierung ist in allgemeine Oppositionshaltung umgeschlagen, die durch alle politischen Lager der Studenten geht. [...] Wer in dieser Entwicklung etwas unnormales sieht [...] und wer in den Demonstrationen in dieser Lage etwas unnormales sieht, muß seltsame Vorstellungen von der Demokratie haben."[306]

H. Albertz äußerte am Ostermontag 1968 auf der in West-Berlin abgehaltenen Kundgebung „Macht einen neuen Anfang", dass die Regieren-

---

303 Entnommen aus „Die Zeit", Nr. 16 vom 19. April 1968; auch in Otto, APO, 1989, S. 265; Winkler, Das Establishment antwortet der APO, 1968, S. 27 f.

304 Wiedergegeben in Das Parlament, Nr. 19, 1968, S. 3.

305 Ebenda, S. 3.

306 Ebenda, S. 4.

den auf weiten Strecken unglaubwürdig geworden seien. Berlin lebe in der Vergangenheit und in der Zukunft, nicht aber in der Gegenwart.

> „Ich mache mir keinen übertriebenen Hoffnungen, wenn wir Älteren nicht einsehen, dass wir zum ersten Mal in der Geschichte dieses Jahrhunderts einer jungen Generation gegenüberstehen, die politisch engagiert ist, die moralische Maßstäbe hat und die Opfer zu bringen bereit ist."[307]

Zu dem Attentat auf *Dutschke* meinte er, politisch sei wahr, dass solche Einzeltäter nur schießen, wenn die Verhältnisse, in denen sie leben, dazu ermutigen. Das Gift der Hetze und der Gewalt mache die Mutigen müde und die Feigen stark.[308]

Murmann bemerkte, dass auch nach den Krawallen vom Osterwochenende die Bundesrepublik noch lange nicht „auf dem Weg nach Weimar" sei. Überdies sei der Vergleich mit Weimar oder der Warnung vor einem neuen Weimar, die so oft ausgesprochen werde, irreführend. Der Hinweis auf Weimar stehe einer Beurteilung der gegenwärtigen Situation im Wege, würden doch Dinge miteinander verglichen, die nicht zu vergleichen seien.[309]

Nach den Osterunruhen veröffentlichten namhafte Intellektuelle, unter anderem *Adorno, H. Böll, W. Jens, E. Kogon, G. Mann, A. Mitscherlich,* eine Solidaritätskundgebung:

> „Zum zweiten Mal [...] hat blutige Gewalt die Studenten getroffen. So isoliert die Hintergründe des Mordanschlags auf Rudi Dutschke auch sein mögen, sie enthüllen den Zustand unserer Gesellschaft. Angst und mangelnde Bereitschaft, die Argumente der studentischen Opposition ernst zu nehmen, haben ein Klima geschaffen, in dem die gezielte Diffamierung einer Minderheit zur Gewalttätigkeit gegen sie aufreizen muß. [...] Die Unterzeichneten [...] erklären sich mit den Studenten solidarisch, rufen aber gleichzeitig dazu auf, sich bei allen Aktionen der Gewalt zu enthalten und der Angemessenheit der Mittel bewußt zu bleiben."[310]

4.4.4 Kritik am politischen Prozess

Neben der Mahnung zur Besonnenheit und zur konkreten inhaltlichen Auseinandersetzung mit der Studentenbewegung wurden auch Stimmen laut, die eine generelle Kritik am politischen Prozess übten. Gerade das *Leibholzsche* Verständnis der Bonner Demokratie stieß nicht auf uneingeschränkte Zustimmung. *J. Gross* stellte die Tendenz fest:

---

[307] Straßenschlacht mit Frankfurts Polizei, „Süddeutsche Zeitung" vom 16. April 1968, S. 2; vgl. auch Winkler, Das Establishment antwortet der APO, 1968, S: 109 ff.

[308] Süddeutsche Zeitung, a.a.O., S. 2.

[309] Kommentar im Handelsblatt Nr. 77 vom 19./20 April 1968, S. 25.

[310] Entnommen aus Otto, APO, 1989, S. 264.

„Die gegenüber der Weimarer Republik und im Verhältnis zu den kontinentalen europäischen Nachbarn ebenfalls sehr auffällige Verfestigung der deutschen Parteiendemokratie offenbart sich nicht zuletzt in der Aussichtslosigkeit der Rolle des politischen Außenseiters."[311]

K. *Jaspers* formulierte 1966:

„ [...] der Instinkt dieser Politiker, und zwar aller Parteien dieser Parteienoligarchie, wehrt sich gegen den Einfluß des unabhängigen Geistes. Sie wollen die Bearbeitung der im Volk verbreiteten Meinung allein in ihrer Hand haben."[312]

Weiter vertrat er die Ansicht, dass die Wege, die dem Volk die legalen Möglichkeiten des Mitwissens und Ergreifens verschafften, instinktiv von den Parteienoligarchien abgelehnt würden, von einer altväterlichen patriarchalischen Gesinnung gutmütiger, aber dummer Biedermänner, von den zynischen Karrieristen, die menschenverachtend, schlau und integrierend seien. Wenn das Volk auf den für seine Wirksamkeit geschaffenen Wegen gehen lerne, schaffe dies den notwendigen Widerstand gegen die tödliche Gefahr der Parteienoligarchie.[313]

Für *W. Hennis* stimmte an der Lehre von *Leibholz* so ziemlich nichts, vor allem wies er auf die Leichtigkeit hin, mit der dessen Lehre von den linken Gegnern der Demokratie in Anspruch genommen wurde.[314] Er schrieb den Parteien Desinteresse oder gar Argwohn zu, mit dem diese die Bemühungen um die Entwicklung eines neben oder unter ihnen etablierten selbständigen öffentlichen Raums verfolgten.[315] Nach seiner Auffassung zeigte sich in den ersten beiden Jahrzehnten eine recht unangenehme Eigenschaft deutscher Parlamentarier, nämlich

„ihre Ungeduld beim Hören von Argumenten von 'draußen', ihre Geringschätzung 'bloßer Theorie', überhaupt ihre Abkapselung gegenüber allen anderen 'Potenzen' im Sinne Jakob Burckhardts, sofern man sie nicht ad hoc für dieses oder jenes: Dekor, Spenden, Wählerinitiativen, Festreden, auch 'handfesten

---

[311] Gross, Die Deutschen, 1967, S. 133; ähnlich auch Zeidler, Außerparlamentarische Bewegungen, Demonstrationsrecht und Widerstand, in: Aus Politik und Zeitgeschichte, Beilage zur Wochenzeitung „Das Parlament" vom 8.3.1969, S. 3 ff., S. 3.

[312] Jaspers, Wohin treibt die Bundesrepublik? Tatsachen Gefahren, Chancen, 1966, S. 179.

[313] Jaspers, a.a.O., S. 192 f.

[314] Die Rolle des Parlaments und die Parteiendemokratie, in: Löwenthal/Schwarz, Die zweite Republik, 1974, S. 203 ff., S. 207, 212, Fn. 14 und 32. Vgl. zur Heranziehung von Leibholz in der „Neuen Linken" Bermbach, Probleme des Parteienstaats, Zeitschrift für Parlamentsfragen, 1969/70, S. 342 ff.; Grebing, Volksrepräsentation und identitäre Demokratie, PVS 1972, S. 162 ff.; Abgeordnetenmandat und Parteienwechsel, PVS, 1972, S. 300 ff.

[315] Hennis, Die Rolle des Parlaments und die Parteiendemokratie, in: Löwenthal/Schwarz, Die zweite Republik, 1974, S. 203 ff., 211.

Sachverstand' gebrauchen kann. Im übrigen genügen die deutschen Parlamentarier sich selbst. Die Atmosphäre Bonns, in der keine Elle außer der politischen im engsten Sinne Geltung hat, mag dazu beitragen."[316]

Entgegen dem Empfinden der politischen Eliten Westdeutschlands, die nie daran gezweifelt hatten, dass die Bundesrepublik diesmal „reif" für die Demokratie sei, brachte er eine für ihn äußerst notwendige Einschränkung an:

„Die Parteien dulden keine Götter neben sich. Wer nicht für sie ist, ist gegen sie. Bei 'den anderen' zu sein, ist keine Schande, nur muß man irgendwo einer 'der im Bundestag vertretenen Parteien', wie die Formel heißt, zurechenbar sein. Unabhängigkeit irritiert."[317]

Rückblickend formulierte man ein den Bundestagsparteien faktisch zustehendes „Anbietermonopol über die zur öffentlichen Erörterung 'zugelassenen' Themen".[318]

Für *K.-D. Bracher* entschied sich an der Funktionstüchtigkeit der Opposition überhaupt erst Demokratie.[319] Er warnte entschieden vor der Restaurierung, Verhärtung und Ideologisierung eines antidemokratischen Staatsbegriffs, der obrigkeitsstaatliche Autorität und ordnungstechnische Effizienz auf Kosten der politischen Modernisierung postulierte.[320]

„Für die Zeit nach 1945 stellt sich die Frage, ob nicht die Auffassung vom Primat des Staates vor Demokratie trotz einer vielbemühten Revision des Geschichtsbilds noch immer weithin die Einschätzung bestimmt, ja von Jahr zu Jahr wieder steigenden Kurswert erhält. Der Ruf nach mehr Staatsbewusstsein, das Vordringen einer staatsbezogenen Terminologie in der politischen Rhetorik wie im institutionellen Ausbau der Bundesrepublik, die Auseinandersetzung um die Notstandsgesetze, um das Verhältnis von Staatsschutz und Freiheitsrechten: all dies indiziert eine Fortdauer der alten Problematik auch unter den neuen Verhältnissen der zweiten Deutschen Demokratie."[321]

---

316 Hennis, a.a.O., S. 215.

317 Hennis, a.a.O., S. 221 f.

318 Otto, APO, 1989, S. 9; ähnlich auch Brand, a.a.O., S. 45.

319 Staatsbegriff und Demokratie, PVS 1968, S. 2. ff., 22. Es handelt sich hierbei um einen Vortrag aus dem Jahre 1967, gehalten auf der Wissenschaftlichen Tagung der Deutschen Vereinigung für politische Wissenschaft in Tutzing.

320 Bracher, a.a.O., S. 24.

321 Bracher, a.a.O., S. 2. An anderer Stelle heißt es, dass die Kontroversen um die Notstandsgesetzgebung und ihre verfassungspolitischen Implikationen zeigten, in welchem Ausmaß selbst unter den veränderten Verhältnissen des GG die Spannungen zwischen demokratie- und staatsorientiertem Politikverständnis fortbestehen oder gar sich verschärfen würde, S. 20.

Es gäbe eine Präponderanz des Stabilisierungsprinzips, verständlich nach den Erfahrungen von Weimar, aber eben doch mit der Konsequenz einer Verlagerung der freiheitlich-dynamischen auf staatspolitisch-konservierende Ordnungsvorstellungen.[322]

Hauptaufgabe sei nicht die Verstaatlichung der Demokratie, sondern die Demokratisierung des Staates. Demokratie sei nicht zuerst von der Seite des Staates zu begründen, auch wenn sie Staat insofern sei, als ihre Funktionsfähigkeit mit leistungsfähiger Regierung und Verwaltung verbunden sei.[323]

> „Noch freilich kann sich eine antipluralistische Staatstradition, tief eingewurzelt und noch immer populär, in Intoleranz und Verächtlichmachung mißliebig-andersdenkender Minderheiten äußern, können sich Meinungsmacher und unaufgeklärte Plebs etwa im Schlagwort von der 'zersetzenden Intelligenz' begegnen. ... Demokratischer Stil fordert aber nicht zuletzt von den Regierenden, den bei uns sogenannten Vertretern des Staates, dass kritische Stimmen als zum Gemeinwesen gehörig geachtet werden und nicht am veralteten Staatsbegriff gemessen werden."[324]

Der moderne Staat erfordere also nicht weniger, sondern mehr Demokratie mit vielschichtiger Partizipation der Bürger. *Brachers* Plädoyer galt einem gesellschaftlich offenen, entschieden demokratischen, nicht länger unpolitischen Staatsverständnis anstelle einer verbrauchten, missbrauchten National- und Staatsideologie.[325]

Nach Auffassung von *Ellwein* sei Demokratie unbequem. Seines Erachtens sei es ebenso „unmoralisch", angesichts solcher Unbequemlichkeiten zu resignieren, wie es unmoralisch sei, in der Auseinandersetzung mit den Kritikern statt der Waffen des Geistes solche des Gesetzes oder der wirtschaftlichen Macht einzusetzen. Auch die Verleumdung gehöre zu diesem Instrumentarium. Das in Deutschland eigentlich Fatale sei das Wittern von „Verschwörungen", das der vielerorts vermuteten „kommunistischen Verschwörung" sei am meisten verbreitet und oft am primitivsten. Insgesamt müsse eingesehen werden, dass niemand freiwillig auf seine Position verzichte – der Kampf innerhalb der Gesellschaft gehöre zu deren Freiheit, nur in der totalitär geordneten Gesellschaft finde keine Auseinandersetzung dieser Art statt.[326] Das Spielfeld der Meinungen in der Öffentlichkeit sei demnach ein Feld der Auseinandersetzung. Auf ihm werde ständig darum gekämpft, wer Mei-

---

[322] Bracher, a.a.O., S. 21.

[323] Bracher, a.a.O., S. 25 f.

[324] Bracher, a.a.O., S. 26 f.

[325] Bracher, a.a.O., S. 27.

[326] Ellwein, Das Regierungssystem der Bundesrepublik, 1965, S. 92.

nungen vortragen und für sie werben könne. Ohne unzulässig zu bewerten, könne man sagen, dass es um eine freie Gesellschaft umso besser bestellt sei, je mehr an jener Auseinandersetzung teilnähmen.[327]

H. v. Hentig schrieb im Mai 1968, dass die Bundesrepublik in den rund 20 Jahren ihres Bestehens zwar nicht Menschen und Ideen, wohl aber den Konflikt unterdrückt habe. Die Nazis und Kommunisten seien „verboten" worden, dass hieße sie und Teile der bedrängenden Probleme seien von der Oberfläche verschwunden und was sonst noch an Konflikten auszutragen gewesen wäre, sei nach außen verlegt worden: Der Feind war jenseits der Elbe. Angesichts des in der Bundesrepublik gelebten „Burgfriedens" habe man nicht gelernt, wie mit Menschen umzugehen sei, die gründlich anderer Meinung seien als man selbst. Die Folge sei, dass ein Mann einen anderen niederschieße „weil er Kommunist ist" und dass die Regierungschefs in einer eigens veranstalteten Fernsehansprache nicht von dem Mordanschlag, sondern ausschließlich von der daraus entstandenen Unordnung sprächen. Wie die Erfahrung vom notwendigen politischen Kampf so fehle die Erfahrung von der redlich ausgeübten Macht.[328]

4.5 Zusammenfassung

Die protestierenden Studenten waren zumindest in ihren Zielen radikal, ihre Ideen und ideologischen Ausrichtungen rührten an sensible Themen der 60er Jahre. *I. Gilcher-Holtey* spricht davon, dass die Studenten durch ihr Selbstverständnis über die rein inhaltliche Kritik an der Politik der Bundestagsparteien hinaus gingen und Kritik am System der parteienstaatlichen Demokratie übten. Sie forderten die demokratische Institutionenordnung heraus und stellten das Repräsentationsmodell der etablierten Parteien in Frage.[329]

Die Demonstrationen allerdings, mit denen die Studenten ihre Ziele propagierten, fielen nicht aus dem Rahmen des damals üblichen Demonstrationsgeschehens. *D. Rucht* kommt in seinen empirischen Untersuchungen zur Bewegungsforschung in Deutschland zu dem Ergebnis, dass sich bei der Entwicklung der Protesthäufigkeit in der Bundesrepublik zwar ein erster markanter Höhepunkt in den Jahren 1967 – 69 zeigt. Unabhängig von der Häufigkeit wurden während dieser Protestwelle aber nicht viele Teilnehmer mobilisiert, in der Hochphase der 68er APO

---

[327] Ebenda, S. 92.

[328] In „Die Zeit" Nr. 21 vom 24. Mai 1968, S. 30.

[329] Prolog. „1968 – Vom Ereignis zum Gegenstand der Geschichte", in: dieselbe (Hrsg.), a.a.O., S. 7 ff., 7. Ähnlich auch Otto, APO, 1989, S. 22.

konstatiert *Rucht* sogar eine ausgesprochen schwache Mobilisierung.[330] Ebenfalls stellt *Rucht* fest, dass die Studentenproteste in Relation zu anderen Protesten dieser Zeit und im Verhältnis zu den Protesten der fünfziger Jahre eher klein waren. Auch unterschieden sich die 68er Demonstrationen in ihren Aktionstypen (also z.B. appellative oder konfrontative Proteste) nicht wesentlich von denen der übrigen Proteste dieser Phase.[331]

Ebenfalls waren die Studentendemonstrationen kein Novum in der politischen Landschaft der Bundesrepublik. Es wäre ein Trugschluss, vom Umfang der rechtlichen Auseinandersetzung mit diesem Freiheitsrecht in der frühen Bundesrepublik auf dessen tatsächliche Inanspruchnahme zu schließen.[332] Denn außerparlamentarische Prostbewegungen gab es seit Beginn der 50er Jahre: genannt seien hier nur die Friedensbewegung, in deren Verlauf die „Ohne-mich-Bewegung", die Volksbefragungsaktion, die „Kampf-dem-Atomtod"-Kampagne stattfanden und aus der später die Ostermarschbewegung hervorging. Im Rahmen der „Kampf-dem-Atomtod"-Kampagne erfasste eine Welle von Kundgebungen und Demonstrationen die Bundesrepublik.[333] Bei der Entwicklung der Protesthäufigkeit zeigte sich im Jahre 1955 laut *Rucht* der zweithöchste Mobilisierungsgipfel von Protestbewegungen in der Bundesrepublik überhaupt.[334]

Umso erstaunlicher sind die teils rigiden staatlichen Reaktionen, zumal eine Auseinandersetzung mit der Versammlungsfreiheit seitens der etablierten politischen und staatlichen Institutionen lediglich anlässlich der Studenten-Demonstrationen erfolgte.[335] Ebenso nur in Bezug auf diese Demonstrationen wurden bürgerkriegsähnliche Zustände gezeichnet, das Gespenst von Weimar und das Scheitern dieser Republik wegen des Erstarkens der rechten als auch der linken Kräfte beschworen. Eine

---

330 Rucht, Politischer Protest in der Bundesrepublik, in: Forum für interdisziplinäre Forschung, Band 17, 1996, S. 67 ff., S. 71 f.

331 Rucht, a.a.O., S. 130.

332 So etwa Kloepfer, Versammlungsfreiheit, in: Isensee/Kirchhof (Hrsg.), Band VI, 1989, S. 741; ebenso Richter/Schuppert, Casebook Verfassungsrecht, 1996, S. 242.. Einer gleichen Wahrnehmung unterlagen aber auch die damals tätigen Juristen, vgl. dazu unten Kapitel 5.

333 Vgl. zur Friedensbewegung Knorr, Geschichte der Friedensbewegung in der Bundesrepublik, 1983; zur außerparlamentarischen Bewegung der 50er Rupp, Außerparlamentarische Opposition. Vgl. weiter Brand/Büsser/Rucht, Aufbruch in eine andere Gesellschaft, 1986, S. 50; vgl. auch Kraushaar, Die Protestchronik 1949 – 1959, 1996.

334 Rucht, Politischer Protest in der Bundesrepublik, in: Forum für interdisziplinäre Forschung, Band 17, 1996, S. 67 ff., S. 71 f.

335 So Rupp, a.a.O., S. 67 ff.

schworen. Eine Lösung der Situation wurde allein in der Besinnung auf die Autorität des Staates und der Aufrechterhaltung der Ruhe und Ordnung durch die Polizei gesehen. Erklären mag diese Einstellung der von vielen Vertretern der damaligen politischen Führungsschicht verinnerlichte „etwas wilhelminisch anmutende, aus den Wirtschaftswunderzeiten herausgewachsene Wir-sind-wieder-wer-Stolz"[336].

Allerdings erfolgt die Auseinandersetzung um die Möglichkeiten des Demonstrationsrechts auch nie völlig gelöst von den Inhalten und Meinungen, die in ihnen zum Ausdruck gebracht werden. Bestand also die Tendenz einiger politisch Verantwortlicher, eine inhaltliche Auseinandersetzung um die proklamierten Inhalte zu vermeiden, so lag es nahe, mit dem zur Verfügung stehenden – auch rechtlichen - Instrumentarium repressiv gegen das politische Teilhaberecht der Demonstration vorzugehen.

Liberale Stimmen kritisierten daher das zu restriktive Vorgehen der politisch Verantwortlichen. Sie mahnten, die alten Strukturen bei der politischen Willensbildung zu überwinden und einen offenen, pluralistischen und demokratischen Meinungsbildungsprozess zu ermöglichen, was sich vor allem in der Verhältnismäßigkeit der staatlichen Reaktionen manifestieren sollte.

---

[336] So R. Hermann, Mehr als Stagnation und Revolte, in: Broszat (Hrsg.), Zäsuren nach 1945, 1990, S. 141 ff., 146.

5 Versammlungsfreiheit in den Demonstrationsprozessen

Um einen fairen Maßstab zu gewinnen, was die Justiz an juristischem Wissen zur 68er-Zeit eigentlich hätte erzeugen können, ist betrachtet worden, wie das die Versammlungsfreiheit bestimmende Recht bis zu diesem Zeitpunkt ausgelegt und angewendet wurde und welches der zeitgenössische gesellschaftspolitische Hintergrund war. Nun soll beleuchtet werden, wie sich die Justiz in den Demonstrationsprozessen verhalten hat. Zunächst geht es wieder um die Grundsatzdiskussion über das Grundrecht der Versammlungsfreiheit, also Stellenwert und Bedeutung, die ihm zugemessen wurde, um sodann die Auslegung und Anwendung der begrenzenden einfachrechtlichen Normen zu betrachten.

Die damalige Aufgabe der Juristen umschrieb der Justizminister von Nordrhein-Westfalen bei seiner Rede zur Einstellung des leitenden Staatsanwalts am 3. Juli 1968 wie folgt:

> "Jede Behandlung des Themas, die ihm gerecht werden will, setzt das Einverständnis voraus, daß wir auch im juristischen Bereich in einer veränderten Welt vor völlig neuen Problemen stehen. Erscheinungen wie der 'gewaltlose Widerstand' oder, wie ihre Träger es formulieren, die soziale Verteidigung als gewaltloser Widerstand treffen auf Strafbestimmungen, die sachlich und zeitlich aus einer Welt des geruhsamen Bürgertums resultieren. Sie bedürfen einer Neuinterpretation, [...]. In der Bundesrepublik wurde bis vor kurzem wenig demonstriert. Während sich andere im Grundgesetz verbürgte Freiheitsrechte in erfreulicher - teilweise ungeahnter Weise - entfaltet haben und unsere gesellschaftlichen Verhältnisse geprägt haben, ist das Recht zu demonstrieren noch nicht - wie in der ganzen westlichen Welt - selbstverständlicher Bestandteil unseres demokratischen Lebens geworden. [...] Das Bedürfnis, in diesen (öffentlichen, C.D.) Meinungsbildungsprozeß mit den Mitteln der Demonstration einzugreifen, war bislang schwach entwickelt. [...] Es ist daher nicht verwunderlich, wenn man dieser im wesentlichen neuen Erscheinung der Meinungsäußerung hilflos und unsicher gegenüberstand.
>
> [...] Für die Justiz steht im Mittelpunkt immer wieder die Frage nach Recht und Grenzen des Demonstrationsrechts. Sie ist dabei gezwungen, weitgehend Neuland zu betreten. Rechtsprechung des Bundesverfassungsgerichts auf diesem Gebiet gibt es nicht. Auch im übrigen sind gerichtliche Entscheidungen wie auch juristische Abhandlungen spärlich vorhanden."[337]

---

[337] Neuberger, Das Recht und die Grenzen der studentischen Demonstration, Sonderdruck aus GoldtArch für Strafrecht, 1968, S. 1 ff., 1 f.

5.1 *Grundsatzdiskussion über das Demonstrationsrecht zur Zeit der Studentendemonstrationen*

5.1.1 *Bedeutung und Stellenwert der Versammlungsfreiheit*

Die rechtswissenschaftliche Befassung mit der grundsätzlichen Einordnung der Versammlungsfreiheit war wie oben dargestellt sehr oberflächlich ausgefallen. Über rein formale Postulate waren die Äußerungen nicht hinausgegangen. Zur Zeit der Demonstrationsprozesse erschienen nun zahlreiche Beiträge, die sich grundsätzlich mit dem Stellenwert und der Bedeutung dieses Freiheitsrechts befassten.

Angesichts der gesellschaftlichen Situation stellten die ersten Veröffentlichungen, welche erschienen, neue staatsrechtliche Konzeptionen für die Versammlungsfreiheit auf. Eine andere Gruppe von Autoren argumentierte zurückhaltender was die praktische Umsetzung der Versammlungsfreiheit betraf. Nur wenige Autoren vertraten eine sehr restriktive Grundeinstellung gegenüber dem Demonstrationsrecht.

S. Ott, Rechtsanwalt aus München, veröffentlichte seine kleine Monographie „Das Recht auf freie Demonstration" schon im Jahre 1967, also noch bevor die Studentenproteste gesellschaftlich ein wirkliches Thema waren. Bezugspunkt war für seine Argumentationsführung nicht mehr vor-bundesrepublikanische Literatur oder Rechtsprechung. Er gehörte vielmehr zu den Autoren, die für eine Demokratisierung der gesellschaftlichen Verhältnisse und eine Stärkung plebiszitärer Elemente eintraten. Demzufolge maß er der Versammlungsfreiheit in Abwendung von der tradierten Auffassung einen völlig neuen verfassungsrechtlichen Stellenwert bei. Wertmaßstab für die Ausgestaltung des Demonstrationsrechtes war für ihn die Wertentscheidung und politische Zielsetzung des Grundgesetzes. Darüber hinaus rekurrierte er auf Rechtsprechung des BVerfG, in denen sich dieses in anderen Zusammenhängen zum politischen Willensbildungsprozeß geäußert hatte.

Sein Buch leitete er mit dem Gedanken ein, dass eines der wirksamsten Mittel politischer Einflussnahme, das dem einzelnen Staatsbürger in der parlamentarischen Demokratie zur Verfügung stehe, die Beteiligung an einer öffentlichen Demonstration sei. Die öffentliche Stellungnahme zu politischen Themen allgemeiner oder spezieller Art gehöre daher zum selbstverständlichen Instrumentarium politischer Wirksamkeit der Staatsbürger. Weiter hieß es,

> „daß sich politische Demonstrationen naturgemäß zumeist gegen bestehende Gegebenheiten wenden, daß sie in der Regel ein Mittel der Opposition sind, und zwar vor allem von Gruppen, die nicht oder nicht genügend parlamentarisch repräsentiert werden. [...] Die Demonstration ist die gegebene Form des politischen Protestes einzelner. Daher war ihr in Deutschland der Staat in der Vergangenheit nicht gerade wohlgesonnen. Dem obrigkeitsstaatlichen Denken des Kaiserreichs mußte jedes Verständnis für oppositionelle Staatsbürger feh-

len. Die Diktatur des Hitler-Regimes unterdrückte sie auf grausame Weise. Sie ließ nur vom Staate befohlene, den Interessen des Regimes dienende Aufmärsche zu. Die Weimarer Republik gewährte nur für kurze Zeit demokratisches Leben in Deutschland. So wurde hier die Idee der öffentlichen Demonstration als reguläre Verhaltensweise nicht heimisch."[338]

Zwar sei das Recht auf Demonstration 1949 im Grundgesetz als Grundrecht verbürgt worden, doch alte Denkkategorien der Staatsräson würden immer wieder durchscheinen.[339] Eines der vorzüglichsten und ursprünglichsten Mittel zur Mitwirkung an der politischen Willensbildung des Volkes und zur Einwirkung auf das Handeln der öffentlichen Gewalt sei – neben den Parteien und Presse – zweifellos die Veranstaltung einer öffentlichen Demonstration. Die Grundprinzipien des Prozesses der freien Willensbildung des Volkes würden für die Versammlungsfreiheit in gleicher Weise gelten wie für das Parteienrecht, zu übertragen seien hier die Ausführungen des BVerfG über die Grundsätze des Willensbildungsprozesses im Volke[340]. Danach bringe das Volk seinen Willen nicht nur durch Wahlen und Abstimmungen zum Ausdruck. Das Recht des Bürgers auf Teilhabe an der politischen Willensbildung äußere sich nicht nur in der Stimmabgabe bei Wahlen, sondern in der Einflussnahme auf den ständigen Prozess der politischen Meinungsbildung, der Bildung der öffentlichen Meinung. Die öffentliche Meinung beeinflusse die Entschlüsse der Staatsorgane. Zudem beinhalte die Feststellung des Art. 20 Abs. 2 S. 1 GG, dass alle Staatsgewalt vom Volke ausgehe, die Anerkennung des Prinzips der Volkssouveränität. Aus den Aussagen des Grundgesetzes und den vom BVerfG entwickelten Grundsätzen ergebe sich für das Demonstrationsrecht folgendes Ergebnis:

„Das Bundesverfassungsgericht hat [...] ausdrücklich ein 'Recht des Bürgers auf Teilhabe an der politischen Willensbildung' anerkannt, dessen Ausübung in der Einflussnahme auf den ständigen Prozeß der politischen Meinungsbildung besteht. Eines der Mittel, die zur Realisierung dieser Einflussnahme traditionellerweise dienen, das hierfür 'unverzichtbar' ist, ist die Beteiligung an einer öffentlichen Versammlung oder Demonstration. Da sich der Willensbildungsprozeß des Volkes ferner 'staatsfrei' vollziehen muß, darf der Staat auch in das 'Recht des Bürgers auf Teilhabe an der politischen Willensbildung' nicht eingreifen, es sei denn, die Einwirkung sei durch einen besonderen, sie verfassungsrechtlich legitimierenden Grund gerechtfertigt."[341]

---

[338] Ott, Das Recht auf freie Demonstration, S. 7 f.

[339] Ott, a.a.O., S. 8.

[340] BVerfG, JZ 1966, S. 517 ff.

[341] Ott, a.a.O., S. 28.

Im Jahre 1968 erschien der Aufsatz „Demonstrationsfreiheit als demokratisches Grundrecht" des Bremer Rechtsanwalts *H. Hannover*.[342] *Hannover* war seit Beginn seiner Anwaltstätigkeit in den frühen 50er Jahren Verteidiger in Strafverfahren gegen Kommunisten sowie so genannte „Linke" gewesen und verteidigte auch einige Studenten in den Demonstrationsprozessen, wie z.B. nach den Demonstrationen in Bremen oder *D. Cohn-Bendit* nach der Demonstration vor der Paulskirche.[343] Sein Beitrag scheint ein Plädoyer für das Anliegen der Studenten zu sein. Zumindest schwingt in seinen Ausführungen der Zeitgeist mit, der durch die große Sorge über das Funktionieren der Demokratie und die bestehenden gesellschaftlichen Verhältnisse gekennzeichnet war. Anders als die konservativen gesellschaftlichen Stimmen sah *Hannover* das Heil zur Änderung der gesellschaftlichen Verhältnisse unter anderem in einem grundlegend neuen Verständnis der Versammlungsfreiheit.

Für *Hannover* war mit den 68er-Demonstrationen ein Hauch von Demonstration über Deutschland gegangen mit Blockaden von Verkehrsknotenpunkten, Institutsbesetzungen und Unterbrechungen von Vorlesungen. Sie seien einige der Formen, in denen sich eine neue Qualität der Demonstrationsfreiheit manifestiere.

> „Die erste Reaktion der Staatsgewalt war auf Unterdrückung der Aktionen gerichtet – Versammlungsauflösungen und Räumungen von öffentlichen Plätzen und Gebäuden unter Einsatz von Gummiknüppeln, Wasserwerfern und Pferden, Festnahmen von Widerstrebenden und 'Rädelsführern' - ging also von der Unzulässigkeit der Aktionen jedenfalls in ihrer konkreten Form aus. Die Stellungnahmen von Sprechern der Regierungsparteien und bestimmter Bevölkerungskreise, deren gemeinsames Merkmal eine autoritätsfreundliche Bewusstseinslage ist, gingen in die gleiche Richtung. Nun ist die 'dritte Gewalt' an der Reihe Stellung zu beziehen."[344]

Hannover begriff die Demonstrationsfreiheit als demokratisches Grundrecht, dessen einzig gültiger Interpretationszusammenhang der Widerspruch gegen das faschistische Regime sein konnte, der 1949 auf der Tagesordnung stand.[345] Demnach konnte eine

> "liberalistisch verstandene Demonstrationsfreiheit, die, auf das vergangene System projiziert, nichts an den Herrschaftsverhältnissen verändert hätte, nicht genügen. Daß Meinungsäußerungen, an die Adresse der Herrschenden gerichtet, selbst in einem der Intention nach demokratischen Staat, nichts auszurichten

---

[342] KJ 1968, S. 51 ff.

[343] Vgl. dazu nur seine eigene Autobiografie, Die Republik vor Gericht 1954 – 1974, 2. Aufl. 2001. Seine Schilderung zu dem Verfahren von Cohn-Bendit S. 274 ff.; vgl. zu dem Urteilen unten Kapitel 5.3.2.2.1 und 5.3.3.2.1.

[344] Hannover, a.a.O., , S. 51.

[345] Hannover, Demonstrationsfreiheit als demokratisches Grundrecht, KJ 1968, S. 51 ff.

vermögen, haben zwei Jahrzehnte bundesrepublikanischer Wirklichkeit zur Genüge gezeigt. Der Glaube an die Wirksamkeit der besseren Argumente [...] ist endgültig zerstört. Allenthalben haben sich anonyme Interessengruppen durchgesetzt, deren Einflussnahme für die Öffentlichkeit unsichtbar blieb und ihr gegenüber durch Gemeinwohlformeln ideologisch abgesichert wurde. Die Lehre war um so eindrücklicher für den, der [...] begriff, daß unsere als Demokratie ausgegebene Staatlichkeit 'keiner gesellschaftlichen Gruppe der Nachkriegszeit derart gesicherte Lebens- und Überlebenschancen garantierte, wie den technokratisch, militärisch und verwaltungstechnisch bewährten 'Eliten' des Dritten Reiches'. Sie sind es, deren Meinungen durch Meinungsäußerungen beeinflußt werden müßten, wenn es richtig wäre, daß das Grundrecht nur ein Recht gewährte, an die Einsicht der Herrschenden zu appellieren."[346]

Wäre das die Errungenschaft von 1949, so stünde nach Auffassung von *Hannover* die Position der Justiz als Büttel der herrschenden Eliten gegenüber einer aufbegehrenden Jugend fest. Die Funktion von Meinungsäußerung in einem demokratischen Staat müsse daher sein, politisches Bewusstsein zu erzeugen und damit überhaupt erst die Voraussetzungen für eine politische Handlungsfähigkeit des Volkes zu schaffen,

„die sich in einer Willenskundgabe bei Wahlen, in einer funktionierenden Demokratie aber darüber hinaus in erster Linie auf der zweiten Stufe der Demonstrationsfreiheit durch solidarische Pressionen auf die Herrschenden äußert. Wirkliche Teilhabe der lohnabhängigen Massen an der Herrschaftsausübung im Staat ist nur durch Bewusstmachung ihrer Interessen und ihrer in antiautoritärer Solidarität schlummernden Macht möglich. Eine Machtausübung anonymer, unkontrollierter und nicht demokratisch legitimierter Interessengruppen, wie sie unsere gegenwärtige Verfassungswirklichkeit kennzeichnet, ist nur so lange möglich, wie es diesen Gruppen gelingt, das Bewusstsein der Masse so zu manipulieren, daß sie ihre Interessen nicht erkennt und die Gemeinwohlideologie der Herrschenden für bare Münze nimmt."[347]

Das Demonstrationsrecht solle daher im Verhältnis zu den wirtschaftlich einflussreichen Gruppen gesehen werden, denen die Mehrheit der Bevölkerung an wirtschaftlicher Macht nur die Verfügung über ihre eigene Arbeitskraft entgegensetzen könne. In diesem Spannungsverhältnis und von der politischen Zielsetzung des Grundrechtes her, nämlich einen möglichst demokratischen Willensbildungsprozeß zu garantieren, müsse der Raum zulässigen Verhaltens im Rahmen des Demonstrationsrechts bestimmt werden. Ebenfalls berücksichtigt werden müsste die ungeheure Übermacht des Staatsapparates und finanzstarker Interessengruppen, die eben ganz andere – seriöse - Wege zur Einflussnahme hätten.[348]

---

[346] Hannover, a.a.O., S. 52.

[347] Hannover, a.a.O., S. 53.

[348] Hannover, a.a.O., S. 54.

E. Denninger, ordentlicher Professor in Frankfurt am Main seit 1967, veranstaltete in den Jahren 1967/68 ein Funkkolleg über Recht zusammen mit *R. Wiethölter*. Im Vorwort zum begleitenden Textbuch hieß es, Unruhe sei die erste Bürgerpflicht und aus Unruhe als Bürgerpflicht seien die Vorlesungen entstanden, die gleichermaßen in Liebe zum Recht wie in Hoffnung auf die Chancen einer demokratischen politischen Gesellschaft wurzelten. Die folgenschwere Hilflosigkeit und die selbst verschuldete Unmündigkeit des Rechts, der Juristen und der Rechtswissenschaft sollten der Leitfaden des Kollegs sein.[349] *Denninger* gehörte damals mit zu den Kritikern aus den eigenen Reihen und ist den „Neuerern und Aufklärern" der damaligen Zeit zuzurechnen.[350] In diesem Sinne argumentierte er auch für das Demonstrationsrecht. Seine Sorge um das Erstarren des Systems und seine Forderung nach einer dynamischen und sich austauschenden Gesellschaft ließen ihn für eine grundlegend neu verstandene Versammlungsfreiheit eintreten.

Er sah es als ein heikles Unterfangen an, Demonstrationsfreiheit und Polizeigewalt in ein rechtsstaatlich ausgewogenes Verhältnis zu bringen.[351] Eine klare Absage musste an jede unrechtmäßige Gewaltausübung erteilt werden, von wem auch immer sie ausgehen mochte, vom Staat und seinen Organverwaltern oder aus der Mitte revolutionär gesonnener Demonstranten. Es ging nun darum, die politische Funktion der nicht eindeutig als revolutionär zu qualifizierenden Demonstrationen richtig zu begreifen. Nach Auffassung von *Denninger* hatte man sie jedenfalls missverstanden, wenn man sie wie *Stümper* als Ventil zur Abreaktion von Stauungen politischer Unlust begreife.[352] Wenn Staat und Gesellschaft in einer freiheitlichen Demokratie jenen Prozess wechselseitigen Austausches von Personen und Leistungen lebendig erhalten wollten, welcher allein die selbstherrliche und selbstgerechte Abkapselung einer institutionell gesicherten Führungsschicht zu verhindern vermöge, dann müsse jeder einzelne Bürger das Bewusstsein haben, dass er nicht in einem fertig vorgegebenen, durch ihn nicht mehr beeinflussbaren Staat

---

[349] Vorwort zu Wiethölter, Rechtswissenschaft, 1968, S. 9.

[350] Vgl. zu den damals geführten Reformdebatten vor allem Simon, Die Unabhängigkeit des Richters, 1975, vgl. aber auch weiter Raiser, Aufgabe und Verantwortung des Juristen in unserer Gesellschaft, Festschrift für E. Kern, S. 383 ff., Redeker, Bild und Selbstverständnis des Juristen heute, 1970; Büttner, Richter und Politik, ZRP 1969, S. 53 ff.; Kübler, Amt und Stellung des Richters in der Gesellschaft von morgen, DRiZ 1969, S. 379 ff.

[351] Demonstrationsfreiheit und Polizeigewalt, ZRP 1969, S. 42 ff., 42.

[352] Vgl. zu Stümper oben Kapitel 3.4.

hineinwachse, sondern dass er Chancen und Auftrag habe, diesen Staat überhaupt erst mitzuerzeugen.[353]

Diese verfassungsrechtlich gesicherte Stellung des Bürgers sei der „staatserzeugende Rechtsstand" oder „status constituens". In diesen Bereich würden die Mitgliedschaft in einer Partei fallen, die Abgabe der Wahlstimme und alle Handlungen, welche die Vorformung der politischen Willensbildung des Volkes zum Gegenstand hätten.[354] Die freiheitliche Demokratie könne also nicht allein von der alle vier Jahre wiederholten Ja- oder Neinsage zu ausformulierten Parteiprogrammen leben, sondern sie brauche mannigfaltige Schauplätze ständiger öffentlicher Kritik. Zur Freiheitlichkeit dieser Demokratie gehöre es,

> „daß gesellschaftliche Konflikte im öffentlichen Bewußtsein *nicht verdrängt* oder gar *unterdrückt* werden, sondern daß sie durch eine öffentliche, freilich in den Bahnen des Rechts geführte Auseinandersetzung ausgetragen und für die Ausmittelung des gemeinen Wohls fruchtbar gemacht werden. In dieser Hinsicht haben wir Deutschen allesamt noch sehr viel hinzuzulernen. Unsere Geschichte vermittelt uns überwiegend autoritäre und nur vereinzelt freiheitliche Traditionen. [...] Es ist sinnlos, das politisch ungeschickte, undemokratische, gesetz- und verfassungswidrige Knüppel-aus-dem-Sack-Verhalten vieler Polizisten während der Unruhen der jüngsten Vergangenheit anzuprangern, wenn man nicht zugleich sieht und betont, daß dieses Verhalten nur der äußere sichtbare Ausdruck eben jener in Deutschland noch so weit verbreiteten unfreiheitlichen und undemokratischen, intoleranten, bornierten Spießer- und Untertanenmentalität darstellt, welche uns als Erbe des Wilhelminismus, aber freilich nicht nur dieser Epoche, überkommen ist."[355]

---

[353] Denninger, Demonstrationsfreiheit und Polizeigewalt, ZRP 1969, S. 42 ff., 43 f.

[354] Denninger, a.a.O., S. 44.

[355] Denninger, a.a.O., S. 44. In einem späteren Aufsatz aus dem Jahre 1969 hieß es, dass die freiheitliche Demokratie lebensnotwendig jenes verfassungsrechtlich umhegten politischen Raumes bedürfe, in welchem um die Ausmittlung dessen, was als Konkretion des „gemeinen Wohls" Gesetz werden solle, erst noch gerungen werde. Sie brauche mannigfaltige Schauplätze des geregelten politischen Kampfes, bei welchem Mehrheits- und Minderheitswille noch nicht endgültig feststünden. Sie brauche zur permanenten Hervorbringung ihrer selbst die Phasen politischen Auseinandersetzung, in welchen die bestehende Rechts- und Gesellschaftsordnung im Hinblick auf Reformen am Maßstab einer für besser gehaltenen sozialen Ordnung kritisiert werde, 12 Thesen zur Demonstrationsfreiheit, DRiZ 1969, S. 70 ff., 71. Und 1970 formulierte Denninger nochmals: "Daß normale Bürger ihre politischen Meinungen und Forderungen nicht nur im Parlament, im 'Hohen Hause`, durch würdevolle Vertreter formulieren lassen, sondern daß sie sie selbst mehr oder minder lautstark im staccato beißender Sprechchöre, im Laufschritt verkehrsblockierender Menschenketten, also in den Niederungen des Straßenverkehrs artikulieren, das war für deutsche Bürger wie Polizisten fast ein Novum. Die Weimarer Republik hatte freilich zahllose Demonstrationen, friedliche und sehr unfriedliche erlebt. Jene kurze Spanne von 14 Jahren, [...] war aber nicht geeignet, im Durchschnittsbürger wie im Hüter

Wie jeder Bürger, so müsse auch die Polizei lernen, dass die politische Demonstration nicht ein vielleicht notwendiges, jedenfalls nur mühsam zu duldendes Übel darstelle, sondern ein grundrechtlich nach Art. 8 GG geschütztes Lebenselement der Demokratie sei, der Schutz des status constituens ebenso staatsnotwendig sei wie der status constitutus. Die freiheitliche Demokratie lebe aus dem Zusammenspiel dieser beiden Rechtsstatus, erst diese Einsicht in den verfassungstheoretischen Stellenwert der Demonstrationsfreiheit ermögliche die richtigen strafrechtlichen und polizeirechtlichen Grenzziehungen.[356]

Im Jahre 1968 erschien „Demonstrations- und Versammlungsfreiheit", ein Kommentar zum Versammlungsgesetz von Polizeirat *A. Dietel* und *K. Gintzel*. Beide waren 1947 bzw. 1948 in die Schutzpolizei der britischen Besatzungszone eingetreten. Im Laufe ihrer Karriere wurden sie zu prominenten Wortführern einer demokratischen Polizeireform.[357] Eine Demokratisierung strebten sie aber auch für den gesellschaftspolitischen Meinungsbildungsprozess an. Sie gehörten mit zu der Gruppe, die dem Versammlungsrecht einen qualitativ neuen Inhalt zusprachen und sich rundrechtsdogmatisch der Auffassung von *Ott* anschlossen.

In ihrer Einleitung führten die Verfasser aus, Ziel sei es, das Versammlungsgesetz vom Grundgesetz her zu interpretieren. Das Versammlungsrecht sei lange Zeit ausschließlich als negatives Statusrecht betrachtet worden. Seine Ausübung sei geduldet, nicht gewünscht worden, der Gebrauch erschien potentiell gefährlich, besonders wenn es um politische Aussagen ging. Von dieser Grundauffassung sei viel geblieben, wobei verkannt werde, dass Versammlungen und Demonstrationen zum demokratischen Alltag gehörten. Sie gäben der öffentlichen Diskussion, die Strukturelement der Demokratie sei, neue Impulse. Durch sie fände Kommunikation zwischen Regierten und Regierenden statt und zwar außerhalb etablierter Institutionen und damit außerhalb möglicher Manipulation.[358] Weiter schrieben sie:

---

der öffentlichen Ordnung irgendein positives Verständnis für politische Demonstrationen zu erwecken. Politik auf den Gassen, das las man: Demokratie aus der Gosse. Dem Bourgeois ein Schrecken, der Polizei bestenfalls eine Last. Diese Einstellung, der man auch heute noch und keineswegs nur in den Leserbriefen der Springer-Presse begegnet, hat hierzulande tief in den Konstitutionalismus des vorigen Jahrhunderts zurückreichende Wurzeln.", Polizei und demokratische Politik, JZ 1970, S. 145 ff., 146.

[356] Denninger, Demonstrationsfreiheit und Polizeigewalt, ZRP 1969, S. 42 ff., 44.

[357] Vgl. dazu Kleinknecht, Die Polizei im gesellschaftlichen Diskurs, Westphälische Forschungen, S. 311 ff., S. 319 f.

[358] Dietel/Gintzel, Demonstrations- und Versammlungsfreiheit, S. 1.

> „In einer freiheitlichen demokratischen Verfassungsordnung ist das Versammlungs- und Demonstrationsrecht aktives Statusrecht. Es eröffnet eine wesentliche Möglichkeit zur Teilnahme am komplexen Prozeß der politischen Willensbildung. Es macht Demokratie sichtbar und glaubwürdig. Es macht Volkssouveränität praktizierbar. Es beseitigt das Gefühl, anonymen Mächten ausgeliefert zu sein, auf die Einfluß zu nehmen nicht möglich ist. Das Versammlungs- und Demonstrationsrecht muß im Sinne der allgemeinen Freiheitsvermutung, die das Grundgesetz beherrscht, interpretiert werden."[359]

Nach *Dietel* und *Gintzel* war im Verständnis der Wertentscheidungen und politischen Zielsetzungen des Grundgesetzes die Ausübung des Versammlungsrechtes erwünschte Verlebendigung öffentlicher Diskussion in einer freien Gesellschaft. Daraus ergebe sich eine Ausgangsvermutung für die Zulässigkeit von Demonstrationen. Eine lebendige Demokratie sei auf Kommunikation zwischen der im Staat organisierten Gesellschaft, ihren Gruppen und den Repräsentanten der öffentlichen Gewalt angewiesen. Die Demonstration sei einer der Kommunikationskanäle zur Übertragung politischer Aussagen von unten nach oben und dynamisches Element. Nicht Ruhe und Ordnung seien der Maßstab, an dem sie zu werten seien, sondern ihr Einfluss auf das Neudurchdenken von Problemen. Eine Gesellschaft, die Probleme offen diskutiere, bleibe im Stande, sie zu lösen. Demokratie brauche Diskussion.[360]

Für die Inhaltsbestimmung des Versammlungsrechts folgte aus dieser Grundeinstellung, dass es nicht mehr nur negatives Statusrecht sein konnte, also individuelles Abwehrrecht gegenüber der öffentlichen Gewalt:

> „Nach dem grundsätzlichen Wandel des Legitimitätsbegriffs, der heute Herrschaft nur noch im Namen des Volkes als berechtigt gelten läßt, ist das Versammlungsrecht mehr als nur ein gegen die öffentliche Gewalt gerichtetes negatorisches Individualrecht. Es ist Mittel zur Teilnahme am staatlichen Willensbildungsprozeß (Ott, S. 30). Als Teilnahmerecht rückt das Versammlungsrecht in die Kategorie der aktiven Statusrechte."[361]

Die aktive Teilnahme am Prozess der staatlichen Willensbildung erschöpfe sich daher nicht im Wahlakt. Demokratie sei Herrschaft in Abhängigkeit von den Beherrschten, die nicht nur bei den Wahlen sondern permanent bestünde. Die gewählten Repräsentanten, die in den gestaltenden, führenden und kontrollierenden Organen der öffentlichen Gewalt tätig seien, könnten Anrufe aktiver und reaktiver Bürger nicht unbeantwortet lassen, weil ihre Legitimität nicht charismatisch oder traditional, sondern durch Repräsentanz des gerechten Volkswillens begrün-

---

[359] Ebenda, S. 1.

[360] Ebenda, S. 1 f.

[361] Dietel/Gintzel, Demonstrations- und Versammlungsfreiheit, S. 9 f.

det sei. Innerhalb der vielfältigen Möglichkeiten der Einflussnahme auf die staatliche Willensbildung sei das Versammlungsrecht einer der Kommunikationskanäle, auf denen Meinungen vom Volk auf politische Organe übertragen würden. Hierbei sei weniger Manipulation möglich als bei institutionalisierter Meinungsübertragung durch beispielsweise Publikationsorgane oder Parteien, weil dort regelmäßig Minderheiten die Meinung artikulieren würden. Daher vermöge gerade das Demonstrationsrecht der öffentlichen Diskussion neue Impulse zu geben.

> „Als aktives Statusrecht hat das Versammlungsrecht einen besonderen Rang. Es ist Mittel zur Realisierung des Prinzips der Volkssouveränität, das neben dem Rechtsstaatsprinzip tragendes Element der Verfassungsordnung des Grundgesetzes ist. Damit hat es nicht jedem Ordnungsinteresse zu weichen."[362]

Mit *D. Merten,* Akademischer Rat, Lehrbeauftragter an der Freien Universität Berlin und 1971 habilitiert[363], meldete sich eine erste Stimme zur Zeit der Demonstrationsprozesse zu Wort, die die Euphorie über die gesellschaftliche Erneuerung und den Aufbruch der bestehenden politischen Verhältnisse nicht uneingeschränkt teilte. In seinem Aufsatz „Gedanken zur Demonstrationsfreiheit"[364], verwarf er vor allem die Auffassung von *Ott.* Ein derartig weitgehendes Verständnis stimmte nicht mit seiner Auffassung von der parlamentarischen Demokratie überein.

Er verwies zunächst darauf, dass

> „die Demonstration nicht, wie Ott meint, 'in der Regel ein Mittel der Opposition' ist, und zwar vor allem von Gruppen, die nicht oder nicht genügend parlamentarisch repräsentiert sind. Art. 8 GG berechtigt alle Staatsbürger zur kollektiven Meinungskundgabe. Rechtstatsächlich machen oppositionelle wie nicht oppositionelle Gruppen von ihm Gebrauch. [...] Der Versuch, Art. 8 zum Grundrecht der Opposition zu stempeln, schlägt daher fehl. Diese Feststellung erscheint wichtig, damit Art. 8 nicht unter Berufung auf das aus dem Demokratiegebot des Grundgesetzes folgende Recht zur Bildung und Ausübung einer (im übrigen: parlamentarischen) Opposition zu Unrecht aufgewertet wird. Der Hinweis auf parlamentarisch nicht genügend repräsentierte Gruppen ist überdies überflüssig, weil die im Grundgesetz verankerte repräsentative Demokratie von der Repräsentation des Gesamtvolkes ausgeht und die Gruppenvertretung ablehnt (arg. Art. 38 GG)."[365]

Ebenfalls verwehrte sich *Merten* gegen die Einschätzung, eine öffentliche Demonstration sei eines der wirksamsten Mittel politischer Einfluss-

---

362 Dietel/Gintzel, a.a.O., S. 10. So auch Dietel, Ermessensschranken bei Eingriffen in das Versammlungs- und Demonstrationsrecht, DVBl. 1969, S. 569 ff., 576.

363 Kürschners, 1976, S. 2077.

364 MDR 1968, S. 621 ff. Vgl. die weiteren Ausführungen zum VersG unten Kap. 5.2.1. Vgl. auch ders., Demonstrationen unter dem Gesetz, Schriften der Bundeszentrale für politische Bildung, 1969, S. 55 ff.

365 Merten, a.a.O., S. 621.

nahme. Dies sei immer noch nach dem Verfassungsbild des Grundgesetzes die Teilnahme an Wahlen und Abstimmungen.

Daneben stünden dem Bürger, zur Einflussnahme auf den öffentlichen Prozess der Meinungsbildung im vorparlamentarischen Raum, die Parteigründungs-, Vereinigungs- und Koalitionsfreiheit und eben die Versammlungsfreiheit zur Verfügung.[366] Zum Inhalt und zu den Schranken des Demonstrationsrechts führte er unter anderem aus, dass allgemeine Grundrechtsschranke das Missbrauchsverbot sei. Eine Betätigung, die gegen den Zweck eines Freiheitsrechtes verstoße, sei rechtsmissbräuchlich. Daher werde eine Demonstration, deren einziger Zweck die Störung des Straßenverkehrs sei (sog. Spaziergangdemonstration), von vorneherein nicht vom Schutz des Art. 8 GG umfasst. Darüber hinaus werde die Inanspruchnahme des Art. 8 GG durch die Freiheitsbetätigungen anderer Staatsbürger begrenzt, wie z.B. das Recht der Passanten auf Bewegungsfreiheit oder das Recht der Geschäftsleute auf Gewerbeausübung.[367]

Anfang 1969 erschien ein kurzer Beitrag von Professor *H. Guradze,* der insbesondere gegen die Ausführungen von *Denninger* Stellung bezog.[368] Die mögliche Extremsituation, die im Verlauf von Demonstrationen eintreten kann, veranlasste ihn, Demonstrationen insgesamt als negative Erscheinung abzulehnen, wobei ihm die Geschichte Recht geben sollte.

Dass die politische Demonstration ein „Lebenselement der Demokratie" sei, wie Denninger behauptete, schien *Guradze* mehr als zweifelhaft. Die Fragwürdigkeit dieser These werde deutlich, wenn es sich um Demonstranten verschiedener Richtungen handele, die sich gegenseitig die Köpfe einschlügen.

> „Von solchen 'Lebenselementen' hat die Weimarer Republik in ihren letzten Jahren übergenug gehabt, bis sie daran zugrunde ging. Der richtige Kern der Behauptung *Denningers* ist die Wichtigkeit der freien öffentlichen Meinungsbildung, wozu die Demonstration nur eines von vielen und besser sparsam zu gebrauchendes Mittel ist. Aber selbst, wenn man seine Formulierung als Diskussionsgrundlage unterstellt, so kann das nicht bedeuten, daß eine Gesellschaft, die von ihrer Arbeit lebt, sich ständig von einer kleinen Gruppe Unzufriedener mit Hilfe dieses 'Lebenselements' stören lassen muß. Ruhe und Ordnung sind keineswegs die Ideale einer Spießermentalität, sondern die Voraussetzung jeder produktiven Arbeit, auch und gerade der wissenschaftlichen, die zu stören, ja zu zerstören das Ziel der radikalen Linken und anderer Studentengruppen ist.[369]

---

[366] Merten, a.a.O., S. 622.

[367] Merten, a.a.O., S. 623.

[368] Demonstrationsfreiheit und Polizeigewalt, ZRP 1969, S. 6 f.

[369] Ebenda, S. 6.

Staatsanwalt *H. Janknecht*, Bremen, war der Auffassung, dass das Grundrecht der Versammlungsfreiheit dem Schutz vor staatlichen Übergriffen diene und ein unverzichtbares Mittel einer aktiven Demokratie sei, weil es den breiten Massen der Bevölkerung zusammen mit der Meinungsfreiheit die Möglichkeit gebe, unmittelbar an den öffentlichen Diskussionen teilzunehmen.[370] Die demokratische Staatsordnung bedürfe der geistigen Auseinandersetzung als Voraussetzung der notwendigen öffentlichen Meinungsbildung. Die offene Diskussion sichere das Interesse des Bürgers an seinem Staat, sie führe zu Kontrolle, Initiative und neuen Anregungen und gewährleiste einen sinnvollen Ausleseprozess bei Wahlen und Abstimmungen. Der Kampf um die Meinung- und Versammlungsfreiheit wäre vergeblich gewesen und die Grundrechte wären ausgehöhlt, wenn durch die Hintertür weit vorkonstitutionellen Strafrechts obrigkeits- und polizeistaatliches Denken wieder in die Rechtsprechung Eingang fände.[371]

W. Zeidler, Bundesverfassungsrichter, hatte eine unaufgeregte Einstellung gegenüber Demonstrationen. Unbeeindruckt von der politischen Aufregung ordnete er die (Studenten)Demonstrationen als das ein, was sie sind: eine nötige plebiszitäre Ergänzung im repräsentativen parlamentarischen System.

Die staatspolitische und verfassungsrechtliche Ursache für das Entstehen der APO sah er bei der in der Bundesrepublik vorliegenden äußerst stark ausgeprägten parteienstaatlichen Demokratie.[372] Seiner Auffassung nach bestand daher ein Defizit an demokratischer Repräsentation, das aus diesen technischen Sachzwängen der Staatsgewalt herrühre. Durch die Verengung des Spielraums für die staatliche Willensbildung, die mit der verfassungsrechtlichen und gesetzlichen Absicherung des von den großen Parteien geprägten Machtgefüges einhergehe, hätte sich ein politisch-vorparlamentarischer Raum gebildet. Auf diesem Feld würden im gesellschaftlichen Raum politische Funktionen übernommen, die im verfassungsrechtlich geregelten formell-politischen Raum keine institutionalisierte Heimstatt mehr finden würden:

> „Weder aus dem Sinngehalt unserer Verfassung noch aus der demokratischen Idee heraus brauchen jedoch hiergegen Bedenken angemeldet zu werden. Im

---

370 Verfassungs- und strafrechtliche Fragen zu „Sitzstreiks", GoldtArch für Strafrecht 1969, S. 33 ff., 34. Vgl. dessen Ausführungen zu § 116 StGB a.F. und § 240 StGB unten Kapitel 5.3.1.1 und 5.3.3.1.

371 Janknecht, a.a.O., S. 34.

372 Außerparlamentarische Bewegungen, Demonstrationsrecht und Widerstand, Aus Politik und Zeitgeschichte, B 10 vom 8.3.1969, S. 3 ff., 5.

Gegenteil: Der außerparlamentarische Raum schließt hier einen Lücke, die sonst auf Dauer gefährlich werden könnte."[373]

Da jedes etablierte System von der Selbsterstarrung bedroht sei und daher der ständigen Selbst-in-Frage-Stellung des Systems bedürfe, ging *Zeidler* davon aus, dass eine APO eine für das System lebenswichtige Funktion erfülle, indem sie als Instrument der Vorbereitung und des Nachschubes politischer Ideen und Aktivitäten aus dem gesellschaftlichen in den politischen Raum diene. Wesensbestimmende Strukturprinzipien des staatlichen Lebens würden durch solche Erscheinungen und Entwicklungen nicht verletzt. Nach der durch das BVerfG in seinen jüngeren Entscheidungen[374] vorgenommenen Interpretation des im Grundgesetz niedergelegten Verständnisses des demokratischen Prinzips könne es wohl keinem Zweifel unterliegen, dass eine im freien gesellschaftlichen Raum erfolgende politische Aktivität einer sich als APO verstehenden Kraft mit dem die Verfassung bestimmenden Begriff der demokratischen Legitimität voll vereinbar sei:

> „Diese Feststellung hat Konsequenzen nicht nur für eine politische Würdigung dieser Erscheinung, sondern sie hat auch rechtliche Auswirkungen. Sie besagt nämlich, daß eine in diesem Rahmen sich entfaltende Aktivität jedenfalls prinzipiell vom Freiheitsrecht der Bürger gedeckt ist und damit vollen Umfangs am Grundrechtsschutz teilhat. Eine Deklassierung a limine oder eine prinzipielle Diskriminierung, etwa gestützt auf die stillschweigend vorausgesetzte Unterstellung, es handele sich um ein die demokratische Verfassungsordnung störendes Element, wäre daher verfassungswidrig. Aus dieser Feststellung ergeben sich zwingende Wertmaßstäbe, die zumindest überall dort zu beachten sein werden, wo es sich bei der Anwendung der staatlichen Macht durch die Behörden und die Gerichte um die Ausübung eines Ermessens oder die Ausfüllung sonstiger Spielräume zu wertender Entscheidung handelt, z.B. bei der Strafzumessung.[375]

J. Frowein, seit 1967 habilitiert und ordentlicher Professor in Bochum[376], führte im Juni 1969 aus, dass die Versammlungsfreiheit zu den vornehmsten Grundrechten im demokratischen Staat gehöre. Nicht zuletzt die Ereignisse in der Tschechoslowakei, in denen sich die Forderung nach demokratischen Verhältnissen so eindrucksvoll in Versammlungen manifestiert hatte, sollte das in das allgemeine Bewusstsein heben. Diese

---

[373] Zeidler, a.a.O., S. 5.

[374] Zeidler verwies hier auf die Entscheidung des BVerfG zur Frage der Zulässigkeit der Gesetze über eine Volksbefragung, BVerfGE 8, 115 ff., ebenso verwies er auf die Entscheidung des BVerfG zur Parteienfinanzierung, BVerfGE 20, 99 ff.

[375] Zeidler, Außerparlamentarische Bewegungen, Aus Politik und Zeitgeschichte, 8.3.1969, S. 3 ff., 6.

[376] Kürschners, 1976, S. 821 f.

Erkenntnis sei die Voraussetzung einer richtigen polizei- und strafrechtlichen Beurteilung politischer Demonstrationen.[377]

H. Ridder, ordentlicher Professor in Giessen, konnte auch selbst im Oktober 1969, nachdem die Studentenrevolte schon in ihre militante Phase eingetreten war, in ihr nicht das sehen, was aus konservativen Kreisen immer wieder beschworen worden war. Für ihn waren die Studentendemonstrationen eine normale politische Erscheinung, da er grundsätzlich die Versammlungsfreiheit als ein Instrument bejahte, um Bewegung in das bestehende System zu bringen.

Er führte aus, das politische System der Bundesrepublik,

> „von Geburt an vor allem durch und auf das deutsche Gegenüber der 'Zone' polemisch fixiert und durch das verfassungsinstitutionell ermöglichte und perpetuierte Nicht-in-Frage-gestellt-Werden erstarrt, reagiert allergisch auf die von einer im wesentlichen intellektuellen und in der Mehrheit jugendlichen Opposition jenseits der Institutionen ausgehende Zumutung der 'Demokratisierung' (gar wenn diese als permanenter Veränderungsprozeß offeriert wird), indem seine aus denselben Gründen nicht in Frage gestellte und erstarkte, in Abwehrstellung gegangene Führungselite zur Vorwärtsverteidigung ausholt. Ihr sind der gesamtgesellschaftliche status quo und die geronnenen Machtverhältnisse – als 'unser Staat' - mit Demokratie synonym; [...]. 'Revolutionär' ist an dieser Krisensituation, die nicht durch 'Roß und Reisige', sondern nur durch Wiederherstellung von Konsens und Glaubwürdigkeit, also durch den Spannungsausgleich zwischen Systemlabilität und Machtstabilität, überwindbar wäre, weiß Gott nichts. Wie sehr sie indes für usurpatorische Versuchungen und Möglichkeiten geöffnet ist, zeigt sich an dem trotz der Bereitstellung aller erdenklichen Machtsicherungen aufgekommenen Gerede von der Gefahr des 'Bürgerkrieges', dessen irrationalen Protuberanzen auch die Rechtsprechung ausgesetzt ist."[378]

Nach Auffassung von *Ridder* musste das Klima hochgradiger Gereiztheit einer Kühle weichen, die alle Mythen – von der sozialistischen über die jesuitische und die jüdische Weltverschwörung bis zur „kommunistischen Gesamtorganisation" und zum APO-Phantom der Gegenwart – endgültig von der Bühne und dem Schnürboden der Rechtsprechung selbst verbannen würde. Die parlamentarische Demokratie liberaler Herkunft würde aufhören, Demokratie zu sein, wenn neben der staatlichen Gewalt die demokratisch entfaltete gesellschaftliche Macht faktisch aufhören würde, ein politisch mitentscheidender Faktor zu sein. Es könne keiner Rechtsprechung angesonnen werden, sich in Spekulationen über die vorhandene Verfassung hinaus zu ergehen. Aber sie ver-

---

[377] Versammlungsfreiheit und Versammlungsrecht, NJW 1969, S. 1081 ff., 1086. Vgl. zu seinen Konsequenzen für die einfachrechtliche Auslegung unten Kapitel 5.2.1 und 5.3.3.1.

[378] Über Minima Rationalia des Judizierens, ZRP 1969, S. 217 ff., 217 f.

fehlte die Verfassung, wenn sie sich die politische Essenz der Verfassung nicht vergegenwärtigt und wenn sie sich keine Rechenschaft über ihren eigenen Beitrag zur Erfüllung der Verfassung der Vergangenheit und Gegenwart gibt.[379]

Im Januar 1970 attestierte *A. Müller-Emmert,* Mitglied des Bundestages und Vorsitzender des Sonderausschusses für die Strafrechtsreform des Deutschen Bundestages, Demonstrationen eine positive Funktion im politischen Prozess und erteilte den konservativen Einschätzungen der Studentenproteste eine deutliche Absage.

Nach seiner Einschätzung war das plötzliche Aufbegehren der jungen Generation gegen vorgeblichen und tatsächlichen Opportunismus der Regierung und der sie tragenden Parteien, gegen antiquierte Institutionen und leere Traditionen, ihr Unwillen auch, der sich in Protestversammlungen und Demonstrationen Ventile öffnete, auf eine unvorbereitete deutsche Öffentlichkeit gestoßen.[380] Die Selbstgerechten seien in ihrem Schlaf gestört worden, ihre Reaktionen seien entsprechend ausgefallen. Was sich zunächst in einer durchaus legitimen Form kollektiver Meinungsäußerung abspielte, sei als Provokation empfunden worden. Entscheidend für alle Überlegungen sei aber die Erkenntnis:

> „Die ständige Erneuerung der freiheitlichen Demokratie hängt davon ab, daß die geltenden Gesetze es nach ihrer Anwendung allen gesellschaftlichen Gruppen ermöglichen, den Prozeß der öffentlichen Meinungsbildung wirksam mitzugestalten. Der Bürger braucht und soll sich nicht alleine auf die Ausübung seines Wahlrechts beschränken. Er hat das Recht, durch Kritik und Protest seine Meinung zu sagen. Für die Demokratie ist seine Kritik lebensnotwendig. Nicht der Demonstrant, der im Kollektiv mit anderen versucht, politische Entscheidungen zu beeinflussen, missversteht das demokratische Prinzip. Der Politiker verkennt es, der sich mit dieser Kritik nicht abfindet. In Deutschland wurde die politische Aktivität Nicht-Etablierter schon immer mit Mißtrauen beobachtet. Auch heute noch begreifen zu viele Deutsche Ruhe als die erste Bürgerpflicht und Untertanen-Mentalität als erstrebenswertes Ideal."[381]

Für *J. Baumann,* ordentlicher Professor in Tübingen seit 1959 und unter anderem Mitautor des Alternativentwurfs für ein StGB aus den frühen 60er Jahren[382], und *H. Frosch,* Assistent, brachten einen rein juristisch-methodischen Aspekt in die Debatte ein.

---

[379] Ridder, a.a.O., S. 220.

[380] Die Reform der Vorschriften über den Gemeinschaftsfrieden, ZRP 1970, S. 1 ff. 1.

[381] Müller-Emmert, Die Reform der Vorschriften über den Gemeinschaftsfrieden, ZRP 1970, S. 1 ff., 2. Vgl. dessen Ausführungen zu den Straftatbeständen unten Kapitel 5.3.1.1 und 5.3.2.1.

[382] Kürschners, 1976, S. 129.

Nach ihnen war für die Bewertung von Versammlungen davon auszugehen, dass das Ziel der Demonstration gleichgültig sein musste.[383] Art. 8 GG wolle gerade jedem Bürger das Versammlungsrecht gewähren, der irgendwie für seine Ziele werben, sie mit anderen diskutieren und auch gegenüber anderen werbewirksam signalisieren, also demonstrieren wolle. Der Bürger bestimme über den Wert des Zieles, für welches er demonstriere, und nicht der Staat.

> „Würde man der Polizei oder dem Strafrichter die Möglichkeit einräumen, zwischen einer 'wertvollen' und einer 'wertlosen' Demonstration zu unterscheiden, die eine zu fördern, die andere aber zu hemmen, so würde das gerade dem Grundrecht des Art. 8 zuwiderlaufen. Dieser Verzicht auf die 'Wertung' der Demonstrationsziele ist keine 'juristische Wertblindheit', sondern die unverzichtbare Voraussetzung dafür, daß auch für die Ziele demonstriert werden darf, die der augenblicklichen Regierung höchst unsympathisch sind."[384]

Es sei also nicht Aufgabe der Polizei und auch nicht später die Aufgabe des Strafrichters, darüber zu befinden, ob eine Demonstration für oder gegen Springer wertvoller sei, ob für die Amerikaner oder für die Vietkong zu demonstrieren das in der gegebenen politischen Situation Wertvollere sei.[385]

Der 1932 in Leipzig promovierte und seit 1951 im Bundesjustizministerium tätig gewesene Ministerialdirigent a.D. *E. Dreher*[386], Bonn, gehörte zu den wenigen Diskutanten, die Demonstrationen als ein notwendiges Übel tolerierten und den vornehmlich institutionalisierten Willensbildungsprozeß favorisierten.

Er betonte, angesichts der „waffenklirrenden Schlacht um das so genannte Demonstrationsstrafrecht", dass die parlamentarische Demokratie, welche die Bundesrepublik nahezu klassisch verkörpere, darauf beruhe, dass das souveräne Volk sich durch das von ihm gewählte Parlament seine Regierung schaffe und seine Gesetze beschließen lasse.[387] Eine außerparlamentarische Opposition sei eine Erscheinung, die eine solche Demokratie gewiss zu tolerieren habe und für sich fruchtbar machen sollte.

> „Aber sie ist ihrem System nicht immanent, das einen Aufruf auch an alle Kräfte außerhalb des Parlaments darstellt, sich in ihm zur Geltung zu bringen, an der Stelle, wo allein die Entscheidungen zu fallen haben. Die Mängel, die der parlamentarischen Demokratie anhaften, vor allem infolge der Präponderanz instal-

---

383 Der Entwurf des 3. Strafrechtsreformgesetzes, JZ 1970, S. 113 ff., 114.

384 Baumann/Frosch, a.a.O., S. 114.

385 Ebenda, S. 114.

386 Kürschners, 1976, S. 357.

387 Das 3. Strafrechtsreformgesetz und seine Probleme, NJW 1970, S. 1153 ff., 1154.

lierter Parteien, dürfen nur auf systemimmanenten Wegen, d.h. in erster Linie durch den Wahlzettel bekämpft werden. Keinesfalls darf das schlechthin konstituierende Mehrheitsprinzip durch ein Prinzip aggressiver Minderheiten auch nur durchlöchert werden, noch dazu solcher, die in sehr nachdenklicher Weise Steine und andere Wurfgeschosse in ihrem Jargon als 'Argumente' bezeichnen."[388]

Für *F. Ossenbühl*, ordentlicher Professor in Bonn, setzte sich ausführlich mit der verfassungstheoretischen Stellung der Versammlungsfreiheit in Relation zu ihren historischen Bezügen auseinander. Er war einem offenen politischen Meinungsbildungsprozess gegenüber positiv eingestellt und ging mit dem Stelltenwert, den er der Demonstrationsfreiheit zumaß, über das tradierte Grundrechtsverständnis hinaus. So weit wie *Denninger* und *Hannover* wollte er aber nicht gehen, gegen deren Ausführungen bezog er deutlich Stellung.

Nach seiner Ansicht waren die Grundrechte nicht Ableitungen oder Konkretisierungen aus einem übergreifenden Wertesystem, sondern Ereignisse geschichtlicher Kämpfe gegen Bedrohungen im individuell menschlichen Bereich. Gerade der in der jüngsten Geschichte vor dem Hintergrund des nationalsozialistischen Unrechts konzipierte Grundrechtskatalog des Grundgesetzes zeige, dass die einzelnen Grundrechtsgarantien in ihrem Sinngehalt, ihrer Weite und der Geltungsintensität jene geschichtlich wechselnden Bedrohungen reflektiere.[389] Eine so verstandene Aktualität hätte das Grundrecht der Versammlungsfreiheit unter der Geltung des Grundgesetzes erst nach der Mitte der sechziger Jahre erhalten. Seitdem sei das bislang störungsfreie Leben in der Bundesrepublik einer bewegten, teils turbulenten politischen Szenerie gewichen. Dabei seien die Gründe dieses Wandels nicht homogener Natur, wie schon die Anlässe und Tatbestände zeigten, welche politische Demonstrationen ausgelöst hätten, also beispielsweise der Vietnamkrieg, die Erhöhung von Fahrpreisen oder Wahlversammlungen der NPD. Politische, soziale und gesellschaftliche Minderheiten verstünden es, durch „punktuelle Plebiszite" in Gestalt politischer Versammlungen ihr Anliegen zu Gehör zu bringen und sich der Versammlungsfreiheit als eines Instrumentes der Selbstdarstellung politisch nicht institutionalisierter Opposition zu bedienen. Die Geschichte der Versammlungsfreiheit sei also unter anderem die Geschichte oppositioneller politischer Minderheiten bzw. die Geschichte des Nonkonformismus.[390]

Eine ernstzunehmende Versammlungsfreiheit bemesse sich an der Toleranz und Wirkungsmöglichkeit politischer Versammlungen, was zur

---

388 Dreher, a.a.O., S. 1154.

389 Versammlungsfreiheit und Spontandemonstration, Der Staat 1971, S. 53 ff, 53.

390 Ossenbühl, a.a.O., S. 54.

Konsequenz hätte, dass Versammlungsfreiheit in ihrem Kern nicht Freiheit vom Staat als dem liberalistischen status negativus, sondern Freiheit zum und durch den Staat bedeute. Die Entscheidung für die Versammlungsfreiheit bedeute die Entscheidung gegen jeden Totalitarismus und auch gegen eine rigorose Majorisierung, bedeute Bereitschaft zum Anhören, zur Diskussion und Option für eine differenzierte, pluralistische „offene Gesellschaft".[391] Für die Beurteilung des anwendbaren Rechts und der rechtlichen Spielräume sei der einzig methodisch korrekte Weg, von der in Art. 8 GG verbürgten Garantie der Versammlungsfreiheit auszugehen.

> „Daß ein solches Verfahren nicht einfach im Wege der Subsumtion oder Deduktion ablaufen kann, bedarf keines weiteren Nachweises. Die Kürze und Bündigkeit, mit der der wortkarge Grundgesetzgeber die Grundrechte formuliert hat, und die in Art. 1 Abs. 3 GG abgeordnete Aktualität eben jener Grundrechte haben die heutige Grundrechtsdogmatik in kaum lösbare Probleme gestürzt. Hinzu kommt, daß die Versammlungsfreiheit ideengeschichtliche und funktionelle Querverbindungen zu fundamentalen Staatsstrukturprinzipien, wie etwa dem Demokratiegebot, aufweist, deren Sinn- und Rechtsgehalt ebenfalls in Bewegung geraten zu sein scheint."[392]

Für den verfassungsrechtlichen Stellenwert der Versammlungsfreiheit ergab sich, dass die Versammlungsfreiheit zu den „Kommunikationsgrundrechten" zu rechnen war, die sie in einen eindeutigen Zusammenhang mit dem Demokratiegebot des Grundgesetzes stelle. Zur Meinungsäußerungsfreiheit bilde die Versammlungsfreiheit eine Komplementärfunktion:

> „Individuelle Meinungs*bildung* als Vorstufe der Meinungsäußerung setzt Information und Kommunikation durch sozialen Kontakt voraus. Diesen Kontakt ermöglicht und sichert die Versammlungsfreiheit. Sie eröffnet ferner die Möglichkeit, individuellen Meinungsäußerungen durch kollektive Bündelung ein besonderes Gewicht zu verleihen; eine Funktion, die namentlich den Solidaritätsversammlungen, Kundgebungen und Demonstrationen im Gegensatz zur Diskussionsversammlung zukommt."[393]

Die Versammlungsfreiheit konnte nach *Ossenbühl* nicht nur als status negativus, mit der Folge eines negatorischen Abwehrrechtes gegen staatliche Eingriffe, verstanden werden. Denn dann müsse aus der Versammlung das Wesentliche, nämlich das Politische eliminiert und damit aber auch zugleich der verfassungsrechtliche Versammlungsbegriff vollends denaturiert werden. Der status negativus sei nichts anderes als der verfassungstheoretische Ausdruck für die verfassungsrechtliche Ab-

---

[391] Ossenbühl, a.a.O., S. 55.

[392] Ossenbühl, Versammlungsfreiheit und Spontandemonstration, Der Staat 1971, S. 53 ff, S. 59 f.

[393] Ossenbühl, a.a.O., S. 60.

kapselung und Behütung einer dem Staat antagonistisch entgegen gestellten Bürger-Intimsphäre. Er habe seine verfassungsrechtlichen Wurzeln in dem im 19. Jahrhundert stark betonten Dualismus zwischen Staat und politischer Gesellschaft.

„Die Versammlungsfreiheit paßt schon in ihrer Sachstruktur, die gegenüber den Intim-Grundrechten deutlich 'extrovertierte' soziale Bezüge aufweist, nicht in jenes dualistische Denkschema. Wer an politischen Versammlungen und Demonstrationen teilnimmt, bricht selbst aus seiner Intimsphäre in die Öffentlichkeit aus. Diese naturgegebene Struktur der Versammlungsfreiheit wird überdies mit der Anerkennung demokratischer Gedanken legitim. Das Versammlungswesen avanciert von einer vormals klassischen Polizeirechtsmaterie zu einem Kernstück demokratischen Lebens und sozialer Konfliktsbewältigung. Die polizeiliche Gefahrenabwehr wird durch verfassungsrechtliche Verbürgung politischer Teilhabe des Bürgers – auch durch Versammlungen - überhöht. Als 'demokratisches Grundrecht' ist die Versammlungsfreiheit neben dem Wahlrecht Instrument zur Teilnahme am permanenten Prozeß der politischen Willensbildung und als solches essentiale des status activus. Da sich dieser Prozeß politischer Willensbildung frei und unreglementiert vollziehen muß, ist eine Bewertung von Demonstrationen nach deren politischen Zielen unzulässig."[394]

Allerdings wollte *Ossenbühl* nicht so weit gehen wie *Denninger* mit seinem status constituens. Freiheitliche Demokratie solle sich bestimmt nicht in Parlamentswahlen erschöpfen, sondern sei gedacht als permanenter Prozess der Meinungs- und Willensbildung des Volkes, der sich frei, offen und unreglementiert vollziehe. Dabei sei die Versammlungsfreiheit „conditio sine qua non, für den Ablauf dieses Prozesses, notwendiges Enzym demokratischen Lebens". Aber es müsse auch bedacht werden, dass eine Überdehnung der Versammlungsfreiheit mit der vom Grundgesetzgeber gewählten Demokratieform in Widerspruch geraten könne. Die grundgesetzliche Demokratie sei durch und durch repräsentativ strukturiert und enthalte eine deutliche Absage an die besonders in Weimar stark ausgeprägten plebiszitären Zusätze. Zwar seien Demonstrationen punktuelle Plebiszite, die Versammlungsfreiheit sei auch die Verbürgung solcher plebiszitärer Punkte in dem durch und durch repräsentativ gewebten Demokratiebild des Grundgesetzes. Die offene, pluralistische, freiheitliche Demokratie dürfe auch die Chance der Selbstdarstellung und Artikulierung nicht jenen Minimalgruppen verweigern, die weder in verfassungsrechtlich eingesetzten Institutionen noch in den Verschleierungen der Lobby repräsentiert würden.

„Insoweit wird man ein freiheitlich verstandenes Demonstrations- und Versammlungsrecht als essentiale auch der parlamentarisch-repräsentativen Demokratie zu verstehen haben. Indessen scheint mir der extensiv verstandene status constituens die Präponderanz des repräsentativen Moments nicht gebührend zu beachten, wenn er nicht nur deutliche plebiszitäre Meinungs- und Willens-

---

[394] Ossenbühl, a.a.O., S. 62.

bildung zuläßt, sondern auch psychische Zwänge und Pressionen einschließt, um plebiszitär erhobene Forderungen durchzusetzen. Nimmt man andererseits so weitgehende Aktivitäten wie etwa psychische Pressionen aus dem status constituens heraus, verbleibt nicht anderes als der allgemein anerkannte status activus."[395]

In Anbetracht der ausufernden und überdehnten Bedeutung, die z.B. auch *Hannover* der Demonstrationsfreiheit zuerkannte, hielt *Ossenbühl* abschließend nochmals fest, das die Versammlungsfreiheit zwar dazu gedacht sei, politisch Impulse zur Geltung zu bringen, die nicht über die verfassungsrechtlich eingesetzten Institutionen artikuliert werden könnten. Die Demonstrationsfreiheit diene also der Artikulation von Minderheitenanliegen, sie garantiere aber keinen Beachtungserfolg, der durch ausgefallene Demonstrationsmethoden, wie Sachbeschädigungen und Zwangsverhöre, auf verfassungsrechtlich legitime Weise erstrebt und erreicht werden könnte.[396]

5.1.2 *Versammlungsbegriff*

Was folgte aus den Grundsatzeinstellungen nun für konkrete Ausgestaltung der versammlungsrechtlichen Begrifflichkeiten?

Die Kommentare hielten an dem von ihnen in der frühen Bundesrepublik vertretenen Versammlungsbegriff der „Debattierveranstaltung" fest. Dementsprechend war für eine Versammlung wesensnotwendige Voraussetzung eine *Erörterung* von öffentlichen Angelegenheiten.[397]

Oberstaatsanwalt *R. Samper,* Staatsanwaltschaft beim Bayerischen Verwaltungsgerichtshof, ging es in seinem Aufsatz vom März 1969 vor allem darum, die rechtlichen Fragen des Demonstrationsproblems auf ihre schlichten Grundlagen zurückzuführen. Dabei kann seine Argumentationsführung allerdings nur die Intention gehabt haben, mit Hilfe der Anwendung der geltenden Gesetze dis als neu beanspruchten politischen Verhaltensformen zu unterbinden.

Allgemein verfassungsrechtlich zum Verhältnis Bürger-Staat führte *Samper* aus:

> „Politische Zielsetzungen, auch gefühlsmäßige Abneigung gegen die Staatsgewalt bis hin zur anarchistischen Leugnung der Ordnungsfunktion, verfassungsgelehrte Geheimwissenschaft und auch Unterschiebungen eines erst angestrebten Rechts (de lege feranda) haben die Problematik verwirrt. [...] Freilich ist es legitim, das Versammlungsgesetz zu kritisieren, seine Änderung zu fordern und diese Forderung zum Gegenstand des politischen Kampfes zu machen;

---

395 Ossenbühl, a.a.O., S. 64.

396 Ossenbühl, a.a.O., S. 83.

397 Vgl. für alle mwN Schmidt-Bleibtreu/Klein, Kommentar zum Grundgesetz für die Bundesrepublik Deutschland, 1967, Art. 8 GG, Rdnr. 3.

denn auch d i e s e Haltung wird von der Verfassung zugestanden. Es ist aber nicht legitim, dem Gesetz mit Hilfe ausdehnender Auslegung von Verfassungssätzen einen Sinn zu unterschieben, den es nicht hat. Der Rechtsstaat ist [...] in Gefahr, [...] wenn jedermann mit sozusagen privatverfassungsrechtlicher Anmaßung die Grundrechte seiner Verfügungsgewalt unterwirft und damit den Rechtsstaat ausufert. Die Grundgesetzväter konnten sich infolge ihrer Neigung zu reflexiblem Denken, die der historische Augenblick verständlich macht, nur die Gefahr der Mißachtung der Rechte des Bürgers durch den Staat vorstellen. [...] Von einer Bedrohung der Rechte durch den Staat ist kaum die Rede. Jedenfalls wird niemand sagen können, das allgemeine Klima sei durch eine solche Tendenz charakterisiert. Es wird im Gegenteil eher der Staat durch den seine Rechte extensiv verfolgenden Bürger bedroht, zumindest wird der Staat in die Verteidigung gedrängt. Das könnte der Beginn einer gefährlichen Entwicklung sein. Denn der Rechtsstaat muß noch allemal zunächst einmal ein (funktionierender) S t a a t sein, damit er zweitens R e c h t s staat sein kann."[398]

Der Aufzug sei in Art. 8 GG nicht erwähnt, was laut *Samper* zu der schlichten Feststellung berechtige, dass es ein Demonstrationsrecht mit Verfassungsrang nicht gebe. Denn es sei ordnungsrechtlich ein erheblicher Unterschied, ob auf einem abgeschlossenen Platz eine Versammlung unter freiem Himmel oder auf einer wesentlichen Verkehrsachse daselbst ein Aufzug stattfinde. Schutz genieße der Aufzug allein durch das einfache Gesetz, welches diesen auch in seinem Gesetzestext erwähne. Folge man *Füßlein,* so sei eine Versammlung eine Zusammenkunft einer Anzahl von Menschen zu dem Zweck, öffentliche Angelegenheiten gemeinsam zu erörtern oder eine gemeinsame Kundgebung zu veranstalten.[399] Die in neuester Zeit auftretenden neuen Demonstrationsformen wie ein „go-in" oder „sit-in" hatten nach Auffassung von *Samper* mit dem Versammlungsrecht gar nichts zu tun[400].

Zahlreiche Autoren entwickelten die tradierte Auslegung allerdings weiter. So kam Oberregierungsrat *A. Möhrle* aus Berlin gerade zu der umgekehrten Betrachtungsweise von *Samper,* dass nämlich die geltende Auslegung nunmehr bedenklich und lebensfremd sei und nur noch „aus der damaligen Lebenserfahrung heraus gerechtfertigt" sei. Würde man ihr folgen, so würde man den „neuen, meist aus dem Amerikanischen übernommenen Formen der Versammlungen wie Sit-in oder Go-in" unrechtmäßige Grenzen setzen.[401] Vielmehr sollte nun auch eine „An-

---

[398] Samper, Rechtsfragen zum "Demonstrationsrecht", BayVbl 1969, S. 77 ff., 78.

[399] Vgl. dazu oben Kapitel 3.1.

[400] Samper, a.a.O., S. 78.

[401] Möhrle, Demonstrationsfreiheit und ihre Grenzen, Recht und Politik 1969, S. 60 ff., 61.

sammlung von 10.000 Menschen, die schweigend Plakate und Spruchbänder tragen" eine Versammlung sein.[402]

Erforderlich war nach Auffassung von *Dietel/Gintzel* auch nicht mehr, dass ein Redner auftrat oder Diskussionen in der Versammlung stattfanden.[403] Vor allem gebiete die Vermutung für die Freiheit, die Grundsatz der Verfassungsordnung des Grundgesetzes sei, bei Zweifelsfällen bei einer Personenansammlung von einer Versammlung auszugehen, da diese gegenüber der bloßen Ansammlung mehr Rechte genieße.[404]

5.1.3 *Friedlichkeit der Versammlung*

H. Vogel, mehrere Jahre Justitiar in der Bundeszentrale für politische Bildung in Bonn und zum damaligen Zeitpunkt als Regierungsrat in einem Landratsamt in Württemberg tätig, führte in seinem Aufsatz vom Juni 1968 zu den verfassungsrechtlichen Grenzen der Friedlichkeit aus, dass eine Versammlung erst dann unfriedlich werde, wenn zu Gewalttaten aufgerufen werde oder solche beschlossen würden, oder wenn etwa gewalttätig gegen einzelne protestierende Versammlungsteilnehmer vorgegangen werde.[405] Zu den Ausschreitungen bei den Demonstrationen an den Ostertagen von 1968 bemerkte *Vogel*, dass das Versammlungsrecht in seiner extremen Ausübung Vorstufe zur Revolution bzw. selbst zur revolutionären Handlung werden könne. Dies würden die durch Studentendemonstrationen in Frankreich ausgelösten Unruhen zeigen. Solche revolutionären Akte mit Gegengewalt als Ausdruck der Versammlungsfreiheit seien sicher gerechtfertigt in Staatsordnungen, die den Unrechtscharakter auf der Stirn trügen, die nicht mehr vom Einverständnis der Mehrheit ihrer Bürger, sondern nur noch von nackter militärischer und polizeilicher Gewalt getragen würden. Wo aber, wie in der Bundesrepublik,

> „die Verfassungswirklichkeit zwar von mancherlei Mißständen, Unzulänglichkeiten und Ungerechtigkeiten gekennzeichnet ist, insgesamt aber von einem generellen Konsensus der Mehrheit seiner Bevölkerung getragen wird, kann und darf dagegen die Demonstrationsfreiheit nicht zum Mittel werden, um revolutionäre Gewaltakte zur Durchsetzung der erwünschten Reformen zu legitimieren. Gewaltmaßnahmen sind in diesem letzteren Falle auch politisch von vorneherein ein untaugliches Mittel. Die Minderheit hat auf diesem Wege keine

---

402 Möhrle, a.a.O., S. 62; ebenso Ott, Demonstrationsfreiheit und Strafrecht, NJW 1969, S. 454 ff., 454; Janknecht, Verfassungs- und strafrechtliche Fragen zu „Sitzstreiks", GoldtArch für Strafrecht 1969, S. 33 ff., 33.

403 Dietel/Gintzel, Kommentar zum Versammlungsgesetz, 2. Auflage 1969, S. 4; vgl. auch Sandweg, Ist Sitzdemonstration eine „Versammlung"?, DRiZ 1969, S. 73 ff., 74.

404 Dietel/Gintzel, a.a.O., S. 6.

405 Demonstrationsfreiheit und ihre Grenzen, Aus Politik und Zeitgeschichte, B 26/28, 1968, S. 3 ff.

Chance, die Mehrheit für ihre Ziele zu gewinnen. [...] Angesichts von Gewaltakten unterbleiben die rational vielleicht als berechtigt erkannten Reformen oder werden verschoben, weil nunmehr der Wunsch nach Ruhe und Ordnung größer ist als das Bestreben zu Änderung verfassungsbedürftiger Zustände. In der Bundesrepublik des Jahres 1968 sind Demonstrationen unter Einbeziehung von Gewalt nicht nur [...] ein 'Verbrechen', sie sind eine 'Dummheit'."[406]

Für *Dietel/Gintzel* bedeutete Friedlichkeit im Sinne des Art. 8 GG nicht Konfliktlosigkeit oder Einhaltung der Rechtsordnung schlechthin, entscheidend sei der Verzicht auf Gewalt oder Gewaltandrohung. Einer zu weiten Auslegung des Begriffs der Unfriedlichkeit sei der Gesetzgeber damit entgegengetreten, indem er diesen unbestimmten Gesetzesbegriff mit den ebenfalls unbestimmten Gesetzesbegriffen „gewalttätig" oder „aufrührerisch" näher bestimmt habe.[407]

Nach Ansicht von *Hannover* sollte man anerkennen, dass eine Demonstration nicht schon dadurch, dass einzelne Teilnehmer Steine werfen würden oder sonstige Gewaltakte begingen, für alle übrigen Teilnehmer zu einer unfriedlichen werde.[408]

Für *Denninger* waren ausgehend von den diversen Aktionen der APO revolutionäre von nicht-revolutionären Demonstrationen abzugrenzen. Der revolutionäre und damit rechtsstaatswidrige Charakter einer mit irgendeiner Form von auch nur psychischer Gewaltanwendung einhergehenden Demonstrationsaktion lasse sich aber gar nicht allein am äußeren Erscheinungsbild, ohne Zuhilfenahme der subjektiven Motivationen und Vorsatzelemente feststellen. Der Übergang von einer noch legalen Demonstration in eine rein revolutionäre Aktion könne, objektiv und subjektiv, fließend sein. Er vollziehe sich zunächst im Bewusstsein der Akteure; dem äußeren Geschehensablauf, der zunächst allein polizeilich fassbar sei, komme allenfalls indizielle Bedeutung zu. Weiter führte er aus:

„Nach der soeben beschriebenen Kategorie der 'Demonstration mit revolutionärer Innentendenz' finden wir die verschiedenen Spielarten all jener Demonstrationen, deren politische Zielsetzungen den Rahmen der verfassungsmäßigen Grundordnung von vorneherein nicht überschreiten. Man darf annehmen, daß in der Bundesrepublik die weitaus meisten Demonstrationen noch zu dieser zweiten Gruppe gehören. Kommt es in ihrem Verlauf zu strafbaren Handlungen, etwa Tätlichkeiten mit Anhängern gegnerischer Gruppen, so sind diese, vom Demonstrationsprogramm her beurteilt, als Pannen anzusehen."[409]

---

[406] Vogel, a.a.O., S. 11.

[407] Dietel/Gintzel, Kommentar zum Versammlungsgesetz, 1. Auflage 1968, S. 17.

[408] Hannover, Demonstrationsfreiheit als demokratisches Grundrecht, KJ 1968, S. 51 ff., 56.

[409] Denninger, Demonstrationsfreiheit und Polizeigewalt, ZRP 1968, S. 42 ff., 43.

Entsprechend seiner eher zurückhaltenden Wertung von Demonstrationen war für *Guradze* vor allem entgegen der Ansicht von *Denninger* auch schneller die Grenze zur Unfriedlichkeit einer Versammlung erreicht. Eine Versammlung, die den Zweck hatte, den Verkehr auf längere Zeit lahm zu legen, sei nicht friedlich, denn sie verletze die Handlungsfreiheit anderer (Art. 2 Abs. 1 GG). Wenn im Verlauf einer Anfangs friedlichen Versammlung strafbare Handlungen vorkämen, so werde sie unfriedlich und könne aufgelöst werden. Auf Grund äußerer Umstände könne eine Versammlung den Grundrechtsschutz verlieren, auch wenn die Unfriedlichkeit als „Panne" auftrete.[410]

In die gleiche Richtung wie *Hannover* argumentierte auch *K. Tiedemann* aus Gießen in seinen „Bemerkungen zur Rechtsprechung in den sog. Demonstrationsprozessen", wonach zentrale Schaltstation zwischen der oberen Ebene des Grundrechts und der unteren des Strafrechts vor allem der in Art. 8 GG erwähnte Begriff der Friedlichkeit sei. Eine Versammlung sollte nicht schon dann unfriedlich sein, wenn einzelne Teilnehmer Ausschreitungen begehen würden und aus der Systematik des Art. 8 GG folge, dass neben den Zielen vorwiegend auf die angewandten oder mitgeführten Gegenstände abzustellen sei, so dass auch hier die Friedlichkeit des Mittels maßgebend werde.

> „Dieser strafrechtsexterne Begriff wird durch die Legaldefinition des Versammlungsgesetzes [...] mit dem Terminus des 'gewalttätigen und aufrührerischen Verlaufs' der Versammlung nur scheinbar in Abhängigkeit zum Strafgesetzbuch gebracht. Die wörtlich genommene Verweisung ist nur insofern zutreffend, als entgegen dem BGH und einigen Oberlandesgerichten Akte passiver Gewalt im Verständnis des Art. 8 GG ebenfalls nicht ohne weiteres unter die Gewalttätigkeitsformel fallen. Aber auch bei (sonstigen) Fällen begrifflicher Gewalttätigkeit ist vom Verfassungsrecht her Zurückhaltung am Platze. Das Werfen oder Mitführen von faulen Früchten und Farbbeuteln, Eiern und Pudding, wie sie [...] als 'Waffen' angesehen werden, begründet keine Unfriedlichkeit der Versammlung. Wer mit solchen 'Waffen' angegriffen wird, soll gerade nicht körperlich verletzt, sondern der Lächerlichkeit preisgegeben und allenfalls in seiner Ehre berührt werden."[411]

5.1.4 *Zusammenfassung*

Der „Dornröschenschlaf", den das Grundrecht der Versammlungsfreiheit in der Bundesrepublik gefristet hatte, war nun beendet. Anlässlich der Demonstrationsereignisse kam eine lebhafte Debatte auf, so dass sich das Bild der über das Demonstrationsrecht zur Verfügung stehenden Literatur schon quantitativ änderte. In zahlreichen Literaturbei-

---

[410] Guradze, Demonstrationsfreiheit und Polizeigewalt, ZRP 1969, S. 6 f., 6.

[411] Tiedemann, Bemerkungen zur Rechtsprechung in den sogenannten Demonstrationsprozessen, JZ 1969, S. 717 ff., 722. Ähnlich auch Hoffmann, Inhalt und Grenzen der Demonstrationsfreiheit, JuS 1967, S. 393 ff., 397.

trägen konnte man sich zunächst einmal grundsätzlich über die verfassungsrechtliche und -politische Einordnung und Funktion des Demonstrationsrechtes informieren. Die Debatte führten andere Autoren als in den 50er und frühen 60er Jahren. Dabei hatte die Mehrheit der Autoren ihre juristische Laufbahn in der Bundesrepublik begonnen und einige hatten Ende der 60er Jahre ihre wissenschaftlichen Grade erworben. Lediglich zwei der hier betrachteten Diskutanten hatten ihre juristische Sozialisation noch in der Weimarer Republik erfahren.

Im Unterschied zur bisherigen Debatte fand in zahlreichen Beiträgen eine intensive Auseinandersetzung darüber statt, wie ein demokratischer politischer Willensbildungsprozeß stattzufinden habe. Dabei änderte sich bei den vorgestellten Autoren mehrheitlich die Rechtsauffassung von einem lediglich formalen Demokratieverständnis hin zu einer tatsächlich gelebten Demokratie.

Zur Begründung dieser geänderten Rechtsauffassung bezogen sich die Autoren nur noch auf die Wertentscheidungen des Grundgesetzes und Rechtsprechung des BVerfG. Historische Argumente benutzten sie vornehmlich, um in Abgrenzung zu den vergangen politischen und gesellschaftlichen Verhältnissen die geänderte Auffassung über die Versammlungsfreiheit herzuleiten. Anders als in der politischen Debatte, in der das Argument der bürgerkriegsähnlichen und damit Weimarer Verhältnisse häufiger bemüht wurde, verwandte es in der juristischen Debatte in dieser Form nur der noch in Weimar ausgebildete *Guradze*.

Die geänderten Rechtsauffassungen und damit einhergehend ein demonstrationsnahes Verständnis für (Groß)Demonstrationen führten in der Mehrheit zu einer Änderung der versammlungsrechtlichen Begrifflichkeiten. Um nicht entsprechend der aus der frühen Bundesrepublik tradierten Auslegung möglichen Grundrechtsschutz zu nehmen, kamen die Autoren von den engen Begriffsvoraussetzungen ab und trugen mit der offeneren Auslegung den als neu eingeschätzten aktuellen politischen Verhaltensweisen Rechnung. Den Schutzbereich der Versammlungsfreiheit legte die Mehrheit der Autoren damit in dem Umfang fest, wie ihn das BVerfG in seiner späteren Rechtsprechung auch übernahm.

Hält man sich nun noch die Chronologie der Ereignisse vor Augen, so bleibt zu bemerken, dass die hier vorgestellten Beiträge zur größeren Zahl nach den Ereignissen Ostern 1968 erschienen, also zu einem Zeitpunkt, als die Vehemenz des gesellschaftlichen Konfliktes einen Höhepunkt erreicht hatte. Bei dem Großteil der hier betrachteten Autoren finden sich allerdings nicht die konservativen gesellschaftlichen Tendenzen wieder, sondern Grundeinstellungen, die in aller Unvoreingenommenheit für gesellschafts-politische Demokratisierungsprozesse und damit für das Demonstrationsrecht plädierten.

Zusammenfassend kann für die rechtliche Grundsatzdiskussion über das Demonstrationsrecht festgehalten werden, dass sich wie in Teilen der gesellschaftspolitischen Debatte auch bei den Juristen Wert- und Rechtsauffassungen geändert hatten. Dies führte zu einer geänderten Rechtsanwendung, die einem sozialen Wandel in Richtung einer Demokratisierung der Gesellschaft Rechnung trug.

5.2 *Versammlungsfreiheit und Verwaltungsrecht*

Es ist gezeigt worden, dass bis zu den 68er Ereignissen keine umfangreiche Literatur oder Rechtsprechung zum Versammlungsgesetz zur Verfügung stand. Ein Zeitgenosse konstatierte, dass das Versammlungsrecht „über eine gewisse Betulichkeit" nicht hinausgekommen war.[412] Vor allem hatten sich keine rechtlichen Neuerungen seit Inkrafttreten des Grundgesetzes bei der Handhabung der Normen ergeben. Fraglich ist nun, ob die Verwaltungslehre und -rechtsprechung bei diesem vorhandenen Rechtsstand blieb oder ob sie die Schranken der Versammlungsfreiheit, insbesondere §§ 14, 15 VersG nun anders handhabte.

5.2.1 *Schrifttum zur Zeit der Demonstrationsprozesse*

Im Rahmen der Debatte um das VersG thematisierten die Autoren zur Zeit der Demonstrationsprozesse das versammlungsrechtliche Gesetzeswerk ganz grundsätzlich, die Problematik der Spontanversammlung, die Schutzgüter der öffentlichen Sicherheit und Ordnung und die Ausgestaltung des Verhältnismäßigkeitsgrundsatzes.

Der erste verwaltungsrechtliche Beitrag im Rahmen der Demonstrationsprozesse blieb im Wesentlichen der überkommenen Auslegungen verhaftet, ging in seinen Betrachtungen bezüglich des Anmeldeerfordernisses und der Rechtsgüterabwägung aber darüber hinaus. Denn die Auslegung dieser Begrifflichkeiten erfolgte unter Beachtung von Art. 8 GG.

So konnte nach W. *Hoffmann*, Referendar aus Hamburg, entgegen der alten Auffassung die Anmeldungspflicht mit Rücksicht auf Art. 8 GG nicht auf solche Versammlungen ausgedehnt werden, bei denen der Versammlungszweck durch eine Pflicht zur vorzeitigen Anmeldung vereitelt werden würde.[413] Andernfalls würde eine bestimmte Gattung von Versammlungen – nämlich die der notwendig in der augenblicklichen Situation verwurzelten Versammlungen – vollständig aus dem Bereich des Rechtmäßigen verbannt werden. Damit wäre der Wesensge-

---

[412] Gröttrup, Demonstrationsverbote und vorläufiger Rechtsschutz, DVBl. 1969, S. 579 ff. 579.

[413] Inhalt und Grenzen der Demonstrationsfreiheit, JuS 1967, S. 393 ff.

halt der Versammlungsfreiheit angetastet. Spontane und kurzfristig anberaumte Versammlungen seien in verfassungskonformer Auslegung des § 14 VersG zulässig. Dies gelte soweit objektive Umstände der Einhaltung der Anmeldefrist entgegenstünden und die Versammlung ihren Sinn und Zweck bei Beachtung der Anmeldevorschrift nicht erfüllen könne.[414] In diesem Sinne führte er weiter aus:

> „Der Gesetzgeber und die Verwaltung müssen stets die große Bedeutung der Versammlungsfreiheit in einer aktiven Demokratie beachten. Besonders schwer wiegt der Wert von Versammlungen, deren Zweck im Bereich des Politischen liegt. Bei ihnen ist der Ermessenspielraum für Verbote und Auflagen sehr eng. Diese Erkenntnis scheint sich noch nicht überall durchgesetzt zu haben. Das zeigen gelegentliche Beobachtungen, die den Verdacht erwecken, daß Demonstrationen von Anhängern politischer Minderheiten obrigkeitlich behindert werden."[415]

Die Einwirkung des Art. 8 GG auf den Schutzbereich des anderen Rechtsguts müsse beachtet werden, wo die Versammlungsfreiheit zugunsten anderer Rechtsgüter beschränkt werden könne. So dürfe eine öffentliche Demonstration wegen der möglichen Beeinträchtigung des Verkehrs nicht völlig verboten oder auf stille Seitenwege und –plätze abgedrängt werden, auf denen der Demonstrationszweck wegen fehlender Zuschauer nur unzulänglich erreicht werden könne. Hier seien lediglich minder beeinträchtigende Auflagen zulässig.[416]

Seinem weitgehenden Grundverständnis gegenüber Versammlungen[417] vertrat *Ott* entsprechend auf der einfachrechtlichen Ebene eine liberale Handhabung des VersG. Er zählte mit zu den Autoren, die eine grundsätzlich kritische Haltung gegenüber dem VersG einnahmen. Darüber hinaus machte er sich vertiefte Gedanken über den Abwägungsprozess im Rahmen von § 15 VersG und zur Frage der Spontandemonstration.

Für *Ott* waren Versammlungsgesetze im Allgemeinen, ähnlich wie die Wahlgesetze, Instrumente, die sich zum Schutze bestehender gesellschaftlicher oder politischer Konstellationen eigneten. Die Versammlungsgesetze hätten zumeist die Tendenz, politische Demonstrationen einer möglichst weitgehenden staatlichen Kontrolle zu unterwerfen. Zumindest für die bisherigen deutschen Versammlungsgesetze waren

---

[414] Hoffmann, a.a.O., S. 398.

[415] Ebenda, S. 398, Hoffmann verwies hier auf Behinderungen seitens der Exekutive bei Ostermärschen der Atomwaffengegner in Bayern.

[416] Hoffmann, a.a.O., S. 398.

[417] Vgl. dazu oben Kapitel 5.1.1.

diese Tendenzen für *Ott* nachweisbar, das geltende Gesetz biete ein Beispiel dafür.[418]

So hatte es nach seiner Auffassung der Gesetzgeber unterlassen, für den Ablauf von Versammlungen eine neue demokratische Verfassung festzulegen, er hätte lediglich die durch Übung und Sitte bereits festgelegten Spielregeln des Versammlungsablaufs normiert. In diesem Zusammenhang kritisierte er die Wiedereinführung des Amtes des Versammlungsleiters und seine Ausgestaltung mit einer gesetzlich geschützten starken Ordnungs- und Strafgewalt. Vom ordnungspolizeilichen Standpunkt hätte dies sicher Vorteile, würde allerdings nur schlecht zum Bild einer freiheitlichen demokratischen Versammlung passen. Nicht das Führerprinzip des Versammlungsgesetzes sei erstrebenswert, vielmehr das Leitbild des Versammlungsleiters als primus inter pares sei wünschenswert, der der Versammlungsleiter in der Regel ja sein wolle und nach demokratischen Reglement auch sein sollte. Nach dem Konzept des VersG stünden also deutlich obrigkeitsstaatliche Gesichtspunkte im Vordergrund.[419]

Weiter bemängelte *Ott*, dass gerade die politischen Versammlungen unter freiem Himmel besonderen Beschränkungen unterworfen waren, denn nach § 17 VersG waren alle anderen Versammlungen, wie zum Beispiel Bittgänge oder Züge von Hochzeitsgesellschaften, von der Anmeldepflicht und der Ermächtigung für Auflagen und Verbote ausgeschlossen. Eine derartige Differenzierung zuungunsten der politischen Versammlung widerspreche der verfassungsrechtlichen und politischen Bedeutung des Grundrechts.[420] Zwar hielt *Ott* die Beschränkungsmöglichkeiten des VersG für Versammlungen unter freiem Himmel nicht grundsätzlich für unzulässig, allerdings waren für ihn die den unteren Verwaltungsbehörden eingeräumten Eingriffsermächtigungen sehr weitgehend. Ihm schienen für die Behörden daher folgende gründliche Erwägungen erforderlich:

Die Feststellung, ob eine unmittelbare Gefährdung für die öffentliche Sicherheit und Ordnung vorliege, sei keine Ermessenentscheidung, sondern müsse jeweils am konkreten Einzelfall geprüft werden, was nach dem normalen Ablauf nach der angekündigten Veranstaltung konkret zu erwarten sei. Entgegen der Auffassung von *Füßlein*[421] müsse dabei

---

[418] Das Recht auf freie Demonstration, 1967, S. 20. Vgl. zu seinen grundsätzlichen Ausführungen zur Versammlungsfreiheit oben Kapitel 5.1.1.

[419] Ott, a.a.O., S. 23. In diesem Sinne äußerte sich Ott nochmals in seinem Aufsatz Demonstrationsrecht und Meinungsfreiheit, DRiZ 1969, S. 66 ff., 67.

[420] Ott, a.a.O., S. 23 f. und in DRiZ 1969, S. 67.

[421] Vgl. zu dessen Auffassung oben Kapitel 3.4.

die Gefährdung gerade von der Versammlung ausgehen. Nur im Falle des polizeilichen Notstandes dürfe ein Verbot der Versammlung oder die Erteilung von Auflagen erwogen werden. Selbst bei einer Gefährdung der öffentlichen Sicherheit oder Ordnung müsse der Eingriff stets am Grundrecht des Art. 8 GG gemessen werden. Ein Verbot einer Versammlung unter freiem Himmel oder die Erteilung einer Auflage, die in den Wesensgehalt des Grundrechts eingreifen würde, wäre eine Ermessenüberschreitung.

Das aus *Otts* grundsätzlichen Erwägungen folgende Verbot, in den Prozess der Willensbildung des Volkes einzugreifen hatte für die Verwaltungsbehörden zur Folge, gerade bei politischen Versammlungen besondere Zurückhaltung zu üben.[422] Die Rücksichtnahme auf den Straßenverkehr, die eine besonders häufig wiederkehrende Begründung für Verbote oder Auflagen sei, konnte nach *Ott* so ohne weiteres nicht bestehen bleiben. Er machte in seinen Ausführungen daher genaue Anweisungen, wie im konkreten Fall abzuwägen sei. Seine Wertungskriterien liefen dabei zu denen der geltenden Verwaltungspraxis konträr.

Nach ihm musste das Interesse an einem ungehinderten Straßenverkehr grundsätzlich gegenüber dem Recht auf Versammlung zurücktreten. Es sei daher grundsätzlich unzulässig, wenn die Verwaltungsbehörden unter dem Hinweis auf verkehrstechnische Gründe eine Demonstration verbieten oder in eine andere Gegend als die von den Veranstaltern vorgesehene abschieben würden. Je nach dem voraussichtlichen Umfang der Kundgebung und nach der Verkehrslage seien die Verwaltungsbehörden verpflichtet, nötigenfalls für entsprechende Verkehrsumleitungen und Straßensperrungen zu sorgen. Da andererseits aber auch ein geordneter Straßenverkehr aufrecht erhalten werden müsse, fände die Ausübung des Grundrechts dort ihre Grenze, wo sie schikanös oder sonst unzumutbar würde.[423] Hier erachtete *Ott* Auflagen als zulässig, die einer Versammlung gewisse Wegbeschränkungen auferlegten.

Unzulässig war es seiner Auffassung nach aber, eine Demonstration, die durch die Innenstadt geplant war, durch abgelegene Gebiete zu führen, weil dadurch der Sinn, gesehen und gehört zu werden, vereitelt werden würde. Auch für die Verlegung des Zeitpunktes galt nach *Ott*, dass diese nur möglich war, wenn der von der Verwaltung festgelegte gleichwertig war. Unzumutbar sollte die Ausübung des Versammlungsrechtes dann werden, wenn eine Veranstaltung, die eine erhebliche Störung der öffentlichen Ordnung mit sich bringe, so oft wiederholt werde, dass die Aufrechterhaltung eines normalen Straßenverkehrs überhaupt

---

[422] Ott, Das Recht auf freie Demonstration, 1967, S. 37 f.

[423] Ott, a.a.O., S. 41 f. und S. 44.

nicht mehr möglich wäre. In einem solchen Falle könnte ein generelles Verbot der Veranstaltung zulässig sein. Allerdings müssten, dem Grundsatz der Verhältnismäßigkeit entsprechend, immer erst Auflagen in Betracht gezogen werden.[424] Grundsätzlich und in jedem Falle unzulässig sei der Versuch, auf den Inhalt der anlässlich der Demonstration beabsichtigen Meinungskundgabe Einfluss zu nehmen.[425]

Das Verbot einer Versammlung gem. § 15 VersG sollte in den seltensten Fällen zulässig sein. Bei einem solchen musste in besonderem Maße der institutionelle Gehalt des Grundrechts der Versammlungsfreiheit als Mittel der Willensbildung des Volkes beachtet werden. Aber schon der polizeiliche Grundsatz der Verhältnismäßigkeit des Eingriffs würde es gebieten, von einem Verbot nur dann Gebrauch zu machen, wenn andere Maßnahmen keinen Erfolg versprechen würden. Aus verkehrstechnischen Gründen könnte ein solches also kaum rechtmäßig sein. Ein Verbot könnte hingegen ausgesprochen werden bei drohender Unfriedlichkeit, wobei die Ausschreitungen Einzelner die Versammlung nicht unfriedlich machen würden, sondern erst die Billigung der Unfriedlichkeit durch alle Teilnehmer.[426]

Ebenfalls stimmte *Ott* bei der Bewertung von Spontanveranstaltungen nicht mit der Auffassung von *Füßlein* überein. Spontanversammlungen waren für ihn Veranstaltungen, die sich ohne Einberufung, ohne Vorbereitung und ohne jegliche Organisation bilden konnten und rechtlich echte Versammlungen im Sinne des VersG waren, wenn sonst die Voraussetzungen des Versammlungsbegriffs vorlagen. Da Spontanversammlungen keinen Veranstalter hätten, fehle nach dem Wortlaut des § 14 VersG ein Anmeldepflichtiger, sie bedürften daher keiner Anmeldung. Keinesfalls konnten solche Spontanversammlungen grundsätzlich als verboten gelten. Sie stünden unter dem Schutz von Art. 8 GG und könnten nur unter den gleichen Voraussetzungen verboten werden wie andere Versammlungen auch. Sie könnten also selbstverständlich unter den Voraussetzungen der §§ 14 und 15 VersG verboten oder durch Auflagen beschwert werden. Dabei sei aber zu beachten, dass die Nichtanmeldung einer Veranstaltung nach § 14 VersG als solche noch kein Verbot der Versammlung zur Folge haben müsse. Rechtswidrig wäre es daher, wenn ein Verbot nur darauf gestützt würde, dass die Spontanveranstaltung nicht angemeldet sei, dies sei nicht die zwingende Folge der Nichtanmeldung und nur nach pflichtgemäßen Ermessen auszusprechen und es sei gerade das Wesen einer Spontanveranstaltung,

---

[424] Ebenda, S. 44 f.

[425] Ott, Das Recht auf freie Demonstration, 1967, S. 47.

[426] Ott, a.a.O., S. 51 f.

dass sie nicht angemeldet werden könne. Die Forderung einer Anmeldung wäre eine unmögliche Forderung.[427]

R. Herzog stellte in seinem Aufsatz aus dem Jahre 1968 zusammenfassend dar, unter welchen Voraussetzungen das Grundrecht der Versammlungsfreiheit eingeschränkt werden könne.[428] Anlass für ihn war, dass die Versammlungsfreiheit und ihre Schranken in der Rechtspraxis der jüngsten Gegenwart eine umstrittene Bedeutung erlangt hätten. So führte er aus, dass bei der Anwendung von § 15 VersG immer der besondere Wert, den das GG aus Gründen der Persönlichkeitsverwirklichung und aus Gründen des demokratischen Prinzips der Versammlungsfreiheit beimesse, berücksichtigt werden müsse, wie dies im „Lüth"-Urteil festgelegt worden sei.

> „Es geht, was in der Praxis der Behörden und Gerichte häufig nicht beachtet wird, nicht an, jede noch so untergeordnete Rechtsvorschrift der Versammlungsfreiheit unter Berufung auf Art. 8 II GG unbesehen vorgehen zu lassen, sondern es muß bei der Auslegung und Anwendung solcher Normen stets der besonderen Bedeutung Rechnung getragen werden, die die Versammlungsfreiheit im Rahmen des Grundgesetzes und hier vor allem im Hinblick auf den demokratischen Meinungs- und Willensbildungsprozeß hat."[429]

Merten gehörte nicht zu denjenigen Diskutanten, der angesichts der gesellschaftlichen Ereignisse in Euphorie über dieses Grundrecht ausbrach. Entsprechend seiner zurückhaltenden Grundeinstellung gegenüber dem Demonstrationsrecht[430] betonte er nun auf einfachrechtlicher Ebene die Schranken des Freiheitsrechtes. Bei der Abwägung der durch die Ausübung der Versammlungsfreiheit betroffenen Rechtsgüter räumte er dem Demonstrationsrecht diesen gegenüber weniger Gewicht als *Ott* ein.[431]

Entgegen der Auffassung von *Ott* erachtete *Merten* den Verbotsvorbehalt des § 15 VersG als verfassungsrechtlich unbedenklich. Zwar könne der Gesetzgeber das Recht zur Freiheitsbeschränkung nicht durch vage Generalklauseln dem Ermessen der Verwaltung überlassen:

> „Die rechtsstaatlich längst – nicht zuletzt dank einer beispielhaften und rühmenswerten Judikatur des Preußischen Oberverwaltungsgerichts - 'gebändigten und entschärften' polizeirechtlichen Begriffe der öffentlichen Sicherheit und Ordnung sind aber keine 'vage Richtschnur', die den unteren

---

[427] Ott, a.a.O., S. 55 ff.

[428] Die Einschränkung der Versammlungsfreiheit durch Gesetzgebung und Verwaltung, BayVBl. 1968, S. 77 ff.

[429] Herzog, a.a.O., S. 78.

[430] Vgl. dazu oben Kapitel 5.1.

[431] Gedanken zur Demonstrationsfreiheit, MDR 1968, S. 621 ff.

Verwaltungsinstanzen 'praktisch die Macht' darüber geben, die Grenzen der Versammlungsfreiheit zu ziehen."[432]

Auch die These von *Ott*, die Demonstrationsfreiheit habe grundsätzlich Vorrang vor dem Straßenverkehr, erachtete *Merten* als unrichtig und undifferenziert. Für ihn lag eine Gefährdung der öffentlichen Ordnung vor, wenn die Leichtigkeit des öffentlichen Straßenverkehrs beeinträchtigt werde, die gerade in einer Zeit totaler Motorisierung unerlässliche Voraussetzung für ein geordnetes menschliches Zusammenleben sei.

Allerdings ließ es *Merten* nicht bei dieser formalen Feststellung bewenden. Die „Lüth"-Entscheidung des BVerfG erachtete er zwar als unrichtig und unpraktikabel, differenzierte aber durch den Grundsatz der Verhältnismäßigkeit die Rechtsgüterabwägung aus. Erfüllt werden sollte dieser Grundsatz, indem vor einem Verbot von Auflagen Gebrauch gemacht werden sollte. Demonstrationen von Tausenden wegen der Behinderung von einigen hundert Verkehrsteilnehmern zu verbieten, wäre unverhältnismäßig. Andersherum geböte der Grundsatz der Verhältnismäßigkeit, dass Demonstrationen einiger hundert Teilnehmer in Verkehrsballungszentren untersagt würden.[433] Ein weiteres Abgrenzungskriterium sollte die Sachbezogenheit zu dem gewählten Ort und/oder dem Zeitpunkt der Veranstaltung sein. Als differenziertes Ergebnis war also festzuhalten, der Straßenverkehr müsse nicht, könne aber im Einzelfall Vorrang vor der Demonstrationsfreiheit haben.[434]

Ebenso wie *Ott* sah auch *H. Vogel* das VersG nicht ganz unkritisch. Seine Einstellung gegenüber dem politischen Willensbildungsprozeß war liberal, den restriktiven gesellschaftlichen Strömungen stand er kritisch gegenüber. In der konkreten Rechtsanwendung setzte er diese Auffassung um, indem er Art. 8 GG Rechnung trug.

Nicht zu übersehen war für ihn daher auch in freiheitlichen und rechtsstaatlichen Demokratien das Bestreben, die politischen Demonstrationen unter freiem Himmel einer möglichst sicheren staatlichen Kontrolle zu unterwerfen. Dies könne umso leichter und scheinbar einleuchtender geschehen, als die allgemeine öffentliche Sicherheit und Ordnung zweifellos durch Versammlungen außerhalb geschlossener Räume mehr beeinträchtigt werde:

> „So hat denn auch der deutsche Gesetzgeber der Versuchung, durch die für Versammlungen unter freiem Himmel auferlegten Beschränkungen im Interesse der öffentlichen Sicherheit und Ordnung zugleich auch deren politische

---

[432] Merten, a.a.O., S. 625.

[433] Merten, Gedanken zur Demonstrationsfreiheit, S. 626.

[434] Ebenda, S. 626.

Wirksamkeit zu mindern, nicht ganz widerstehen können. Er wurde dabei unterstützt von einer Exekutive, die zum Teil bemüht war, die gesetzlichen Bestimmungen noch möglichst extensiv auszulegen."[435]

Zudem sei das politische Klima Anfang der fünfziger Jahre, die damals noch sehr akute Furcht vor der kommunistischen Bedrohung nach Auffassung von *Vogel* einer großzügigen liberalen Fassung des Versammlungsgesetzes nicht günstig. Schon die Sprache weise darauf hin, dass das Regeln, Anordnen, Ausschließen, Verbieten oder Folgeleisten die bevorzugten Vokabeln seien. Der Abschreckungsgedanke hätte bei Schaffung des VersG im Vordergrund gestanden, Zuwiderhandlungen gegen das Gesetz würden als kriminelles Unrecht angesehen, der Gesetzgeber hatte wohl geglaubt, dass die Ordnungsvorschriften sich andernfalls als nicht genügend wirksam erweisen würden.

Nach Ansicht von *Vogel* konnten aber die Vorschriften über Verbot und Auflösung durchaus eine elastische Handhabung zulassen. Möglich war eine Ausrichtung mehr am Grundgedanken des Art. 8 GG und weniger an ordnungspolizeilichen Gesichtspunkten.[436] Zusammenfassend führte er aus, dass es natürlich leicht sei, anhand der jüngsten Ausschreitungen und Unruhen bei Demonstrationen zu

„'beweisen', wie richtig und notwendig diese und andere kritisch beleuchteten Vorschriften des Versammlungsgesetzes sind. Dennoch bleibt es ein nicht nur die Gesetzestechnik betreffendes grundsätzliches Problem, ob man ein Gesetz im Blick auf das zugrunde liegende Freiheitsrecht großzügig liberal und die stets in Rechnung zu stellenden Mißbräuche nur als Ausnahmefälle formuliert oder ob man die möglichen Verstöße zum Ausgangspunkt für generalisierend mißtrauische und einschränkende Regelungen nimmt."[437]

Wie für *Ott* waren die Eingriffsvoraussetzungen nicht ins Ermessen der Behörde gestellt, vielmehr mussten konkrete Einzeltatsachen die unbestimmten Rechtsbegriffe ausfüllen:

„Diese Tatsachen können auch nicht durch Vermutungen ersetzt werden, dergestalt etwa, daß bei vorausgegangenen ähnlichen Versammlungen Störungen vorgekommen seien und darum vermutlicherweise wieder entstehen würden."[438]

Als Störungen der öffentlichen Sicherheit oder Ordnung seien demnach in erster Linie Gewalttätigkeiten, Prügeleien, Schabeschädigungen,

---

[435] Vogel, Demonstrationsfreiheit und ihre Grenzen, Aus Politik und Zeitgeschichte, B 26/28, 1968, S. 13 ff., 13.

[436] Vogel, a.a.O., S. 14.

[437] Vogel, a.a.O., S. 16.

[438] Ebenda, S. 16 f. Vogel stimmte hier dem Beschluss des VerwG Berlin vom 17. Feb. 1968 zu, vgl. dazu unten Kapitel 5.2.2.

Brandstiftung aber auch schon die Aufforderung zu derartigen strafbaren Handlungen in der Öffentlichkeit.[439]

Im Rahmen der Verhältnismäßigkeit räumte *Vogel* wie *Ott* der Versammlungsfreiheit den Vorrang vor dem Straßenverkehr ein und zog die Grenzen für die mögliche Ausübung mit den gleichen Abwägungskriterien.[440] Für die Problematik Spontanversammlungen sollte gelten, gleich ob sie sich nach dem Ende einer regulären Versammlung oder von Anfang an in freier Initiative, ohne vorherige Organisation bildeten, dass naturgemäß eine formgemäße Anmeldung nach § 14 VersG nicht möglich sein konnte. Spontanversammlungen, wie etwa anlässlich des Mauerbaus 1961, stünden genauso unter Grundrechtsschutz und seien folglich erlaubt und zulässig. Sie könnten nur aufgelöst werden, wenn sie unfriedlich seien oder in sonstiger Weise gegen die öffentliche Sicherheit und Ordnung verstoßen würden. Den Erfordernissen des Straßenverkehrs müsste in diesen Fällen mehr Rechnung getragen werden als bei angemeldeten Versammlungen.[441]

Für die Exekutive war für *Vogel* noch festzuhalten, dass vielfach ein Versagen der Polizei und sogar Exzesse der Beamten beim Einschreiten gegen Demonstrationen Anlass für größere Ausschreitungen geworden waren. Hier müsse sehr viel mehr Zurückhaltung geübt werden.[442]

Universitätsdozent *H.-W. Bayer* setzte sich in seinem Probevortrag im Rahmen seines Habilitationsverfahrens mit einem zur damaligen Zeit für die Ausübung der Versammlungsfreiheit durchaus neuen und aktuellen Aspekt auseinander: die Frage von Staatsbesuch und politische Demonstration.

Aufhänger war für ihn, dass der Schah nach seinem Besuch in der Bundesrepublik im Jahre 1967 die Bundesregierung in einer energisch gehaltenen Note hatte wissen lassen, dass er die Bestrafung der für die Demonstration verantwortlichen Personen verlange.[443] Zunächst befasste er sich mit dem Verhältnis von Völkerrecht zu politischen Demonstrationen und kam zu dem Ergebnis, dass der Empfangsstaat eines Staatsbesuchs nach Völkerrecht nicht verpflichtet sei, die Kritik Einzel-

---

[439] Vogel, Demonstrationsfreiheit und ihre Grenzen, Aus Politik und Zeitgeschichte, B 26/28, 1968, S. 13 ff., 17.

[440] Vogel, a.a.O., S. 17 f.

[441] Vogel, a.a.O., S. 20.

[442] Vogel, a.a.O., S. 21.

[443] Staatbesuch und politische Demonstration, DöV 1968, S. 709 ff., 710.

ner an der inneren Ordnung des Entsendestaates seines Gastes zu unterbinden.[444]

Fraglich war für ihn dann, ob ein Staat nicht nach innerstaatlichem Recht berechtigt sei, den Einzelnen zur Unterlassung einer solchen Kritik anzuhalten. Allerdings war seiner Auffassung nach anzunehmen, dass die innere Ordnung fremder Staaten grundsätzlich nicht Bestandteil der öffentlichen Sicherheit oder Ordnung im Sinne des geltenden Polizeirechts sein könne, denn gemeint sei mit dem Schutzgut „Staat" nur die Bundesrepublik und ihre Glieder, nicht also auch fremde Staaten.[445]

Ob die Polizeibehörden im gegebenen Fall überhaupt eingreifen dürften, sei demnach schließlich davon abhängig, ob dies im Hinblick auf den Schutz der guten Beziehungen der Bundesrepublik zu dem Entsendestaat geschehen dürfe:

> „Was den gegenwärtigen Stand der wissenschaftlichen Diskussion anbetrifft, so haben Lehre und Praxis auch der Frage, ob die guten Beziehungen des eigenen Staates zu anderen Staaten ein polizeirechtliches Schutzgut sind, bislang kaum besondere Aufmerksamkeit geschenkt. Das mag zu einem Teil darauf beruhen, daß die Frage als solche überhaupt erst in dem Augenblick praktische Bedeutung gewinnen konnte, in dem die Bürger mit dem Aufkommen der parlamentarischen Demokratie politische Mündigkeit erlangten. Und derselbe Umstand mag außerdem damit zusammenhängen, daß es zumindest auf den ersten Blick bedenklich erscheint, dem Polizeibeamten auf dem flachen Lande die Entscheidung über eine so delikate Frage wie die anzuvertrauen, ob ein bestimmtes Verhalten Einzelner die außenpolitischen Beziehungen der Bundesrepublik zu irgendeinem Staat bedroht."[446]

Im Ergebnis hielt *Bayer* ein Einschreiten der Polizei gegen Personen, deren Verhalten die guten Beziehungen der Bundesrepublik zu einem anderen Staat gefährden würde, gerechtfertigt. Allerdings sei dieser Eingriffsbefugnis die Grenze durch Art. 5 GG und im Konkreten dann durch die Grundsätze des „Lüth"-Urteils gesetzt. Daher kam *Bayer* in dieser Abwägung zu dem Schluss, dass im Zweifel die Meinungsfreiheit mehr gelte als die guten Beziehungen zum Ausland. Selbst auf die Gefahr hin, manches außenpolitische Porzellan zu zerschlagen, könne das GG nur so verstanden werden, dass die Polizeibehörden auf Grund der Generalklausel nur dann einschreiten dürften, wenn die Kritik einzelner an einem fremden Staat die guten Beziehungen der Bundesrepublik in besonders schwerwiegender Weise zu beeinträchtigen drohten. Dies

---

[444] Bayer, a.a.O., S. 713.

[445] Bayer, a.a.O., S. 714.

[446] Bayer, Staatbesuch und politische Demonstration, DöV 1968, S. 709 ff., 715.

könne aber nicht der Fall sein, wenn dem Staatsbesuch das Register seiner angeblichen politischen Sünden vor Augen geführt werde.[447]

Dietel und *Gintzel* gehörten mit zu den Autoren, welche die Versammlungsfreiheit als ein aktives politisches Teilhabe- und Gestaltungsrecht betrachteten. Diese Grundeinschätzung veranlasste sie zu einem freiheitlichen Umgang mit dem VersG und musste Ausgangspunkt für die Anwendung des VersG sein.[448]

Für den Zweck des § 14 VersG folgte daraus, Versammlungen und Aufzüge zu ermöglichen. So solle die Anmeldung sicherstellen, dass der Versammlung der notwendige Schutz zu Teil werden könne, aber auch die Interessen anderer und Gemeinschaftsinteressen gewahrt werden könnten.[449] Dennoch sollten Spontanversammlungen, entgegen der unhaltbaren Auffassung von *Füßlein*, zulässig sein. Entsprechend dem Grundsatz in dubio pro libertate bestand nach Ansicht von *Dietel/Gintzel* eine Vermutung für die Zulässigkeit jeder Versammlung und jeden Aufzugs.[450]

Zu § 15 VersG führten *Dietel/Gintzel* zunächst aus, dass Versammlungen nur im Einzelfall durch Verfügung der zuständigen Behörde verboten werden könnten und nicht wie nach Auffassung von *Füßlein*, generell durch Rechtsverordnung.[451] Die in § 15 Abs. 1 VersG mit „Auflagen" bezeichneten beschränkenden Verfügungen waren laut *Dietel/Gintzel* als Konkretisierung des Grundsatzes der Erforderlichkeit anzusehen. Wenn also Beschränkungen ausreichen würden, um eine unmittelbare Gefährdung der öffentlichen Sicherheit und Ordnung zu verhindern, so sei ein Verbot nicht erforderlich, also unzulässig. Die erforderliche Maßnahme müsse dann aber auch noch verhältnismäßig sein, wozu eine konkrete Abwägung der betroffenen Rechtsgüter und Interessen erfolgen müsse.[452]

Zur Kollision mit dem Rechtsgut der öffentlichen Ordnung führten sie aus, dass die Leichtigkeit des Verkehrs oft als Begründung für ein Verbot oder eine Auflösung herangezogen werde. Gerade diese Begrün-

---

[447] Bayer, a.a.O., S. 718.

[448] Demonstrations- und Versammlungsfreiheit, Kommentar, 1. Auflage 1968, S. 1 ff.; vgl. zu den grundsätzlichen Ausführungen oben Kapitel 5.1.1.

[449] Dietel/Gintzel, a.a.O., S. 86.

[450] Dietel/Gintzel, a.a.O., S. 88 f.

[451] Dietel/Gintzel, Demonstrations- und Versammlungsfreiheit, Kommentar, 1. Auflage 1968, S. 92 f.

[452] Dietel/Gintzel, Demonstrations- und Versammlungsfreiheit, Kommentar, 1. Auflage 1968, S. 100 ff., wo die Autoren detaillierte Wertungsgesichtspunkte vorgaben.

dung erscheine aber fragwürdig, würden doch beispielsweise in der Karnevalszeit ganze Innenstädte für Rosenmontagszüge gesperrt. Dies geschehe im Interesse des Ordnungsgutes Brauchtum. Was aber hier möglich sei, müsse auch im Interesse der ungestörten Ausübung der als Grundrecht garantierten Versammlungs- und Demonstrationsfreiheit möglich sein.[453]

W. Hoch aus Bochum widmete Anfang des Jahres 1969 den Rechtsfragen der Spontanversammlung einen ganzen Aufsatz.[454] Ereignisse der vergangenen Zeit hätten gezeigt, dass ein Bedürfnis für Spontanversammlungen bestehe, wie etwa der Bau der Berliner Mauer, der Mord an Präsident Kennedy 1963 oder das Attentat auf Rudi Dutschke im April 1968. Auch er hielt entgegen der älteren vertretenen Auffassung Spontandemonstrationen für rechtmäßig. Das Verbot von Spontanversammlungen

> „läßt sich nur durch eine streng innerhalb der Systematik des VersammlG bewegende Argumentation gewinnen, die aber bedenklich ist, weil aus ihr der Grundsatz „in dubio contra libertatem" spricht."[455]

Die Bewertungsgrundlage konnte nach seiner Ansicht nur Art. 8 GG sein, dessen Wortlaut jede Versammlung schütze, die friedlich und ohne Waffen zusammentrete, also auch eine nicht organisierte Spontanversammlung. Zu den Grenzen einer solchen Spontandemonstration führte er aus:

> „Dazu ist zu sagen, daß eine spontan gebildete Versammlung unter freiem Himmel, besonders wenn sie als Aufzug in Erscheinung tritt, in aller Regel zumindest eine Beeinträchtigung der öffentlichen Ordnung (etwa Störung der Leichtigkeit des Verkehrs) mit sich bringen wird. Andererseits kann nicht schlechthin jede Beeinträchtigung der öffentlichen Ordnung als gegenüber dem Grundrecht der Versammlungsfreiheit, dessen bedeutsame Aufgabe im Hinblick auf den demokratischen Meinungs- und Willensbildungsprozeß nicht zu unterschätzen ist, vorrangiges Interesse der Allgemeinheit angesehen werden."[456]

Eingriffe sollten nur unter strikter Beachtung des Verhältnismäßigkeitsgrundsatzes möglich sein. Im Rahmen der Interessen- bzw. Güterabwägung konnten als höherwertig bei der „Ausübung dieses schwerwiegenden Grundrechts" regelmäßig nur solche Interessen sein, die durch geltendes positives Recht, vor allem durch das Strafrecht, geschützte seien. Vorrangig im Sinne dieser Wertung waren also insbe-

---

453 Dietel/Gintzel, a.a.O., S. 105.

454 Rechtsfragen zu Spontanversammlungen, JZ 1969, S. 18 ff.

455 Hoch, a.a.O., S. 19.

456 Hoch, a.a.O., S. 20.

sondere der Bestand des Staates, das Leben, die Gesundheit, die Freiheit oder das Vermögen des einzelnen.

> „Nicht höherwertig werden dagegen in der Regel die Interessen sein, die als (bloße) Voraussetzung für ein gedeihliches Zusammenleben angesehen werden und deren kurzzeitige Störung durch die Spontanversammlung keine intensive und nachhaltige Schädigung mit sich bringt."[457]

Aus dieser Abwägung ergab sich, dass z.B. eine Spontandemonstration, die auf einer verkehrsreichen Straße die unmittelbare Gefahr von Unfällen verursache, aufgelöst werden könne. Hingegen könnten die Verursachung außergewöhnlichen Lärms oder die ausschließliche Störung der Leichtigkeit des Verkehrs keine Auflösung rechtfertigen.[458]

Für *W. Zeidler* ergaben sich aus seinen grundsätzlich freiheitlich geprägten Erwägungen über Bedeutung und verfassungsrechtlichen Stellenwert der Versammlungsfreiheit[459] zwingende Wertmaßstäbe für das Verständnis der §§ 14, 15 VersG:

> „Zunächst ist festzuhalten, daß eine Auffassung, die schon in einer Demonstration als solcher schlechthin und grundsätzlich ein Element der Ordnungsstörung sähe, nicht der Wertentscheidung des Grundgesetzes entspräche. Zwar ist dies die Auffassung eines großen Teils der deutschen Bevölkerung, wie Meinungsumfragen und gelegentlich das tatsächliche Verhalten des Mannes auf der Straße erkennen lassen, aber hier handelt es sich um Folgen des in Deutschland bestehenden Nachholbedarfs an Erziehung zu demokratischer Einstellung. Man kann sich leider nicht damit trösten, daß die Vertreter der Staatsgewalt mit Sicherheit demokratisch bewußter seien. Manche auf diesem Gebiet ergangene Polizeiverfügung läßt deutlich die Vorstellung der Obrigkeit erkennen, bei Demonstrationen handele es sich allenfalls um ausnahmsweise hinzunehmende Störungen des Wohlverhaltens in der Öffentlichkeit, deren Duldung an enge Voraussetzungen zu knüpfen sei. [...] Bei der Rechtsanwendung im Einzelfall wird jedenfalls gründlich zu prüfen sein, ob man mit den Mitteln verfassungskonformer Auslegung helfen kann oder ob sich die Frage nach der Verfassungsmäßigkeit der anzuwendenden Rechtsnorm selbst unausweichlich stellt."[460]

Für *Zeidler* gehörte zur verfassungsrechtlich richtig verstandenen öffentlichen Ordnung gerade auch die Möglichkeit, unbehindert demonstrieren zu dürfen.

Bei der Güterabwägung Versammlungsfreiheit kontra Straßenverkehr reihte er sich in die Argumentationsführung ein, nach der dem Straßen-

---

[457] Ebenda, S. 20.

[458] Hoch, Rechtsfragen zu Spontanversammlungen, JZ 1969, S. 18 ff., 21.

[459] Außerparlamentarische Bewegungen, Demonstrationsrecht und Widerstand, Aus Politik und Zeitgeschichte, B 10 vom 8.3.1969, S. 3 ff., vgl. dazu oben Kapitel 5.1.1.

[460] Zeidler, a.a.O. S. 6 f.

verkehr keineswegs ein grundsätzlicher Vorrang vor dem Demonstrationsrecht einzuräumen sei. Auch wenn die Obrigkeit und die Bevölkerung hieran noch nicht gewöhnt seien, gelte, dass der Gemeingebrauch an den öffentlichen Verkehrsflächen das Recht zum Straßenverkehr und zur Demonstration in gleicher Weise umfasse. Die Belange beider Zwecke hätte die Behörde gegeneinander abzuwägen und abzugrenzen, wobei im Rahmen der Ermessenausübung die grundgesetzlichen Wertmaßstäbe im Fordergrund zu stehen hätten. Leitgedanke könne hier immer das „Lüth"-Urteil des BVerfG sein.[461]

Seine Schranke fände das Versammlungsrecht am gleichen Recht des anderen. Danach gehöre zu der zu wahrenden öffentlichen Ordnung auch das Recht der Nichtdemonstrierenden, von den Demonstranten unbehelligt gelassen zu werden. Die Unbeteiligten brauchten es sich nicht gefallen zu lassen, Objekt gezielter Einwirkung seitens anderer zu werden. Allerdings dürfe dieser Gesichtspunkt nicht dahin missverstanden werden, dass die Konfrontation mit der Meinung Andersdenkender als Störung in diesem Sinne zu verstehen sei. Als materielles Abgrenzungskriterium sollte man sich immer auf den Zweck und das Wesen der Demonstration als Element des Meinungskampfes besinnen. Zu einem Missbrauch des Instruments der Demonstration käme es demnach dann, wenn nicht die Verbreitung und Propagierung der eigenen Meinung mit dem Ziel der geistigen Wirkung auf andere das Ziel sei, sondern der Versuch, mit dem Mittel der Demonstration das zu verhindern, was andere ihrerseits rechtmäßig tun wollten. Wer also eine Demonstration zur Lahmlegung der öffentlichen Verkehrsmittel veranstalte oder daran teilnähme, handele mit einer Zielrichtung, die vom verfassungsmäßigen Demonstrationsrecht nicht mehr gedeckt sein könne. Die Demonstration sei lediglich das Instrument der Selbstdarstellung, nicht aber der Ausübung gesellschaftlichen Zwangs.[462]

J. Frowein plädierte für einen weiten Handlungsspielraum der Versammlungsfreiheit, gehöre sich doch zu den vornehmsten Grundrechten im Staat.[463] Für ihn schien es zunächst von Bedeutung zu erläutern, wie im Rahmen des § 15 VersG „nach den Umständen" zu verstehen sei. Denn er sah die Gefahr, dass es als gleichgültig angesehen werden könnte, von wem die Gefahr konkret ausgehe, wenn sie nur im Zusammenhang mit der Versammlung bestehe.

---

[461] Zeidler, a.a.O., S. 7.

[462] Zeidler, a.a.O., S. 8 f.

[463] Vgl. dazu oben Kapitel 5.1.1, Versammlungsfreiheit und Versammlungsrecht, NJW 1969, S. 1081 ff.

„Wenn sich Passanten über einen Demonstrationszug mit roter Fahne erregten und die Versammlung und die Versammlungsteilnehmer bedrohten, könnte sofort gegen die Versammlung selbst eingeschritten werden. [...] Trotz der bedauerlich unklaren Gesetzesfassung muß aus der Grundrechtsqualität des Versammlungsrechts im Zusammenhang mit § 15 geschlossen werden, daß ein Einschreiten gegen die Versammlung grundsätzlich nur dann möglich ist, wenn die Störung von ihr ausgeht und damit das Grundrecht der Versammlungsfreiheit mißbraucht wird."[464]

Nur dann, wenn andere Möglichkeiten zum Schutz der öffentlichen Sicherheit und Ordnung nicht möglich seien, könne im Wege des polizeilichen Notstandes auch gegen die nicht störende Versammlung vorgegangen werden. Bei der Bewertung, wer Störer sein könne, müsse wiederum der Grundrechtsqualität des Versammlungsrechts und der Meinungsfreiheit wesentliche Bedeutung zukommen:

„Die Zurschaustellung von der Mehrheit abweichender politischer Auffassungen kann grundsätzlich nicht die Versammlung zum Störer machen. Die Bestimmung des Begriffs der öffentlichen Ordnung im traditionellen Polizeirecht muß sich hier an der verfassungsrechtlichen Ausgestaltung der freiheitlichen Demokratie orientieren."[465]

Für den Straßenverkehr folge aus Art. 8 GG ein besonderes Benutzungsrecht auf allen Straßen, die kraft ihrer Widmung auch von Fußgängern betreten werden könnten. Eine Bevorzugung des Straßenverkehrs derart, dass Versammlungen und Demonstrationen auf stark befahrenen Straßen oder Plätzen überhaupt unmöglich seien, entspreche nicht der Bedeutung von Art. 8 GG. Allerdings war der Spielraum, den er hier zugestand nicht so weitgehend wie von *Ott* oder *Dietel/Gintzel*. Die Stilllegung des Verkehrs sollte seiner Auffassung nach immer nur kurzfristig und ohne die Konsequenz ernsthafter Behinderung rechtmäßig sein:

„Freilich heißt das nicht, daß die Polizei bei außer Kontrolle geratenen Versammlungen nunmehr jedes Mittel einzusetzen hat, um Straßen und Plätze für den Verkehr frei zu machen. Vielmehr ergibt sich hier die Notwendigkeit einer richtigen Ermessensabwägung. Das führt indessen nicht dazu, daß auf Seiten der Demonstranten in solchen Fällen rechtmäßiges Verhalten anzunehmen wäre."[466]

Zur Abwägungsproblematik von Versammlungsfreiheit und Straßenverkehr führte *Dietel* in einem späteren Aufsatz noch einmal weitergehend aus, dass zunächst festzustellen sei, ob die Beeinträchtigung des

---

[464] Frowein, Versammlungsfreiheit und Versammlungsrecht, NJW S. 1081 ff., 1084.

[465] Ebenda, S. 1084.

[466] Ebenda, S. 1084.

Straßenverkehrs Zweck oder Folge der Demonstration sei.[467] Sei die Blockierung der Straßen erklärter oder evidenter Zweck einer Sitzdemonstration, bestünde eine Vermutung gegen die Zulässigkeit der Demonstration. Das Versammlungsgesetz erlaube die mit seiner Ausübung zwangsläufig verbundenen Beeinträchtigungen, wie Gewerbeausübungs- und Verkehrsbehinderungen sowie Ruhestörungen. Dabei sollte nach Ansicht von *Dietel* der Straßenverkehr sogar soweit zurücktreten, dass in Ausnahmefällen auch nicht zwangsläufige, beabsichtigte Verkehrsbeeinträchtigungen, wenn nicht gerade die Beeinträchtigung der ausschließliche oder überwiegende Zweck sei, zulässig waren.

Dies sollte immer dann der Fall sein, wenn die Beeinträchtigungen auch provozierendes Mittel waren, um bei einem größeren Personenkreis Aufmerksamkeit für die kollektive Aussage in einer öffentlichen Angelegenheit zu gewinnen. Allerdings galt als Grenze die Erzwingung der Aufmerksamkeit. Drohten bei einer Demonstration also zwangsläufig geringe Verkehrsbeeinträchtigungen oder Ruhestörungen hielt *Dietel* das Entschließungsermessen der Behörde, so wie *Vogel,* faktisch so reduziert, das gar nicht eingegriffen werden dürfe.[468]

Die Ausübung des Auswahlermessens musste sich an dem Grundsatz der Erforderlichkeit orientieren, d.h. bei möglichster Schonung des Versammlungsrechtes sollte die Beschränkung ausgewählt werden, die gerade noch ausreiche, den Schutz der öffentlichen Sicherheit und Ordnung zu gewährleisten. Für eine Demonstration in der Innenstadt während der Hauptverkehrszeit würde demnach ein Verbot nicht in Betracht kommen, vielmehr eine zeitliche oder örtliche Verlegung bzw. eine Führung der Demonstration durch verkehrslenkende Maßnahmen. Wenn allerdings durch die zeitliche oder örtliche Verlegung weniger Aufmerksamkeit für die Demonstration Folge wäre, kämen nur die verkehrslenkenden Maßnahmen in Betracht.[469]

Rechtsanwalt *A. Werbke* zog aus dem Verhältnismäßigkeitsgrundsatz Konsequenzen schon für die Vorbereitung der Versammlung. Denn durch eine weitgehende Kooperation schon im Vorfeld von Demonstrationen könnte die Lage wesentlich entspannt werden. *Werbke* hatte an der Verfassungsmäßigkeit der Anmeldepflicht gemäß § 14 VersG keine Bedenken.

---

[467] Ermessenschranken bei Eingriffen in das Versammlungs- und Demonstrationsrecht, DVBl. 1969, S. 569 ff., 576.

[468] Dietel, a.a.O., S. 577.

[469] Dietel, a.a.O., S. 578.

Wichtig war für ihn vor allem der rechtspolitische Sinn dieser Regelung.[470] Denn die Anmeldepflicht sollte ihre obrigkeitsstaatliche Alarmfunktion verlieren und zu einem Mittel der gegenseitigen Information der Beteiligten werden: der Veranstalter solle die zuständigen Behörden rechtzeitig informieren, damit im Rahmen einer Mit- und Zusammenarbeit aller Beteiligten ein rationaler und diskutierbarer Vorbereitungsprozess stattfinden könne. Durch ein solches Verfahren könne auch die Einstellung der Behörden gegenüber bestimmten Versammlungen positiv beeinflusst werden. Die präventive Kontrolle von Versammlungen im Rahmen der Anmeldepflicht sollte also nicht mehr in der Tradition des Subordinationsrechtes stattfinden.[471] Der Grund für die Notwendigkeit der Anmeldepflicht liege maßgeblich in der Unzulänglichkeit des Staatsapparates,

> „der diese Ordnungsvorsorge, die ihm zum Schutze der Grundrechtsträger aufgegeben ist, nur unter Heranziehung der Bürger bewältigen kann. Jene Heranziehung in der Form der Anmeldepflicht hat die Mobilisierung staatlicher Ordnungskräfte und damit private Teilhabe an der 'Ordnungsgewalt' zum Ziel; ihr entspricht jedoch nicht ein Verfahren, das den einzelnen zum bloßen Selbstanzeigen anhält."[472]

Einen weiteren Aspekt brachte *Denninger* in Debatte ein mit seiner Kritik an dem Gegenstandsbereich polizeilichen Schutzes: die öffentliche Ordnung und Sicherheit.

Vor allem der Begriff der öffentlichen Ordnung schien *Denninger* für die an einer freiheitlichen und demokratischen Verfassung orientierten Polizeipraxis für unbrauchbar. Da in einer Demokratie ein einheitlicher, als solcher schützenswerter, fixierter Ordnungsbegriff nicht existiere, sei es weder Aufgabe der Polizei, noch des Strafrechts, unter dem Zeichen einer abstrakt begriffenen „öffentlichen Ordnung" die politischen, sittlichen, religiösen oder sonstigen Anschauungen einer lokalen oder gesamtstaatlichen Mehrheit um ihres *Inhaltes* willen gegen abweichende Minderheitsauffassungen zu schützen. Zumal auf Grund des inneren Widerspruchs dieses Begriffs der Inhalt der öffentlichen Ordnung unveränderbar würde.[473]

Anzahl und Inhalt der als öffentliche Ordnung geschützten Ordnungsgüter bestimmten sich nach dem, was "die gute Meinung des Volkes" billigt oder missbilligt. Aber indem man in den Fällen umstrittener Be-

---

[470] Werbke, Das Dilemma der Anmeldepflicht im Versammlungsgesetz, NJW 1970, S. 1 ff., S. 7.

[471] Werbke, a.a.O., S. 7 f.

[472] Werbke, a.a.O., S. 8.

[473] Denninger, Polizei und demokratische Politik, JZ 1970, S. 145 ff., 148. Vgl. zu dessen grundsätzlichen Ausführungen oben Kapitel 5.1.1.

wertungen jeweils die Auffassung der Mehrheit zur Richtschnur polizeilicher Maßnahmen und schließlich auch strafrechtlicher Sanktionen nehme, offenbarten sich merkwürdige Vorstellungen über die realen Bedingungen sozialen Wandels. Wie sollte sich denn der Inhalt der öffentlichen Ordnung ändern können, wenn man mit polizeilicher Prävention und Repression des ordnungswidrigen Minderheitenverhaltens wirklich ernst machte?[474]

In Reaktion auf die von *Denninger* geübte Kritik an der öffentlichen Sicherheit und Ordnung setzte sich im Jahre 1971 *H. Klein*, Professor aus Göttingen, mit der Frage auseinander, wann die tatbestandsmäßigen Voraussetzungen polizeilichen Einschreitens zum Schutz der öffentlichen Sicherheit und Ordnung gegeben seien.[475] Der von *Denninger* festgelegte „status constituens" war seiner Auffassung nach eine verfassungsrechtliche Fehlkonstruktion. Die möglichen Arten der Grundrechtsausübung seien, vom Standpunkt des Rechts betrachtet, gleichwertig. Um der Gleichheit aller vor dem Gesetz willen gehe es nicht an, eine bestimmte Art des Freiheitsgebrauches mit einem rechtlich relevanten besonderen Wertakzent zu versehen.[476]

Im Sinne der verfassungskonformen Auslegung kam zuletzt *F. Ossenbühl* zu dem Ergebnis, dass Spontanversammlungen trotz der fehlenden Regelung im Versammlungsgesetz zulässig seien.[477] Die Auffassung etwa von *Trubel/Heinka* oder *Füßlein*, dass der Gesetzgeber mit der Anmeldepflicht Spontanversammlungen generell verbieten wollte, war für ihn unhaltbar. Die Annahme eines prinzipiellen Totalverbotes von Spontanversammlungen wäre mit der in Art. 8 GG verbürgten Versammlungsfreiheit unvereinbar, weil sie gegen den verfassungsrechtlichen Grundsatz der Verhältnismäßigkeit verstoßen würde. Die Versammlungsfreiheit dürfe nur insoweit eingeschränkt werden, als es zum Schutz öffentlicher Interessen unerlässlich wäre. Auch würde der Charakter der Anmeldepflicht verkannt werden, die lediglich informative Funktion für die Polizei hätte.[478]

---

[474] Denninger, a.a.O., S. 148. Ebenso sollte der Begriff der öffentlichen Sicherheit der Relativitätsproblematik bei der wertenden Konkretisierung ausgesetzt sein. Ähnlich über den Begriff der demokratischen Rechtsordnung, Stöcker, Anmerkung zum Beschluss des BayOLG vom 26.11.1968, JZ 1969, S. 397, 397.

[475] Zur Auslegung des Rechtsbegriffs der „öffentlichen Sicherheit und Ordnung", DVBl. 1971, S. 233 ff.

[476] Ders., a.a.O., S. 243.

[477] Versammlungsfreiheit und Spontandemonstrationen, Der Staat 1971, S. 53 ff., 65. Vgl. zu dessen Grundsatzerwägungen zur Versammlungsfreiheit oben Kapitel 5.1.1.

[478] Ossenbühl, a.a.O., S. 67.

5.2.2 *Lösungswege der Rechtsprechung in den Demonstrationsprozessen*

Die Studenten haben gegen die verschiedenen Maßnahmen der Exekutive Rechtsschutz vor den Verwaltungsgerichten gesucht. Sie klagten vor allem auch wegen Angelegenheiten aus dem Universitätsbereich.[479] Veröffentlichte Urteile im Zusammenhang mit den Demonstrationen finden sich im Verwaltungsrecht aber kaum. Bis 1971 gab es nur eine veröffentlichte höchstrichterliche Entscheidung, in deren Mittelpunkt das Versammlungsgesetz stand. Das weitere Urteil des Bundesverwaltungsgerichts im Zusammenhang mit Demonstrationen – den „Schwabinger Krawallen"[480] - behandelte nur prozessuale Probleme.[481]

Zur Frage, wie bei fehlender Anmeldung mit einer Versammlung verfahren werden konnte, äußerte sich das BVerwG im Jahre 1967. Seine Entscheidungsgründe waren noch ganz in der alten Terminologie abgefasst, die eher an die vor-bundesrepublikanische Einschätzung von Versammlungen erinnert. Sein Verständnis, eine Versammlung an sich als Gefahrenquelle einzustufen, führte im Rahmen der Rechtsgüterabwägung dazu, den Schutz der öffentlichen Sicherheit und Ordnung gegenüber einer möglichen Störung auf Grund der Durchführung einer nicht angemeldeten Versammlung höher einzustufen.

Zur Versammlung führte das BVerwG aus:

> "[...] Versammlungen bringen, wie das Berufungsgericht zutreffend dargelegt hat, wegen der Unbegrenztheit der Teilnehmerzahl und ihrer massensuggestiven Wirkung die Gefahr einer Störung der öffentlichen Sicherheit und Ordnung mit sich. Das öffentliche Interesse erfordert deshalb die rechtzeitige Benachrichtigung der Polizei von dem Vorhaben einer solchen Versammlung, damit die Polizei ausreichende Maßnahmen zum Schutze der Sicherheit und Ordnung vorbereiten und treffen kann. Dieser Notwendigkeit tragen das Anmeldeerfordernis und die der Polizei erteilte Ermächtigung, nicht angemeldete öffentliche Versammlungen unter freiem Himmel aufzulösen, in sachgemäßer Weise Rechnung."[482]

Die sachgemäße Besorgnis eines Streifenführers, dass sich eine Versammlung, auf welche die Polizei plötzlich und mangels vorheriger Anmeldung unvorbereitet stieß, in einem noch nicht übersehbaren Maße ausweiten könne, stellte für das Gericht eine ordnungsgemäße Er-

---

[479] Beispielsweise VG Frankfurt, NJW 1968, S. 2261 ff.: Einstellung des Universitätsbetriebes; OVG Berlin, KJ 1969, S. 95 ff.: Anordnung zur Abhaltung einer Lehrveranstaltung.

[480] Vgl. zu den Schwabinger Krawallen Brand/Büsser/Rucht, Aufbruch in eine andere Gesellschaft, 1986, S. 59; Mosler, Was wir wollten, was wir wurden, 1977, S. 255; Otto, APO, 1989, S. 10.

[481] BVerwGE, DöV 1968, S. 347 ff.

[482] BVerwG, NJW 1967, S. 1191 f.

messensausübung dar.[483] Vor allem schien bei einer solchen Sachlage eine Auflösung auch das angemessene Mittel, die öffentliche Sicherheit und Ordnung zu schützen. Zumal der Veranstalter ja nicht gehindert war, in den folgenden Tagen eine weitere angemeldete Versammlung abzuhalten.[484] Als nicht mehr sachgemäße Ermessensausübung hätte es das Gericht allerdings empfunden, wenn aus sachwidrigen Erwägungen, z.B. nur um eine bestimmte politische oder weltanschauliche Meinung zu behindern, eine Auflösungsverfügung ergangen wäre.[485]

Das Gericht ließ die Problematik der „Spontanversammlung" oder der kurzfristig anberaumten öffentlichen Versammlungen unerörtert. Für den zu entscheidenden Fall hatte die Möglichkeit der rechtzeitigen Anmeldung bestanden. Damit stellte sich im konkreten Fall nicht die Frage, ob das in § 14 VersG bestimmte Anmeldeerfordernis das Grundrecht unangemessen in den Ausnahmefällen beschränke, in denen nur eine „spontane" Versammlung den ihr zugedachten Sinn erfüllen könnte und ihren Sinn bei Einhaltung der Anmeldefrist verlieren würde.[486]

Des Weiteren gibt es ein Urteil des VG Berlin vom 16. Februar 1968.[487] Die Entscheidung hatte sich mit der Feststellung zu befassen, ob die Verweigerung einer Genehmigung zum Abhalten einer Versammlung rechtswidrig war. Nach dem 2. Juni 1967 hatte eine Studentengruppe die Genehmigung[488] einer Demonstration unter freiem Himmel beantragt, mit dem Thema: Protest gegen Einschränkungen des Grundrechts der freien Meinungsäußerung in Berlin. Demonstrationsort und -zeit waren in dem Antrag genau angegeben.[489] Der Antrag wurde seitens der Behörden mit der Begründung abgelehnt, die schweren Ausschreitungen am 2. und 3. Juni 1967 hätten gezeigt, dass die gesetzmäßige Durchführung einer Demonstration zur Zeit nicht gewährleistet sei. Die Studenten hätten in Flugblättern die notwendigen Maßnahmen der Polizei als willkürlichen Sadismus bezeichnet. Die Behörde war daher der Auffassung, dass ein Missbrauch des Demonstrationsrechtes zu gewalttätigen Handlungen zu befürchten gewesen sei, so dass sie die Versammlung gem. § 9 II VVfG untersagt hatte.[490]

---

483 BVerwG, a.a.O., S. 1192.

484 Vorige Fußnote, S. 1192.

485 Vorige Fußnote, S. 1192.

486 Vorige Fußnote, S. 1192.

487 VG Berlin, JR 1968, S. 316 ff.

488 § 9 VVfG von Berlin sah vor, dass Versammlungen genehmigt werden müssen.

489 VG Berlin, a.a.O., S. 316.

490 Vorige Fußnote, S. 316.

Die Klage der Studenten hatte Erfolg, das Gericht bewertete die Entscheidung der Behörde als rechtswidrig. Die Rechtswidrigkeit ergab sich, weil die Voraussetzungen für die Versagung der Genehmigung nicht vorlagen.[491] Zwar sollte die beantragte Versammlung nur eine Woche nach den Auseinandersetzungen zwischen Demonstranten und Polizeikräften beim Schah-Besuch stattfinden. Die Annahme der Behörde, es könnte zur Wiederholung von Zwischenfällen kommen, gründete sich aber nicht auf Tatsachen, sondern war nur eine Vermutung:

> „Denn es ist nichts bekannt oder vom Bekl. vorgetragen worden, daß er über die in dem Bescheid gemachten Ausführungen hinaus irgendwelche Erkenntnisse von ernsthaften Störungsabsichten des Veranstalters oder Leiters der Versammlung oder der zu erwartenden Teilnehmer gewonnen hatte. Hätten solche Absichten bestanden, wären sie dem Bekl. sicher nicht verborgen geblieben, zumal ernsthafte, die öffentliche Sicherheit und Ordnung gefährdende Störungsabsichten im Rahmen einer genehmigten Versammlung kaum ohne Vorbereitung verwirklicht und deshalb nicht geheimgehalten werden können."[492]

Nach Ansicht des Gerichts konnten nur in dieser Richtung liegende Gründe eine Verweigerung der Versammlungsgenehmigung rechtfertigen. Ein Vergleich zwischen dem geplanten Aufzug und den Vorfällen beim Schah-Besuch konnte nicht ohne weiteres gezogen werden:

> „Ebensowenig ergab sich eine konkrete Gefahr aus dem für die Veranstaltung gewählten Thema, noch aus dem Umstand, daß in Flugblättern der Kl. in allerdings scharfer Form Kritik an Maßnahmen der Polizei geübt worden war. Störungen jedoch, die nicht von der beabsichtigten Versammlung ausgingen, sondern von Dritten gelegentlich der Versammlung hätten beabsichtigt sein können, und die allein von der Polizei offensichtlich befürchtet wurden, reichten nicht aus, die Ablehnung der beantragten Versammlungsgenehmigung zu rechtfertigen. Insoweit hätte die Polizei entsprechende Vorkehrungen treffen und unter Umständen auch die Versammlungsteilnehmer vor der Störung schützen müssen."[493]

In der Auseinandersetzung um die Veranstaltung einer Demonstration im Rahmen des Vietnam-Kongresses in Berlin im Februar 1968[494] erreichte der Liberale Studentenbund und die Evangelische Studentengemeinde mit einer einstweiligen Anordnung, dass die von der Behörde

---

[491] Entsprechend dem Klageantrag hatte sich das Gericht zunächst mit der Frage befasst, ob § 9 VVfG verfassungswidrig sei und die Genehmigung schon daher rechtswidrig gewesen sei. Da es die Genehmigung aber als Verbot mit Erlaubnisvorbehalt auffasste und dem Urteil des BVerwG hinsichtlich der Anmeldepflicht folgte, hatte das Gericht keine durchgreifenden rechtsstaatlichen Bedenken gegen die Verfassungsmäßigkeit des § 9 VVfG, VG Berlin, JR 1968, S. 316 ff., S. 317.

[492] Vorige Fußnote, S. 317.

[493] Vorige Fußnote, S. 317 f.

[494] Vgl. dazu oben Kapitel 4.3.

untersagte Demonstration durchgeführt werden konnte. Die Versagung der Genehmigung war nach Auffassung des Verwaltungsgerichts Berlin zu Unrecht erfolgt.[495] Wie auch in dem zuvor erörterten Urteil hatte die Behörde nicht Tatsachen dargetan, die eine konkrete Gefahr für die öffentliche Sicherheit und Ordnung begründen konnten. Der Hinweis auf frühere Vorfälle bei Demonstrationen reiche nicht aus, selbst wenn diese nur kurze Zeit zurücklägen:

> „Das verkennt der Antragsgegner im Grunde selbst nicht. Er will daher eine konkrete Gefahr für die öffentliche Sicherheit und Ordnung daraus herleiten, daß aus Anlaß des Vietnam-Kongresses eine große Anzahl von Mitgliedern des Sozialistischen Deutschen Studentenbundes aus dem gesamten Bundesgebiet sich am 18. Februar in Berlin-West aufhalten wird. Daß sich hieraus eine besondere Gefahr ergeben werde, ist jedoch nur eine Vermutung des Antragsgegners, nicht aber eine konkrete Tatsache."[496]

5.2.3 *Zusammenfassung*

Auch im Verwaltungsrecht kann man von einer „Explosion" der zur Verfügung stehenden Literatur sprechen. Während neue Beiträge von den Autoren aus den 50er Jahren sich hier wie bei der Grundsatzdebatte nicht finden ließen, brachten die jüngeren Autoren in ihren Diskussionsbeiträgen hingegen durch zahlreiche neue Aspekte Veränderung in die überlieferte Handhabung und Auslegung.

Die geänderte Rechtsauffassung der Autoren, die bei den Grundanschauungen über die Versammlungsfreiheit festgestellt werden konnte, setzten sich nun auch in der verwaltungsrechtlichen Sichtweise fort. Hatte man sich in der bisherigen Rechtspraxis nicht wirklich Gedanken gemacht, inwieweit sich Art. 8 GG auf die Handhabung der einfachrechtlichen Normen auswirkte, so galt als Auslegungs- und Wertmaßstab nun allein das Grundgesetz. Zentrales Argument war die „Demokratisierung" einmal des Ablaufs von Versammlungen zum anderen des Verwaltungshandelns. Erklärtes Ziel war die Überwindung des obrigkeitsstaatlichen Erbes und der Orientierung allein an ordnungspolizeilichen Gesichtspunkten, der Aufrechterhaltung der öffentlichen Sicherheit und Ordnung. Bezugsrahmen war nicht mehr Literatur und Rechtsprechung aus Weimar, sondern es erfolgte eine Auseinandersetzung mit der aktuellen zeitgenössischen Literatur. Die in der „Lüth"-Entscheidung aufgestellte Wechselwirkungstheorie war rezipiert, denn um der Auswirkung des Art. 8 GG auf das Versammlungsgesetz Rechnung zu tragen, wurde in zahlreichen Beiträgen dieses Urteil herangezogen.

---

[495] Einstweilige Anordnung des VG Berlin abgedruckt in Benneter, Februar 1968, 1968, S. 79.

[496] VG Belrin, a.a.O., S. 80.

Aus diesen neuen Begründungszusammenhängen ergaben sich nun auch konkret veränderte inhaltliche Wertungen und neue dogmatische Konstruktionen. In der Mehrheit bestand das Bestreben, durch Ausgestaltung und Anwendung der versammlungsrechtlichen Vorschriften der Demonstrationsfreiheit einen möglichst großen Handlungsspielraum einzuräumen und vor allem einen größeren, als ihn die herrschende Verwaltungspraxis zuließ. Viele Autoren wiesen dem Handeln der Exekutive deutliche Grenzen und erteilten häufig verwendeten Verbotsgründen eine klare Absage.

V. Götz schreibt, dass das Prinzip der Verhältnismäßigkeit in der Bundesrepublik zum wichtigsten Grundsatz des Polizei- und Ordnungsrechtes und zum Leitmotiv aller politischen Auseinandersetzungen um polizeiliche Eingriffe aufstieg. Seiner Aussage nach stellt dies eine Entwicklung dar, welche über den nach 1945 tradierten Rechtszustand hinausführt.[497]

Für die in dieser Untersuchung betrachtete Rechtspraxis auf dem Gebiet des Versammlungsrechtes kann festgestellt werden, dass der Begriff der Verhältnismäßigkeit zwar in den Beiträgen der 50er und 60er Jahre schon gegenwärtig war. Einen qualitativen Fortschritt gegenüber dem tradierten Rechtszustand machte die Rechtswissenschaft allerdings erst in der Auseinandersetzung mit den Studentendemonstrationen. In dieser Debatte wurden von den Autoren die Aspekte zusammengetragen, die sich im ersten Urteil des BVerfG zu Art. 8 GG aus dem Jahre 1985 finden.[498] Anders als bisher erfolgte nun im Bruch mit den überkommenen Wertungen der frühen Bundesrepublik eine qualitativ andere Wertung der kollidierenden Rechtsgüter, nämlich zumeist eine Rechtsgüterabwägung zugunsten der Versammlungsfreiheit. In sehr ausdifferenzierter Weise gab die Rechtswissenschaft der Exekutive anders als früher genaue Abwägungs- und Handlungsanweisungen an die Hand.

Bei den in den betrachteten Quellen veröffentlichten drei Urteilen lässt sich für die Berliner Gerichte feststellen, dass diese durchaus geneigt waren, die Rechtswidrigkeit polizeilicher Verwaltungsakte bei Demonstrationen festzustellen. Die Urteile waren dabei nicht so sehr von grundsätzlichen Erwägungen geprägt, vielmehr standen tatsächliche Fragen im Vordergrund. Bei deren Lösung haben die Gerichte jedoch vorurteilslos über den Sachverhalt entschieden und der interessengeleiteten Gesetzesanwendung seitens der Behörden ein Ende gesetzt: nicht bloße Vermutungen sollten für ein Einschreiten der Behörde ausreichend sein, sondern konkrete, greifbare Tatsachen mussten ins

[497] Die öffentliche Sicherheit und Ordnung, in: Deutsche Verwaltungsgeschichte, Band 5, 1984, S. 448.

[498] Vgl. dazu BVerfGE 69, S. 315 ff.

Feld geführt werden. Das einzige obergerichtliche Urteil zur Versammlungsfreiheit viel dagegen in seiner Wertung zuungunsten der Versammlungsfreiheit restriktiver aus. Grund hierfür war eine zurückhaltende Einstellung gegenüber dem Grundrecht.

Für das Verwaltungsrecht bleibt zusammenfassend festzuhalten, dass dem damals als neu empfundenen gesellschaftlichen Bedürfnis nach mehr „Basisdemokratie" von Seiten der Juristen durch die Handhabung des VersG Rechnung getragen wurde. Der soziale Wandel wurde auch auf rechtlicher Ebene nachvollzogen.

5.3 *Versammlungsfreiheit und Strafrecht*

An der Auslegung des „Demonstrationsstrafrechtes" hatte sich trotz Geltung des Grundgesetzes und demzufolge einer eigentlich möglichen Korrektur der Auslegung nicht wirklich etwas geändert. Wie reagierten Literatur und Rechtsprechung nun?

5.3.1 *Auflauf*

5.3.1.1 *Schrifttum zur Zeit der Demonstrationsprozesse*

In die Handhabung des § 116 StGB a.F. kam zur Zeit der Demonstrationsprozesse Bewegung. Dabei lässt sich der Umgang mit dem Massedelikt in der vorgestellten Literatur in zwei Gruppen teilen: Nach wie vor die Verfechter der „alten Ordnung" und diejenigen, die sich unter verschiedenen Gesichtspunkten mit der Auslegung der Norm im Rahmen der neuen staatsrechtlichen Verhältnisse auseinandersetzten.

Anfang 1968 meldete sich *W. v. Simson*, Professor aus Freiburg, als erster zu Wort und brachte sogleich neue Aspekte in die Anwendung der Norm ein. Entsprechend seinem Grundverständnis über die große Bedeutung der Demonstrationsfreiheit entwickelte er Problembewusstsein hinsichtlich des Bestehens der Norm überhaupt. So war seiner Ansicht nach eine verfassungskonforme Auslegung der Norm notwendig, die nach seinem Verständnis zu einem Exklusivitätsverhältnis der Norm mit dem VersG führte.

Für ihn war fraglich, ob der vor in Kraft treten des GG ergangene § 116 StGB a.F. durch Art. 8 GG oder durch das später ergangene Gesetz über Versammlungen und Aufzüge in Bezug auf bestimmte in diesen späteren Gesetzen geregelte Tatbestände außer Wirkung gesetzt worden sei.[499] Es sei der Sinn der Verfassungsbestimmung und des VersG in Beziehung zu setzen zu dem in § 116 StGB a.F. unter Strafe gestellten Tatbestand und zu prüfen, ob dieser Sinn zugleich mit der Strafvorschrift

---

[499] Verfassungskonforme Demonstrantenbestrafung, ZRP 1968, S. 10 f., 10.

des § 116 StGB a.F. bestehen könne. Sei dies nicht der Fall, so müsse die Strafvorschrift des § 116 StGB a.F. insoweit als aufgehoben angesehen werden, als eine verfassungskonforme Auslegung nicht möglich sei. Die von § 116 StGB a.F. umschriebene Menschenmenge sei zur Zeit des Inkrafttretens des StGB als rechtlich neutral angesehen worden. Art. 8 GG bringe nun insofern eine Änderung, als eine bestimmte Art von „versammelter Menschenmenge" als solche besondere Rechte genieße. Daraus folge, dass in § 116 StGB a.F. kein vorkonstitutionelles, fortgeltendes Recht gesehen werden könne, der eine gesetzliche Einschränkung des Art. 8 GG darstelle:

> „Nähme man dies an, so könnte jede rechtmäßige Versammlung unter freiem Himmel jederzeit durch dreimalige Aufforderung des zuständigen Beamten [...] zum Auseinandergehen gezwungen werden. Damit wäre das Stattfinden oder nicht Stattfinden solcher Versammlungen, auch wenn sie ordnungsgemäß waren und keinen speziellen Grund zur Auflösung bieten, in das Belieben der Exekutive gestellt: eine Einschränkung der Versammlungsfreiheit, die ohne jeden Zweifel den Wesengehalt des Art. 8 antasten und damit nach Art. 19 Abs. 2 GG unzulässig sein würde. Anders ausgedrückt: § 116 gewährt der Exekutive derart weitgehende Rechte gegenüber Versammlungen, die durch Art. 8 GG besonders geschützt sind, daß seine Anwendbarkeit auf Versammlungen im Sinne des Art. 8 GG mit dem Bestehen des dort geschützten Grundrechts unvereinbar wäre. Das gilt besonders deshalb, weil dieses Grundrecht [...] zugleich eine im Interesse der Allgemeinheit vom Grundgesetz für notwendig gehaltene Institution schützen und fördern will: der Staat des GG will, daß Menschen sich ohne Kritik durch die Exekutive öffentlich versammeln können, und es ist klar, daß dieser Zweck nur erreicht werden kann, wenn auch gegenüber der Exekutive ein nur in besonderen Fällen beschränktes Recht auf das Versammeltsein besteht. § 116 StGB ist aber eben nicht auf solche Besonderheiten beschränkt. Somit halte ich es für unbestreitbar, daß § 116 StGB auf Versammlungen im Sinne des Versammlungsgesetzes keine Anwendung findet."[500]

Ganz anderer Auffassung war demgegenüber *Eb. Schmidt*, seit 1921 habilitiert und ordentlicher Professor in Breslau, Leipzig und nunmehr Heidelberg[501]. Er war im Sinne der überkommenen Rechtsauffassung und alten Wertungskriterien Verfechter auch der strafbewehrten Aufrechterhaltung von öffentlicher Sicherheit und Ordnung, welche die Studenten in ungebührlicher Weise gestört hätten. Der verfassungskonformen Auslegung verschloss er sich weitestgehend unter Rückzug auf „positivistische" Positionen und umging eine vertiefte Prüfung mit Hilfe einer trickreichen „wörtlichen" Auslegung.

Aufhänger für seinen Aufsatz war ein Fernsehbericht vom Juni 1968 über Urteile gegen Studenten nach § 116 StGB a.F. Unter anderem hatte

---

[500] v. Simson, a.a.O, S. 10.

[501] Kürschners, 1966, S. 2165. Sein Aufsatz „Verfassungskonforme Auslegung des § 116 StGB?" erschien im September 1968, JR 1968, S. 321 ff.

der Berichterstatter die Heranziehung der Norm ganz allgemein mit dem Argument beanstandet, dass es sich um eine fast hundert Jahre alte Strafbestimmung handele, die aus dem alten Obrigkeitsstaat stamme und daher in die heutige demokratische, freiheitliche Welt nicht passe. Der interviewte Justizminister *Heinemann* hatte erklärt, werde die Norm des § 116 StGB a.F. angewendet, dann sei sie „verfassungskonform" auszulegen. Dies sei jedem „Gericht, auch jedem Amtsrichter zuzumuten".[502]

Für *Schmidt* war das Ergebnis des Fernsehberichts vor allem der gegenüber der Justiz erhobene Vorwurf, durch Anwendung einer überalterten gesetzlichen Bestimmung wieder einmal das verfehlt zu haben, „was unsere G e g e n w a r t von einem z e i t g e m ä ß denkenden Gericht eigentlich doch verlangen dürfe".[503] Seines Erachtens war es irreführend, „wenn die §§ 115, 116 als 'fast 100 Jahre alte', also als unzeitgemäße Vorschriften d i s k r e d i t i e r t werden."[504] Mit Recht hatte das BayObLG in seinem Urteil aus dem Jahre 1963[505] darauf hingewiesen, dass Schutzobjekt des § 116 StGB a.F. keineswegs die „obrigkeitliche Autorität", sondern die öffentliche Sicherheit und Ordnung sei. Dass diesem Schutzobjekt auch unter der Herrschaft des Grundgesetzes ein hoher Wert beizumessen sei, könne nicht in Frage gestellt werden.

> „Es läßt sich kein noch so freiheitlich strukturierter Staat denken, dessen Aufgabe nicht (auch) darin zu bestehen hätte, seinen Bürgern, gerade wenn die ihnen verliehenen Freiheitsrechte politischen Wert haben sollen, Sicherheit und Ordnung im Bereiche des öffentlichen Lebens zu garantieren. Dabei sind bezüglich dieses Schutzobjektes der Sicherheit und Ordnung verschiedene Aspekte in Betracht zu ziehen: so etwa der Gesichtspunkt, daß Menschensammlungen auf öffentlichen Straßen, Plätzen, Wegen 'die glatte Abwicklung des Straßenverkehrs' stören oder gefährden können; oder aber das Menschenansammlungen 'infolge Bildung von Masseninstinkten zu einer Gefahrenquelle' und zwar zu einer solchen für den öffentlichen Frieden werden können."[506]

Ein Konflikt zwischen § 116 StGB a.F. und Art. 8 GG bestand nach Auffassung von *Schmidt* nicht, da § 116 StGB a.F. gerade nicht auf eine „Auflösung", sondern auf eine „Entfernung" abziele.[507] Da an der Verfassungsmäßigkeit des „Auflaufs" für *Schmidt* keinerlei Bedenken be-

---

[502] Schmidt referierte den Fernsehbericht, den er selbst am Bildschirm beobachtet hatte und gab nach diesen Beobachtungen seine Eindrücke wieder.

[503] E. Schmidt, Verfassungskonforme Auslegung des § 116 StGB, JR 1968, S. 321 ff., 321.

[504] Ebenda, S. 321.

[505] Vgl. dazu oben Kapitel 3.5.1

[506] Schmidt, a.a.O., S. 322.

[507] Schmidt, a.a.O., S. 323.

standen, konnte der Hinweis auf die verfassungskonforme Auslegung nicht auf eine Modifizierung des gesetzlichen Tatbestandes, sondern nur auf eine Modifizierung der Strafdrohung abzielen.

> „Es bedarf wohl keiner näheren Ausführungen, wohin diese Methode letzten Endes führen würde. An die Stelle von Gesetzesrecht würde ein Richterrecht treten, dessen Wertungen einen krassen Dezisionismus darstellen und, völlig unberechenbar wie sie sind, in einen Zustand totaler Rechtsunsicherheit führen würden."[508]

Im Ergebnis ging es für ihn darum, jenen Studierenden, die durch ihre gerichtlich nachgewiesenen Gewalttätigkeiten das Gericht zur Anwendung der noch immer sehr zeitgemäßen Norm gezwungen hätten, klar zu machen, welche Anmaßung in ihrem Verhalten liege, wie sehr sie die ihnen von der Verfassung verliehenen Grundrechte missbraucht, wie sehr sie zur Erschütterung desjenigen Verfassungszustandes beigetragen hätten, dem allein sie ihre eigene politische Freiheit verdankten.[509]

Der Landesverband Hessen des deutschen Richterbundes hatte im November 1968 eingeladen, um das Thema „Demonstrationsfreiheit, Strafrecht und Staatsgewalt" zu diskutieren. Der Tagungsort war von der Polizei abgeschirmt, ein erwartetes studentisches Go-in blieb aus.[510] Aspekt der hier auftretenden Redner war die Frage des weiteren Bestandes der Norm an sich. Professor *Heinitz* aus Berlin beleuchtete in seinem Referat „Demonstrationsfreiheit und Delikte gegen die öffentliche Ordnung" die Problematik der Strafzumessung. Eine zu weite Begrenzung des Versammlungsrechtes sah er darin, dass der Straßenverkehr fast unmittelbar vor der „Heiligsprechung" stehe. Nichts desto trotz könne nicht jeder Demonstration vor dem Interesse des Straßenverkehrs der Vorzug gegeben werden. Er warnte davor, nachdem frühere Zeiten die öffentliche Sicherheit und Ordnung vergötzt hätten, jetzt in das andere Extrem zu verfallen. Nach seiner Ansicht sei etwa das Problem des § 116 StGB a.F. nicht das der Verfassungsmäßigkeit, sondern der rechtmäßigen Ausübung des Ermessensspielraums. Allerdings trat er dafür ein, das Sich-Nicht-Entfernen in eine Ordnungswidrigkeit umzugestalten.[511] Professor *U. Klug* aus Köln vertrat auf der gleichen Tagung wiederum die Ansicht, dass § 116 StGB verfassungswidrig sei. Der Tagungs-

---

[508] Schmidt, Verfassungskonforme Auslegung des § 116 StGB a.F., JR 1968, S. 324.

[509] Ebenda, S. 324.

[510] Bericht von Kühnert, Grenzen der Demonstrationsfreiheit, ZRP 1969, S. 18 f., 18.

[511] So wiedergegeben von Kühnert, a.a.O., S. 18.

berichterstatter blieb in seinem Bericht die Begründung leider schuldig.[512]

Hannover folgerte aus seinen grundsätzlichen Betrachtungen über das Demonstrationsrecht[513] für die konkrete Rechtsanwendung im Strafprozess, das Versammlungen nicht mehr der leichten Verfügbarkeit der Polizei unterliegen könnte, die in der Rechtsprechung des Bundesgerichtshofs im Anschluss an die Judikatur des kaiserlichen Reichsgerichts noch immer verteidigt werde. Er suchte einen dogmatischen Lösungsansatz, um das Versammlungsrecht keinen unnötigen Beschränkungen durch § 116 StGB a.F. zu unterwerfen.

Im Rahmen des § 116 StGB a.F. kam es für ihn daher auf den Rechtsgehalt der Auflösungsanordnung an:

> „Wenn es richtig wäre, daß es für die Rechtmäßigkeit genügte, 'wenn der örtlich und sachlich zuständige Beamte im Bewusstsein seiner Verantwortung und unter bestmöglicher pflichtgemäßer Abwägung aller Umstände sein Einschreiten für nötig und sachlich gerechtfertigt halten durfte` (so in Anlehnung an die Rechtsprechung des BGH das Urteil des LG Bremen vom 17.4.1968), dann würde das subjektive Ermessen eines Beamten darüber entscheiden, ob und wie lange von einem Grundrecht Gebrauch gemacht werden darf, das als für die freiheitlich-demokratische Staatsordnung als schlechthin konstituierend bezeichnet worden ist. Die Funktion des Grundrechts wird durch diese Rechtsprechung auf einen Schutz vor willkürlichen Polizeimaßnahmen reduziert, während alle nur denkbaren polizeilichen Motivationen für eine Versammlungsauflösung den Vorrang vor dem Grundrecht der Demonstrationsfreiheit erhalten."[514]

Die vom Grundgesetz gewollte Privilegierung der politischen Betätigungsfreiheit der Bürger setze aber gerade voraus, dass die polizeiliche Generalklausel, die den Schutz anderer, nichtpolitischer Interessen wie Ruhe und Ordnung gewährleisten solle, dort ende, wo die Demonstrationsfreiheit anfange. Nur zum Schutze überragender Gemeinschaftsgüter dürfe in die grundrechtlichen Freiheiten eingegriffen werden und auch das nur unter Beschränkung auf das unbedingt notwendige Maß.[515]

---

[512] Kühnert, a.a.O., der leider die Begründung von Klug in seinem Bericht schuldig blieb, S. 18.

[513] Vgl. dazu oben Kapitel 5.1.1.

[514] Hannover, Demonstrationsfreiheit als demokratisches Grundrecht, KJ 1968, S. 51 ff., 54.

[515] Ebenda, S. 54. Ähnliches postulierte auch Skriver, Gerechte Sühne oder Einschüchterung?, ZRP 1968, S. 33 ff., 34.

Janknecht war ein Vertreter der verfassungskonformen Auslegung.[516] Seinen Ausführungen ist zu entnehmen, dass er Versammlungen an sich nicht mehr im Sinne der Massedelikte als potentielle Gefährdung des öffentlichen Lebens einstufte. Auch er sah das Problem, dass bei der überkommenen Auslegung jeder sachlich und örtlich zuständige Polizeibeamte durch die dreimalige Aufforderung an die Menge, sich zu entfernen, den Tatbestand des § 116 StGB a.F. herbeiführen könne und damit eine verfassungsrechtliche Kundgebung verhindern. Dies könne in einem freiheitlich demokratischen Rechtsstaat nicht zugelassen werden, weil damit das Grundrecht der Versammlungsfreiheit seines wesentlichen Inhaltes beraubt wäre, brauche allerdings auch nicht dazu zu führen, den Tatbestand in Bausch und Bogen als verfassungswidrig zu bezeichnen.

Wie *Hannover* suchte auch *Janknecht* durch eine geänderte dogmatische Handhabung der Norm eine zu weitgehende Beschränkung der Versammlungsfreiheit zu vermeiden. Anders als *v. Simson* knüpfte er mit seiner verfassungskonformen Auslegung bei der Frage an, welche Anforderungen an den Auflösungsbefehl des Beamten zu stellen seien. Aus dem hohen Rang der Versammlungsfreiheit ergab sich, dass für die Strafbarkeit nach § 116 StGB a.F. mehr zu verlangen sei als das Mindestmaß an Rechtmäßigkeit wie bei § 113 StGB a.F. Im Hinblick auf die Gefahren, die dem Grundrecht durch den bloßen Ordnungstatbestand drohten, seien an die Sorgfaltspflichten des Beamten beim Auflauf strengere Anforderungen zu stellen als beim Widerstand. Verfassungskonform sei § 116 StGB a.F. daher nur dann, wenn für das Handeln des Beamten ein materialer Auflösungsgrund verlangt werde.

> „Dazu muß der Beamte objektiv und verantwortungsbewußt prüfen, ob Anhaltspunkte dafür vorliegen, daß aus der Versammlung nicht nur eine entfernte, jede Menschenansammlung von Natur aus innewohnende, sondern eine *unmittelbare* und *erhebliche* Gefährdung der öffentlichen Sicherheit oder Ordnung hervorgeht. Dabei ist zu unterscheiden: Die *öffentliche* Ordnung ist nicht gestört oder auch nur unmittelbar gefährdet, wenn die Versammlung nicht 'reibungslos' verläuft [...]. Die öffentliche Ordnung ist nicht *erheblich gefährdet* bei geringfügigen Verkehrsbeschränkungen und –umleitungen, selbst wenn diese mehrere Tage hintereinander notwendig sind. [...] Bei einer erkennbaren Gefährdung der öffentlichen *Sicherheit* hat der Beamte desto mehr Anlaß einzuschreiten, je drohender ihm die Sicherheit nicht nur der Versammelten selbst, sondern auch Unbeteiligter erscheint."[517]

[516] Verfassungs- und strafrechtliche Fragen zu Sitzstreiks, GoldtArchiv für Strafrecht 1969, S. 33 ff., 43. Er verwies hier auf das BayObLG aus dem Jahre 1963 und BGHSt 5, 249 ff., vgl. dazu oben Kapitel 3.5.1.

[517] Janknecht, a.a.O., S. 45.

Beachte und prüfe der Beamte alle diese Gesichtspunkte pflichtgemäß, so könne er die Versammlung „auflösen" und dies sei dann „rechtmäßig", selbst wenn seine Verfügung einer verwaltungsgerichtlichen Überprüfung im Nachhinein nicht standhalten würde.[518]

J. Baumann, Professor in Tübingen, trat im Rahmen der Diskussion um die Umgestaltung der Friedensschutztatbestände für eine Abschaffung des § 116 StGB a.F. ein.[519] Solange die Norm allerdings noch anzuwenden war, mussten auch seiner Auffassung nach höhere Rechtmäßigkeitsanforderungen an die Auflösungsanordnung gestellt werden.

Entsprechend einem Teil der Literatur[520] ging *Baumann* davon aus, dass auch Spontandemonstrationen durch Art. 8 GG geschützt seien. Völlig unhaltbar in diesem Zusammenhang war deshalb das Urteil des BayObLG[521], wonach die Grenzziehung Demonstrationsrecht – strafbare Handlung im Einzelfall im Ermessen der Polizei liegen sollte und gerichtlich nicht nachprüfbar sei. Dabei verkannte *Baumann* nicht, dass gerade bei Spontandemonstrationen durchaus ein erhöhtes Sicherheitsrisiko bestehe. Ebenso wenig dürften natürlich bei der Abwägung zwischen Spontandemonstrationsrecht und Sicherheitsrisiko die Versammlungsziele in Anschlag gebracht werden, etwa in der Weise, dass man nach der allgemeinen Gesetzestreue der Demonstranten oder nach ihrer politischen Richtung einen „Zuschlag" auf der einen oder anderen Seite vornehme. Ein generelles Abwürgen von Spontandemonstrationen wegen des Sicherheitsrisikos dürfe also auf keinen Fall in Betracht kommen, gerade die freiheitliche Demokratie müsse hier risikofreudiger sein.[522] Für die Norm des § 116 StGB a.F. folgte aus diesen Erwägungen, dass der Unrechtsgehalt des tatbestandlich umschriebenen Verhaltens allenfalls in den Bereich des Ordnungsrecht gehörte. Verzichtbar sei eine Ordnungswidrigkeit allerdings nicht, gerade auch dann nicht, wenn man Spontandemonstrationen zulassen wolle. Denn räume man dem Bürger die Möglichkeit jederzeitiger Versammlung ein und nehme hin, dass derartige Demonstrationen ein größeres Ausmaß annehmen als vorhersehbar, müsse auch Sorge dafür getragen werden, diese „überschwappenden" Demonstrationen in erträglichen und die Sicherheit anderer Bürger nicht beeinträchtigenden Formen zu halten.[523]

---

[518] Ebenda, S. 45.

[519] Der Schutz des Gemeinschaftsfriedens, ZRP 1969, S. 85 ff.

[520] Angeführt wurden Denninger, Guradze, Hoch, Hofmann, vgl. dazu vorne Kapitel 5.1.

[521] Vgl. dazu unten Kapitel 5.3.1.2.1.

[522] Baumann, Der Schutz des Gemeinschaftsfriedens, ZRP 1969, S. 85 ff., 85.

[523] Baumann, a.a.O., S. 86.

Schmidt äußerte sich zur Diskussion um § 116 StGB noch einmal in seiner Anmerkung zur Entscheidung des BayObLG aus dem Jahre 1968[524] und begrüßte diese durch und durch:[525]

> „Sie wendet sich mit treffenden Argumenten gegen schiefe und falsche Auffassungen, die sich in den Entscheidungen mehrerer Amtsgerichte (Esslingen, Frankfurt, Bremen, Hannover, München) aber auch im Schrifttum (vgl. die Aufsätze in DRiZ 1969, Heft 3, ferner Skriver […], Denninger […] (gegen diesen Guradze […] mit berechtigter Kritik)) gegenüber *kriminellen* Verhaltensweisen von 'Demonstrations'-Teilnehmern deshalb gebildet haben, weil in völliger Verkennung der Schranken, die das GG selbst der Versammlungsfreiheit (Art. 8 GG) und der Meinungsfreiheit (Art. 5 GG) gesetzt hat, 'Demonstration' zu einem tabuierten Begriff geworden ist, aus dem die unmöglichsten Rechtsfolgen abgeleitet worden sind (insbesondere Verpflichtung der staatlichen Ordnungskräfte zu schwierigsten Interessenabwägungen in Augenblicken, wo schnellste Entschlüsse zum Schutz der allgemeinen Sicherheit getroffen werden müssen."[526]

Die ständig sich wiederholenden Demonstrationsvorkommnisse sollten die Notwendigkeit der Existenz dieser der öffentlichen Sicherheit und Ordnung dienenden Straftatbestände wie des § 116 StGB a.F. deutlich machen. Ein Bedürfnis gerade diese Tatbestände um der Wahrung der politischen Freiheitsrechte willen zu reformieren oder sie „verfassungskonform" auszulegen, bestand nach seiner Überzeugung nicht.[527]

Ähnlich wie *v. Simson* sah auch *Tiedemann* keine Anwendungsmöglichkeit mehr von § 116 StGB auf friedliche Demonstrationen.[528] Bei unfriedlichen Demonstrationen musste der Rechtsgehalt der polizeilichen Aufforderung überprüft werden.

> „Im materiellen Recht ist vor allem entgegen der höchstrichterlichen Rechtsprechung eine zutreffende Tendenz zur *Materialisierung der Ungehorsamskonzeption* zu erkennen: Für ein Strafrecht, das seine Legalordnung am Verfassungsrecht orientiert, ist die Strafbarkeit schlichten Ungehorsams gegen amtliche Verfügungen ein Unding. Will man dessen Verbannung in die richtige Kategorie der Ordnungswidrigkeit im Zuge der Gesetzesreform nicht abwarten, so muß die verfassungskonforme Auslegung des § 116 Abs. 1 einen Wertbezug dieses Straftatbestandes herstellen. Daß heißt praktisch, daß die polizeiliche Aufforderung in ihrem Rechtsgehalt zu überprüfen […] ist.[529]

---

[524] Vgl. dazu unten Kapitel 5.3.1.2.1.

[525] Urteilsanmerkung zu BayObLG, Urteil vom 26.11.1968 in NJW 1969, S. 63 ff., JZ 1969, S. 395 f., 395.

[526] Schmidt, Urteilsanmerkung zu BayObLG, JZ 1969, S. 395 f., 395.

[527] Schmidt, a.a.O., S. 396.

[528] Bemerkungen zur Rechtsprechung in den so genannten Demonstrationsprozessen, JZ 1969, S. 717 ff., 724.

[529] Tiedemann, a.a.O., S. 724.

Weiter bedeutete dies, dass die Rechtmäßigkeit der Aufforderung nicht mehr lediglich objektive Bedingung der Strafbarkeit sein sollte.[530]

Die in den Kommentaren und Lehrbüchern vertretene Auffassung änderte sich im Verlauf der Demonstrationsprozesse zum Teil.

In *Maurach*, Strafrecht, Besonderer Teil, waren keine neuen Ausführungen zur Auslegung zu finden. Zu den neu erschienen kritischen Aufsätzen zu § 116 StGB a.F. war zu lesen, dass die Vereinbarkeit der Norm zu Unrecht in Zweifel gezogen würde, vielmehr sei den Ausführungen des BayObLG aus dem Jahre 1964[531] zu folgen. Auch *H. Welzel* führte in seiner 11. Auflage aus dem Jahre 1969 an, dass die verfassungsmäßige Gültigkeit von *Eb. Schmidt*, dem eben genannten Urteil des BayObLG und dem LG Hannover[532] mit Recht bejaht wurde. Auch die sonstigen Ausführungen blieben unverändert. Allerdings war bei *Welzel* nunmehr zu lesen, dass § 29 Ziff. 4 des VersG lex specialis gegenüber § 116 StGB sei. Geschütztes Rechtsgut sei beides mal die öffentliche Sicherheit und Ordnung, bei Gefährdungen durch friedliche Versammlungen greife speziell des VersG ein, während bei Gefährdung durch unfriedliche Versammlungen oder solche, die in Unfrieden akut umzuschlagen drohten, § 116 StGB anzuwenden sei.[533]

Auch *Schwarz/Dreher* änderten in der 31. Auflage aus dem Jahre 1969 ihre Auslegung bezüglich des Auflösungsbefehls. Das GG sei, wie das BayObLG und *Schmidt* zutreffend ausführten, durch die Norm nicht verletzt. Entsprechend den Ausführungen von *Janknecht*[534] sei die Vorschrift aber verfassungskonform auszulegen und dürfe nicht dahin verstanden werden, dass sie der Polizei ein Recht gebe, jede Versammlung nach ihrem Ermessen aufzulösen.[535] Bei dem Tatbestandsmerkmal der Menschenmenge erfolgte zunächst eine Differenzierung nach friedlichen Ansammlungen, friedlichen Versammlungen nach Art. 8 GG und VersG sowie nichtfriedlichen Ansammlungen, worunter auch „Sitzstreiks", die die Blockade einer Straße oder eines Zuganges zum Ziel hatten, fielen.

Aus dieser Unterteilung folgten für *Schwarz/Dreher* aber keine Konsequenzen für die Anwendbarkeit der Norm. Entgegen der Auffassung von *v. Simson* war entsprechend dem Urteil des BayObLG aus dem Jahre

---

530 Tiedemann, a.a.O., S. 724.

531 Vgl. dazu oben Kapitel 3.5.1.

532 Vgl. dazu unten Kapitel 5.3.1.2.2

533 Das Deutsche Strafrecht, S. 505.

534 Verfassungs- und strafrechtliche Fragen zu „Sitzstreiks", Sonderdruck aus GoldtArchiv für Strafrecht, 1969, S. 33 ff., 44, vgl. dazu oben in diesem Kapitel.

535 Strafgesetzbuch, § 116, Anm. 1.

1969[536] § 116 StGB a.F. auch auf friedliche Versammlungen anzuwenden. Der Teilnehmer also, der sich nach der Auflösung nicht entfernte, machte sich nach § 116 StGB a.F. strafbar, sobald dessen Voraussetzungen hinzutraten.[537] Konsequenzen ergaben sich aber für die Beurteilung der Aufforderung durch den Beamten. Bei einer angemeldeten nicht verbotenen Versammlung war die Aufforderung rechtmäßig, wenn ein Auflösungsgrund nach § 15 II VersG gegeben war. Bei Spontanversammlungen, die nicht angemeldet werden konnten, konnte der Befehl nicht mehr lediglich im pflichtgemäßen Ermessen des Beamten stehen. Mit Rücksicht auf Art. 8 GG musste für die Rechtsmäßigkeit des Befehls eine unmittelbare Gefährdung der öffentlichen Sicherheit und Ordnung vorliegen.[538] Allerdings war bei pflichtgemäßer Ermessensausübung in tatsächlicher Hinsicht Rechtmäßigkeit gegeben.[539]

In ihrer 14. Auflage aus dem Jahre 1969 schlossen sich *Schönke/Schröder* der Auffassung von *v. Simson* an. Der Zustand, dass früher nicht zwischen zufälligen Ansammlungen von Menschen und organisierten Versammlungen unterschieden wurde, habe sich durch die Anerkennung des Grundrechts der Versammlungsfreiheit verändert. Das einschränkende Gesetz gemäß Art. 8 II GG sei nicht § 116 StGB a.F. sondern § 29 Nr. 4 VersG. Entgegen der Auffassung von *Schmidt*[540] sei die Norm des Auflauf auf friedliche Versammlungen dementsprechend überhaupt nicht mehr anzuwenden. Diesen Gesichtspunkt übersehe auch BGHSt 5[541], wo § 116 StGB a. F. ohne weiteres auf eine Demonstration angewendet worden sei.[542] Soweit jedoch § 116 StGB a. F. noch anwendbar sei, sei er auch verfassungsmäßig.[543]

5.3.1.2 *Lösungswege der Rechtsprechung in den Demonstrationsprozessen*

5.3.1.2.1 Urteile aus dem Jahr 1968

---

[536] Vgl. dazu unten Kapitel 5.3.1.2.2.

[537] Schwarz/Dreher, Strafgesetzbuch, § 116 StGB, Anm. 3, 31. Auflage 1969.

[538] Schwarz/Dreher, a.a.O., Anm. 4 mit Verweis auf Neuberger, GoldtArchiv für Strafrecht, 1969, S. 1 ff. und Ott, freie Demonstration, 1967, S. 60.

[539] Schwarz/Dreher, a.a.O., Anm. 4.

[540] Verfassungskonforme Auslegung, JR 1968, S. 321 ff, vgl. dazu oben in diesem Kapitel.

[541] Vgl. dazu oben Kapitel 3.5.1.

[542] Schönke/Schröder, Strafgesetzbuch, § 116, Rndnr. 1.

[543] Schönke/Schröder, Rdnr. 5 unter Hinweis auf BayObLG NJW 1964, S. 676, Eb. Schmidt, Verfassungskonforme Auslegung, JR 1968, S. 321 ff.

Im Rahmen der Urteile spielte vor allem die tatsächliche Würdigung des Demonstrationsgeschehens eine Rolle. Daneben ging es, wie in der Literatur auch, um die Auswirkungen des Verfassungs- und Versammlungsrechts auf die Anwendung der Norm.

Das erste veröffentlichte Urteil im Zusammenhang mit den Studentenprotesten, das Berufungsurteil[544] des LG Bremen, erging unmittelbar nach den Osterunruhen am 17. April 1968, hatte allerdings ein anderes Demonstrationsgeschehen zur Grundlage. Auf den ersten Blick macht das Urteil einen fortschrittlichen Eindruck, ging es doch von der Notwendigkeit der verfassungskonformen Auslegung aus. Ob es sich hier der schon zum Teil veröffentlichten Literatur anschloss, ist nicht ersichtlich, da es keine zitierte. Seine Ausführungen in der konkreten Abwägung zeigen aber, dass das Gericht nur das „Ob" konzedierte. Die konkreten Ausführungen im Rahmen der verfassungskonformen Auslegung bewegten sich ganz im traditionellen Rahmen. In der Rechtsgüterabwägung traf es Wertungen, die rückwärtsgewandt waren und der Versammlungsfreiheit im Sinne der tradierten Auffassung einen untergeordneten Stellenwert einräumten.

Das Gericht half der vom Angeklagten eingelegten Berufung nicht ab und sprach ihn wie die Vorinstanz schuldig. Gegenstand der Verhandlung war eine nicht genehmigte Demonstration am Abend des 17. Januar 1968 gegen eine Fahrpreiserhöhung der Bremer Straßenbahn. Das Gericht stellte folgenden Sachverhalt fest: Der Angeklagte hatte sich gegen 20.00 Uhr zu der Demonstration begeben, durch die bereits seit dem späten Nachmittag der gesamte Straßenbahn- und Kraftfahrzeugverkehr in der Innenstadt zum völligen Erliegen gekommen war. Die Demonstranten wurden durch Lautsprecher der Polizei, unter Hinweis auf die mögliche Strafbarkeit nach §§ 116, 115 StGB a.F., zum Verlassen der Domsheide aufgefordert. Da die Durchsagen der Polizei jedes Mal von lautem Gejohle der Demonstranten begleitet wurden, konnte der Angeklagte immer nur das Wort „Achtung" verstehen. Der Angeklagte war sich jedoch dessen bewusst, dass die Polizei durch ihre laufenden Durchsagen die Menschenmenge zum Verlassen der Domsheide und Umgebung aufforderte. Er kam dieser Aufforderung jedoch nicht nach und hielt sich weiter in der demonstrierenden Menschenmenge auf. Diese wurde mit Hilfe von Wasserwerfern und einer Polizeikette allmählich abgedrängt.[545]

---

[544] Das erstinstanzliche Urteil ist nicht veröffentlicht. Das Jugendgericht hatte den Angeklagten mit Urteil vom 23. Februar 1968 eines Vergehens nach § 116 für schuldig befunden.

[545] LG Bremen, NJW 1969, S: 1889 f., 1889.

Das Gericht erörterte vornehmlich die Rechtmäßigkeit der Auflösungsanordnung und die bewusste Widersetzung gegen diese.[546] Verfassungsrechtliche Bedenken gegen die Anwendung der Norm sah es nicht. Allerdings könne die Entscheidung über ein strafbares Verhalten nicht allein nach dem Wortlaut des Gesetzes getroffen werden. Vielmehr sei mit Rücksicht auf die wertsetzende Bedeutung der im Grundgesetz garantierten Grundrechte eine verfassungskonforme Auslegung vorzunehmen, wie es das Bundesverfassungsgericht in einem anderen Zusammenhang entschieden hatte (zitiert wird hier die „Lüth"-Entscheidung, BVerfGE 7, 198 ff., C.D.). Seine nach diesen Kriterien durchgeführte Auslegung ergab:

> „Es muß vielmehr eine Güterabwägung hinsichtlich der im Grundgesetz verbrieften Grundrechte einerseits und der durch die Strafbestimmung des § 116 StGB geschützten Rechtsgüter andererseits stattfinden. Die durch diese Vorschrift geschützten Rechtsgüter sind die öffentliche Sicherheit und Ordnung. Sie dient der Durchsetzung der zu ihrer Aufrechterhaltung erlassenen Anordnungen der staatlichen Gewalt. Sollen die Bestimmungen zum Schutz der öffentlichen Sicherheit und Ordnung ihren Zweck erfüllen, so nötigen sie zu einer verständigen Abgrenzung der Grundrechte vom Recht des Staates auf Durchführung solcher Befehle, die er im Allgemeininteresse erläßt."[547]

Das Gericht folgerte also, dass jeder Staatsbürger unvermeidbare Grundrechtseinschränkungen um der Gesamtheit willen hinnehmen müsse. Es folgte hier einem BGH-Urteil aus dem Jahre 1953, welches zur Frage über den Irrtum der Rechtmäßigkeit der Vollstreckungshandlung im Rahmen des § 113 StGB a.F. entschieden hatte: zwar gelte nicht allgemein, dass jeder staatliche Befehl, auch der anerkanntermaßen rechtswidrige, von dem Betroffenen zunächst zu befolgen sei. Denn die Vergangenheit und zahlreiche Vorgänge im Machtbereich der so genannten Deutschen Demokratischen Republik, deren Zielen die Angeklagten anhingen, lehrten, dass der Staat gewisse rechtliche Kernbereiche seiner Bürger in keiner Weise, auch nicht nur vorübergehend, antasten dürfe. Allerdings komme es auf diese äußersten Grenzen der staatlichen Gewalt nicht an, ginge es nur um die Ordnung des öffentlichen Straßenverkehrs im Verhältnis zur Versammlungsfreiheit.[548]

Ganz im Sinne der überkommenen Auslegung erfolgte dann auch die weitere Abwägung des Gerichts: Eine Auflösung einer Menschenansammlung auf öffentlichen Straßen und Plätzen sei ein Zweck, der gegenüber den genannten Grundrechten bestehen könne, weil die Ansammlungen zu einer Gefahr für den öffentlichen Frieden werden, zu-

---

[546] LG Bremen, a.a.O., S. 1889.

[547] Ebenda, S. 1889.

[548] BGHSt 4, S. 161, 162 f. Dem Urteil ist nicht zu entnehmen, um was für einen Sachverhalt es sich genau handelt. Es ist lediglich die Rede von einem Fackelzug in M.

mindest aber die geordnete Abwicklung des öffentlichen Verkehrs nachhaltig stören könne, wie sich aus dem Urteil des BayObLG des Jahres 1964 ergab.[549] Die Aufforderung müsse aber im konkreten Fall unter Beachtung der sich an der Bedeutung der verbrieften Grundrechte orientierenden Güterabwägung rechtmäßig sein, entsprechend der höchstrichterlichen Rechtsprechung (BGHSt 4, 161, 163; BGHSt 21, 334 = NJW 1968, 710).

Ausreichend für die Rechtsmäßigkeit sei allerdings, wenn der örtlich und sachlich zuständige Beamte im Bewusstsein seiner Verantwortung und unter bestmöglicher pflichtgemäßer Abwägung der Umstände sein Einschreiten für nötig und sachlich gerechtfertigt halten durfte. Die im konkreten Fall ergangene Aufforderung war objektiv gerechtfertigt:

> „Durch die Demonstration war die öffentliche Ordnung bereits in hohem Maße gestört. Der gesamte Straßenbahn- und Fahrzeugverkehr in der Innenstadt war schon seit mehreren Stunden zum völligen Erliegen gekommen. Es kann keinem Zweifel unterliegen, daß zur Aufrechterhaltung der öffentlichen Ordnung auch die glatte Abwicklung des Straßenverkehrs gehört (BGHSt 5, 245, 250; BayObLG, NJW 64, 675)[550]. Ebenso unzweifelhaft ist es nach Auffassung des Berufungsgerichts, daß das Recht der Allgemeinheit, die Straße für den Verkehr zu benutzen, Vorrang vor dem Recht einzelner hat, sich zum Zwecke der Demonstration auf ihnen in der Weise zu versammeln, daß ein Verkehr über Stunden unmöglich wird. Demgegenüber ist die von dem Verteidiger vorgetragene Auffassung abwegig, die Straßen seien in erster Linie für das 'Stattfinden der Demokratie' und erst in zweiter Linie für den Verkehr da. Denn auch und gerade in einem demokratischen Rechtsstaat, in dem dem Staat in besonderem Maße aufgegeben ist, die Freiheit des Einzelnen zu gewährleisten, findet die Ausübung der Rechte des einzelnen Staatsbürgers dort ihre Grenzen, wo sie die Rechte anderer verletzt oder gegen das Gemeinwohl verstößt. Schon allein um den allgemeinen Verkehr [...] wieder zu ermöglichen, war die polizeiliche Aufforderung zur Räumung [...] daher gerechtfertigt und damit rechtmäßig."[551]

Da der Angeklagte die Aufforderung nicht befolgte und sich nicht entfernte, war der objektive Tatbestand erfüllt. Darüber hinaus hatte der Angeklagte auch vorsätzlich gehandelt. Seiner Meinung, die Polizei sei zu ihrer Aufforderung wegen des ihm zustehenden Demonstrationsrechtes nicht berechtigt gewesen, begegnete das Gericht mit erheblichen Zweifeln:

> „Die Annahme, die Grundrechte der freien Meinungsäußerung und der Versammlungsfreiheit berechtigten unter Ausschluß der Rechte anderer Bürger da-

---

549 LG Bremen, NJW 1969, S. 1889 ff., 1890; Vgl. zu dem Urteil des BayObLG oben Kapitel 3.5.1.

550 Vgl. zu BGHSt 5 und BayObLG oben Kapitel 3.5.1.

551 LG Bremen, NJW 1969, S. 1889 ff., 1890.

zu, einen großstädtischen Hauptverkehrsknotenpunkt [...] lahmzulegen, ist so abwegig, daß sie schon aus diesen Gründen nicht überzeugen kann."[552]

Die Frage eines Irrtums über die Rechtsmäßigkeit seitens des Angeklagten konnte dahinstehen. Denn nach der zutreffenden Rechtsprechung des BGH (BGHSt 4 und 5) sei die Rechtmäßigkeit der Anordnung kein Tatbestandsmerkmal, sondern eine ungeschriebene Bedingung der Strafbarkeit. Nur eine solche Auslegung entspräche dem berechtigten rechtsstaatlichen Ordnungsbedürfnis, das auch ein Bedürfnis der Allgemeinheit sei.[553]

In seinem Beschluss vom 18. Juni 1968 kam das AG Freiburg[554] zu einem Freispruch, weil es das Demonstrationsgeschehen lebensnah würdigte und nicht ohne weiteres pauschal auf das Unrechtsverhalten des Angeklagten schloss, weil sich dieser in einer von der Polizei aufgelösten Menge befand. Die Staatsanwaltschaft hatte Anklage erhoben wegen Auflauf und Landfriedensbruch.[555]

Der Angeschuldigte hatte am 7. Februar 1968 im Stadtkern an einer Schüler- und Studentendemonstration teilgenommen und sich vom Demonstrationsort nicht entfernt, obwohl ihm bekannt gewesen sei, dass die zur Räumung der Straßen und Gehwege eingesetzten Polizeibeamten mindestens dreimal aufgefordert hätten, sich zu entfernen. Das Gericht lehnte den Antrag wegen Fehlens eines hinreichenden Tatverdachtes ab, und zwar aus tatsächlichen Gründen. Eine Auseinandersetzung mit dogmatischen Erwägungen, Literatur oder Urteilen erfolgte nicht. Es war für das Gericht nicht nachgewiesen, dass der Angeklagte davon hatte Kenntnis erlangen können, dass die Polizei die Demonstranten dreimal aufgefordert hatte, sich zu entfernen:

„Daraus, daß die Straßen für den Verkehr wieder freigegeben waren und die Polizisten Sperrketten gebildet hatten, läßt sich nicht zwingend der Schluß ziehen, es sei eine dreimalige Aufforderung im Sinne des § 116 StGB ergangen. [...] Es liegt ebenfalls kein Anhaltspunkt vor, daß er auf andere Weise, etwa durch die Unterrichtung von seiten anderer Demonstranten Kenntnis von einer Aufforderung nehmen konnte bzw. genommen hat. Zudem ist nach dem Ermittlungsergebnis nicht zu erkennen, ob zuvor überhaupt eine dreimalige Aufforderung der Polizei an die Menge der Demonstranten, sich zu entfernen, ergangen ist. In der Strafanzeige und in der Anklage gegen den Angeschuldigten wird diese Aufforderung vorausgesetzt. Der Bericht der Polizisten PM J. und KM Sch., die sich an dem Ort der Demonstration befanden und den Angeschul-

552 Ebenda, S. 1890.

553 Ebenda, S. 1890.

554 JZ 1968, S. 802.

555 Vgl. dasselbe Gericht zu § 125 StGB a.F. unten Kapitel 5.3.2.2.

digten festgenommen haben, gibt aber keine Auskunft über eine Aufforderung im Sinne des § 116 StGB."[556]

Das AG Esslingen trat in seinem Beschluss vom 28. Oktober 1968 für einen offenen politischen Willensbildungsprozeß ein. Dementsprechend setzte es sich auch mit der neuen Literatur auseinander und schloss sich hier der Auffassung von *v. Simson* an, wonach eine verfassungskonforme Auslegung erforderlich war. Sehr ausführlich befasste es sich mit dem Versammlungsbegriff, bei dessen Definition es den zeitgenössischen Demonstrationspraktiken Rechnung trug. Die Frage, ob es sich bei der Versammlung um eine friedliche gehandelt hatte oder nicht, erörterte das Gericht nicht. Seine Sachverhaltsfeststellung gibt insoweit auch keinen Aufschluss darüber, ob hier Erörterungsbedarf bestand. Allerdings drängt sich die Vermutung auf, dass das Gericht, um zu seinem gewünschten Ergebnis zu kommen, diese Problematik bewusst umging.

Im Ergebnis lehnte das Gericht eine Strafbarkeit wegen Auflaufs ab. Bei der gegebenen Sach- und Rechtslage sei zur strafrechtlichen Ahndung eine Hauptverhandlung vor dem Schöffengericht nicht angemessen. Es regte an, bezüglich des Angeschuldigten den Erlass eines Strafbefehls zu beantragen.[557]

Nach den Feststellungen des Gerichts war es am 12. April 1968 – einen Tag nach dem Mordanschlag auf Rudi Dutschke – in vielen Städten zu spontanen Demonstrationen gekommen. Die Aktionen hatten sich in erster Linie gegen die Springer-Verlagshäuser und Druckereien gerichtet, weil man glaubte, dass die Berichterstattung der Springer-Presse mitschuldig an dem Mordanschlag sei. In Esslingen hatten in den Abendstunden vor dem Bechtle-Verlag Studentendemonstrationen stattgefunden, die nicht bei der zuständigen Behörde angemeldet waren. Die Polizei hatte mehr als dreimal über den Lautsprecher die Aufforderung durchgegeben, die Demonstranten sollten sich entfernen, was von den Studenten, darunter der Angeklagte, nicht befolgt wurde.[558]

Der Anwendung des seit 1871 ohne jede Änderung im Strafgesetzbuch befindlichen § 116 StGB a.F. standen nach der verfassungskonformen Auslegung des Gerichts rechtliche Gründe entgegen:

„Es genügt dabei nicht, daß man im Einzelfall eine Güterabwägung vornimmt (so LG Bremen in NJW 68, 1889), sondern es ist zunächst allgemein zu fragen, ob § 116 StGB überhaupt auf politische Demonstrationen anzuwenden ist. [...] Bisher lieferte die Rechtsprechung noch keine Antwort auf die Frage, ob § 116 StGB wenigstens insoweit außer Wirkung gesetzt worden ist, als durch tatbe-

---

[556] AG Freiburg, a.a.O., S. 802.

[557] AG Esslingen, JZ 1968, S. 799 f.

[558] Ebenda, S. 799.

> standsmäßige Handlungen gleichzeitig, auch im Versammlungsgesetz geregelte Tatbestände erfüllt werden."[559]

Entsprechend *v. Simson* ging das Gericht von einer Ausschließlichkeitsfunktion der Tatbestände des § 116 StGB a.F. und des § 29 Nr. 4 des Versammlungsgesetzes vom 24.7.1953 (VersG) aus. Zur weiteren Belegung dieser Auffassung führte das Gericht zum Begriff der Versammlung aus: „Versammlung" im Gegensatz zu § 116 StGB müsse eine Menschenansammlung sein, die sich an einem gemeinsamen Ort zu einem gemeinsamen Zweck zusammengefunden habe, wobei das Ziel die Behandlung öffentlicher Angelegenheiten sei. Beim Aufzug seien diese Merkmale identisch:

> „Im Gegensatz zu der Auffassung des LG Karlsruhe (II Qs 128/67 [eine Entscheidung, die nicht veröffentlicht wurde, C.D.]), das sich in erster Linie auf einen Erlaß des Preußischen Ministeriums des Innern vom 10.10.1923 stützt (!), ist es keineswegs erforderlich, daß 'öffentliche Angelegenheiten *durch Redner* kundgegeben, beraten oder erörtert werden'. Wäre diese, auch in dem Kommentar „Das Versammlungsrecht" von Hans Trube und Franz Heinka vertretene Auffassung richtig, so würde keine Demonstration mit Plakaten, ja nicht einmal das unbehindernde Sitzen mehrerer Menschen zum Zwecke des Hinweises auf ihre Probleme (was gibt es friedlicheres), unter den Schutz des Versammlungsgesetzes fallen. Es handelte sich um kein zufälliges Zusammenkommen, sondern um ein bewusstes Zusammensein zu einem konkreten Zweck (öffentliche Warnung vor der Gefahr der Pressekonzentration). Daß diese Demonstration nicht ordnungsgemäß genehmigt war, spielt dabei keine Rolle und nimmt ihr, wie sich aus dem Gesetz ergibt, nicht die Qualifikation einer Versammlung."[560]

Zur Ausschließlichkeitsfunktion der Tatbestände begründete das Gericht weiter, dass der Auflauf (z.B. Schaulustige bei einem Unfall) auf Grund der allgemeinen polizeilichen Ermächtigung aufgelöst werden könnte, während die Auflösungsgründe nach dem VersG abschließend geregelt seien. Grund hierfür sei die Privilegierung der Versammlung, die der Unterrichtung der Öffentlichkeit diene und daher der Garantie des Art. 8 GG unterliege, gegenüber dem bloß aus Zufall entstandenen Menschenauflauf. Ebenfalls angeführt wurde der Entwurf des Strafgesetzbuches E 1962, der den Auflauf nicht abschaffte, aber nun nur mehr von einer „Ansammlung" sprach. Auch die Verschiedenheit des Unrechtsgehalts spreche für die Ausschließlichkeitsfunktion.

> „Wenn die beiden Vorschriften im Gegensatz zu der hier vertretenen Auffassung nebeneinander angewandt werden könnten, so läge es allein in der Hand der Polizeibeamten, welche Strafsanktion ausgelöst würde, je nachdem ob sie es bei einer einmaligen Aufforderung belassen oder ob sie die Aufforderung mehrere Male wiederholen. Die Vorschrift des § 116 StGB hätte dann als einzige Un-

---

559 Ebenda, S. 799.

560 Ebenda, S. 799.

terscheidung zu § 29 VersG die Anzahl der ergangenen Aufforderungen aufzuweisen."[561]

Da die Studentendemonstration vom 12. April 1968 eine öffentliche Versammlung nach dem VersG war, da diese Versammlung durch die Polizei aufgelöst worden war und sich der Angeschuldigte als einfacher Teilnehmer vorsätzlich nicht entfernt hatte, lag eine Übertretung nach § 29 Nr. 4 VersG vor. Dies schien dem Gericht die der Schwere der Tat nach richtige staatliche Reaktion gegenüber dem Großteil der angeschuldigten Studenten, die in echter staatsbürgerlicher Gesinnung an der Demonstration teilgenommen hatten:

„Daß darüber hinaus Straftatbestände wie Beamtennötigung, Widerstand, Körperverletzung, Sachbeschädigung, Landfriedensbruch usw. in anderen Fällen untersucht und gegebenenfalls strafrechtlich geahndet werden müssen, ist selbstverständlich. Die Vorfälle vom 12.4.1968 sollten zur allgemeinen Erkenntnis führen, daß sich die demokratische Ordnung nicht allein auf administrative staatliche Machtmittel beschränken darf. Sie muß die geistige Auseinandersetzung mit den Protestierenden suchen, um die unanfechtbare Gegenüberstellung administrativer, staatlicher Mittel gegen studentischen Protest zu überwinden. Der Ruf nach staatlicher Autorität und Ordnung darf nicht die ultima ratio der Auseinandersetzung mit den Studenten werden. Die Grenze muß deutlicher im Sinne eines demokratisch relativierten Ordnungsideals gefaßt werden. In Zukunft sollten die staatlichen Organe auch stärker als bisher die Anführer und Mitläufer voneinander unterscheiden."[562]

Kurz darauf erging am 30. Oktober 1968 das Urteil des AG Frankfurt ebenfalls zu den Ereignissen von Ostern 1968.[563] Seine Entscheidungsbegründung ist eine der ausführlichsten überhaupt. Zwar zitierte das Gericht nicht deutlich die zur Auslegung der Norm neu erschiene Literatur, ist den in der rechtswissenschaftlichen Debatte vertretenen Demokratisierungstendenzen aber klar zuzurechnen. Die Auslegung im Sinne der Wechselwirkungstheorie nutzte es, um entsprechend seiner positiven Einstellung dem Grundrecht gegenüber nun weitreichende Handlungsmöglichkeiten einzuräumen. Seine Sachverhaltsdarstellung fällt ausführlicher aus, als die des AG Esslingen, es ist aber davon auszugehen, dass die Demonstrationsgeschehen im Prinzip gleich gelagert waren. Anders als das Esslinger Gericht scheute sich das Gericht aber nicht vor der Entscheidung über die Friedlichkeit oder Unfriedlichkeit. Vielmehr subsumierte es im Sinne seiner liberalen Auffassung den Sachverhalt unter alle entsprechenden Normvoraussetzungen.

---

[561] AG Esslingen, JZ 1968, S. 799 f., 800.

[562] Ebenda, S. 800.

[563] AG Frankfurt, JZ 1968, S. 200 ff.

Die Anklage lautete gegen zwei Angeklagte auf Aufruhr, Landfriedensbruch und Auflauf.[564] Das Gericht sprach beide nach der gesamten Sach-, Beweis- und Rechtslage frei. Das Gericht ermittelte folgenden Demonstrationsverlauf:

Vor der „Societäts"-Druckerei in Frankfurt verhinderten am Ostermontag den 15. April 1986 auf der Straße sitzende Demonstranten die Ausfahrt der Zeitungstransporte. Als die Fahrer versuchten ruckweise anfahrend durch die Menge zu gelangen, ließ einer der Demonstranten die Luft aus den Reifen. Nach dem vom Gericht festgestellten Sachverhalt handelte es sich bei diesem Vorfall nicht um ein irgendwie gemeinsames Vorgehen der Demonstranten oder Ausdruck dafür.[565] Nun kam es aber zwischen dem Fahrer und den Demonstranten zu einem heftigen Wortwechsel, so dass sich die anwesende Polizei zum Eingreifen veranlasst sah. Nach Aussagen von zwei Polizeibeamten hatten sie die Demonstranten mit lauten Rufen und Handbewegungen aufgefordert, sich zu entfernen. Der Angeklagte G. gab dagegen an, es sei keine derartige Aufforderung ergangen und er habe nichts gehört oder gesehen. Ein nicht unweit sich aufhaltender Zuschauer bestätigte die Aussage des Angeklagten. Die Polizei setzte dann Wasserwerfer ein. Nicht alle Demonstranten entfernten sich, so dass die Polizei mit gezogenen Schlagstöcken und den Wasserwerfern direkt in die Menge vorging. Die Polizei schlug auf die noch auf der Straße Sitzenden ein, um sie zum Aufstehen und Räumen zu bringen. Einzelne Demonstranten warfen, als die Räumungsaktion begann, mit Farbbeuteln, sowie mit Steinen und angeblich auch mit Flaschen nach den Beamten. Ob durch derartige Würfe Schaden angerichtet wurde und Verletzungen entstanden, konnte in der Hauptverhandlung nicht festgestellt werden. Es erschien dem Gericht aber durchaus möglich. Der Angeklagte G. wurde von Beamten eines anderen Polizeieinsatzzuges und an einer anderen Stelle als dem Einsatzort festgenommen.[566]

Der zweite Angeklagte H. hatte sich an einem anderen Geschehensort der Demonstration befunden. Als er die Einsatzpraktiken der dort tätigen Polizei laut dokumentierte, wurde er von einem oder auch mehreren Polizeibeamten aufgefordert wegzugehen. Er leistete nur widerwillig Folge und wurde festgenommen.[567] Für H. kam eine Bestrafung gemäß § 116 StGB a.F. nicht in Betracht:

---

[564] Vgl. zu den Ausführungen zu §§ 115, 125 unten Kapitel 5.3.2.2.

[565] AG Frankfurt, JZ 1968, S. 200 ff., 201.

[566] Ebenda, S. 201.

[567] Ebenda, S. 201 f.

„Voraussetzung für eine Bestrafung nach dieser Vorschrift ist, daß eine auf öffentlichen Wegen und Plätzen versammelte Menschenmenge vom zuständigen Beamten dreimal zum Entfernen aufgefordert worden ist. Die letztgenannte Voraussetzung ist im vorliegenden Falle nicht erfüllt. Es konnte jedenfalls im Laufe der Hauptverhandlung nicht festgestellt werden, daß eine derartige dreimalige Aufforderung an die Menschenmenge ergangen ist, in und bei der sich H. befand [...]."[568]

Das Gericht erörterte weiter eine Übertretung nach § 29 Nr. 4 VersG, die aber auch nicht in Betracht kam. Denn auch hier sah das Gericht keine Anhaltspunkte für eine Auflösung im Sinne des VersG. Die Auflösung einer Versammlung sei ein Verwaltungsakt, entsprechend Füßlein, Versammlungsgesetz, 1954, Anm. 4 zu § 13, der deshalb eine entsprechende Auflösungsverfügung voraussetze. Eine solche Verfügung müsse aber bestimmt und unzweideutig zum Ausdruck bringen, was von den Versammlungsteilnehmern verlangt werde, so Wolff, Verwaltungsrecht I, 6. Auflage 1965, S. 291 und Ott, Das Recht auf freie Demonstration, 1967, S. 85. Im vorliegenden Falle würde es aber an einer solchen bestimmten Verfügung mangeln.[569]

Ob eine Aufforderung seitens der Polizei tatsächlich ergangen war, konnte im Falle des G. dahinstehen. Das Gericht erörterte ausführlich, ob es sich bei der Menschenmenge vor der Absperrung um eine Versammlung im Sinne des Art. 8 GG gehandelt hatte. Da es dies bejahte, wendete das Gericht § 116 StGB ohne weitere Belege anzuführen gar nicht an. Denn es lag eine Versammlung vor, die auch nicht zugunsten eines anderen beeinträchtigten Rechtsgutes zurücktreten musste:

Die Subsumtion unter die von Rechtsprechung und Lehre entwickelte Definition der Versammlung ergab, dass die Menschenmenge, die sich vor dem Druckereigebäude versammelt hatte, eine öffentliche Versammlung in Form einer Demonstration war.[570] Aus der Kombination grundsätzlicher Freiheit der Meinungsäußerung und grundsätzlicher Freiheit zur Versammlung ergebe sich die grundsätzliche Demonstrationsfreiheit:

„Dabei ist es legitim, daß die Demonstration den Zweck verfolgt [...] auf das Publikum einzuwirken. Denn die freiheitlich demokratische Grundordnung sichert durch die Grundrechte der Meinungsfreiheit, Vereinigungs- und Koaliti-

---

[568] AG Frankfurt, a.a.O., S. 202.

[569] AG Frankfurt, JZ 1968, S. 200 ff., 202.

[570] Das Gericht führte hier als Belege an v. Mangoldt-Klein, Das Bonner Grundgesetz, 2. Aufl. 1957, Bd. I, Anm. III 5 zu Art. 8 GG; Bonner Kommentar zum Grundgesetz (v. Münch), Rndnr. 22 zu Art. 8; Füßlein, Versammlungsgesetz, 1954, Anm. 3 zu § 1; Vogel, Demonstrationsfreiheit und ihre Grenzen, 1968, S. 8; Ott, Das Recht auf freie Demonstration, 1967, S. 13.

onsfreiheit, Versammlungsfreiheit und das Petitionsrecht die Freiheit und den Prozeß der ständigen Meinungs- und Willensbildung des Volkes. Dieser ständige Prozeß der Meinungs- und Willensbildung des Volkes ist eine Grundvoraussetzung für das richtige Funktionieren einer freiheitlichen Demokratie, die nicht nur aus der Anwendung formaler Regeln bestehen und leben kann. Demokratie bedeutet nicht nur allein eine Organisationsform des Gemeinwesens Staat, sondern zugleich das ständige Angebot und die Aufforderung an den einzelnen und die Allgemeinheit, wenn nicht die diesem freiheitlichen Prinzip inneliegende Verpflichtung, politisch zu sein, d.h. sich auch um das Gemeinwesen zu kümmern, es kritisch zu beobachten, an seinem Bestand mitzuarbeiten, die ständig erforderlichen Verbesserungen und Anpassungen an neue Gegebenheiten anzuregen und zu unterstützen. So verstanden und zu verstehen handelt es sich bei dem demokratischen Prinzip um ein ausgesprochen dynamisches Prinzip, das Offenheit, Beweglichkeit und ständige Aufklärung und Diskussion verlangt. Ein solches demokratisches Bewußtsein führt zur erforderlichen echten Meinungs- und Willensbildung, wird dadurch zugleich auch bedingt."[571]

So sollte eben eine Art der Einflussnahme zur politischen Meinungs- und Willensbildung die Demonstration sein. Darüber hinaus hatte sich die Demonstration auch in den Grenzen des Art. 8 I GG gehalten, also war ohne Waffen und friedlich verlaufen. Es gab für das Gericht keine Anhaltspunkte, das die geworfenen Flaschen und Steine von vorneherein als Waffen mitgeführt worden seien. Bei den geworfenen Farbbeuteln, die sicher vorbereitet gewesen waren, sollte von Waffen keine Rede sein. Der Begriff der Friedlichkeit sei nach allgemeiner Meinung eng auszulegen.

„Nicht alles, was nach dem allgemeinen Sprachgebrauch unfriedlich ist, ist auch im Sinne des Art. 8 Abs. 2 GG unfriedlich. Durch das 1953 beschlossene und in Kraft getretene Versammlungsgesetz ist der Begriff 'unfriedlich' vom Gesetzgeber dahin definiert worden, daß eine Versammlung dann unfriedlich ist, wenn sie einen 'gewalttätigen oder aufrührerischen Verlauf nimmt' (§§ 5 Ziff. 3 und 23 Abs. 1 Ziff. 2 Versammlungsgesetz). Eine unfriedliche Versammlung ist also erst dann anzunehmen, wenn Gewalt ausgeübt oder angedroht wird (vgl. Füßlein, a.a.O., Anm. 10 zu § 5; ders., Vereins- und Versammlungsfreiheit, in Neumann/Nipperdey/Scheuner, Die Grundrechte, Handbuch, Bd. II, 1954, S. 425 ff., S. 446; Hamann, Grundgesetz, Kommentar, 2. Aufl. 1960, Anm. B 3 zu Art. 8; Vogel, a.a.O., S. 10). Die Demonstranten vor der Schleuse waren weder aktiv gewalttätig noch aufrührerisch. Es war weder geplant noch wurde versucht, mit gewaltsamen Mitteln aktiv irgendetwas zu erreichen."[572]

Für das Gericht trug auch nicht zur Unfriedlichkeit bei, dass mit der Demonstration eine gezielte Blockade der Zeitungsauslieferung erreicht werden sollte und somit Rechte Dritter betroffen waren.

---

[571] AG Frankfurt, JZ 1968, S. 200 ff., 203.

[572] Ebenda, S. 203.

„Wesentlich bei der Beurteilung des Problems ist folgendes: Die Grundrechte der Meinungs-, Versammlungs- und Pressefreiheit sind für eine freiheitliche Demokratie von besonderer Bedeutung, da 'nur die freie öffentliche Diskussion über Gegenstände von allgemeiner Bedeutung die freie Bildung der öffentlichen Meinung sichert, die sich im freiheitlich-demokratischen Staat notwendig 'pluralistisch' im Widerstreit verschiedener und aus verschiedenen Motiven vertretener, aber jedenfalls in Freiheit vorgetragener Auffassungen, vor allem in Rede und Gegenrede vollzieht'(BVerfGE 12, 113, ff., 125 = JZ 61, 535, 536 1. Sp. Mit Anm. von Ridder)."[573]

In Auseinandersetzung mit dem „Lüth"-Urteil des Bundesverfassungsgerichts[574] stellte das Gericht fest, dass auch im vorliegenden Fall das Schranken-Schranken-Prinzip angewendet werden müsse, wobei keine allgemeinen Grundsätze aufgestellt werden könnten, sondern die Entscheidung jeweils von den Umständen des Einzelfalles abhinge und auf eine konkrete Güterabwägung hinausliefe. Abzuwägen war also, ob das in Anspruch genommene Grundrecht nach Anlass, Zweck und Wirkung gegenüber den bei einer Kollision beeinträchtigten Rechten vorrangige Bedeutung habe und deshalb die anderweitigen Beeinträchtigungen hingenommen werden müssten.

Der erklärte und nicht zu widerlegende Zweck der Demonstration sei gewesen, durch die Anwesenheit der Demonstranten die Auslieferung der Bild-Zeitung für einen Tag zu verhindern, um damit die Öffentlichkeit aufzurütteln und nachdrücklich auf die durch die Springer-Presse drohenden Gefahren für die Informations- und Pressefreiheit hinzuweisen. Der Verfolgung dieser eminenten öffentlichen Angelegenheit stellte das Gericht als beeinträchtigtes Recht zunächst das Interesse an einem ungehinderten Ablauf des Straßenverkehrs gegenüber, welches sich aber dem der Demonstration unterzuordnen hatte,

„zumal sich die Demonstration auf einen örtlich und zeitlich begrenzten Raum beschränkte, es sich um einen Feiertag ohne Berufs- und allgemeinen Transportverkehr handelte und der Straßenverkehr ohne weiteres für einige Stunden umgeleitet werden konnte, was bei Anlässen, die sich nicht auf Angelegenheiten der öffentlichen Meinungsbildung beziehen, wie etwa große Sportveranstaltungen, Volksfest, Karnevalsumzügen und dgl., für selbstverständlich gehalten und ohne Diskussion in der Öffentlichkeit hingenommen wird."[575]

Die nächste Güterabwägung betraf das Demonstrationsrecht im Verhältnis zur Nötigung gemäß § 240 StGB a.F. gegenüber den Druckerei-Kraftfahrern, die wegen der versammelten Menschenmenge nicht zur Druckerei durchfahren konnten, aufgehalten wurden und die Lastwagen anhalten mussten und stehen ließen. Aber auch diese etwaige Nöti-

---

[573] AG Frankfurt, a.a.O., S. 204.

[574] BVerfGE 7, S. 198 ff.

[575] AG Frankfurt, JZ 1968, S. 200 ff., 204.

gung war durch das Demonstrationsrecht gedeckt, da es an der Verwerflichkeit der in § 240 II StGB a.F. vorgesehenen Zweck-Mittel-Relation fehlte. Bei dem Zweck der Demonstration sei es keineswegs als verwerflich anzusehen, wenn die Druckerei-Fahrer aufgehalten wurden und nicht weiterfahren konnten. Sie hätten umkehren und die Wagen abstellen, sich aber völlig frei und unbehelligt bewegen können. Um ihre Person selbst sei es nicht gegangen.

Auch der Eingriff in das Recht am eingerichteten und ausgeübten Gewerbebetrieb nach § 823 BGB sei noch durch das Demonstrationsrecht bei dem Zweck der Demonstration und der Stärke gerechtfertigt. In Anlehnung an das „Blinkfüer"-Urteil des BGH bei Beeinträchtigungen der gewerblichen Betätigung durch das Demonstrationsrecht müsse abgewogen werden, ob den schutzwürdigen Interessen des Beeinträchtigten ein solcher Rang zu komme, dass das Demonstrationsrecht hinter ihm zurücktreten müsse. Im vorliegenden Fall sollte die Auslieferung der „Bild"-Zeitung für einen Tag verhindert werden, was allerdings einen nicht unerheblichen Schaden für Druckerei und Verlag bedeutet hätte.

> „Der Eingriff sollte jedoch keine weitergehenden Folgen haben und hätte sie auch nicht gehabt, wie es etwa der Fall gewesen wäre, wenn Druckerei- oder Transporteinrichtungen hätten zerstört werden sollen und zerstört worden wären, um damit den beabsichtigten Zweck zu erreichen. Bei dem begrenzten Eingriff in die gewerbliche Betätigung mit begrenztem wirtschaftlichen Ausmaß muß das Recht auf Demonstration nach dem Zweck der Demonstration, nämlich Einwirkung auf die öffentliche Meinungsbildung, auch unter Berücksichtigung des angewandten Mittels, nämlich Verhinderung der Bild-Zeitungsauslieferung höher gewertet werden, als das Recht am eingerichteten und ausgeübten Gewerbebetrieb, [...] Nur am Rande sei darauf hingewiesen, welche oft ganz erheblichen wirtschaftlichen Beeinträchtigungen durch die Anwendung des Streikrechts eintreten, die dann als unvermeidlich und durch das Streikrecht gedeckt hingenommen werden, obwohl das Streikrecht kein Grundrecht ist und lediglich zur Durchsetzung arbeitsrechtlicher Forderungen dienen soll."[576]

Schließlich wurde noch die Pressefreiheit in die Abwägung miteinbezogen. Hier griff das Gericht auf die Ergebnisse der Günther-Kommission zurück, woraus sich ergab, dass objektiv starker Anlass bestanden hätte und bestünde, die Öffentlichkeit auf die Gefährdung im Bereich des Presse- und Informationswesens hinzuweisen. Angesichts dieser Sachlage hätte auch von sonst nicht üblichen und nicht gerechtfertigten Mitteln zur Bewusstseins- und Meinungsbildung der Öffentlichkeit Gebrauch gemacht werden können. Die Pressefreiheit konnte also vorübergehend beeinträchtigt werden.

---

[576] AG Frankfurt, a.a.O., S. 205.

„Es ergibt sich somit, daß die Demonstration nach Art und Zweck gerechtfertigt war, so dass die 'Blockade' nicht als Gewalttätigkeit anzusehen ist und die Versammlung von Demonstranten [...] vor der Absperrung nicht als unfriedlich bezeichnet werden kann.

Wenn irgend jemand dann aus einem Reifen eines Transportfahrzeuges Luft entweichen ließ, so war das die Aktion eines einzelnen, die sich als Sachbeschädigung darstellen könnte, aber keineswegs aus der 'friedlichen' eine 'unfriedliche' Versammlung machte. Es liegen keine Anhaltspunkte vor, daß eine solche Handlung von den Demonstranten oder einer Gruppe von ihnen geplant war und ausgeführt wurde, und es sind ebensowenig Anhaltspunkte dafür gegeben, daß das Entweichen lassen der Luft von den Demonstranten gebilligt und als Teil der Demonstration angesehen wurde.

Wenn später beim Vorgehen der Polizeibeamten gegen die Demonstranten im Bereich zwischen der Absperrung und Bahnbrücke vereinzelt Steine und sonstige Gegenstände in Richtung auf Polizeibeamte geworfen wurden, so waren das nach Sachlage teils Abwehrhandlungen, teils Angriffe einzelner, die wiederum nicht den Demonstranten als solchen angelastet werden können, die sich zu diesem Zeitpunkt weitgehend auf der Flucht befanden."[577]

Das BayObLG befasste sich in seinem Revisionsurteil vom 11. November 1968 mit zwei verschiedenen Demonstrationsgeschehen und kam in beiden Fällen zu einer Strafbarkeit.[578] Das Gericht blieb den alten Terminologien und Wertungen sowie der tradierten Auslegung verhaftet. Es folgte in seinen Ausführungen *Schmidt*, der Stimme aus der Literaturdebatte, die nach wie vor vehement an der Auslegung der Norm nichts ändern wollte. Dementsprechend verschloss sich das BayObLG der verfassungskonformen Auslegung. Im Sinne der der alten Auslegung war es ihm dann auch möglich, jede weitere vertiefte Auseinandersetzung mit Art. 8 GG zu umgehen.

Der Angeklagte hatte mit der Revision die Verletzung sachlichen Rechts gerügt, das zulässige Revisionsmittel wies das Gericht aber als unbegründet zurück. Gegenstand des Verfahrens waren die Tatbestände des Auflaufs sowie des Landfriedensbruchs.[579] Das erstinstanzliche AG hatte folgenden Sachverhalt festgestellt:

Zunächst hatte sich ein angemeldeter Demonstrationszug formiert, der nach dem Auflagenbescheid der Stadt mit einer Kundgebung auf der K.-Straße seinen Abschluss finden sollte. Allerdings umgingen Gruppen von Demonstranten die von der Polizei errichteten Absperrungen und begaben sich auf die V.-Straße. Die Demonstranten ließen sich auf beiden Fahrbahnrichtungen nieder, um auf diese Weise gegen die amerika-

---

[577] Ebenda, S. 205 f.

[578] BayObLG, NJW 1969, S. 63 ff.

[579] Zu den Ausführungen zu § 125 StGB a.F. vgl. unten Kapitel 5.3.2.2.1.

nische Vietnampolitik zu demonstrieren. Durch diesen Sitzstreik wurde der Straßenverkehr gesperrt. Passierversuche von Autos wurden seitens der Demonstranten mit Übergriffen beantwortet, wie etwa Schaukeln der Wagen oder Trommeln auf dieselben. Die am Sitzstreik teilnehmenden Demonstranten wurden von Polizeilautsprecherwagen etwa 20-25 mal aufgefordert, die V.-Straße sofort zu verlassen und auseinander zu gehen. Da die Durchsagen erfolglos blieben, wurde die Straße von der Polizei gewaltsam geräumt und der Angeklagte weggetragen. Er hatte die Aufforderungen der Polizei nicht nur verstanden, sondern auch bewusst die gewaltsame Blockierung der V.-Straße gewollt und dabei einzelne Übergriffe gegen Kraftfahrzeuge in Kauf genommen.

Bei dem zweiten relevanten Demonstrationsgeschehen hatte sich auf der L.-Straße ein nicht angemeldeter Demonstrationszug formiert, der aus etwa 20-25 Personen bestand, die sich in Zweierreihen aufstellten und sich mit einer langen Kette aneinander fesselten. Ziel dieser so genannten Kettendemonstration war es, gegen die Einleitung von Ermittlungsverfahren gegen Personen zu demonstrieren, die sich anlässlich des Schah-Besuchs im Sommer 1967 der Beleidigung des persischen Staatsoberhauptes schuldig gemacht hatten. Außerdem sollte gegen die politischen Verhältnisse in Persien, Spanien, Portugal und Griechenland sowie die führenden Männer der Regierungen dieser Länder und gegen den amerikanischen Präsidenten mit Spottliedern demonstriert werden. Der Angeklagte befand sich unter den Demonstranten, er hatte sich ebenfalls angekettet. Dem stadteinwärts ziehenden Demonstrationszug traten uniformierte Schutzpolizeibeamte entgegen. Als sich der Zug immer weiter bewegte, forderte ein Polizeilautsprecherwagen die anrückenden Demonstranten sechsmal auf, auseinander zu gehen und sich zu entfernen, wobei auf die mögliche Strafbarkeit hingewiesen wurde. Obwohl der Angeklagte die Lautsprecherdurchsagen genau verstand, leistete er ihnen ebenso wie die anderen Demonstranten keine Folge. In Anwendung des Grundsatzes der Verhältnismäßigkeit löste die Polizei den Demonstrationszug nicht gewaltsam auf. Der Zug setzte seinen Weg fort.

§ 116 StGB a.F. war nach Auffassung des Gerichts mit dem Grundgesetz vereinbar, wie schon das BayObLG im Jahre 1964 dargetan hätte.[580] Auch der BGH (BGHSt 5, 245 = NJW 1954, 438) habe keine Bedenken gesehen, in § 116 StGB a.F. eine mit dem Grundgesetz in Einklang stehende Bestimmung zu sehen[581], derselben Meinung sei Eberhard Schmidt, JR 1968, S. 321 ff. Das AG hätte die objektiven und subjektiven Tatbe-

---

580 Vgl. zum BayObLG aus dem Jahre 1964 oben Kapitel 3.5.1.

581 Vgl. zu diesem Urteil oben Kapitel 3.5.1.

standsmerkmale rechtsbedenkenfrei dargetan. Die Voraussetzungen für die Auflösungsanordnung waren gegeben:

> „Nichts spricht ferner dafür, dass die Aufforderungen nicht der Aufrechterhaltung der öffentlichen Sicherheit und Ordnung dienen sollten, sondern willkürlich ergingen und damit unrechtmäßig waren. Da etwaige Fehler in der Ausübung des Ermessens die Rechtmäßigkeit nicht berühren würden (BGHSt 5, 245 = NJW 54, 438), haben die Strafgerichte eine Prüfung in dieser Richtung nicht anzustellen. In den Bereich des Ermessens fiele nach Auffassung des Senats auch eine Abwägung der Grundrechte gegen die Belange der öffentlichen Sicherheit und Ordnung, wie sie das LG Bremen unter dem Gesichtspunkt 'verfassungskonformer Auslegung' für ein Einschreiten nach § 116 StGB I als erforderlich ansieht (NJW 68, 1889; a.A. Eb. Schmidt, aaO)."[582]

Nach den getroffenen Feststellungen hatte der Angeklagte die Aufforderung der Polizei verstanden, ihnen aber bewusst keine Folge geleistet.

Auch für den zweiten Vorfall bestand an einer Strafbarkeit gemäß § 116 StGB a.F. kein Zweifel. Da der Demonstrationszug auch nach der Auflösung durch die Polizei zusammenblieb, handelte es sich um eine versammelte Menschenmenge im Sinne des § 116 StGB, die zum Auseinandergehen nach dieser Bestimmung aufgefordert werden konnte. Die Aufforderung war rechtmäßig ergangen.

> „Eine solche Aufforderung hat die Polizei fünfmal erlassen. Daß sie dabei willkürlich gehandelt hätte, ist nicht ersichtlich, kann insbesondere nicht daraus gefolgert werden, daß letztlich die Gewaltanwendung unterblieb. [...] Der von Simson (ZRP 68, 10] vertretenen Ansicht, daß der Schutz, den die öffentliche Versammlung nach dem GG genieße, auch auf die Zeit nach deren Auflösung derart einwirke, daß der sich nicht entfernende Teilnehmer stets nur eine Übertretung nach § 29 Nr. 4 VersG begehe, für die Anwendung des § 116 hingegen kein Raum sei, vermag der Senat nicht zu folgen. Er ist vielmehr der Auffassung, daß § 29 Nr. 4 VersG nur die Missachtung der kraft Gesetzes aus der Auflösung folgenden, von keiner Aufforderung abhängigen Pflichten zur Entfernung zum Tatbestand einer Übertretung, nicht aber § 116 StGB verdrängt hat, der erst eingreift, wenn eine Menschenmenge im Interesse der Aufrechterhaltung der öffentlichen Sicherheit und Ordnung zur Entfernung aufgefordert und diese Aufforderung nicht befolgt wird. Es kann auch nicht anerkannt werden, daß Teilnehmer einer aufgelösten Versammlung, die entgegen ihrer gesetzlichen Pflicht zur Entfernung zusammenbleiben, keine Menschenmenge im Sinne des § 116 StGB sind. Denn von ihnen kann die gleiche Gefahr für die öffentliche Sicherheit und Ordnung ausgehen, wie von einer Menschenmenge, die aus anderen Gründen zusammengetreten war."[583]

---

[582] BayObLG, NJW 1969, S. 63 ff., 64.

[583] BayObLG, a.a.O., S. 65.

Da der Anklagte die Aufforderungen akustisch wahrgenommen hatte und ihren Inhalt verstanden hatte, sich aber bewusst nicht entfernt hatte, war der subjektive Tatbestand erfüllt.[584]

5.3.1.2.2 Urteile aus dem Jahr 1969

Zur Zeit, als die Studentenbewegung schon wieder auseinander zu brechen begann und die wesentlichen Positionen in der rechtswissenschaftlichen Debatte ausgetauscht waren, hatte in seinem Urteil vom 19. März 1969 das LG Hannover über die Beschwerde der Staatsanwaltschaft gegen das Urteil des AG Hannovers zu urteilen.[585] Das Amtsgericht hatte die Eröffnung der Hauptverhandlung aus Rechtsgründen abgelehnt.[586] Es hatte die Auffassung vertreten, dass bei der gebotenen verfassungskonformen Auslegung des § 116 StGB a.F. diese Vorschrift hinter der lex specialis des § 29 Nr. 4 VersG zurück trete, und zwar auch noch für die Zeit nach der Auflösung der (unangemeldeten) Versammlung. Die danach verbleibende Übertretung im Sinne des § 29 Nr. 4 VersG sei aber verjährt.

Dem Urteil lag ein Demonstrationsgeschehen am Osterwochenende 1968 zugrunde, genauer am 13. April 1968. Die Anklage warf dem Angeschuldigten vor, in H. sich aus einer auf öffentlichen Wegen und Plätzen versammelten Menschenmenge, die von dem zuständigen Beamten aufgefordert worden war, sich zu entfernen, nach der dritten Aufforderung nicht entfernt zu haben. Der Angeschuldigte war nach der dreimaligen Aufforderung des den Polizeieinsatz leitenden Polizeirates B. die Straße in Richtung C.-Straße zu räumen, bei der Menschenmenge geblieben, die vor dem Verlagsgebäude versammelt war und gegen den Springer-Verlag demonstrierte. Er musste durch Polizeibeamte fortgeschafft werden.

Mit der aktuellen Grundrechtsdogmatik und der Literaturdebatte vertraut und in Auseinandersetzung mit dieser[587] brachte das Gericht noch einen eigenen, „persönlichen" Aspekt in die Debatte um die Handhabung des Auflaufs ein. Aus der Vorrangigkeit der Grundrechte folgerte es die verfassungskonforme „Anwendung" der Norm:

---

[584] Ebenda, S. 65.

[585] NJW 1969, S. 1038 ff.

[586] Dieses Urteil wurde nicht veröffentlicht, entnommen den Ausführungen des LG Hannover, NJW 1969, 1038 ff. 1038.

[587] Zitiert wurden hier v. Simson, ZRP 68, 10, Ott in NJW 69, 454 befürworteten ebenfalls diese Lösung. Klug, nach Kühnert, ZRP 69, 18. Ebenso führte das Gericht LG Bremen, NJW 68, 1889 und das AG Esslingen, JZ 68, 799 an.

„Nicht notwendig ist der von Simson beschrittene Weg deshalb, weil die – klarere und daher bessere – Möglichkeit besteht, den § 116 StGB in dem durch Art. 8 GG geschützten Freiheitsraum – weil insoweit verfassungswidrig – einfach für unanwendbar zu erklären, ein Verfahren, welches man im Gegensatz zur verfassungskonformen *Auslegung* als verfassungskonforme Anwendung bezeichnen könnte. Die hier von der StrK vertretene Auffassung scheint von Schönke-Schröder (14. Aufl. 1969, Anm. I zu § 116 StGB) im Ergebnis geteilt zu werden. Sie ermöglicht für Versammlungen unter freiem Himmel folgende klare Abgrenzung: Soweit es sich um eine Versammlung i.S. des Art. 8 GG und des VersammlG handelt, die friedlich und waffenlos stattfindet, die die immanenten Grundrechtsschranken des Art. 2 I GG wahrt und die sich in den zusätzlichen Grenzen des VersammlG hält, genießt sie Grundrechtsschutz und ist der § 116 StGB nicht anwendbar. Fehlt es auch nur an einem dieser Erfordernisse, so entfällt der Grundrechtsschutz, die Teilnehmer befinden sich nicht mehr in Ausübung ihres Grundrechtes. Eine Kollision des § 116 StGB mit der Verfassungsnorm ist nicht mehr möglich."[588]

Diesem Prüfungsmaßstab folgend hatte das Gericht nun den zugrunde liegenden Sachverhalt zu subsumieren. Dieser war sehr ähnlich gelagert, wie diejenigen, die dem AG Esslingen und AG Frankfurt zugrunde lagen. Wie das AG Frankfurt erörterte das LG Hannover, ob die Voraussetzungen der Friedlichkeit vorlagen. Das Gericht führte allerdings nicht so differenziert aus, wann und in welchem Maße die vorgekommenen Ausschreitungen aus der Versammlung heraus vorkamen waren. Mit entsprechend kurzer und pauschaler Begründung verneinte es dann auch die Friedlichkeit und kam daher zu einer Anwendung des § 116 StGB a.F.

Der vom Amtsgericht vertretenen Auffassung trat das LG Hannover nicht bei. Bei der Überprüfung des hinreichenden Tatverdachts gegen den Angeschuldigten verneinte das Gericht eine Versammlung in den Verfassungsschranken des Art. 8 I GG und in den Zusatzgrenzen der §§ 14 bis 29 VersG. Denn die nicht angemeldete Demonstration am 12/13. April 1968 vor dem HP-Gebäude in H., an der der Angeschuldigte teilgenommen hatte, habe nach den Schilderungen des Zeugen Polizeirat B. zu Schlägereien, Zertrümmern einer Fensterscheibe bei der HP und zu Steinwürfen gegen die einschreitenden Polizeibeamten geführt. Die Versammlung war damit nicht friedlich, eine Vorrangigkeit der Verfassungsrechte kam also nicht in Betracht und alle Teilnehmer fielen unter den Anwendungsbereich des § 116 StGB a.F.[589] Nach der Aussage des Zeugen Polizeikommissar H. hatte die Polizei von dieser Möglichkeit Gebrauch gemacht, in einer Weise, die Ermessensmissbräuche nicht erkennen ließ.

---

[588] LG Hannover, NJW 1969, S. 1038 ff., S. 1040.

[589] LG Hannover, a.a.O., 1038 f.

Im Ergebnis verwarf das LG Hannover aber die Beschwerde der Staatsanwaltschaft. Denn den weiteren Sachverhalt würdigte das Gericht demonstrationsnah und schloss nicht im Sinne der überkommenen Auslegung vorschnell allein aus der bloßen Anwesenheit in der Menge auf die nötige Kenntnisnahme der Auflösungsaufforderung.

> „Zweifelhaft ist jedoch, wo sich der Angeschuldigte zum Zeitpunkt der dreimaligen Aufforderung zum Sich-Entfernen aufgehalten hat und damit auch, ob er von ihr Kenntnis hatte. Aus der Aussage des Zeugen Polizeikommissar H. geht insoweit nur hervor, daß die Aufforderungen hintereinander im Abstand von je einer Minute erfolgt sind, daß der Wasserwerfer 'kurz nach der Dritten Aufforderung' eingesetzt worden ist und daß 'wenige Minuten danach' der Angeschuldigte mit nasser Bekleidung 'aus Richtung Tor- bzw. Hauseingang des Pressehauses' auf ihn zugekommen sei. Das reicht nach der Auffassung der StrK nicht aus, einen hinreichenden Tatverdacht dahingehend zu begründen, daß der Angeschuldigte als Teilnehmer an einer die Verfassungsschranken mißachtenden Versammlung teilgenommen *und* die dreimalige Aufforderung nach § 116 StGB eindeutig wahrgenommen hatte. Beim § 116 StGB muß sich aber der Vorsatz auf die Kenntnis von der vorangegangenen dreimaligen Aufforderung beziehen. Eine weitere Sachaufklärung scheint nicht möglich zu sein."[590]

Das Urteil des OLG Celle erging am 21. Oktober 1969 und hatte eine Demonstration vom Karfreitag, den 12. April 1968, zum Gegenstand.[591] Es stellte die Revisionsentscheidung zu den Urteilen des Schöffengerichts Hannover und des LG Hannovers dar[592]. Das Schöffengericht Hannover hatte auf die gegen sechs Angeklagte wegen Landfriedensbruchs und Auflaufs erhobene Anklage einen Angeklagten freigesprochen und die übrigen fünf Angeklagten wegen Nötigung zu Geldstrafen verurteilt. Die zuungunsten sämtlicher Angeklagter eingelegte Berufung der Staatsanwaltschaft hatte das LG Hannover verworfen und die wegen Nötigung Verurteilten ebenfalls freigesprochen. Das OLG erachtete die Revision der Staatsanwaltschaft für begründet und hob das Urteil des LG Hannover auf die Sachrüge hin auf. Es kam zu einer Strafbarkeit wegen §§ 116, 125 und 240 StGB a.F.[593]

Diesen Urteilen lag folgender von den Gerichten ermittelter, Sachverhalt zugrunde: Am Abend des 12. April 1968 hatten sich ab 18.30 Uhr nach

---

590 LG Hannover, NJW 1969, S. 1038 ff., S. 1042.

591 OLG Celle, NJW 1970, S. 206 ff.

592 Diese Urteile wurden veröffentlicht, allerdings sind nicht mit abgedruckt die Ausführungen der Gerichte zu § 116 StGB a.F., vgl. das Schöffengericht Hannover zu § 125 und § 240 StGB unten Kapitel 5.3.2.2 und 5.3.3.2, das LG Hannover zu § 125 unten Kapitel 5.3.2.2.

593 Vgl. das OLG zu § 125 StGB a.F. unten Kapitel 5.3.2.2.2 und zu § 240 StGB a.F. Kapitel 5.3.3.2.

und nach insgesamt etwa 600 bis 700 Personen im Bereich des Pressehauses der „H.-Presse“ eingefunden. Im Pressehaus wurden Exemplare der „Bild“-Zeitung gedruckt. In der Ausfahrt O.-Straße des Pressehauses hatten unbekannt gebliebene Personen frühzeitig zwei lange Holzbalken gekreuzt vor dem geschlossenen Gittertor angebracht und davor einen Großraum-Müllbehälter mitten in die Einfahrt gerückt. Vor dieser Ausfahrt hatte sich eine zusammenhängende, sich hin und her bewegende Menschenmenge gebildet. Das Pressehaus konnte durch andere Zugänge betreten und verlassen werden. Die Auslieferung der „Bild“-Zeitung hatte sich wegen dieser Absperrung um mehrere Stunden verzögert, es konnte aber nicht festgestellt werden, dass die Leser der „Bild“-Zeitung diese verspätet erhalten hatten. Nach 2.00 Uhr am 13. April 1968 hielten sich noch etwa 200 Personen in der O. - Straße auf. Nunmehr erschienen Polizeibeamte mit Wasserwerfern, um die O. - Straße zu räumen. Etwa 50 bis 60 Personen zogen sich in die Hofeinfahrt des Pressehauses und deren unmittelbare Umgebung zurück. Sie setzten sich und hakten sich unter. Um 2.36 Uhr hatte der Polizeioberrat B. diese Personen über Lautsprecher aufgefordert, aufzustehen und die O. - Straße zu verlassen. Er wiederholte die Durchsage zweimal in Abständen von je einer Minute und drohte bei der dritten Aufforderung die gewaltsame Räumung an. Da die Aufforderungen erfolglos blieben, wurde die O. - Straße unter Einsatz des Wasserwerfers und der Schlagstöcke von der Polizei geräumt. Die sitzenden Personen wurden in die Sammelwagen geschafft und abtransportiert. Die Vorgänge hatten „den erklärten Zweck, die Auslieferung der 'Bild-Zeitung' für den 13. April 1968 zu verzögern, um dadurch die Öffentlichkeit aufzurütteln und nachdrücklich auf die durch die zunehmende Konzentration im Pressewesen und die Bildung von Großverlagen drohenden Gefahren für die Meinungs-, Informations- und Pressefreiheit hinzuweisen“.[594]

Das OLG schloss sich in seiner Entscheidung der eben dargestellten Entscheidung des LG Hannover an. Die Prüfung des Auflaufs fiel dementsprechend kurz aus. Anders als das LG würdigte das OLG das Demonstrationsgeschehen aber im Sinne der überkommenen pauschalen Beweiswürdigung bei den Massedelikten: Das Aufhalten in der Menschenmenge barg schon die Unrechtsvermutung in sich.

Gegen die Anwendung des § 116 StGB a.F., der den § 29 Nr. 4 VersG verdränge, hatte das OLG Celle im vorliegenden Fall keine verfassungsrechtlichen Bedenken.

> „Insoweit schließt sich der Senat der ausführlich und zutreffend begründeten Entscheidung der 3. StrK des LG Hannover v. 19.3.1969 (NJW 69, 1038) an. Zum äußeren Tatbestand des § 116 StGB stellt die StrK fest, daß die Angeklagten die

---

[594] OLG Celle, NJW 1970, S. 206 ff., 206.

von Polizeioberrat B. über Lautsprecher an sie gerichtete dreimalige Aufforderung, die O.-Straße in Richtung B.-Straße zu verlassen, hörten oder jedenfalls erkannten, was von ihnen verlangt wurde, und sich gleichwohl nicht entfernten. Sie geht zutreffend davon aus, daß die Räumungsaufforderungen des Polizeioberrates B. rechtmäßig waren."[595]

5.3.1.3 *Zusammenfassung*

Anders als in den 50er und frühen 60er Jahren konnte man zu § 116 StGB a.F. neben der Kommentar- und Lehrbuchliteratur jetzt auf spezielle Veröffentlichungen zurückgreifen. Die Feststellung, dass die Literatur wie zu Anfang der Bundesrepublik sich keine Gedanken über das Verhältnis von Art. 8 GG und dem Tatbestand des Auflaufs machte, gilt nun nicht mehr. Dabei gehörten die Diskutanten vorwiegend zu den jüngeren Wissenschaftlern oder können dem liberalen bis linken Spektrum zugeordnet werden.

Zunächst kann bei der Mehrheit der Autoren eine Änderung der Wert- und Rechtsauffassungen konstatiert werden. War die Norm doch unter anderen gesellschaftlichen Verhältnissen und einem anderen demokratischen Verständnis geschaffen worden, sollte wie im Verwaltungsrecht unter der geltenden Verfassungsordnung die Betonung nicht mehr auf der Staatsautorität liegen. Die Gewichtung verlagerte sich weg von der Bedeutung der öffentlichen Sicherheit und Ordnung hin zur Möglichkeit eines möglichst umfassenden Gebrauchs des Demonstrationsrechtes.

Es mag dahinstehen, ob die von den Diskutanten angestellten Erwägungen im Ergebnis als „richtig" zu bezeichnen sind, aber um den neuen Rechtsauffassungen Rechnung zu tragen modifizierten die Autoren die Handhabung der Norm. Die Argumentationsführungen änderten sich qualitativ und inhaltlich. So nutzten die Autoren bei der Normanwendung mögliche Interpretationsspielräume. Im Wandel zu den 50er und frühen 60er Jahren schien bei der Mehrheit die methodische Einsicht verinnerlicht, dass die Auslegung der Massedelikte unter der Geltung des Grundgesetzes an Hand dessen Maßstab erfolgen müsse, konkret im Lichte des Art. 8 GG. Die Diskutanten blieben aber nicht bei dem bloßen „Ob" der verfassungskonformen Auslegung stehen. Darüber hinaus setzten sie die geänderten Rechtsauffassungen inhaltlich im Rahmen des „Wie" der konkreten Abwägung um. Folge dieser neuen Auslegung waren die Änderung der überkommenen Dogmatik oder eine neue Wertung der Rechtsgüter zugunsten der Versammlungsfreiheit.

Zusammenfassend scheint in der geänderten Auslegung und Anwendung des § 116 StGB a.F. bei der Mehrheit der Autoren ein Mentalitätswechsel auf, Menschenansammlungen nicht mehr an sich als eine straf-

---

[595] OLG Celle, NJW 1970, S. 206 ff, S. 208.

würdige Bedrohung für das öffentliche Leben zu werten. So zeigte sich in der Debatte im Gegensatz zur bisherigen Strafrechtspraxis die deutliche Tendenz, das Versammlungsrecht durch § 116 StGB a.F. so wenig wie möglich zu begrenzen.

Die Urteile gaben ein uneinheitliches Bild ab, eine gefestigte Rechtsprechung existierte nicht mehr. Von den in den betrachteten Quellen veröffentlichten erstinstanzlichen Urteilen gelangten alle zu einem Freispruch.

Grundlage dieser Urteile war, dass sie sich im Gegensatz zu der bis dahin vorhandenen Auslegung mit der durch das Grundgesetz gegebenen politischen Ordnung befassten. Dabei zeigten sie sich offen für Demokratisierungsbestrebungen und waren der Versammlungsfreiheit dementsprechend positiv gegenüber eingestellt.

Auswirkungen hatte dies dann auf die konkrete Anwendung der Norm. Deutlich wird dies zunächst bei der Sachverhaltswürdigung. Entsprechend ihrer bejahenden Grundeinstellung gegenüber der Versammlungsfreiheit hatten die Untergerichte kein grundsätzliches Misstrauen mehr gegenüber Massenvorgängen. Sie vollzogen nach, wie eine Großdemonstration normalerweise ablaufen kann und akzeptierten, dass es in deren Verlauf zu Störungen und Ausschreitungen kommen kann. In Abwendung von der tradierten Beweiswürdigung schlossen sie deshalb aber nicht mehr pauschal aus solchen Vorkommnissen auf eine psychische Grundhaltung aller in der Menge anwesenden, also auf den für § 116 StGB a.F. erforderlichen Massewillen.

Weitere Konsequenz der geänderten Rechtsauffassung war, dass die freisprechenden Gerichte nun entsprechend der neu entwickelten verfassungskonformen Auslegung diese bei der Anwendung des Auflaufs auch berücksichtigten. Dabei erkannten sie die Notwendigkeit der verfassungskonformen Auslegung aber nicht nur rein formal an, sondern nutzten diese, um die Versammlungsfreiheit im Verhältnis zum Strafrecht in einem bisher nicht vertretenen Umfang zur Geltung zu bringen. Sie nahmen hier den möglichen Interpretationsspielraum wahr, um dem gesellschaftlichen Wandel in Bezug auf dieses Freiheitsrecht Rechnung zu tragen.

Von den hier betrachteten Obergerichten sprachen bis auf eines alle weiteren einen Strafspruch aus und hoben die Freisprüche der ersten Instanzen wieder auf. Eine Änderung der grundsätzlichen Rechtsauffassung ist hier nicht festzustellen. Nach wie vor schienen sie dem Stattfinden von Versammlungen überhaupt wenig Verständnis entgegenzubringen. Sie hielten sich daher an die tradierte Dogmatik und Rechtsprechung.

Im Sinne dieser traditionellen Auslegung können die Urteile nicht als völlig unhaltbar kritisiert werden. Zumal die in diesen Fällen von den Gerichten für erwiesen gehaltenen Sachverhalte durchaus Anlass zu strafrechtlicher Ahndung geben konnten. Allerdings musste diese nicht zwingend nach einem Massedelikt erfolgen. Im Rahmen dieser Urteile war ein solches Ergebnis aber möglich, da die Gerichte das Demonstrationsgeschehen in der hergebrachten Weise formelhaft würdigten und aus dem nicht störungsfreien Demonstrationsverlauf dem Einzelnen in der Menge lediglich Anwesenden ohne weitere Differenzierung den erforderlichen Massewillen unterstellten. Der Aspekt, dass die Durchführung einer Versammlung gewisse Störungen naturgemäß nach sich ziehen kann und dies im Hinblick auf die mögliche Ausübung des zugrunde liegenden Freiheitsrechtes hinzunehmen sei, wurde nicht in Betracht gezogen.

Neben dieser traditionellen Sachverhaltswürdigung handhabten die Obergerichte die verfassungskonforme Auslegung quasi in umgekehrter Richtung wie die Urteilssprüche der Unterinstanzen. Zwar zogen die Obergerichte gerade noch das „Ob" der verfassungskonformen Auslegung in Betracht. Über diese Feststellung gelangten sie dann aber im Wesentlichen nicht hinaus. Sie verschlossen sich einer vertieften Auseinandersetzung mit Art. 8 GG und setzten im Sinne der alten Terminologien und Wertungen den Handlungsmöglichkeiten im Rahmen der Versammlungsfreiheit enge strafrechtliche Grenzen. Aus diesen Urteilen vermittelt sich der Eindruck, dass ein Demonstrationsrecht theoretisch zwar anerkannt wurde, durch die strafrechtliche Normanwendung dessen praktische Umsetzung aber nicht wirklich ermöglicht werden sollte.

Im Ergebnis hat sich aber sowohl in der Rechtswissenschaft als auch der Rechtsprechung bei der Handhabung des § 116 StGB a.F. mehrheitlich ein Wertewandel vollzogen. Wie im Verfassungs- und Verwaltungsrecht verlagerte sich der Schwerpunkt in der Debatte zu den Meinungen, die einen Demokratisierungsprozess und dementsprechend ein weitreichendes Versammlungsrecht in den Vordergrund stellten und dieses durch die konkrete Normanwendung unterstützen.

5.3.2 *Landfriedensbruch und Aufruhr*

5.3.2.1 *Schrifttum zur Zeit der Demonstrationsprozesse*

Wie bei § 116 StGB a.F. wurde bezüglich der geltenden Auslegung des Landfriedensbruchs ab etwa 1967 vermehrt Kritik laut. Die Autoren thematisierten das Strafbedürfnis für die Norm überhaupt, die dogmatische Konstruktion der einfachen Teilnahme an der Zusammenrottung sowie die Problematik, ob Sitzstreiks als Zusammenrottung unter § 125 StGB a.F. zu subsumieren seien.

In den Lehrbüchern und Kommentaren änderte sich in den Auflagen zur Zeit der Demonstrationsprozesse nichts Wesentliches in den Ausführungen zum Landfriedensbruch. Zwar erweiterte man die Literaturangaben um die neuen Veröffentlichungen. So führte *Maurach* in seiner 5. Auflage aus dem Jahre 1969 einen Aufsatz von *Tiedemann*, Beteiligung an Aufruhr und Landfriedensbruch[596], von 1968 an.[597] Aber gedanklich wurden dessen Ausführungen in den eigenen Darstellungen nicht verarbeitet. Ähnlich verfuhr auch *H. Welzel*, der in seiner 11. Auflage aus dem Jahre 1969 das so genannte „Läpple"-Urteil, einige OLG-Urteile sowie Veröffentlichungen von *Schmidt* und *Frowein*[598] anführte, aber inhaltlich zu keinen Neuerungen gelangte. Zudem fanden sich in seinen Literaturangaben nicht die – wie unten gleich dargestellt werden - kritischen Veröffentlichungen zur geltenden Auslegung.[599] *Dreher/Schwarz* nahmen in ihren Kommentar bis zur 31. Auflage 1970 keinen Hinweis auf die neue Literatur zu § 125 StGB a.F. auf. Auch inhaltlich änderte sich nichts. Lediglich seit der 30. Auflage aus dem Jahre 1968 äußerten sie unter Hinweis auf Art. 5 GG Bedenken dagegen, dass das Reichsgericht auch Presseberichterstatter bestraft habe.[600] Auch bei *Schönke/Schröder* änderte sich bis zur 14. Auflage im Jahre 1969 nichts, weder inhaltlich, noch wurde neue Literatur angeführt.[601]

Zu den kritischen Stimmen zählte auch hier wieder Rechtsanwalt *Hannover*. Die Begründung, warum eine Strafbarkeit wegen Landfriedensbruchs für Demonstranten nicht möglich war, nur weil andere Teilnehmer Steine warfen oder Sachen beschädigten, ergab sich für *Hannover* wie bei § 116 StGB a.F. wieder aus dem historischen Zusammenhang:

> „Es war der Widerspruch gegen die bewaffneten Schlägerhorden der SA und SS, der in der Formel 'friedlich und ohne Waffen' Ausdruck fand, nicht aber

596 JZ 1968, S. 763 ff., vgl. dazu auch unten in diesem Kapitel.

597 Strafrecht, Besonderer Teil, S. 645.

598 Schmidt Eb., Urteilsanmerkung zu BayObLG, Urteil vom 26.11.1968 in NJW 1969, S. 63 ff., JZ 1969, S. 395 f.; Frowein, Versammlungsfreiheit und Versammlungsrecht, NJW 1969, S. 1081 ff.

599 Welzel, Das deutsche Strafrecht, S. 509 f. Die 10. Auflage von E. Mezger/H. Blei erschien erst im Jahre 1976 (9. Auflage 1966), nachdem § 125 StGB a.F. schon neu gefasst war. Der neue § 125 wird kurz behandelt, es werden allerdings keine Informationen gegeben über die Änderungen, die hier stattgefunden haben. Es heißt lediglich: „Die ältere Literatur und Rechtsprechung selbst zu äußerlich unverändert beibehaltenen Begriffen wie Menschenmenge ist dadurch teilweise gegenstandslos geworden.", Strafrecht, II. Besonderer Teil, S. 303.

600 Strafgesetzbuch, § 115, Anm. 2 und § 125, Anm. 2 A.

601 Strafgesetzbuch, § 125, Angaben zum Schrifttum und im weiteren die Kommentierung, die auch keine neuen Urteile zitiert.

etwa die Vorausschau auf Demonstrationen junger demokratisch gesinnter Leute, die sich gegenüber brutaler polizeilicher Gewalt oder jahrelanger Diffamierung durch einen marktbeherrschenden Pressekonzern zur Gegengewalt hinreißen ließen. Der qualitative Unterschied zwischen den Anhängern einer Gewaltideologie, die das Recht des Stärkeren auch auf der Straße praktizieren wollen, und jugendlichen Demonstranten, die sich zur Gegengewalt provozieren lassen, wird bezeichnenderweise gerade von denen mit Fleiß verwischt, die sich durch ihr Bekenntnis zur 'Härte' gegenüber Demonstranten als geistige Erben des Faschismus erweisen."[602]

K. Tiedemann, zunächst Privatdozent in Gießen und noch während der Studentenproteste habilitiert, machte keine Grundsatzausführungen über seine Einschätzung des Demonstrationsrechtes allgemein. Seine Auslegung erfolgte allerdings vom Verfassungsrecht her und brachte seine im Vergleich zur geltenden Auslegung höhere Einschätzung der Versammlungsfreiheit zum Ausdruck. Er forderte eine dogmatische Korrektur genau der Voraussetzungen, die eine Versammlungsteilnahme zu einem unüberschaubaren strafrechtlichen Risiko werden ließen: die mögliche Strafbarkeit der schlichten, jedenfalls nicht von eigenen Gewalttätigkeiten begeleiteten Teilnahme an einer Zusammenrottung. Nach seiner Auffassung musste dieses Verhalten immer straflos sein.[603]

Zunächst bedeuteten seiner Auffassung nach die von der Politik angeführten kriminalpolitischen Bedürfnisse in Verbindung mit dem prozessualen Beweisargument eine Ausweitung der Strafbarkeit. Denn für die einfache Teilnahme könne abgesehen von den Mitteln der Photographie in aller Regel nur der Zeugenbeweis erbracht werden. Die klassische Massenpsychologie betone aber gerade das Schwinden der kritischen Beobachtungsfähigkeit des Einzelnen in der Masse. So werde die Beweisfehlerquelle des falschen Wiedererkennens aber geradezu von Gesetzes wegen gefördert.[604] Daneben sprach für ihn vor allem der kriminalpolitische Zweck der Generalprävention gegen die bestehende Rechtslage: naturgemäß würden immer nur einige wenige Teilnehmer, oft auch nur passiv Beteiligte und Mitläufer, mehr oder weniger zufällig festgestellt und exemplarisch abgeurteilt. Das erwecke den „peinlichen Eindruck des Willkürlichen" und berühre Grundfragen der Gerechtigkeit.[605]

---

602 Demonstrationsfreiheit als demokratisches Grundrecht, KJ 1968, S. 51 ff., 55. Vgl. zu seinen grundsätzlichen Ausführungen oben Kapitel 5.1.1 und 5.1.3.

603 Beteiligung an Aufruhr und Landfriedensbruch, JZ 1968, S. 761 ff., 761

604 Tiedemann, Beteiligung, a.a.O., S. 763.

605 Ebenda, S. 763.

Aus einer teleologisch-systematischen Einschränkung und der Auslegung im Sinne von Art. 8 GG ergab sich, dass immer erst der gewalttätige bzw. bedrohliche Zweck als spezifische Friedensstörung den Begriff der Zusammenrottung konstituieren konnte. Insbesondere reichte es nach Auffassung von *Tiedemann* nicht aus, dass die Zusammenrottung nur auf Drohungen mit Nötigungseffekt ausgerichtet war.[606]

Dem „Vorgang" Großdemonstration trug *Tiedemann* weiter Rechnung, wenn er forderte, dass es bei den rechtstatsächlich ganz überwiegend zunächst friedlichen Menschenansammlungen zu Gewaltakten und Kenntnisnahme hiervon durch den Einzelnen gekommen sein musste. Die Konstruktion der objektiven Bedingung der Strafbarkeit gehe insgesamt ins Leere:

> „Daß jede Menschenansammlung, insbesondere solche mit bestimmten rechtlichen (rechtlich erlaubten) Zwecken, zu Tätlichkeiten und Angriffsakten führen *kann*, wenn etwa unerwartete Widerstände oder Provokationen auftreten, darf wiederum nicht bereits strafrechtlich als für den Beteiligungsvorsatz relevantes Unrecht begriffen werden, wenn anders nicht das erlaubte Ziel über das Risiko der Strafbarkeit das Stigma des Verbotenen erhalten soll."[607]

Dem „Kunst"griff der geltenden Auslegung, als Tathandlung des Zusammenrottens auch das Zusammenbleiben zu bezeichnen, erteilte *Tiedemann* im Ergebnis eine deutliche Absage. Er sei nichts anderes, als im Wege der Interpretation den Landfriedensbruch zu einem Unterlassungsdelikt werden zu lassen. Für eine Rechtspflicht, sich zu entfernen, fehle es aber an jeder Grundlage. Insbesondere stelle das Sich-Befinden in einer friedlichen Menge keine Vorhandlung dar, welche die nahe Gefahr für Ausschreitungen mit sich bringe.[608]

Baumann, Professor aus Tübingen, gehörte mit zu den Juristen, die die Angst vor der Bildung und dem Auftreten von Menschenansammlungen und daraus resultierenden möglichen Störungen nicht mehr teilten. Er stellte in seinem Aufsatz Anfang des Jahres 1969 in Anlehnung an *Tiedemann* gar die Frage nach dem Strafbedürfnis für den Landfriedensbruch:

> „Die Störung des allgemeinen Friedens besteht beim Landfriedensbruch nicht schon in der Massenbildung als solcher. Diese Massenbildung könnte allenfalls Objekt einer Ordnungswidrigkeit [...] sein. Die eigentliche Störung des allge-

---

606 Tiedemann, Beteiligung an Aufruhr und Landfriedensbruch, JZ 1968, S. 761 ff., 765.

607 Ebenda, S. 765.

608 Tiedemann, Beteiligung an Aufruhr und Landfriedensbruch, JZ 1968, S. 761 ff., 766 f. Ebenso argumentiert er auch in seinem zweiten Aufsatz zu den Demonstrationsverfahren, Bemerkungen zur Rechtsprechung in den sog. Demonstrationsprozessen, JZ 1969, S. 717 ff., 725.

meinen Friedens nach § 125 liegt darin, daß die Menge Gewalttätigkeiten gegen Menschen oder Sachen begeht. Diese Gewalttätigkeiten werden aber nicht von der Menge, sondern von den einzelnen *Mitgliedern* der Menge begangen. Gegenüber diesen *aktiven* Mietgliedern besteht ausreichender Strafrechtsschutz nach anderen Vorschriften (§§ 113 ff., 223 ff. 303 StGB)."[609]

Gegenüber den passiven Mitgliedern bestand auch seiner Auffassung nach kein Strafbedürfnis, ebenso sah er keine Beweisschwierigkeiten, würde man auf § 125 StGB a.F. ersatzlos verzichten.[610]

Rechtsanwalt *Ott* äußerte sich auch zu den strafrechtlichen Grenzen der Versammlungsfreiheit und hatte seinem sehr freiheitlichen Grundverständnis gegenüber Versammlungen entsprechend nun auch ein neues strafrechtliches Verständnis der Massedelikte. Seine Einschätzung von Massevorgängen entsprach daher nicht mehr der tradierten Rechtsauffassung. Wie für *Tiedemann* musste sich auch nach Ansicht von *Ott* die strafrechtliche Würdigung vom Verfassungsrecht bestimmen lassen.

Demnach konnte ein Sitzstreik auch nicht mit § 125 StGB a.F. kollidieren. Ein „Sitzstreik" könne zwar Dritte in ihrer Bewegungsfreiheit hindern, er stelle aber keine aggressive Handlung dar. Eine rein intellektuelle Willensrichtung der Teilnehmer am Sitzstreik gegen bestimmte Personen, die sich nicht durch Tätlichkeiten ausdrücke, könne deren Verhalten ebenso wenig zu einer „Gewalttätigkeit" machen wie die rein psychische Hemmung eines Dritten, unter Missachtung der auf der Fahrbahn Sitzenden seinen Weg fortzusetzen. Die Form des Sitzstreiks sei geradezu als Musterbeispiel des „gewaltlosen Widertandes" entwickelt worden und allgemein anerkannt.[611] Demnach sei auch das Urteil des BayObLG[612] verfehlt, welches unter Berufung auf ältere Rechtsprechung die Sperrung einer Straße durch einen „Sitzstreik" als Gewalttätigkeit im Sinne des § 125 StGB gewertet hatte.[613]

Im Weiteren ging auch *Ott* die Auslegung der einfachen Teilnahme zu weit. Die strafrechtliche Relevanz ergab sich für ihn erst, wenn über den Versammlungsvorgang hinaus weitere Komponenten hinzukamen:

„Ein Handeln mit vereinten Kräften liegt daher nur vor, 'wenn die verübten Gewalttätigkeiten der psychischen Grundhaltung der zusammengerotteten Menge oder zumindest einer bestimmten Gruppe in dieser Menge entsprechen. Dagegen reicht es [...] nicht aus, wenn es sich bei den Gewalttätigkeiten nur um

[609] Baumann, Der Schutz des Gemeinschaftsfriedens, ZRP 1969, S. 85 ff., 89.

[610] Ebenda, S. 89.

[611] Demonstrationsfreiheit und Strafrecht, NJW 1969, S. 454 ff., 456.

[612] Vgl. dazu unten Kapitel 5.3.2.2.2.

[613] Ott, Demonstrationsfreiheit und Strafrecht, NJW 1969, S. 454 ff., 456.

Aktionen einzelner Teilnehmer handelt, die von dem Willen der Menge nicht getragen werden.'"[614]

H. Stöcker aus Bonn schloss sich *Ott* an, da er einen verkehrsbehindernden Sitzstreik nicht unter § 125 StGB a.F. fallen lassen wollte. Dogmatische oder methodische Fragen schienen ihn nicht vertieft zu interessieren. Die Gründe für die von ihm befürwortete Auslegung waren eher politischer Natur. Entsprechend dem an Demokratisierungsbestrebungen orientierten Zeitgeist zeigte er eine Sensibilität für die unterschiedlich verteilten Machtverhältnisse in der Gesellschaft, die ihn für ein weitreichendes Demonstrationsrecht eintreten ließen.

Anlass seiner Veröffentlichung war die Entscheidung des BayObLG vom November 1968, bei der für ihn der Eindruck entstanden war, dass der gewalttätige Charakter eines Sitzstreiks auf öffentlicher Straße ebenso zwanglos wie zwangsläufig aus gefestigter Rechtsprechung resultiere.[615] Für ihn war entscheidend, welche demokratiekonformen „Kampfmittel" den Minderheiten, die sich dem Willen der Mehrheit nicht fügen wollten, zur Verfügung stünden. Die Grundrechte der Meinungsäußerungs- und Versammlungsfreiheit seien vom Grundgesetz gewährleistete „Kampfrechte", die auf geistige Auseinandersetzung angelegt seien. Entscheidend war also, welche Grenzen in einer Verfassungsordnung, die von der Maßgeblichkeit der Mehrheitsinteressen ausgehe, der Minderheit bei der Durchsetzung konträrer eigener Interessen gezogen sein konnten. Bei der Beschränkung der Minderheit auf Kampfrechte des liberalen Grundrechtskatalogs seien diese Interessen durchaus einseitig verteilt;

> „nur die Mehrheit ist daran interessiert, daß Minderheiten in der politischen Auseinandersetzung auf Waffen beschränkt bleiben, die sich als um so stumpfer und untauglicher erweisen, je starrsinniger und harthöriger die Mehrheit zur Behauptung ihrer Position entschlossen ist. Andererseits muß auch eine Minderheit daran interessiert sein, es nicht zum Bürgerkrieg kommen zu lassen oder in sein durch innere Unruhen markiertes Vorfeld einzutreten."[616]

Denn jede Gewaltanwendung würde den zivilisatorischen Fortschritt des modernen Staates antasten. Es sei also folgerichtig, dass es einer Minderheit nicht erlaubt sein könne, ihre Ziele in Gewalt zu verfolgen. Dies besage aber nicht, dass sie ihren Gegner nicht physisch unter Druck setzen dürfe und auf seine psychische Beeinflussung beschränkt sei:

---

[614] Ott, a.a.O., S. 457.

[615] Anmerkung zu BayObLG, JZ 69, S. 396 f., 396. Vgl. zu dem Urteil unten Kapitel 5.3.2.2.1.

[616] Stöcker, Anmerkung zum Beschluss des BayObLG vom 26.11.1968, JZ 1969, S. 397 f., 397.

„Die gewaltlose Aktion ist darum zulässig, auch wenn sie Druck erzeugt. Unzumutbar ist sie dieses Effekts um so weniger als die Mehrheit bei Wahrung ihrer Interessen in umgekehrter Richtung ebenfalls Druck ausübt, indem sie sich zur Durchsetzung der von ihr gemachten oder rezipierten Gesetze der im Staatsapparat potenzierten Gewalt bedient. Was die Minderheit durch die Mehrheit dulden muß, ist also ohnedies mehr als das, was wir der Mehrheit zumuten, wenn wir postulieren, sie müsse sich gewaltlos unter Druck setzen lassen."[617]

Zudem stellte sich die Frage, warum die Möglichkeiten des Arbeitskampfes, in welchem der Lohnstreik gemäß Art. 9 Abs. 3 GG verfassungsrechtlich gesichert sei und bei dem es zuweilen zu einer massiven Druckausübung kam, von Rechts wegen nicht auch in anderen gesellschaftlichen Auseinandersetzungen gelten sollte.[618]

In seinem Aufsatz „Bemerkungen zur Rechtsprechung in den sog. Demonstrationsprozessen" Ende des Jahres 1969 betonte *Tiedemann*, nunmehr Professor in Gießen, nochmals, dass der Strafrichter durch die Verfassung selbst zur verfassungskonformen Rechtsprechungstätigkeit verurteilt, und folglich nur Umfang und Maß, nicht aber das „Ob" verfassungsrechtlicher Interpretation fraglich sein könne.[619] Dabei sollten die verfassungsmäßigen Rechte der demonstrierenden Täter bereits und ausschließlich im Rahmen der Tatbestandsmäßigkeit berücksichtigt werden.

„Nicht genügend berücksichtigt scheint in der vorliegenden Rechtssprechung bisher zu sein, daß auch die *Rechtsgüter*, um deren Schutz es dem Strafrecht geht, entweder relativ fest umrissen und gleichsam geschlossen oder aber stärker von ihrer jeweiligen rechtlich-ideellen Ausgestaltung abhängig und damit den Einflüssen höherrangigen Rechts eher preisgegeben sind."[620]

Dementsprechend seien die überindividuellen Rechtsgüter des öffentlichen Friedens, der öffentlichen Ordnung und der Staatsautorität zusammen mit den ihrem Schutz dienenden Tatbeständen der verfassungskonformen Auslegung besonders zugänglich.[621]

So galt für ihn auch bezüglich der Streitfrage um die Sitzstreiks, dass diese nicht unter § 125 StGB a.F. zu subsumieren seien.

---

617 Ebenda, S. 397.

618 Ebenda, S. 397.

619 Tiedemann, Bemerkungen zur Rechtsprechung in den so genannten Demonstrationsprozessen, JZ 1969, S. 717 ff., 719.

620 Ebenda, S. 719 f.

621 Tiedemann, Bemerkungen zur Rechtsprechung in den so genannten Demonstrationsprozessen, JZ 1969, S. 717 ff., 720.

„Diese besonders an Hand des politischen Strafrechts entwickelte Ausdehnung des strafrechtlichen Gewaltbegriffs mit der durchgehenden Einbeziehung sog. passiver Gewalt hat letztlich kriminalpolitische Gründe, die aber für den Begriff der Gewalt*tätigkeit* durch den Wortlaut des Gesetzes unmissverständlich abgeschnitten sind: Der Begriff der Gewalttätigkeit ist und bleibt gebunden an die Ausübung physischer Kraft, und das bloße Sitzen und Stehen vor einer Tür, auf Straßenbahngleisen usw. erfüllt nicht solche Erfordernisse der Entfaltung kinetischer Bewegungsenergie, sondern ist bloße Statik und vielleicht Tätigkeit, aber keine Gewalttätigkeit."[622]

Der „gekünstelt-systematischen" Auslegung des LG Köln hätte es daher für dieses Ergebnis nicht bedurft, ebenso schien die im Ergebnis zwar richtige Begründung des *BGH* im „Läpple-Urteil" überzeugend.[623] Ganz im Sinne überkommener weiter Formeln hätten dann auch das BayObLG und das OLG Stuttgart judiziert und das Versperren eines Zugangs als Gewalttätigkeit angesehen.[624]

5.3.2.2 *Lösungswege der Rechtsprechung in den Demonstrationsprozessen*

5.3.2.2.1 Urteile aus dem Jahr 1968

Wie im Rahmen des Auflaufs ging es in den Entscheidungsbegründungen der Urteile vorwiegend um die Frage, unter welchen Umständen sich die „Masseseele" einer versammelten Menschenmenge zeigte sowie ob überhaupt und in welchem Umfang das Grundrecht der Versammlungsfreiheit bei der Normanwendung zu berücksichtigten war. Die Gerichte hatten dabei grundsätzlich zwei Fallkonstellationen zu beurteilen: eine versammelte Menschenmenge fungierte als Blockade und Versammlungen, die keinen störungsfreien Verlauf nahmen.

Am 22. April 1968 hatte sich als erstes Gericht das AG Bremen mit dem Vorwurf der Anklage auseinander zu setzen, der Angeschuldigte habe sich des Landfriedenbruchs in Tateinheit mit einer Nötigung und einer Straßenverkehrsgefährdung schuldig gemacht. Er sollte sich mit anderen Jugendlichen auf die Gleise der Straßenbahn vor den anhaltenden Straßenbahnzug Nr. 445 gestellt haben, so dass der Fahrer hätte anhalten müssen. Dadurch seien die Insassen der Bahn und der Zug selbst gefährdet worden. Einige Teilnehmer der Zusammenrottung hätten den Fangkorb unter dem Führerhaus herausgerissen.[625]

---

[622] Ebenda, S. 720.

[623] Ebenda, S. 720. Vgl. zu den Urteilen unten Kapitel 5.3.2.2.1 und 5.3.2.2.2.

[624] Ebenda, S. 720. Vgl. zu den Urteilen Kapitel 5.3.2.2.2 und 5.3.2.2.2.

[625] AG Bremen, KJ 1968, S. 78 ff., 78. Vgl. dasselbe Gericht zu § 240 StGB unten Kapitel 5.3.3.2. Verteidiger des Angeklagten war Rechtsanwalt Hannover.

Ohne sich näher mit irgendwelcher Dogmatik oder Literatur zu beschäftigen, urteilte das Gericht:

> „Die Hauptverhandlung hat ergeben, daß der größte Teil der Beschuldigungen objektiv unhaltbar ist. Es trifft lediglich zu, daß der Angeklagte sich mit anderen Jugendlichen vor die im Schritttempo herannährende Straßenbahn gestellt hat, so daß sich der Fahrer des Zuges, der Zeuge Kranz, genötigt sah, anzuhalten. Unrichtig ist dagegen, daß der Fangkorb unter dem Führerhaus am Bahnhofsplatz herausgerissen worden ist. Er war, als die Bahn dort eintraf, bereits beschädigt, und zwar war er heruntergetreten, nicht herausgerissen worden, so daß er von dem Zeugen Lipske während der Fahrt zum Bahnhof und weiter hochgehalten werden musste. Damit entfällt die Berechtigung des Vorwurfs, der Angeklagte habe sich eines Landfriedensbruchs schuldig gemacht."[626]

Das LG Berlin sprach den wegen schweren Landfriedensbruchs angeklagten *F. Teufel* frei. *Teufel* sollte als „Rädelsführer" einen Stein bei der Demonstration vor der Oper in Berlin am 2. Juni 1967 geworfen haben. Sein Steinwurf konnte aber nicht nachgewiesen werden. Die Rädelsführerschaft verneinte das Gericht, weil sich keine Anhaltspunkte gefunden hätten, dass Teufel sich anders verhalten hätte, als andere. Eine Zusammenrottung im Sinne des einfachen Landfriedensbruchs habe die Demonstration vor der Oper zwar dargestellt, es liege aber kein Beweis vor, dass die Gewalttätigkeiten auf Grund einer „psychischen Grundhaltung" aus der Zusammenrottung heraus begangen worden seien.[627]

Das Geschehen, mit dem sich das AG München in seinem Urteil vom 7. Juni 1968 auseinanderzusetzen hatte, gab sicher Anlass zu strafrechtlicher Verfolgung, allerdings nicht unbedingt nach § 125 StGB a.F. In der Würdigung des Demonstrationsgeschehens zeigt sich eine traditionelle Sicht von Massenvorgängen. Denn der Sachverhalt, von dem das Gericht ausging sowie die Entscheidungsbegründung schlossen von dem nicht störungsfreien Auftreten der Menschenmenge ohne weiteres auf die Massengefährlichkeit an sich. Die Frage, ob in den Störungen eine psychische Grundhaltung der Menge insgesamt zum Ausdruck kam, stellte das Gericht nicht. Ohne weiter auf schon die zum Teil neu erschiene Literatur Bezug zu nehmen, subsumierte das Gericht den Sachverhalt formelhaft im Sinne der tradierten Auslegung. So verhängte es neben einem Vergehen wegen Sachbeschädigung und der Verletzung der Parlamentsmeile auch wegen eines Vergehens des Aufruhrs in Tateinheit mit einem Vergehen des Landfriedensbruchs eine Gefängnisstrafe von 8 Monaten.[628]

---

[626] AG Bremen, KJ 1968, S. 78 ff., 78.

[627] Wiedergegeben nach den Darstellungen in Enzensberger (Hrsg.), Der nicht erklärte Notstand, Kursbuch 12, 1968, S. 176.

[628] AG München, KJ 1968, S. 73 ff., 76.

Bei der dem Urteil zugrunde liegenden Demonstration am 31. Januar 1968 fand eine Kundgebung von etwa 150 bis 200 Teilnehmern vor dem Griechischen Generalkonsulat innerhalb der Bannmeile statt. Die Kundgebung war somit durch das Gesetz zur Befriedung des Landtagsgebäudes vom 7. März 1951 verboten. Nach den Feststellungen des Gerichts gaben die Demonstranten ihrer Meinung durch Sprechchöre Ausdruck und gingen gemeinsam gegen eine Absperrung der Polizei vor, versuchten diese zu durchbrechen und verletzten dabei durch Fußtritte Polizeibeamte körperlich. Die polizeiliche Absperrung war erfolgt, um einerseits die Sicherheit des Straßenverkehrs zu gewährleisten, andererseits eine weiteres Vordringen der Demonstranten gegen das Gebäude des Griechischen Konsulats zu verhindern. Der Angeklagte sprühte später die Zahl 114 an das Gebäude des Konsulats, wodurch er auf Art. 114 der griechischen Verfassung hinweisen wollte, der das Widerstandsrecht garantierte. Der Angeklagte merkte dabei, dass wenige Meter von ihm entfernt Widerstandshandlungen anderer Demonstranten gegen die Absperrung der Polizei geführt wurden, die Polizei unter anderem daran gehindert wurde, zu dem Tätigkeitsort des Angeklagten vorzudringen. Im weiteren Verlauf der Demonstration wurden Parolen mit Farbe auf die Gehwege geschrieben, Beutel mit Farbe gegen das Konsulat und die Polizei geworfen. Auch Steine wurden geworfen, einige Fenster des Konsulatsgebäudes wurden eingeworfen. Gegen 22.45 Uhr wurde der Angeklagte aus einer Gruppe von Demonstranten vorläufig festgenommen, zu diesem Zeitpunkt folgten aus dieser Gruppe heraus weitere Steinwürfe.[629]

Für das Gericht war nach der Hauptverhandlung und den Zeugenaussagen – aus dem Urteil zu schließen wohl vornehmlich Polizeibeamte - erwiesen, dass der Angeklagte sich an der Zusammenrottung auch dann noch beteiligte, als er sah, dass andere Demonstrationsteilnehmer Gewalttätigkeiten gegen die Polizei verübten sowie Gegenstände warfen.[630]

> „Die rechtliche Wirkung dieses Sachverhalts ergibt, daß der Angeklagte wegen eines Vergehens des Aufruhrs gemäß §§ 115 I StGB zu verurteilen war. Er nahm an einer öffentlichen Zusammenrottung teil, bei der die Demonstranten mit vereinten Kräften Widerstand gegen die Staatsgewalt leisteten. Der Angeklagte handelte vorsätzlich, da er nicht nur in Kauf nahm, daß möglicherweise gemeinsame Widerstandshandlungen vorgenommen würden, sondern vielmehr diese sogar bemerkte und durch sein weiteres Verweilen in der Demonstration billigte. Durch dieselbe Handlung beging der Angeklagte ein Vergehen des Landfriedensbruchs gemäß § 125/I StGB, da der Angeklagte an der öffentlichen Zusammenrottung teilnahm, bei der mit vereinten Kräften Gehwege mit Farbe beschmutzt wurden und Fensterscheiben eingeworfen wurden. Einzelne Perso-

---

629 AG München, KJ 1968, S. 73 f.

630 AG München, a.a.O., S. 76.

nen wären zu diesen Handlungen nicht in der Lage gewesen, nur durch das Zusammentreffen der erheblichen Menge waren diese Handlungen trotz des Einsatzes eines großen Polizeiaufgebotes nicht zu verhindern."[631]

Mit der Einlassung des Angeklagten, er habe im Hinblick auf den erstrebten Zweck seine Teilnahme an der verbotenen Demonstration für gerechtfertigt gehalten, ebenso wie das Sprühen der Zahl 114 an die Hauswand, setzte sich das Gericht nicht weiter auseinander. Ebenso irrelevant war für den Urteilsspruch, dass der Angeklagte einräumte, es sei möglich, dass Steinwürfe und Widerstandshandlungen erfolgt seien, doch habe er davon nichts bemerkt. Das Gericht stellte keine weiteren Erwägungen zu Grundrechten an oder setzte sich mit Literatur auseinander.[632]

Anders beurteilte das AG Freiburg den Massenvorgang „Demonstration". Im Gegensatz zum Münchner Amtsgericht arbeitete dieses Urteil genau heraus, ob über das Auftreten der Menschenansammlung und den vorgekommenen Störungen hinaus eine psychische Grundhaltung der ganzen versammelten Menge festgestellt werden konnte. Hatte das AG schon für den Auflauf den hinreichenden Tatverdacht als nicht gegeben angesehen, so sah es ihn für den Landfriedensbruch aus rechtlichen Gründen auch nicht als erfüllt an.[633]

Die Anklage lautete, der Angeschuldigte habe sich des Landfriedensbruchs strafbar gemacht, weil er während seiner Anwesenheit am Demonstrationsort (einer Schüler- und Studentendemonstration im Stadtkern von Freiburg, C.D.) mit einer nicht bekannten Person ein von der Polizei aufgestelltes Absperrgitter aus der Verankerung gerissen und quer zur Fahrbahn gestellt habe, um den fließenden Verkehr lahm zu legen und die anwesenden Personen zum weiteren Demonstrieren anzuhalten. Nach Ansicht des Gerichts bildeten zwar die Demonstranten eine Menschenmenge, da es bei dieser größeren Anzahl von Personen auf das Hinzukommen oder Weggehen eines einzelnen nicht mehr ankam, aber sie hatten sich nicht zusammengerottet:

„Unter Zusammenrotten versteht die Rechtsprechung das räumliche Zusammentreten oder Zusammenhalten mehrerer Personen zu einem gemeinschaftlichen Handeln, so, daß der die Personenmehrheit beherrschende friedensstörende Wille äußerlich erkennbar wird (vgl. RGSt 56, 281[634], BGH NJW 54,

---

[631] AG München, KJ 1968, S. 76.

[632] Ebenda, S. 76.

[633] AG Freiburg, JZ 1968, S. 802 f.; vgl. dasselbe Gericht zu § 116 StGB a.F. oben Kapitel 5.3.1.2.

[634] Bei diesem Urteil handelt es sich um ein Urteil aus dem Jahre 1922, das Reichsgericht behandelte hier die Fragen der Teilnahme und des Sich-Anschließens im Rahmen des § 125 StGB a.F.

1694). Diese Voraussetzung ist nicht gegeben. Wenn die Demonstranten von dem Amtsgericht in Freiburg zum Bertoldsbrunnen marschierten, so liegt darin noch kein gemeinschaftliches bedrohliches oder gewalttätiges Handeln. Es trat auch keine Änderung ein, als TH. mit einem oder mehreren Demonstranten ein Absperrgitter quer zur Fahrtrichtung [...] stellte. Darin kann keine friedensstörende Maßnahme gesehen werden."[635]

Freilich genügte für eine Zusammenrottung, dass einzelne friedensstörend agierten. Der Rest der Menge müsste diese Handlung aber begrüßen oder billigen, geschlossen hinter der Handlung stehen:

> „Denn bei der Zusammenrottung ist das Gefährliche, daß eine psychologische Ausnahmesituation vorliegt, indem durch eine enge räumliche Verbundenheit einer größeren Ansammlung von Personen die einen durch die anderen in ihrer Aggression gesteigert werden. Eine solche Situation war nicht gegeben, da sich auch durch das unzulässige Aufstellen der Absperrgitter die Demonstranten nicht in eine friedensstörende Rotte verwandelt haben. Zwar folgten mehrere Demonstranten dem Beispiel des Angeschuldigten und stellten Gitter quer zur Fahrtrichtung auf die Straße. Jedoch ist daraus nicht zu erkennen, daß die Überzahl der Demonstranten nunmehr nicht mehr demonstrieren, sondern zu Gewalttätigkeiten schreiten oder wenigstens diese billigen wollten."[636]

Mit Urteil vom 27. September 1968 erkannte das AG Frankfurt den Angeklagten Studenten *D. Cohn-Bendit* wegen Beamtennötigung, Aufruhr, Landfriedensbruch und schwerem Hausfriedensbruch für schuldig und verhängte eine Gefängnisstrafe mit Bewährungsfrist.[637] Zu diesem Ergebnis gelangte das Gericht auf Grund einer schematischen Subsumtion des dem Urteil zu Grunde liegenden Sachverhalts nach der überlieferten Auslegung. Die Prüfung von Art. 8 GG kann nur als unsauber und oberflächlich bezeichnet werden, die Erwägungen des Gerichts bewegten sich eher abseits der damals gültigen Grundrechtsdogmatik.

Anlass war eine nicht genehmigte Demonstration des SDS vor der Paulskirche in Frankfurt/Main am 22. September 1968 gegen die Friedenspreisverleihung des deutschen Buchhandels an den senegalesischen Staatspräsidenten. Das Gericht ging davon aus, dass es Ziel der Demonstration war, diese Verleihung zu verhindern. Die Polizei hatte Barrieren um die Paulskirche gezogen, um einen eingefriedeten Platz zu bilden, der gegen den Durchbruch der Demonstranten geschützt war. Diese Absperrgitter wurden auf der Innenseite durch Polizeibeamte gesichert. Demonstranten traten einige Schritte von der Barriere zurück, um die Barrieren im Sprung zu überwinden. Dem Angeklagten gelang

---

635 AG Freiburg, JZ 1968, S. 802.

636 Ebenda, S. 802 f.

637 AG Frankfurt, DRiZ 1969, S. 87. Vgl. dazu die Revisionsentscheidung des OLG Frankfurt/Main unten Kapitel 5.3.2.2.2.

es als erster, diese Barrieren zu überwinden und auch an einigen Polizeibeamten vorbeizukommen. Er leistete anschließend Widerstand.[638]

Ohne Literatur oder Rechtsprechung zu nennen führte das Gericht im Anschluss an die Sachverhaltsschilderung aus:

> „Der Angekl. war also Teilnehmer einer zusammengerotteten Menschenmenge, der den Befehlen der Polizei, die Sperre nicht zu überwinden, nicht folgte und mit Gewalt versuchte, in die Paulskirche einzudringen unter Überwindung der Polizeikette, [...] . Er war auch Teilnehmer einer öffentlich zusammengerotteten Menschenmenge, die mit vereinten Kräften versuchte, gegen die Polizei innerhalb des eingefriedeten Besitztums in die Paulskriche einzudringen."[639]

Damit waren die oben genannten Tatbestände erfüllt. Eine Rechtfertigung aus Art. 8 GG ergab sich für das Gericht nicht:

> „Der von der Verteidigung [Rechtsanwalt Hannover, C.D.] nachdrücklich geltend gemachte Rechtfertigungsgrund der freien Meinungsäußerung und der Versammlungsfreiheit im Rahmen der Artikel 5 und 8 des Grundgesetzes sind nicht erwiesen. Der Angeklagte kann von seinem Recht im Rahmen genehmigter Zusammenkünfte Gebrauch machen. Nach Ansicht des Gerichts hätte der Angekl. mit seinen Mitdemonstranten sogar außerhalb der polizeilichen Absperrung seine Meinung äußern können. Er war aber nicht berechtigt, die rechtmäßigen Anordnungen der Polizei und deren befriedetes Gelände durch Gewalt zu überwinden [...]. Mag auch die Verleihung dieses Friedenpreises ein politischer Akt gewesen sein, so musste der Angekl. hier doch, wenn er seine Gegenmeinung äußern wollte, sich im Rahmen der Gesetze halten und insbesondere nicht gewaltsam gegen die Polizei vorgehen."[640]

Auch eine andere Abteilung des AG Frankfurts ist mit seinem Urteil den traditionellen Wertungen und Rechtsauffassungen zuzuordnen. Der vom Gericht als erwiesen festgestellte Sachverhalt vermittelt den Eindruck einer etwas verkürzten Wahrnehmung des Demonstrationsgeschehens, die aus der Rechtsauffassung des Gerichtes resultierte. Denn das AG schloss rückwirkend aus dem unfriedlichen Verlauf auf eine von vorneherein vorhandene psychische Grundhaltung der Menge. Da das Gericht keinen Zweifel an der Auslegung im Sine der einfachen Teilnahme an der Zusammenrottung hatte, war es für die Strafbarkeit des Angeklagten unbedeutend, dass er sich lediglich in der Menge befunden hatte. Zudem setzte sich das Gericht zwar mit Art. 8 GG auseinander. Aber schon die Terminologie weist ebenso wie die inhaltlichen Ausführungen erhebliche dogmatische Unsicherheiten auf.

In dem Urteil vom 4. Oktober 1968 ging es um eine Demonstration am Abend des 12. April 1968 vor der Frankfurter Societäts-Druckerei, die

---

[638] AG Frankfurt, DRiZ 1969, S. 87.

[639] Ebenda, S. 87.

[640] AG Freiburg, DRiZ 1969, S. 87.

einen Teil der „Bild"-Zeitung druckte.[641] Das Gericht verurteilte den Angeklagten wegen Aufruhrs und Landfriedensbruchs, § 115 I und II, 125 I und II StGB a.F., unter Zubilligung mildernder Umstände zu einer Gefängnisstrafe von einem Jahr und zu den Kosten des Verfahrens. Aufgrund der Einlassung des Angeklagten und den Bekundungen der Zeugen stellte das Gericht folgenden Sachverhalt fest:

Der Angeklagte hatte sich zunächst in einer Straße unweit der vor dem Druckereigebäude aufgehalten und dort bemerkt, wie gegen die Demonstranten vor dem Druckereigebäude von der Polizei unter Einsatz eines Wasserwerfers vorgegangen wurde. Nach der Sachverhaltsschilderung des Gerichts musste die Polizei deshalb gegen die Demonstranten vorgehen, weil diese Kraftfahrzeuge behinderten, die aus der Societäts-Druckerei herausfahren wollten. Die Fahrspuren der Kraftfahrzeuge waren zum Teil blockiert, zum Teil wurden die Kraftfahrzeuge beschädigt. Die Einfahrt in das Druckereigebäude selbst war durch einen von Demonstranten umgestürzten Bauwagen, der unweit der Grundstücksgrenze lag, schwer passierbar. Der Angeklagte war damit einverstanden, dass die Auslieferung des vom Springerkonzern herausgegebenen Zeitungsblattes gewaltsam verhindert werden sollte. Der Angeklagte begab sich in die Demonstrantengruppe vor dem Druckereigebäude, wo die Polizei beschäftigt war, mit einer Polizeikette die Demonstranten von der Einfahrt zurückzudrängen. Der Angeklagte wurde von einem Polizeimeister zweimal aufgefordert, den Platz zu räumen und sich hinter die Polizeikette zu begeben. Trotz der zweimaligen Aufforderung kam der Angeklagte der Weisung nicht nach und schlug, als der Polizist ihn mit ausgestrecktem Arm vor sich herschieben wollte, auf den Zeugen und traf den Zeugen am rechten Oberarm, wodurch dieser einen Bluterguss und eine Prellung erlitt. Daraufhin wurde der Angeklagte festgenommen.

Die Demonstrantengruppe vor dem Druckereigebäude wertete das Gericht, RGSt 56, 281 und Schönke-Schröder, Anm. zu § 115 Nr. 6 folgend, als Zusammenrottung:

> „Der Angeklagte konnte unschwer erkennen, daß gewaltsam verhindert werden sollte, daß die vom Springer-Konzern herausgegebene und in der Societätsdruckerei gedruckte Zeitung nicht ausgeliefert werden sollte. Die zur Auslieferung bestimmten Kraftfahrzeuge konnten nicht passieren. Zudem war die Widerstandshandlung gegen die Staatsgewalt bereits daraus ersichtlich, daß die Polizeikette vorrücken mußte, um die Demonstranten zu zerstreuen. Daß es sich um eine Menschenmasse gehandelt hat, kann keinem Zweifel unterliegen."[642]

---

[641] AG Frankfurt, KJ 1968, S. 180 ff.

[642] AG Frankfurt, KJ 1968, S. 182.

Das Gericht hatte kein Verständnis für die seines Erachtens „irrige“ Annahme des Verteidigers, bei dem Angeklagten läge eine Tatbestandsverwirklichung deswegen nicht vor, weil diese Handlungen des Angeklagten eventuell durch Grundrechtsnormen gedeckt seien. Vielmehr sei „die Tatbestandsverwirklichung als wertneutrale Subsumtion mit dem Gesetzeswortlaut“ vorzunehmen.[643]

Das Handeln des Angeklagten war aber auch aus folgenden Gründen nicht gerechtfertigt: Zunächst war festzuhalten, dass Grundrechte lediglich Abwehrrechte gegenüber dem Staat und der Obrigkeit seien (entsprechend *Maunz-Dürig*, Art. 1 Abs. II Randnummer 127 ff.) und somit grundsätzlich keine Wirkung zwischen Privatleuten, wie dem Angeklagten und dem Springerkonzern, hätten. Aber auch soweit der Angeklagte sein Verhalten damit rechtfertigte, dass der Springerkonzern unter Verkennung seiner Aufgaben als Presseorgan die Machtposition missbraucht hätte, konnte dies nicht anerkannt werden:

> „Selbst wenn unterstellt wird, daß sich der Angeklagte als Angehöriger der Studenten durch die Presseerklärung des Springer-Verlages persönlich in dem vorerwähnten Sinne im Grundrecht der Informationsfreiheit, einem Ausfluß der Pressefreiheit, beeinträchtigt fühlte, so hat er jedoch kein Recht, eine *aktive* Demonstration zu begehen, d.h. an einer Demonstration teilzunehmen, in deren Verlauf zu Gewalttätigkeiten aufgerufen wird. Unbestritten bleibt dem Angeklagten das Recht auf eine friedliche Demonstration im Sinne des Art. 8 GG. Wie bereits aus diesem letztgenannten Artikel 8 GG ersichtlich, wie sich aber auch aus Art. 2 I GG ergibt (Vgl. Maunz-Dürig, Art. 2 Abs. I, Randnummer 74), gilt es in jedem Falle der Berufung auf Grundrechte abzuwägen, welches Mittel zur Grundrechterhaltung notwendig und welche Beeinträchtigung durch die Berufung auf Grundrechte behoben werden soll.“[644]

Entsprechend *Maunz-Dürig* gelte es bei der Verwirklichung und Durchsetzung der Grundrechte darauf zu achten, dass die Rechte anderer, die allen Grundrechten inne wohnen, nicht überschritten würden. Kein Grundrecht sei ebenso grenzenlos wie die menschliche Freiheit allgemein, als deren Manifestation die Grundrechte anzusehen seien.

> „Alles Recht beruht auf Gegenseitigkeit und es ist leicht einzusehen, dass jeder seine Freiheit nur soweit gebrauchen darf, als er durch den Gebrauch nicht die Freiheit anderer beeinträchtigt. Maunz-Dürig stützen sich bei der Ausübungsgrenze der Grundrechte auf die regula aurea: 'Was du nicht willst das man dir tut, das füg auch keinem andern zu.' Im Fall des Angeklagten kann kein Zweifel vorliegen, daß der Angeklagte hier die zulässigerweise ihm in der Ausübung der Grundrechte gesetzten Schranken überschritten hat. Eine Aktion, die er bewußt unterstützte und die er auch bewußt wollte, bei der von vorneherein Menschen und Sachen geschädigt werden und durch die gewaltsam die Auslie-

---

643 AG Frankfurt, KJ 1968, S. 182.

644 AG Frankfurt, a.a.O., S. 183.

ferung von Presseerzeugnissen verhindert werden sollte, ist nicht durch die Ausübung der Grundrechte gedeckt."[645]

Am Vorsatz des Angeklagten bestanden keine Zweifel, wusste er doch, dass die Demonstrationsmenge Handlungen im Sinne des §§ 113 und 114 StGB a.F. beging. Nicht erforderlich, so auch Schönke-Schröder, Strafgesetzbuch, Anm. 7 zu § 115, sei es, dass der Angeklagte die konkreten Umstände der Widerstandshandlungen in seinem Vorsatz aufgenommen hatte.

Eine weitere Abteilung des AG Frankfurt gehörte anders als seine Kollegen zu der Gruppe, die § 125 StGB restriktiv zugunsten der Versammlungsfreiheit anwendeten. Das Gericht hatte die beiden Angeklagten schon von dem Vorwurf des Auflaufs freigesprochen[646] und legte in seiner Entscheidung vom 30. Oktober 1968 höhere Maßstäbe als die traditionelle Auslegung einerseits für die Teilnahmevoraussetzung und andererseits die friedensstörende Qualität einer Menschenansammlung bei §§ 115, 125 StGB a.F. an.[647] Das Gericht hatte sich wie das Urteil vom 4. Oktober 1968 mit einer Blockierung der „Societäts"-Druckerei in Frankfurt am Ostermontag den 15. April 1968 zu beschäftigen.[648] Das Demonstrationsgeschehen war hier sehr ähnlich gelagert wie in dem Urteil des AG Frankfurt vom 4. Oktober 1968.

Anders als seine Kollegen stellte das Gericht bei dem vorliegenden Sachverhalt im Fall des ersten Angeklagten keine mit vereinten Kräften begangenen Handlungen oder gar Gewalttätigkeiten der Gruppen fest, in und bei denen sich der Angeklagte befunden hatte.[649] Das Gericht vertrat die Ansicht, dass die Blockade der Ausfahrt und das Herauslassen der Luft aus dem Reifen, die sich zeitlich und örtlich getrennt von dem Aufenthaltsort des Angeklagten abgespielt hatten, nicht eine Teilnahme an einem Landfriedensbruch begründen könnten. Denn nach der Auffassung des Gerichts hätte der Angeklagte zumindest die tatbestandsmäßigen Voraussetzungen bemerkt haben müssen.[650]

Für den zweiten Angeklagten ergab sich ebenfalls keine Strafbarkeit nach §§ 115 und 125 StGB a.F. Das Gericht verneinte das Tatbestandsmerkmal der Zusammenrottung. Eine solche sei nach der unstreitigen

---

645 Ebenda, S. 183 f.

646 Vgl. zum Auflauf oben Kapitel 5.3.1.2.

647 AG Frankfurt, JZ 1969, S. 200 ff.

648 Vgl. zur genauen Schilderung des vom Gericht festgestellten Sachverhalts oben Kapitel 5.3.1.2.

649 AG Frankfurt, a.a.O., S. 202.

650 AG Frankfurt, JZ 1969, S. 202.

allgemeinen Auffassung in Rechtsprechung und Lehre das räumliche Zusammentreten einer Mehrheit von Personen zu einem gemeinschaftlichen bedrohlichen oder gewalttätigen, einem friedensstörenden Handeln (vgl. *Schwarz-Dreher*, Komm. zum StGB, 30. Aufl. 1968, Anm. 1 zu § 115; *Schönke-Schröder*, Komm. zum StGB, 12. Aufl. 1965, Rdnr. 1 zu § 115).

Auf Grund einer ausführlichen Grundrechtsprüfung schon auf Tatbestandsebene, in deren Rahmen das Gericht zu dem Ergebnis kam, dass es sich bei der vor dem Druckereigebäude versammelten Menschenmenge um eine Demonstration handele[651], konnte nicht mehr von einer Zusammenrottung gesprochen werden. Soweit sich der Angeklagte im Bereich vor der Absperrung unter den Demonstranten befand, konnte für ihn keine Zusammenrottung angenommen werden.[652] Das Gericht fügte als Ergebnis des gesamten Urteils folgende Bemerkung an:

> „In der mündlichen Urteilsbegründung sind die beiden Angeklagten und die überwiegend jungen Zuhörer darauf hingewiesen worden, daß diese Freisprüche nicht als Freibriefe zur Begehung von ungesetzlichen Handlungen und besonders Gewalttätigkeiten aufzufassen seien und davor nur gewarnt werden könne. Ferner: Die Unruhe der Jugend habe nicht zuletzt ihren Grund in der Sorge um den Staat und die echte Verwirklichung der Demokratie. Die Gesetze, denen die Anklagen zugrunde lägen, dienten jedoch auch zum Schutze des Staates.
>
> Zwischen Urteilsverkündung und schriftlicher Abfassung des Urteils ist in der Öffentlichkeit vielfach Kritik an dem Urteil geübt worden. Damit war bei der Problematik zu rechnen, und Kritik gehört zum Wesen der Demokratie. Wenn aber ohne Kenntnis des Sachverhaltes, wie er sich in der dreitägigen Hauptverhandlung ergeben hat, ohne Kenntnis der schriftlichen Urteilsgründe und ohne Bemühung um die wahrlich nicht einfache Rechtsproblematik die erstaunlichsten Behauptungen aufgestellt werden und den Richtern Unsachlichkeit und Schlimmeres, 'Popularitätshascherei' und 'Hoffnung auf eine gewisse politische Karriere' unterstellt wird, dann ist das jedenfalls ein Anzeichen für unterentwickeltes demokratisches Bewusstsein und gibt nicht minder Anlaß zum Nachdenken wie Steinwürfe anstelle von Argumenten und begründeter Überzeugung."[653]

Das LG Köln gelangte allein an Hand rein systematischer Erwägungen zu einem Freispruch von der Anklage des Landfriedensbruchs. Das Gericht urteilte am 30. Oktober 1968 über eine Demonstration von Kölner Studenten am 24. Oktober 1966 gegen die Erhöhung der Tarife der Kölner Verkehrsbetriebe AG.[654] Die Studenten hatten mehrere Stunden auf

---

[651] Vgl. dazu die Ausführungen oben zu § 116 StGB a.F. Kapitel 5.3.1.2.1.

[652] AG Frankfurt, a.a.O., S. 205 f.

[653] AG Frankfurt, JZ 1969, S. 207.

[654] LG Köln, JZ 1968, S. 80 ff.

den Straßenschienen gesessen und so die Weiterfahrt der Straßenbahn verhindert.

Gegenstand des Verfahrens war die Anklage wegen §§ 115, 125 und 240 StGB a.F., von welcher das Gericht die Angeklagten aber insgesamt freisprach.[655] Bezüglich der §§ 115, 125 StGB a.F. hatten nach seiner Auffassung keine Gewalttätigkeiten vorgelegen, die ihnen zugerechnet und für die sie verantwortlich gemacht hätten werden können.[656] In dem mehrstündigen Sitzen und Stehen demonstrierender Studenten sah das Gericht keine öffentliche Zusammenrottung einer Menschenmenge, die mit vereinten Kräften gegen Personen oder Sachen Gewalttätigkeiten beging. Ausschlaggebend für diese restriktive Auslegung war der dogmatische Gesichtspunkt, dass Gewalt im Rahmen des Landfriedensbruchs eine andere Qualität haben müsse als im Rahmen der Nötigung:

> „Ließe man nämlich für den Landfriedensbruch die Gewalt genügen, die für die Nötigung erforderlich ist, müßten die etwa durch ein 'sit-in' 'gewaltübenden' Demonstranten eines Verbrechens des schweren Landfriedensbruchs gemäß § 125 II StGB für schuldig gesprochen werden, während sie bei Vorliegen eines Rechtfertigungsgrundes gemäß § 240 II StGB von dem Vorwurf eines Vergehens der Nötigung freizusprechen wären, ein Ergebnis, das sich selbst richtet. Gerade der Umstand, daß im Rahmen der Bestimmungen über den Landfriedensbruch eine dem § 240 II StGB entsprechende Regelung fehlt, macht deutlich, daß Gewalttätigkeiten ein erheblich schwerwiegenderes Verhalten sein müssen als Gewalt im Sinne des § 240 StGB. Denn damit zeigt der Gesetzgeber, daß er beim Landfriedensbruch keine dem § 240 II StGB entsprechende Abwägung wünscht; das kann er nur dann sinnvollerweise Weise wünschen, wenn das in § 125 StGB mit Strafe bedrohte Verhalten das Unwerturteil schon in sich trägt. Dieses Unwerturteil kann insoweit nur in der besonderen Gefährlichkeit des Verhaltens liegen."[657]

Das BayObLG, welches die Revision zu § 116 StGB a.F. zurückwies, tat dies auch bezüglich des Anklagepunktes wegen Landfriedensbruch.[658] Die Subsumtion des § 125 StGB a.F. erfolgte eher schematisch-formal. So wurde Art. 8 GG zwar in die Prüfung mit einbezogen, aber die Auseinandersetzung mit dem Grundrecht erfolgte oberflächlich. Den tatsächlichen Feststellungen des Gerichts ist nicht wirklich zu entnehmen, inwieweit die für die Betroffenen sicher nicht angenehmen Geschehnisse Ausdruck einer bedrohlichen psychischen Grundhaltung der gesamten versammelten Menschenmenge waren. Seine Wertung der für eine Zu-

---

[655] Vgl. zu den Ausführungen zu § 240 StGB a.F. unten Kapitel 5.3.3.2.

[656] LG Köln, JZ 1968, S. 80.

[657] LG Köln, JZ 1968, S. 81.

[658] BayObLG, NJW 1969, S. 63 ff. Vgl. die Ausführungen zu § 116 StGB a.F. oben Kapitel 5.3.1.2. vgl. hier ebenfalls die Darstellung des Sachverhalts.

sammenrottung erforderlichen Gewalttätigkeiten kann nur als äußerst restriktiv, wenn nicht gar als nicht mehr vertretbar bezeichnet werden.

Fraglich war in dem Urteil zunächst, ob der von der ursprünglichen Demonstration abgespaltene Teil eine neue, ad hoc gebildete Versammlung gewesen sei, die Rechtens zu einem Sitzstreik zusammengetreten war und mit einer möglichen Duldung durch die Polizei rechnen durfte oder gar bis zuletzt Teil des ordnungsgemäß angemeldeten und nicht verbotenen Demonstrationszuges geblieben sei. So jedenfalls die Auffassung der Verteidigung.

Der Senat lehnte beides ab. Die abgespaltene Gruppe bildete seiner Auffassung nach lediglich eine Menschenmenge und keine Versammlung im Sinne des VesammlG vom 24. Juli 1953, die sich aus den Teilen des ursprünglichen Demonstrationszuges gebildet hatte. Die Gruppe hatte sich auch äußerlich erkennbar von dem Demonstrationszug abgespalten und deutlich den räumlichen Zusammenhang mit ihm aufgehoben. Der herrschenden Auffassung über den Begriff der Zusammenrottung folgend, hier etwa unter Angabe des LK, 8. Aufl. Anm. II, von Schwarz-Dreher, 30. Aufl., Anm. 1, je zu § 115 StGB, sowie Schönke-Schröder, 13. Aufl., Rndr. 3 zu § 115 StGB, waren die eine selbständige Einheit bildenden Demonstranten eine zusammengerottete Menschenmenge. Anders als beim *LG Köln* bestand auch an dem gewalttätigen Handeln kein Zweifel:

> „Dies war bei den Demonstranten, die sich abgespalten hatten, der Fall. Nach den Feststellungen des AG haben sie sich zur Sperrung der Fahrbahn auf der V.-Straße zusammengetan. Ohne Rechtsirrtum wertet das AG die Sperrung einer Straße als Gewalttätigkeit (vgl. RGSt 45, 153, 156; BayObLGSt. 1955, 172, 176 = NJW 55, 1806; BGH, Urt. V. 13.7.1960 – 2 StR 291/60)."[659]

Die Erwägungen der Verteidigung, ob der Angeklagte nicht Teilnehmer einer Spontanversammlung gewesen sei, die zwar unangemeldet, aber nicht aufgelöst war, gingen nach Ansicht des BayObLG fehl. Denn die Gruppe hätte von Anfang an unfriedliche Zwecke verfolgt. Art. 8 GG gewähre allen Deutschen das Recht, sich friedlich zu versammeln. Von vorneherein unfriedliche, d.h. einen gewalttätigen Verlauf anstrebende Versammlungen stünden nicht unter dem Schutz des Art. 8 GG und des VersG, wozu auf Samper, Demonstrations- und Versammlungsrecht, 1968, S. 14; Bonner Kommentar zum GG, Rdnr. 29 zu Art. 8; Hamann, GG, Anm. B 3 zu Art. 8; v. Magoldt-Klein, GG, Anm. IV 2a zu Art. 8 und Merten in MDR 1968, 621, 623 verwiesen wurde.

Die mit vereinten Kräften gegen Personen oder Sachen begangenen Gewalttätigkeiten erachtete das Gericht schon durch die Sperrung der V.-

---

[659] BayObLG, NJW 1969, S. 64.

Straße als erfüllt, spätestens aber durch das Schaukeln eines Volkswagens sowie das Trommeln mit den Fäusten auf einen Linienbus.

Auch die subjektive Tatbestandsseite war erfüllt, hatte der Angeklagte der herrschenden Definition entsprechend doch bewusst die gewaltsame Blockierung des Straßenverkehrs gewollt, dabei einzelne Übergriffe gegen Kraftfahrzeuge in Kauf genommen und sich mit der zusammengerotteten Menschenmenge bewusst identifiziert.[660]

Für das Schöffengericht Hannover hing in seinem Urteil vom 28. November 1968 die Entscheidung der Strafbarkeit gemäß § 125 StGB a. F. davon ab, ob in dem mauerbildenden Stehen und Sitzen vor dem verschlossenen Tor des Gebäudes der Hannoverschen Presse (das hp-Gebäude) eine Gewalttätigkeit im Sinne eines Landfriedensbruchs zu sehen war. Auf Grund seiner liberalen politischen Grundeinstellung traf dies nach Ansicht des Gerichts nicht zu.[661]

Ohne großen dogmatischen Begründungsaufwand setzte sich das Gericht damit auseinander, ob die der überkommenen Rechtsprechung zugrunde liegenden Sachverhalte mit dem aktuellen Demonstrationsgeschehen vergleichbar seien. Denn der Fall lag für das Gericht in juristischem Neuland, handelte es sich doch bei derartigen gemeinsamen Willenskundgebungen, verbunden mit der Ausübung eines Zwangs gegen andere, sie zur Kenntnis zu nehmen, um eine neue Erscheinung im politischen Leben. Es sei deshalb nicht zufällig, dass dafür fremde Namen wie „sit-in", „teach-in" gälten, denn es handle sich um Importe aus dem angelsächsischen Ausland.

Im Grundgesetz sei das Demonstrationsrecht den Art. 5 und 8 GG zuzuordnen. Aus dem grundgesetzlich garantierten Demonstrationsrecht ergäbe sich das urdemokratische Recht auf Mitwirkung bei der politischen Willensbildung, welche sich in einer funktionierenden Demokratie vom Volke aus hin zur Staatsführung, nicht umgekehrt vollziehen sollte:

> „Dabei entspricht es der heutigen Verfassungswirklichkeit, daß im Rahmen des Demonstrationsrechts ein gewisser Zwang auf Dritte ausgeübt werden darf, eine bestimmte Meinung zur Kenntnis zu nehmen, weil sonst das Demonstrationsrecht zur Bedeutungslosigkeit herabgewürdigt würde."[662]

Dabei sei festzuhalten, dass jenseits der Grenzen, was von der Allgemeinheit hingenommen werden müsste, das Inbrandsetzen von Kaufhäusern und Gerichtsgebäuden, Straßenschlachten mit der Polizei, aber

---

660 Ebenda, S. 64.

661 Schöffengericht Hannover, DRiZ 1969, S. 90 ff. Vgl. zu der genauen Sachverhaltsschilderung oben Kapitel 5.3.1.2.

662 Schöffengericht Hannover, DRiZ 1969, S. 90.

auch der anlässlich einer politischen Demonstration begangene Landfriedensbruch lägen. Der Landfriedensbruch lag ja aber gerade nicht vor. Nach der Rechtsprechung, die das Gericht nicht angab, würden unter Gewalttätigkeiten Störungen der öffentlichen Sicherheit und Ordnung verstanden, bei denen Personen oder das Eigentum durch Anwendung von Gewalt gefährdet würden. Weiter würde in der Rechtsprechung für ausreichend erachtet das feindselige Vorrücken einer Menschenmenge gegen die Polizeibeamten, Werfen mit Steinen und Flaschen, auch wenn damit nicht getroffen würde. All dies seien jedoch Vorgänge, die mit dem zu beurteilenden Geschehen keine Ähnlichkeit aufwiesen.

Ein Beispiel der Rechtsprechung, das in die Richtung weise, sei das Versperren eines Zugangs durch eine entschlossene Menschenmenge, wie die Rechtsprechung z.B. einst Streikende eines Landfriedensbruchs für schuldig befunden hatte, weil sie Arbeitswilligen zum Erreichen der Arbeitsstelle lediglich einen schmalen, gefährlichen Zugang ließen, in dem sie Drohungen und Misshandlungen zu gewärtigen hatten. Allerdings war dieser von der Rechtsprechung gebildeten Fallgruppe zu eigen, dass sich die Menschenmenge in der Absicht zusammenrottete, den etwaigen Versuch, sich den durch sie versperrten Zugang zu erzwingen, mit sofortiger Gewalt gegen die Person zu beantworten.[663] Da davon im vorliegenden Fall keine Rede sein konnte, konnte sich das Gericht „mit gutem Recht" auf den Standpunkt stellen, dass

> „diese Kundgebung, deren geistige Väter Mahdma Ghandi, Martin Luther King und alle anderen Männer des gewaltlosen Widerstandes waren, im Lichte der heutigen Verfassungswirklichkeit keine Gewalttätigkeit im Sinne des § 125 StGB war, weil 'Gewalttätigkeit' letztlich mehr als bloße Gewalt - etwa im Sinne von § 240 StGB - sein muß. Vom Ergebnis her gesehen ist dies sicher richtig, wie folgende sonst unausweisliche Erwägung klar erkennen läßt: Der damalige Gesetzgeber hatte einen ganz anderen Tätertyp im Auge als solche Personen, die, zur Gewaltlosigkeit entschlossen, ihre von sehr vielen geteilte Meinung durch eine Verzögerung einer einzigen Zeitungsauflage demonstrativ unterstreichen wollten."[664]

5.3.2.2.2 Urteile aus dem Jahr 1969

Die auf das eben geschilderte Urteil des Schöffengerichts Hannover folgende Berufung der Staatsanwaltschaft entschied das LG Hannover am 12. März 1969 mit einer Bestätigung des Freispruchs vom Schöffengericht Hannover.[665] Wie die Unterinstanz war das Gericht der Auffassung, daß die Demonstranten den durch die Versammlungsfreiheit ge-

---

[663] Schöffengericht Hannover, DRiZ 1969, S. 91.

[664] Ebenda, S. 91.

[665] LG Hannover, DRiZ 1969, S. 225 f.

schützten Freiheitsbereich nicht überschritten hätten. Eine Verurteilung wegen Landfriedensbruchs schied daher aus objektiven Gründen aus. Die Demonstranten hätten nicht den durch die Versammlungsfreiheit geschützten Freiheitsbereich überschritten. Da der verfassungsmäßige Rang der Grundfreiheitsrechte es verbot, in ihnen bloße Rechtfertigungsgründe zu sehen, hatten die Demonstranten schon nicht tatbestandsmäßig gehandelt.[666]

Anders als das Schöffengericht Hannover setzte sich das LG noch grundlegender mit Art. 8 GG auseinander. Ohne dass das Gericht ausdrücklich neuere Literatur zitierte, klingen in seinem Urteil die Gedanken von *Ott* und den anderen in diese Richtung gehenden Autoren an. In seiner Grundeinstellung gegenüber der Versammlungsfreiheit findet sich ansatzweise studentisches Gedankengut wieder. Seine konkrete Rechtsgüterabwägung entsprach den vom BVerfG heute durchgeführten Abwägungskriterien, seine Wertung fiel entsprechend wohlwollend für die Studenten aus.

Grundlegend führte das Gericht zum Demonstrationsrecht aus:

> „Zur Freiheitlichkeit der Demokratie gehört es, daß gesellschaftliche Konflikte im öffentlichen Bewußtsein nicht verdrängt oder gar unterdrückt werden, sondern daß sie durch eine öffentliche, in den Bahnen des Rechts geführte Auseinandersetzung ausgetragen und dadurch für das allgemeine Wohl fruchtbar gemacht werden. Unter diesem Schutz stehen auch sogenannte Spontandemonstrationen, wie sie sich unangemeldet, ohne Einberufung und ohne jegliche Organisation am 12.4.1968 in Hannover und anderen Städten aus Anlaß des Attentats auf den Studenten Rudi Dutschke gebildet haben"[667]

Ohne näher das Urteil zu zitieren, nahm das Gericht nach den Kriterien des „Lüth"-Urteils eine verfassungskonforme Auslegung und Anwendung von § 125 StGB a.F. vor. Dabei wies es nachdrücklich darauf hin, dass sich der Prozess der Willensbildung des Volkes in der Demokratie durch geistige Mittel vollziehe, nicht durch Mittel der Gewalt oder Androhung von Gewalt. Gewalt sei verfassungsfremd, das gleiche gelte für Demonstrationen mit revolutionärer Tendenz, deren Zielsetzung den Rahmen der verfassungsmäßigen Grundordnung von vorneherein überschreiten würden. Allerdings sei Sinn der Meinungsäußerung auch, geistige Wirkungen auf die Umwelt ausgehen zu lassen, meinungsbildend und überzeugend auf die Gesamtheit einzuwirken. Im Rahmen dieses Prozesses der Meinungsäußerung und politischen Willensbildung

> „ist der Kampf um die Durchsetzung politischer Forderungen, sind Druck und Gegendruck erlaubt. Das vom BVerfG anerkannte Recht des Bürgers auf unmit-

---

[666] LG Hannover, DRiZ 1969, S. 225.

[667] Ebenda, S. 225.

telbare Einflußnahme auf den ständigen Prozeß der politischen Meinungsbildung bedingt ein gewisses Maß an Druck, an psychischer, nicht physischer Gewalt. Demonstrationen [...] enthalten neben dem Moment der Willensäußerung auch das der Willensdurchsetzung. In diesem Rahmen darf deshalb ein gewisser Zwang auf Dritte ausgeübt werden, eine politische Meinung zur Kenntnis zu nehmen, was den klassischen Demokratien Selbstverständnis ist. Die demokratische Funktion des Demonstrierens legitimiert demokratische Erscheinungsformen.

Die Beteiligung an einer öffentlichen Demonstration ist eines der wirksamsten Mittel politischer Einflussnahme, das dem Staatsbürger in der parlamentarischen Demokratie zu Verfügung steht."[668]

Wann diese Erscheinungsformen ihre Grenzen finden sollten, hing von der Abwägung der Umstände des Einzelfalls ab. Dazu gehörten vor allem die Bedeutung des von den Demonstranten vertretenen Anliegens und das Gewicht des dadurch zwangsläufig veranlassten Eingriffs in Rechte Dritter.

Auf Grund dieser Überlegungen befand das Gericht, dass die Demonstration mit ihren Begleiterscheinungen nicht über das Ziel des Anliegens ihrer Teilnehmer hinausgegangen war. Für das Gericht stand fest, dass sich die Blockade des Druckereihauses auch ohne den Polizeieinsatz alsbald verlaufen hätte, weil die Verzögerung der Auslieferung erreicht worden war. Weitere Folgen als die Verzögerung der Auslieferung um mehrere Stunden seien nicht eingetreten.

„Das Verhalten der Demonstranten nach dem Eintreffen der Polizeistreitkräfte kann für die strafrechtliche Beurteilung nicht verwertet werden", da dieses dem Schutz vor dem Einsatz des Wasserwerfers diente.

„Wer öffentliche Demonstrationen bejaht, muß sinnvollerweise den Demonstranten die Möglichkeit einräumen, die Öffentlichkeit zu erreichen. Solange dabei eintretende Behinderungen wie hier bloße Nebenwirkungen bleiben, ist dagegen nichts einzuwenden."[669]

Die Auslieferungsverzögerung stellte demnach für das Gericht nur eine Belästigung dar. Anders als wenn beispielsweise Druckerei- und Transporteinrichtungen beschädigt worden wären, war damit auch der Grundsatz der Verhältnismäßigkeit des Mittels gewahrt.[670]

Unbehelligt von der aktuellen Literaturdebatte und ganz auf Seiten der konservativen gesellschaftlichen Kräfte bevorzugte es auch ein weiteres Urteil des BayObLG, sich in den hergebrachten Auslegungsbahnen zu bewegen: der sehr engen Auslegung des Begriffs der Zusammenrottung

---

[668] LG Hannover, DRiZ 1969, S. 226.

[669] LG Hannover, DRiZ 1969, S. 226

[670] Ebenda, S. 226.

und der Teilnahme an dieser. Die im vorliegenden Fall zu bewertende Straßenblockade konnte nur durch die restriktiven Wertungen des Gerichts Anlass zu einer Strafbarkeit nach § 125 StGB a.F. geben. Art. 8 GG prüfte es nur oberflächlich, völlig unzweifelhaft war für das Gericht, dass Blockadeaktionen nicht zulässig sein konnten. Dies ergab sich nicht zuletzt aus einer undifferenzierten Übernahme älterer Urteile. In seinem Beschluss vom 14. April 1969 setzte sich das Gericht mit einer Demonstration im Mai 1967 gegen „Faschismus und Krieg" auseinander und bestätigte, dass das vorinstanzliche Landgericht den Angeklagten zu Recht nach § 125 II StGB verurteilt hatte.[671] Das Gericht legte folgenden Geschehensablauf zugrunde:

Zunächst war von der Veranstaltungsleitung geplant gewesen, eine Abschlusskundgebung vor dem amerikanischen Konsulat abzuhalten. Das Amt für öffentliche Ordnung hatte den Demonstrationszug jedoch nur bis zu einem entfernter liegenden Platz genehmigt. Während des Demonstrationszuges hatten sich laute Sprechchöre gebildet, wie „Johnson Mörder" und „Ho Ho Ho Tschi Minh" und anderes. Als der Demonstrationszug den von der Verwaltung zugewiesenen Abschlusskundgebungsplatz erreichte, war dieser durch Sperrgitter und ein starkes Polizeiaufgebot in Richtung des amerikanischen Konsulates abgeriegelt. Es machte sich Unmut breit und auf die Polizeibeamten wurden mitgebrachte Farbbeutel, Eier, Mehlbeutel und Tintengläser geworfen. Später umging eine Gruppe von 40-50 Demonstranten, unter denen sich auch der Angeklagte befand, die polizeiliche Absperrung. Es setzten sich etwa 15 Demonstranten, unter ihnen der Anklagte, auf die Fahrbahn, zu dem auch von dem Angeklagten erkannten Zweck, Fahrzeuge an der Durchfahrt zu hindern und den Verkehr zum Erliegen zu bringen. Die Polizei forderte wiederholt zum Räumen der Fahrbahn auf, was aber nicht geschah, vielmehr war schließlich die ganze Fahrbahn blockiert. Es wurde insgesamt mindestens 20mal über Lautsprecher zum Verlassen der Straße aufgefordert, auch unter dem Hinweis der Strafbarkeit des Verweilens und der Androhung der zwangsweisen Räumung. Der Angeklagte hatte zwar möglicherweise nicht alle Durchsagen gehört, wohl aber die meisten. Er blieb aber sitzen, um auf diese Weise gemeinsam mit anderen Demonstranten allen des Weges kommenden Verkehrsteilnehmern die Durchfahrt zu versperren. Nach etwa 15 Minuten wurde die Fahrbahn von der Polizei geräumt.[672]

Der Sitzstreik war eine Demonstration, die darauf angelegt war, den Verkehr für eine kürzere oder längere Zeit zum Erliegen zu bringen. Al-

---

671 BayObLG, NJW 1969, S. 1127 f. Das Urteil des Landgerichts wurde nicht in den untersuchten Zeitschriften veröffentlicht.

672 BayObLG, NJW 1969, S. 1127.

lerdings konnte es für das Gericht dahinstehen, ob der von ihm zu beurteilende Sitzstreik mehr als eine bloße Ansammlung von Menschen war und damit unter den Schutz des Art. 8 GG gefallen wäre:

> „Als Gewalttätigkeit ist schon immer [...] auch das Versperren eines Zu- oder Durchgangs durch das geschlossene Zusammendrängen einer Menschenmenge begriffen worden, das andere an der von ihnen beabsichtigten Fortbewegung körperlich hindert. Rechtswidrig ist das Errichten einer solchen Sperre, wenn kein Recht dazu besteht. Unter dem Gesichtspunkt der Versammlungsfreiheit kann ein Recht zu Eingriffen in die Bewegungsfreiheit anderer aber nur insoweit zugestanden werden, als sie mit der Durchführung einer Demonstration notwendigerweise verbunden sind. Die Blockierung des Verkehrs aus keinem anderen Grunde als dem der zwangsweisen Schaffung eines Auditoriums gehört dazu nicht."[673]

Da gewaltsame Demonstrationen also von vorneherein nicht unter den Schutz von Art. 8 GG fallen würden, bräuchte auf die Wechselwirkung zwischen diesen und den allgemeinen Gesetzen, wie es das Bundesverfassungsgericht in seinem „Lüth"-Urteil festgelegt hätte, nicht erst eingegangen zu werden. Da der Sachverhalt derselbe sei, mit dem sich bereits das BayObLG in seinem Urteil vom 26. November 1968 befasst hatte, trat der Senat diesen Ausführungen bei. Er bemerkte jedoch noch weiter folgendes:

Im Anschluss an die überkommene Rechtsprechung des RG lag für das BayObLG eine Zusammenrottung auch vor, wenn die

> „Beteiligten zunächst zu einem erlaubten Zweck zusammengekommen waren, dann aber in dem Bewußtsein beisammenblieben, daß nunmehr mit vereinten Kräften gegen Personen oder Sachen Gewalttätigkeiten begangen werden (RG, GoldtA 65, 535; RG, JW 34, 1785, 1786; BGH, NJW 53, 1031)."[674]

Das OLG Stuttgart hatte sich in seiner Revisionsentscheidung vom 9. Juli 1969 mit einem Demonstrationsgeschehen vom Osterwochenende 1968 auseinanderzusetzen.[675] Die Staatsanwaltschaft hatte das Urteil des Schöffengerichts Esslingen mit der Revision angefochten, nachdem dieses den Angeklagten vom Vorwurf der gemeinschaftlichen Nötigung aus Rechtsgründen freigesprochen hatte.[676] Die Staatsanwaltschaft rügte die Verletzung des § 240 StGB a.F. Das OLG Stuttgart vermochte die Auffassung des Schöffengerichts bezüglich der Nötigung nicht zu teilen.[677] Darüber hinaus gab es dem unteren Gericht auf, in der neuen Ver-

---

[673] Ebenda, S. 1127.

[674] BayObLG, NJW 1969, S. 1128.

[675] OLG Stuttgart, NJW 1969, S. 1543 f.

[676] Vgl. zu den Ausführungen des Schöffengerichts Esslingen zu § 240 StGB a.F. unten Kapitel 5.3.3.2.

[677] Vgl. dessen Ausführungen zu § 240 StGB a.F. unten Kapitel 5.3.3.2.2.

handlung zu prüfen, ob nicht auch der Tatbestand des § 125 StGB a.F. verwirklicht sei. Das Schöffengericht hatte folgenden Sachverhalt festgestellt:

Der Angeklagte hatte am Abend des Karfreitag den 12. April 1968 seinen VW vor der Ausfahrt des B.-Verlages so abgestellt oder abstellen lassen, dass zusammen mit anderen Fahrzeugen eine Blockade entstand und die Ausfahrt aus dem Firmengelände versperrt wurde. Während der Blockade wandte sich ein Gigaphonsprecher an die Belegschaft der Firma B. mit der Erklärung, die Demonstration richte sich nicht gegen die Arbeiter und Angestellten, sondern gegen die Springer-Presse, welche seit Jahren systematisch eine Anti-Studenten-Hetze betreibe. Durch diese bis 4.00 Uhr morgens dauernde Sperre wurden die Kraftfahrer, die ihre Fahrzeuge zur Auslieferung der bei der Firma B. gedruckten Ausgabe der „Bild"-Zeitung beladen hatten, gehindert, die Osterausgabe rechtzeitig zu den Verteilerstellen zu bringen. Die Zeitung konnte die Leser nicht mehr rechtzeitig erreichen, da es den eingesetzten Polizisten nicht gelang, die Blockade zu brechen. Angestellte und Arbeiter durften das Firmengelände mit ihrem PKW während der Blockade nur verlassen, wenn sie sich einer Durchsuchung durch die Demonstranten unterwarfen. Der Angeklagte fuhr im Zuge dieser Aktion seinen Wagen aus der Sperre. Er wollte, wie seine Gesinnungsgenossen, mit dieser Blockade die Leser der „Bild"-Zeitung auf die Gefährdung der Pressefreiheit durch die Machtkonzentration in der Hand des Verlegers Springer aufmerksam machen.[678]

Das OLG begnügte sich in seinen Ausführungen zum Landfriedenbruch mit einer oberflächlichen, im traditionellen Sinn verlaufenden Prüfung der Norm. Seine Grundrechtsprüfung bewegte sich weit ab vom damals etablierten grundrechtsdogmatischen Standard. Das mag damit zusammenhängen, dass es sich mit den Reformstimmen nicht befasst hatte. Zumindest zitierte es keine neuere Literatur noch spiegelt sie sich in seine Ausführungen wider.

Seiner Ansicht nach stellte das nachhaltige Blockieren von Ausgängen und Ausfahrten wie das Errichten von Straßenbarrikaden regelmäßig eine Gewalttätigkeit i.S. des § 125 StGB a.F. dar. Aus der Einschränkung der tatbestandsmäßigen Erschwerungen beim Einwirken auf Sachen in § 125 II StGB a.F. ergebe sich nicht, dass im Rahmen des § 125 StGB auch Personen vor Gewalttätigkeiten einer Menschenmenge nur geschützt seien, soweit ihnen Verletzungen oder ähnliche, erhebliche körperliche Beeinträchtigungen drohten. Der Gesetzestext ergäbe vielmehr eindeutig, dass die Integrität der Person mehr geschützt werden solle als die

---

678 OLG Stuttgart, NJW 1969, S. 1543, vgl. zum Sachverhalt auch Schöffengerichts Esslingen, JZ 1968, S. 800.

Unversehrtheit von Sachen. Eine solche Auslegung trüge auch der grundlegenden Bestimmung des Art. 1 I GG Rechnung. Das Gericht verwies in diesem Zusammenhang auf die ständige Rechtsprechung und die einschlägigen Erläuterungswerke.[679]

Der BGH hob in seiner Revisionsentscheidung vom 8. August 1969 zum Urteil des LG Köln[680], dem so genannten „Läpple"-Urteil, das angefochtene Urteil auf und verwies die Sache zurück.[681] Der 2. Strafsenat kam zu einer Strafbarkeit wegen Nötigung[682], nicht zu beanstanden hatte er allerdings, dass das LG den Tatbestand des Landfriedensbruchs als nicht erfüllt angesehen hatte.

Zwar überschritt für ihn eine mit Blockadeintention versammelte Menschenmenge die Grenze zur Unfriedlichkeit und stellte somit eine Zusammenrottung dar. Aber zumindest musste zu dieser Form der Zusammenrottung noch eine Gewalttätigkeit hinzukommen, die über diese Wirkung hinauszielte. Der BGH verwarf die vom LG vorgenommene Ableitung und führte aus, die vom Wortlaut her zwingende Auslegung sei, dass § 125 Abs. 2 StGB eine sachliche Einschränkung gegenüber § 125 Abs. 1 StGB enthalte, nicht jedoch eine auch für die Anwendung des § 125 Abs. 1 StGB maßgebliche Begriffsbestimmung:

> „'Während Abs. 1 den Begriff der Gewalttätigkeit gegen eine Sache soweit fasst, daß er nicht einmal eine Beschädigung der Sache erfordert, stellt Abs. 2 einengende Erfordernisse auf' (so Ohlshausen 12. Aufl., Anm. 7 zu § 125 StGB). An dieser auch im Schrifttum nicht angezweifelten Auslegung hat die Rechtsprechung stets festgehalten. [...] Indessen ergibt schon der Aufbau des Tatbestandes, in dem der Zusammenrottung die Gewalttätigkeit als etwas Besonderes und Weitergehendes hinzugefügt ist, daß eine bloß passive Resistenz wohl genügt, die vom Gesetz als Zusammenrottung bezeichnete unfriedliche Versammlung einer Menschenmenge hinreichend zu kennzeichnen, daß jedoch die Gewalttätigkeit, in der sich diese geballte Unfriedlichkeit entlädt, folgerichtig nur als aggressive Handlung zu verstehen ist. Eine im Einzelfall schon von der Zusammenrottung allein wegen des bedrohlichen Auftretens ausgehende Zwangswirkung ist noch keine Gewalttätigkeit.[683]

Entgegen den vorinstanzlichen Urteilen des Schöffengerichts Hannover und des LG Hannover bejahte das OLG Celle in seinem Urteil vom 21.

---

679 OGHSt. 3, 119 ff; BayObLGSt. 1955, 172 ff. = NJW 55, 1806; Heinitz, GoldA 1956, 3 ff.; BayObLG, NJW 69, 1127 ff.; Schönke/Schröder, 14. Aufl., § 125 StGB, Rdnr. 6 und 16, OLG Stuttgart, ebenda, S. 1544.

680 Vgl. zu dessen Ausführungen zu § 125 StGB a.F. und zum Sachverhalt oben Kapitel 5.3.2.2.1.

681 BGHStE 23, S. 46 ff.

682 Vgl. zu diesen Ausführungen unten Kapitel 5.3.3.2.

683 BGHStE 23, S. 51f.

Oktober 1969 die Teilnahme der Beklagten an einer öffentlichen Zusammenrottung.[684] Besonders wichtig war dem Gericht bei seiner Entscheidung, die dem Richter gebührende Wert- und Inhaltsneutralität zu betonen. Dieses Gebot war es dann auch, welches das OLG hinderte, eine jenseits jeder politischen Beurteilung liegende vertiefte grundrechtsdogmatische Prüfung durchzuführen. Vielmehr setzte das Gericht der Versammlungsfreiheit deutliche Grenzen durch seine konservative, vom BGH abweichende Rechtsanwendung. Durch seine Sachverhaltswürdigung kommt sein Misstrauen gegenüber dem Auftreten von Menschenansammlungen zum Ausdruck. Aus seinen Feststellungen scheint die selbstverständliche Vermutung auf, aus einem unfriedlichen Vorgehen einzelner auf die rechtsfeindliche Grundhaltung der Menschenmenge insgesamt zu schließen.

Die für den Landfriedensbruch erforderlichen Gewalttätigkeiten erblickte das Gericht in dem Errichten von Barrikaden vor dem Pressehaus, um die Auslieferung der „Bild"-Zeitung zu verhindern. Ohne weitere Ausführungen folgerte das Gericht aus diesem Geschehen, dass die mit der Auslieferung betrauten Personen damit rechnen mussten, dass ein Teil der in der Menge befindlichen Demonstranten diese errichteten Barrikaden verteidigen würde und dass sie an dem Versuch einer Beseitigung der Barrikaden körperlich gehindert werden könnten:

> „Obwohl sie selbst das Pressehaus durch andere Ausgänge hätten verlassen können, mußten sie die auf die festgestellte Art und Weise herbeigeführte Unmöglichkeit, den Hof des Pressehauses zur Auslieferung der "Bild"-Zeitung mit Kraftfahrzeugen zu verlassen, als körperlichen Zwang durch mittelbare Gewalt im Sinne der von der StrK zutreffend angezogenen Entscheidung des BGH v. 19.6.1968 – 2 StR 248/68 (mitgeteilt bei Dallinger in MDR 68, 895) empfinden. Hier ging, was für eine Gewalttätigkeit i.S. des § 125 nicht ausreichen würde (BGH in NJW 69, 1770, 1772 [= Läpple-Urteil, C.D.]), die Zwangswirkung nicht schon von der Zusammenrottung allein wegen ihres bedrohlichen Auftretens aus. Sie wurde vielmehr dadurch herbeigeführt, daß aus der Menschenmenge heraus bereits aggressive Handlungen vorgenommen, nämlich die Barrikaden errichtet worden waren."[685]

Gewalttätigkeiten gegen Sachen seien dadurch begangen worden, dass die Ausfahrt des Pressehauses durch das aggressive Errichten der Barrikaden versperrt worden war. Die Ausfahrt und damit das Pressehaus hätten nicht mehr bestimmungsgemäß verwendet werden können.

Erwägungen zur Bedeutung der Grundrechte stellte das Gericht im Rahmen des Tatbestandes nicht an. Auch eine Rechtfertigung kam nicht in Betracht:

---

[684] OLG Celle, NJW 1970, S. 206 ff. Vgl. zum Sachverhalt oben Kapitel 5.3.1.2.2.

[685] OLG Celle, NJW 1970, S. 206.

„Entgegen der von ihrem Verteidiger in der Verhandlung entwickelten Ansicht kann ein Urteil über die Rechtmäßigkeit ihres Handelns nicht mittels einer Wertung des von ihnen verfolgten gesellschaftspolitischen Anliegens gefunden werden. Dem Strafrichter ist es verwehrt, dadurch in die gesellschaftspolitische Auseinandersetzung einzugreifen, daß er einschlägige, häufig rasch wechselnde Bestrebungen nach ihrer Bedeutung und ihrem Gewicht oder gar als richtig oder falsch bewertet. So notwendig es ist, daß der Richter einen eigenen Standpunkt in der gesellschaftspolitischen Auseinandersetzung findet und selbständig überprüft, so verhängnisvoll müßte es sich auswirken, wenn er sein Richteramt dazu benutzen würde, bestimmte gesellschaftspolitische Vorstellungen mittels Richterspruchs auf- oder abzuwerten. Die Richter dürfen nicht einem bestimmten gesellschaftspolitischen Anliegen dadurch zum Durchbruch verhelfen, daß sie zu ihrer Durchsetzung begangene, mit Strafe bedrohte Handlungen als nicht rechtswidrig beurteilen. Sie haben vielmehr dafür zu sorgen, daß sich die Auseinandersetzung um eine sachgerechte Gestaltung unserer Gesellschaft im Rahmen der Verfassung frei und ungehindert entfalten kann. Sie müssen alle dabei geäußerten Meinungen respektieren und dürfen ihr Urteil über die Rechtmäßigkeit von Handlungen zur Durchsetzung der einzelnen Meinungen nicht von ihrer persönlichen politischen Stellung dazu beeinflussen lassen.

Das hat auch die StrK nicht genügend beachtet. Ihre Erwägungen zur Rechtmäßigkeit des Handelns der Angeklagten gehen fehl."[686]

Das Handeln der Angeklagten sei nicht aus Art. 8 GG gerechtfertigt. Dieses Grundrecht gestatte nur, sich friedlich zu versammeln. Die zu beurteilende Versammlung war aber von vorneherein unfriedlich angelegt, denn aus ihr heraus waren Gewalttätigkeiten begangen worden. Entsprechend dem Ziel der Versammlung, die Auslieferung der Bild-Zeitung zu verhindern, stellte sich auch nicht die Frage, ob eingetretene Behinderungen Dritter, soweit sie bloße Nebenwirkungen seien, rechtmäßig wären.[687]

Auf die Revisionen des Angeklagten *D. Cohn-Bendit* und der Staatsanwaltschaft gegen das Urteil des LG Frankfurts[688], welches dem Urteil des AG Frankfurts[689] vom 27.9.1968 gefolgt war, erkannte der 1. Strafsenat des OLG Frankfurt für Recht, dass das Urteil auf die Revision des Angeklagten hin aufgehoben würde, im Ausspruch über die Strafaussetzung der Bewährung auch auf die Revision der Staatsanwaltschaft. Das Gericht verwies die Sache zu neuer Verhandlung und Entscheidung, auch über die Kosten der Revisionen, an eine andere Strafkammer des Land-

---

686 OLG Celle, NJW 1970, S. 207.

687 Ebenda, S. 207. Ganz ähnlich urteilte auch das OLG Köln, NJW 1970, S. 260.

688 Dieses Urteil wurde nicht in den verwendeten Publikationen veröffentlicht. Vgl. zum Verfahrensgang auch Hannover, Republik vor Gericht, 2. Aufl. 2001, S. 274 ff.

689 Vgl. zu diesem Urteil oben Kapitel 5.3.2.2.1.

gerichts Frankfurt.[690] Für OLG-Präsident C. *Staff*, Jahrgang 1901, war die Verhandlung die letzte, die er vor seiner Pensionierung leitete. *Hannover*, Verteidiger in dieser Sache, beschreibt ihn als einen der wenigen in den Justizdienst der Bundesrepublik Deutschland berufenen Juristen, deren demokratische Gesinnung sich schon im Widerspruch gegen die Nationalsozialisten bewährt hatte.[691] In dem Urteil kommt daher auch zum Ausdruck, dass die Richter die unter der Rechtsordnung des Grundgesetzes geltenden immanenten Prinzipien, Rechtsinstitute und Begriffe verinnerlicht hatten.

Die Richter *Staff*, *Dippel*, Jahrgang 1928, und *Beck*, Jahrgang 1929, werteten das Gesetz anders als die Vorinstanzen. Schon auf Tatbestandsebene nahmen sie unter Berücksichtigung der Versammlungsfreiheit eine restriktive Auslegung vor und verwarfen damit die Entscheidung der Strafkammer. Über die Vermutung der rechtsfeindlichen Tendenz einer versammelten Menschenmenge führte das Gericht aus:

> „Danach ist die Strafkammer rechtlich zutreffend davon ausgegangen, daß das räumliche Zusammentreten und Zusammenhalten einer Personenmehrheit erst durch einen von vorneherein vorhandenen oder später hinzugekommenen gemeinsamen Willen zu einem bedrohlichen oder gewalttätigen Handeln eine Zusammenrottung wird. Daß die zur Paulskirche gezogenen Demonstranten von einem solchen Willen beherrscht gewesen seien, folgert die Strafkammer aus der Art und Intensität des (von der Polizei verhinderten) Eindringens der Massen. Dies läßt erkennen, daß die Strafkammer ihre Überzeugung auf unrichtige Voraussetzungen gegründet hat. Sie verkennt zwar nicht, daß bei einer Zusammenrottung Gewalttätigkeiten beabsichtigt sein müssen, schließt auf diese rechtsfeindliche Tendenz der Versammlung jedoch rückblickend allein aus dem später vorgekommenen gewalttätigen Handeln. Dem vermag der Senat aus Rechtsgründen nicht zu folgen. Denn es würde bedeuten, daß jede Demonstration nahezu mit Sicherheit in das Risiko liefe, als Aufruhr oder Landfriedensbruch strafbar zu werden, weil ein späteres gewalttätiges Handeln, auch wenn es nicht beabsichtigt war, zur Annahme der Tatbestände genügen würde."[692]

Diese Wertung des Tatbestandes folgte aus verfassungsrechtlichen Erwägungen:

> „Das Grundgesetz garantiert, wie jede freiheitliche demokratische Verfassung der Neuzeit, das Recht zur Demonstration. Durch eine Gesetzesanwendung, wie die Strafkammer sie vorgenommen hat, würde dieses Recht mittelbar beschränkt, weil angesichts des naturgemäß unsicheren Verlaufs einer Demonstration jeder Teilnehmer sich von vorneherein der Gefahr strafrechtlicher Verfolgung ausgesetzt sähe und möglicherweise deshalb von der Ausübung seiner verfassungsmäßigen Rechte absehen würde. Dies gilt um so mehr, als die Nöti-

---

[690] OLG Frankfurt, KJ 1970, S. 103 ff., 103. Vgl. zum Sachverhalt oben das Urteil des AG Frankfurt, Kapitel 5.3.2.2.1.

[691] Hannover, Die Republik vor Gericht, 2. Aufl. 2001, S. 282.

[692] OLG Frankfurt, KJ 1970, S. 103 ff., 104.

gungshandlungen in § 115 StGB wie auch die Gewalttätigkeiten in § 125 StGB teilweise noch für objektive Bedingungen der Strafbarkeit gehalten werden, auf die sich der Vorsatz nicht zu erstrecken braucht (so zum Beispiel Frank, Das Strafgesetzbuch für das Deutsche Reich, 18. Aufl. 1931, S. 297; Mezger/Blei, Strafrecht Besonderer Teil 8. Aufl. 1964 S. 270; Welzel, Das Deutsche Strafrecht, 9. Aufl. 1965, S. 297; Maurach, Deutsches Strafrecht Besonderer Teil, 5. Aufl. 1969, S. 648)."[693]

Es müsse schon das Tatbestandsmerkmal der Zusammenrottung selbst dahin ausgelegt werden, dass es nur ein solches Verhalten umschreibe, das außerhalb des vom Grundgesetz geschützten Bereichs liege.

„Richtig ist allerdings, daß der Begriff der 'Zusammenrottung' früher im Sinne einer nur abstrakten Bedrohung des öffentlichen Friedens durch die Masse verstanden worden ist (Vgl. RGSt 51, 422, wo der Umstand, daß zur Zusammenrottung eine friedensstörende Tendenz erforderlich ist, nicht einmal erwähnt wird) und teilweise noch heute so verstanden wird (vgl. BayObLG NJW 1969, 63 und Maurach, a.a.O., S. 647, der vom 'Eventualinstinkt gemeinschaftlichen Vorgehens' spricht). Diese Auslegung erklärt sich aus den staatlichen und gesellschaftlichen Vorstellungen, die in der Zeit herrschend waren, in der die Tatbestände des Aufruhrs und Landfriedensbruchs formuliert worden sind. Beide Bestimmungen gelten noch heute in der ursprünglichen Fassung des zum Reichsgesetz erklärten Strafgesetzbuches für den Norddeutschen Bund vom 31. Mai 1870."

Die staatlichen und gesellschaftlichen Vorstellungen jener Zeit unterschieden sich aber von denjenigen, die die Väter des Grundgesetzes geleitet hätten, vor allem in der Einstellung zu kollektivem Handeln:

„Für das Grundgesetz als Garant einer freiheitlichen Demokratie ist kollektives Handeln ein selbstverständlicher Bestandteil der gesellschaftlichen Wirklichkeit. Das beruht darauf, daß freiheitliche Demokratie kein Besitzstand ist, der festgelegt und bewahrt werden kann. Ihr ist vielmehr wesenseigen, daß sie von den Bürgern ständig hervorgebracht werden muß. Ob dies gelingt, ist entscheidend davon abhängig, daß es allen gesellschaftlichen Kräften möglich ist, ungeschmälert zur Bildung der öffentlichen Meinung beizutragen. Darum gibt das Grundgesetz dem Bürger das Bewußtsein, daß er nicht in einen fertig vorgegeben, von ihm nicht mehr beeinflußbaren Staat hineinwächst, sondern die Möglichkeit und den Auftrag hat, 'diesen Staat überhaupt erst mitzuerzeugen' (Denninger, Demonstrationsfreiheit und Polizeigewalt, ZRP 1968, 42, 44)."[694]

Die Verhaftung an dem vom Spätabsolutismus überkommenen Ordnungsbegriff des liberalen Rechtsstaats, der darauf abzielte, die bestehende staatliche und gesellschaftliche Ordnung gegen alle von der Obrigkeit nicht gewünschten Veränderungen zu schützen, erklärte für die Richter die Existenz eines § 125 StGB und seiner Auslegung. In dieser Norm werde für eine Menschenmenge, aus der heraus Gewalttätigkei-

---

[693] OLG Frankfurt, KJ 1970, S. 104 f.

[694] OLG Frankfurt, KJ 1970, S. 105.

ten begangen worden seien, die Vermutung aufgestellt, dass sie insgesamt aus Rechtsbrechern bestehe. Nur so erkläre sich die Rechtsfolge, dass sich jeder strafbar mache, der sich nicht ohne weiteres aus der betreffenden Menschenmenge entferne. Mit dieser Vermutung seien die möglichen Beweisschwierigkeiten einseitig zu Gunsten des Staates und zu Lasten des Staatsbürgers gelöst, eine Regelung, die für den Tatbestand des Aufruhrs im Entwurf von 1843 noch ausdrücklich vorgesehen gewesen sei.[695]

Da der Gesetzgeber die Bestimmungen über den Gemeinschaftsfrieden seit Bestehen des Grundgesetzes noch nicht geändert hatte, müsste der Strafrichter die Bestimmungen so auslegen und anwenden, wie das Grundgesetz es gebiete:

> „Der danach nicht allein aus den späteren Gewalttaten ableitbare friedensstörende Wille der Demonstranten ist nicht schon dadurch zum Ausdruck gekommen, daß, wie die Strafkammer festgestellt hat, sie zur Paulskirche gezogen sind, um ihrer Meinung, der senegalesische Staatspräsident habe die Auszeichnung mit einem Friedenspreis nicht verdient, Gehör zu verschaffen. Dies liegt im Rahmen der vom Grundgesetz garantierten Demonstrationsfreiheit. Es kann deshalb den Unrechtstatbestand nicht verwirklichen."

Wo aber die Grenzen des Demonstrationsrechts im Einzelfall lägen, sei schwierig festzulegen und schon in den Voraussetzungen äußerst umstritten. Wegen der nicht zu unterschätzenden Wirkung, die politische Demonstrationen auslösen könnte, sei die harte Auseinandersetzung um dieses Recht nachvollziehbar. So sei es verständlich, dass die eine Seite unter Berufung auf den in Art. 20 Abs. 2 S. 2 GG verankerten Grundsatz der repräsentativen Demokratie den Aktionen im außerparlamentarischen Raum den Verdacht entgegenhalte, „verfassungsillegitim" zu sein (wie zum Beispiel *Merten*, Gedanken zur Demonstrationsfreiheit, MDR 1968, 621, 623), während die andere Seite die Demonstrationsfreiheit als einen Rest von unmittelbarer Demokratie begriffe. (so zum Beispiel *Hannover*, Demonstrationsfreiheit als demokratisches Grundrecht, KJ 1968, 51,53). Gesicherte Maßstäbe für die Abgrenzung im Einzelfall seien bisher weder in der Rechtsprechung noch im Schrifttum gesetzt worden.

Im Falle der Demonstration vor der Paulskirche wären nach den bisherigen Feststellungen der Strafkammer selbst bei einschränkender Auslegung des Umfanges der Demonstrationsfreiheit die Rechtmäßigkeit der beabsichtigten Handlungen zu bejahen. Das Gericht maß der Feststellung der untergerichtlichen Strafkammer, daß die Demonstranten Störungsabsichten hatten, im vorliegenden Zusammenhang keine entscheidende Bedeutung zu.

---

695 OLG Frankfurt, KJ 1970, S. 106.

„Lag der beabsichtigte Protest innerhalb des vom Recht der freien Meinungsäußerung geschützten Bereichs, so war der Wille, die missbilligte Handlung des Deutschen Buchhandels zu stören, das natürliche Anliegen der Versammlung und offenbarte für sich allein nicht schon die Absicht, gemeinschaftlich Gewalttätigkeiten zu begehen."

Auch der Protestmarsch hin zur Paulskirche sei durch die Versammlungsfreiheit gedeckt.

„Allerdings sind durch den Protestmarsch die Rechte anderer berührt worden. Wenn sich dazu dem angefochtenen Urteil Feststellungen auch nicht entnehmen lassen, so ist doch davon auszugehen, daß hierbei einzelne Passanten wie auch der Verkehr im allgemeinen behindert worden sind. Das aber läge im Rahmen der vom Bundesverfassungsgericht entwickelten Güterabwägungslehre (vgl. BVerfGE 7, 198; 12, 113, 124 ff; 20, 162, 176 f.), wonach gewisse Beeinträchtigungen zu Gunsten eines Grundrechts in Kauf genommen werden müssen. Schließlich sind die Beeinträchtigungen der Rechte Dritter durch einen Protestmarsch keine anderen, als diejenigen, die beispielsweise durch Gottesdienste unter freiem Himmel, kirchliche Prozessionen, Bittgänge und Wallfahrten, gewöhnliche Leichenbegängnisse, Züge von Hochzeitsgesellschaften und hergebrachte Volksfeste bewirkt werden, alles Vorgänge, die als offensichtlich unpolitische Versammlungen von polizeilichen Verboten oder Auflagen ausgenommen sind. (§ 17 VersG)."

Es blieb also nur zu prüfen, ob die Feststellungen der Strafkammer mit der für eine Verurteilung erforderlichen Sicherheit den Schluss zuließen, dass die zunächst friedliche Demonstration während ihres Verlaufs einen bedrohlichen oder gewalttätigen Charakter angenommen hatte. Aber auch dies sollte nicht der Fall sein.

„Eingehendere Feststellungen hat die Strafkammer nur für das Verhalten der traubenförmig angeordneten Gruppe getroffen, in der der Angeklagte sich schließlich befunden hat. Diese Gruppe könnte, selbst wenn alle anderen Demonstranten sich friedlich verhalten hätten, durchaus für sich allein das Tatbestandsmerkmal der Zusammenrottung erfüllt haben. Sie hat auch Handlungen vorgenommen, die der äußeren Erscheinung nach auf einen friedensstörenden Charakter der Versammlung hindeuten könnten. Die Barrieren und die dahinter stehenden Polizeibeamten wurden zurückgedrückt. Mehrere Demonstranten setzten zum Sprung über die Barrieren an. Dem Angeklagten gelang es sogar, sie zu überwinden. Das allein reicht zur Annahme eines friedensstörenden Massewillens jedoch nicht aus. Dazu hätte es weiterer Feststellungen bedurft. So könnten möglicherweise Anhaltspunkte dafür zu finden sein, daß die Gruppe um den Angeklagten den friedensstörenden Willen im Verlauf der Demonstration entwickelt hat. Auf jeden Fall aber hätte festgestellt werden müssen, daß die später vorgekommenen, der äußeren Erscheinung nach friedensstörenden Handlungen nicht, wie in anderen Demonstrationsfällen Sachbeschädigungen oder Körperverletzungen, mehr oder weniger zufällige, vom kollektiven Programm der Demonstration nicht gedeckte Entgleisungen gewesen sind."[696]

[696] OLG Frankfurt, a.a.O., S. 108.

Solange dies aber nicht festgestellt war, konnte nicht von einem friedensstörenden Charakter der Versammlung gesprochen werden.

5.3.2.3 *Zusammenfassung*

Da sich die meisten Autoren wie auch die Gerichte sowohl zu § 116 StGB a.F. als auch zu §§ 115, 125 StGB a.F. äußerten, ergibt sich bei der Anwendung und Auslegung der Normen ein ähnliches Bild wie beim Auflauf und finden sich dieselben Argumentationsmuster. Auch in der Auseinandersetzung mit dem Landfriedensbruch waren es die in der Debatte neu dazu gekommenen Autoren, die die Versammlungsfreiheit im Verhältnis zum Strafrecht stärker zur Geltung brachten.

Wie bei § 116 StGB a.F. führten die im Sinne einer Demokratisierung geänderten Rechtsauffassungen zu neuen dogmatischen Lösungen bei der Anwendung der Norm. Dabei setzten diese Neuerungen genau dort an, wo die tradierten Auslegungsstandards zu einer nicht unerheblichen Beschneidung der Handlungsmöglichkeiten im Rahmen der Versammlungsfreiheit geführt hatten.

Auch die Auslegung und Anwendung des § 125 StGB a.F. durch die Gerichte ergibt das gleiche uneinheitliche Bild wie beim Auflauf. Es waren auch hier die gleichen Begründungszusammenhänge, die die Richter entweder zu einer Strafbarkeit oder zu einem Freispruch kommen ließen. Wieder waren es in der Mehrheit die unteren Instanzen, die zu einem Freispruch kamen. Die Obergerichte sprachen in der Mehrheit Schuldsprüche aus, einige hielten an ihrer restriktiven und rückwärtsgewandten Auslegung sogar noch fest, nachdem der BGH Blockadeaktionen nicht mehr unter den Landfriedensbruch subsumierte.

Es waren wieder die freisprechenden Gerichte, die auf Grund ihrer im Verhältnis zu früher geänderten Rechtsauffassung zunächst zu einer demonstrationsnahen Würdigung des Sachverhalts übergingen. Für die dogmatische Handhabung der Norm im Rahmen der verfassungskonformen Auslegung hatte es zur Konsequenz, dass die Richter größtenteils von der tradierten ausufernden Auslegung abwichen und so die Teilnahme an einer Großdemonstration weniger zu einem strafrechtlichen Risiko wurde.

5.3.3 *Nötigung*

Dass die Demonstrationsgeschehen zu strafrechtlicher Verfolgung nach den Massedelikten führten, war nach der bei Beginn der Studentenproteste vorherrschenden Verwaltungs- und Strafrechtspraxis nicht weiter verwunderlich. Mit den Straßenblockaden und Sitzstreiks forderten die Studenten aber noch einmal mehr die Frage vor allem nach den strafrechtlichen Grenzen der Versammlungsfreiheit heraus. Und wenn es im Zusammenhang mit dem politisch und rechtlich ähnlich gelagerten

Streikrecht seit jeher um die Frage gegangen war, inwieweit die Blockade oder Behinderung der Bewegungsfreiheit anderer nötigenden Charakter hatte[697], stellte sich diese Problematik erstmalig nun auch im Zusammenhang mit der Versammlungsfreiheit. Dabei erfordert die Auslotung des Verhältnisses von wirkungsvoller Demonstrationsfreiheit und –möglichkeit und einer strafrechtsrelevanten Nötigung eine detaillierte Abwägung zwischen Verfassungsrecht und Strafrecht. Diese Problematik hat die Rechtspraxis seit 1968 beschäftigt und die Abwägungskriterien wurden im Laufe der Zeit immer weiter ausdifferenziert.[698] Es ist eines der Rechtsprobleme, welches schematische Lösungen am wenigsten zulässt und dogmatisch schwierig zu fassen ist. Welche Erwägungen und Abwägungen stellten also die Juristen zur Zeit der Demonstrationsprozesse an?

Auf eine tradierte Rechtspraxis wie bei den Massendelikten konnte man im Zusammenhang mit § 240 StGB nicht zurückgreifen. In der Literatur war zu der speziellen Frage Versammlungsfreiheit und Nötigung keine weitere Information zu finden. Der Streik war als politisches Druckmittel mittlerweile anerkannt, strafrechtlich relevant und abgehandelt wurde dieser unter der Tatbestandsalternative der Drohung.[699] Die Auslegung des Gewaltbegriffs hatte die Rechtsprechung mit der Zeit immer weiter ausgeweitet. Bis zu den Studentendemonstrationen war „Auslegungsstand" der, dass zur Bejahung von Gewalt das entscheidende Kriterium die Zwangswirkung beim Opfer war, allerdings immer noch körperlich wirkender Zwang.[700]

5.3.3.1 *Schrifttum zur Zeit der Demonstrationsprozesse*

Die Frage nach einem rechtlich noch zulässigen Demonstrationsverhalten thematisierte die Literatur an Hand des Gewaltbegriffs, vor allem

---

[697] Vgl. dazu Niese, Streik und Strafrecht, 1954, S. 17 ff.; Heinitz, Nötigung, Aufruhr und Landfriedensbruch bei Streikausschreitungen, JR 1956, S. 3 ff; R. Schröder, Die strafrechtliche Bewältigung der Streiks durch die Obergerichtliche Rechtsprechung zwischen 1870 und 1914, Archiv für Sozialgeschichte 31, 1991, S. 85 ff., S. 96 ff. und ders., Die Entwicklung des Kartellrechts und des kollektiven Arbeitsrechts durch die Rechtsprechung des Reichsgerichts vor 1914, 1988.

[698] Vgl. dazu nur BVerfGE 73, S. 206 ff.; BVerfGE 92, S. 1 ff.; BVerfGE 104, S. 92 ff.

[699] Vgl. dazu etwa die Ausführungen Maurach, Deutsches Strafrecht, Besonderer Teil, 3. Aufl. 1959, S. 100 ff.; Mezger, Strafrecht, 8 Aufl. 1964, S. 53 ff.; Welzel, Das Deutsche Strafrecht, 9. Aufl., S. 288 ff.; Schwarz/Dreher, § 240 StGB, 24. Aufl. 1962; Schönke/Schröder, § 240 StGB, 9. Aufl. 1959; H. Schröder, Streik und Strafrecht, DB 1953, S. 1015 ff.

[700] Die Auflösung des strafrechtlichen Gewaltbegriffs, JA 1970, StR S. 1 ff. Keller, Die neue Entwicklung des strafrechtlichen Gewaltbegriffs in der Rechtsprechung, JuS 1984, S. 109 ff.; vgl. auch dazu BVerfGE 73, S. 206 ff.

aber im Rahmen der Rechtswidrigkeitsprüfung. Dabei teilten sich die Diskutanten in zwei Gruppen: derjenigen, die jegliche Blockadeaktionen ablehnten und derjenigen, die dieses Mittel der Meinungskundgabe durchaus für zulässig hielten.

Der nordrhein-westfälische Justizminister *Neuberger* äußerte sich als ein Redner der ersten Stunde zur Problematik Demonstration und Nötigung und zu einem Zeitpunkt, als sich die Studentenproteste in ihrer dritten – militanten - Phase befanden. Mit seiner Ansicht gehörte er zur ersten Gruppe.

Seine Abwägung führte zu dem Ergebnis, dass lediglich Behinderungen als unvermeidliche Folge einer Demonstration zu dulden seien. In seiner Rede zur Einführung des leitenden Oberstaatsanwalts führte er vor allem zwei Gesichtspunkte an, welche die Strafrechtspflege zu erfüllen habe:

> „a) das Recht auf freie Demonstration zu bewahren und zu schützen, wo aus übergroßer Ängstlichkeit oder aus falscher Wertung der Freiheitsrechte dieses Recht nicht respektiert wird,
>
> b) darüber hinaus aber die Grenzen aufzuzeigen, wo die Berufung auf ein angebliches Demonstrationsrecht zum Mißbrauch wird, wo widerstreitende Rechte und Interessen zu schützen sind und wo die Freiheit der Demonstration dahin ausartet, die Freiheit des anderen unzulässig zu beeinträchtigen, denn die Freiheit ist immer auch die Freiheit des anderen."[701]

Aus dieser Ein- und Umgrenzung ergab sich für *Neuberger*, dass es sich nicht mehr um eine Versammlung gemäß Art. 8 GG handelte, wenn die Menschenansammlung Gebäude, Bahnhofsvorplätze, Verkehrsengpässe blockiere, um mit dem Köper der Teilnehmenden ein physisches Hindernis zu bereiten und durch dieses Mittel auf sich aufmerksam zu machen und Zielvorstellungen zu verwirklichen.

Zwar würden eine Versammlung im Freien und ganz besonders ein Demonstrationszug durch enge Straßen unvermeidlich Behinderungen mit sich bringen. Diese dürften aber nur eine Nebenwirkung sein. In erster Linie gehe es bei der Versammlungsfreiheit darum, die geistige Kommunikation, die öffentliche Meinungsbildung zu ermöglichen. Meinungsfreiheit und Versammlungsfreiheit seien Ergebnisse einer rechtsgeschichtlichen Entwicklung, in der es darum gegangen sei, die freie geistige Kommunikation sicherzustellen. Hand in Hand sei damit eine ständige Zurückdrängung anderer als geistiger Mittel zur Durchsetzung von Interessen und Überzeugungen gegangen. Sehe man die Versammlungsfreiheit in diesem Zusammenhang, so umfasse sie nicht solche Verhaltensweisen, die nicht durch die Willenskundgebung, sondern

---

[701] Neuberger, Das Recht und die Grenzen der studentischen Demonstration, GoldtArchiv für Strafrecht, 1968, S. 1 ff., 3.

durch das Bereiten eines physischen Hindernisses Wirkung erzielen wollten.[702]

Auf der Tagung des Landesverbandes Hessen des Deutschen Richterbundes[703] im November 1968 rügte *U. Klug*, Professor aus Köln, die Tendenz zur Ausweitung des Gewaltbegriffs besonders im Nötigungstatbestand. Um § 240 StGB zu erfüllen, müsse die Gewaltanwendung von einiger Erheblichkeit sein, schon im objektiven Tatbestand. Nur wenn eine Zwangswirkung entstanden sei, könne auch Gewalt vorliegen. Ein reines Sit-in, bei dem sich die Teilnehmer von der Polizei wegtragen ließen, könne keine Nötigung sein, was sich aber sofort ändere, wenn die Demonstranten Drohungen aussprächen und Steine in die Hand nähmen. Ein Sit-in, das Zeitungsautos am Weiterfahren hindere, sei in diesem Sinne noch keine Gewalttätigkeit. Für die neuen Formen der Meinungsäußerung müsse der Gesetzgeber neue Bestimmungen erlassen. Im Rahmen der Sozialadäquanz müssten die Motive der Demonstranten berücksichtigt werden. Eine Demonstration gegen Antisemiten sei anders zu bewerten als ein Aufzug gegen zu hohe Straßenbahntarife.[704]

Janknecht war ein Vertreter der Gruppe, die Blockadeaktionen im Rahmen von Demonstrationen nicht von vorneherein verwarfen. Der erforderlichen Abwägung zwischen Verfassungsrecht und Strafrecht im Sinne der heute üblichen Auslegung trug er Rechnung, indem er den mit der Demonstration verfolgten Kommunikationszweck in seine Prüfung mit einbezog.[705] Mit seinen weitergehenden Ausführungen zu konkreten Demonstrationszielen und –inhalten begab er sich allerdings auf juristisch heikles Terrain. Denn seine Ausführungen erwecken den Eindruck, als ob der urteilende Jurist die Entscheidung übernehmen sollte, für welche konkreten Inhalte eine Blockade zulässig sein sollte. Mit dieser Argumentationsführung aber war einer persönlichen „Gesinnungsjurisprudenz" Tür und Tor geöffnet.

Nach Ansicht von *Janknecht* fehlte es noch an einer befriedigenden Klärung des Begriffs der Verwerflichkeit.[706] Ihm schien das Merkmal der

[702] Neuberger, Das Recht und die Grenzen der studentischen Demonstration, GoldtArchiv für Strafrecht, 1968, S. 4 f.; Vgl. zu dieser Auffassung auch Schwark, Anmerkung zum Beschluss des BayOLG vom 14.4.1969, NJW 1969, S. 1495 f., 1496.

[703] Vgl. dazu auch schon oben Kapitel 5.3.1.1.

[704] Bericht von Kühnert über die Tagung, Grenzen der Demonstrationsfreiheit, ZRP 1969, S. 18. Zum Gedanken neuer gesetzlicher Bestimmungen auch Knoche, Zum strafrechtlichen Schutz des öffentlichen Friedens, in: Wassermann (Hrsg.): Justizreform, 1970, S. 165 ff., 170.

[705] Vgl. dazu BVerfGE 104, S. 92 ff., 93.

[706] Verfassungs- und strafrechtliche Fragen zu Sitzstreiks, GoldtArchiv für Strafrecht 1969, S. 33 ff., 36. Vgl. zu dessen grundsätzlichen Anschauungen oben Kapitel 5.1.1.

Sozialadäquanz am brauchbarsten zu sein, weil es auch die verfassungsrechtliche Forderung der Abwägung in sich aufnehmen könne. Der Unrechtscharakter einer Nötigung könne dann umso deutlicher festgestellt werden, je deutlicher das Missverhältnis zwischen Mittel und Zweck in qualitativer Hinsicht sei. Dazu müsse der Richter Grund und Anlass der Demonstration in Betracht ziehen und danach die Sozialadäquanz des von den Demonstranten gewählten Mittels prüfen.

Ein Sitzstreik, der aus nicht unerheblichem Anlass veranstaltet werde und nur vorübergehend den Verkehr stören würde, wäre demnach nicht als rechtswidrig zu beurteilen. Nach der Abwägung von *Janknecht* wäre er noch nicht einmal dann verwerflich, wenn der gesamte Verkehr einer Großstadt für einige Stunden zum erliegen gebracht würde, aber ein höchst bedeutender Anlass vorläge, beispielsweise gegen die geplante Stationierung von Atomraketen in unmittelbarer Nähe der Stadt Stellung genommen würde. Hier hätte der Protest gegen die Herbeiführung einer solchen Gefahr mehr Gewicht als die Notwendigkeit reibungslosen Verkehrs.

Als weiteres Beispiel führte *Janknecht* an:

> „Gleichermaßen ist es wohl noch sozialadäquat, wenn sich etwa Studenten gegen eine jahrelange gezielte Hetz- und Verleumdungskampagne (§ 130 StGB) eines Pressekonzerns mangels anderer Möglichkeiten dadurch zur Wehr setzen, daß einige von ihnen an einem Tag die Auslieferung von Zeitungen dieses Unternehmens verhindern, indem sie die Tore der Druckerei versperren oder Auslieferungsfahrzeuge anzünden. Wenn schon Kompensation zwischen Beleidigung und Körperverletzung zulässig ist, kann Sachbeschädigung gegenüber Volksverhetzung nicht als sozialinadäquat verworfen werden."[707]

Als nicht zulässig erachtete es Janknecht dagegen – hier dann auch wieder in Übereinstimmung mit der heutigen Verfassungsrechtsprechung – wenn mit den Demonstrationshandlungen die verfolgten Ziele selbst durchgesetzt werden sollten. Sozialwidrig handelte seiner Auffassung nach daher derjenige, der durch Teilnahme an Sitzstreiks in einer Großstadt stunden- oder tagelang den Spitzenverkehr der öffentlichen Verkehrsmittel an einem der empfindlichsten Knotenpunkte zum Erliegen brachte, wenn er sich für eine Herabsetzung der Straßenbahntarife lediglich für einen Teil der Straßenbahnbenutzer nicht nur 'demonstrativ' einsetzte, sondern dies auch durchzusetzen trachtete.[708]

---

[707] Janknecht, Verfassungs- und strafrechtliche Fragen zu Sitzstreiks, GoldtArchiv für Strafrecht 1969, S. 37.

[708] Ebenda, S. 37.

In eine ähnliche Richtung wie der nordrhein-westfälische Justizminister tendierte auch *J. Frowein,* der die von einigen Untergerichten[709] vertretene Auffassung ablehnte, wonach die gezielte Blockierung von Straßen oder Straßenbahngleisen rechtmäßig sein sollten. Grundrechtsschutz könne nur die Wirkung der Meinungsbetätigung *in* der Versammlung genießen, nicht aber andere Wirkungen versammelter Menschen.[710]

Ott vertrat wie zum Landfriedensbruch auch in Bezug auf die Nötigung eine liberale Handhabung des Strafrechts. Mit seinen Überlegungen zur Rechtswidrigkeit ging er den gleichen Weg wie *Janknecht.* Er bezog den mit einer Versammlung verfolgten Kommunikationszweck in seine Erwägungen mit ein, ebenso aber auch konkrete Inhalte, für die mit Blockaden demonstriert werden durfte. Dabei führte auch er nur Demonstrationsziele auf, für welche die Studenten demonstriert hatten. Ob er die Versammlungsfreiheit so bewertet hätte, wenn es um Demonstrationen beispielsweise von Rechts gegangen wäre, kann hier nur vermutet werden. Hätte er es nicht getan, so müsste man ihm insoweit „Sympathiejurisprudenz" für die Studenten unterstellen.

Seiner Auffassung nach konnte ein Sitzstreik durchaus eine Nötigung sein, wenn die durch ihn ausgeübte Gewalt (z.B. Stilllegung des Straßenverkehrs) rechtswidrig sei. Die Ausübung der Grundrechte der Meinungs- und Versammlungsfreiheit könne aber im Einzelfall einen Rechtfertigungsgrund für die Gewaltanwendung darstellen.

> „Die Behinderung oder gar Unterbrechung des Straßenverkehrs durch eine Demonstration ist [...] nicht ohne weiteres rechtswidrig. Da die Ausübung eines politischen Grundrechts vorliegt, ist die gebotene Abwägung zwischen dem Interesse an der Durchführung der Veranstaltung und dem der übrigen Verkehrsteilnehmer auf ungehinderte Straßenbenutzung am Zweck der Demonstration zu messen. Das Privatanliegen eines einzelnen wird nur eine geringere Ordnungsstörung rechtfertigen als ein für die Allgemeinheit bedeutsames Anliegen, wie z.B.: die bevorstehende Verabschiedung einschneidender, gar verfassungsändernder Gesetze, die Frage der Pressekonzentration und eines eventuellen Machtmißbrauchs durch Presseorgane, aber auch Themen allgemeinen Interesses mit lokaler Begrenzung wie Tariferhöhungen öffentlicher Verkehrsbetriebe. Die Verzögerung der Auslieferung einer Zeitung um einige Stunden (nicht aber die völlige Unterbindung), die Stillegung des Straßenverkehrs für kurze Dauer durch Sitzstreiks kann in solchen Fällen durch Art. 5 und 8 GG als sozialadäquates Verhalten gerechtfertigt und daher nicht nach § 240 StGB strafbar sein."[711]

Tiedemann schien es angesichts der verfestigten Judikatur, vor allem durch das Urteil des BGH in seiner „Laepple"-Entscheidung, wenig Er-

---

[709] Vgl. dazu unten Kapitel 5.3.3.2.

[710] Versammlungsfreiheit, NJW 1969, S. 1081 ff., 1084.

[711] Ott, Demonstrationsfreiheit, NJW 1969, S. 454 ff., 457.

folg versprechend zu sein, passive Gewalt im Rahmen des § 240 StGB nicht als Gewalt im Sinne des Gesetzes anzusehen.[712] Es könne also insoweit nur noch nach einer Rechtfertigung des tatbestandsmäßigen Tuns gefragt werden.

Für *Tiedemann* war ein gewisses Maß an Druck zulässig, aus Art. 8 GG folgte eine Rechtfertigung von Blockaden[713]. Dabei erachtete er insbesondere Auslieferungsblockaden und Verkehrsblockaden wegen kommunaler Angelegenheiten als gerechtfertigt. Darüber hinaus führte er keine weiteren Beispiele führte er keine weiteren Beispiele von konkreten Demonstrationsinhalten an, für die Blockaden zulässig sein sollten.

Vielmehr setzte er sich abstrakt-generell an Hand der Grundrechte damit auseinander, warum Blockadeaktionen grundrechtsdogmatisch zulässig sein konnten.

Dabei befasste er sich vor allem mit dem „Laepple"-Urteil. So konnte der weit gefasste Tatbestand der Nötigung auf keinen Fall eine Indizfunktion für das Rechtswidrigkeitsurteil haben. Besonders schien es ihm im Gegensatz zum BGH möglich, das Ausmaß einer Demonstration, vor allem das zeitliche, im Rahmen der Güterabwägung zu ermitteln:

> „Es kann [...] entgegen dem [...] BGH auch keinen Unterschied machen, ob die Beeinträchtigung der Verkehrs- und Fortbewegungsfreiheit anderer durch einen sich fortbewegenden Demonstrationszug – etwa zur Erstattung von Selbstanzeigen im Polizeipräsidium -, also mobil und dynamisch und eher als Nebenwirkung, oder durch einen Demonstrationssitzstreik, also ortsgebunden und statisch und mit gezielter Wirkung auf Dritte, erfolgt. Grenzen, insbesondere zeitliche Begrenzungen, ergeben sich aus der (abstrakten) Güterabwägung, gegen die der BGH als *punktuelle* Kritik zu Unrecht einwendet, ihr Ergebnis sei (hinsichtlich des Zeitpunktes) 'mehr oder minder willkürlich`. Befristet angewendete passive Gewalt, also der Einsatz bloßer Zwangswirkungen, wird [...] kraft Art. 8 GG relativ häufig verfassungsgemäß und damit rechtmäßig sein."[714]

Ebenso lief es für *Tiedemann* an der Sache vorbei, dass die Obergerichte unter Berufung auf *R. Herzog* argumentierten, Art. 5 GG räume nieman-

---

[712] Tiedemann, Bemerkungen zur Rechtsprechung in den so genannten Demonstrationsprozessen, JZ 1969, S. 717 ff., 720.

[713] Allerdings stellten nach seiner Auffassung, entgegen einer eingerissenen Praxis in einigen Urteilen, die Grundrechte der freien Meinungsäußerung und der Versammlungsfreiheit, die zusammen das Demonstrationsrecht konstituierten, keinen Rechtfertigungsgrund im Sinne der geltenden Rechtfertigungslehre dar. Hier schienen ihm weitere dogmatische Erwägungen erforderlich. Tiedemann schlug hier eine Konstruktion über § 193 StGB (Wahrnehmung berechtigter Interessen) vor, vgl. dazu S. 720 ff.

[714] Tiedemann, Bemerkungen zur Rechtsprechung in den so genannten Demonstrationsprozessen, JZ 1969, S. 723.

dem ein Recht darauf ein, von anderen angehört zu werden. Selbst bei geplanten Verkehrsblockaden durch körperliche Präsenz von Demonstranten gehe es nicht um die zwangsweise Schaffung von Publikum, was in der Tat nicht durch Art. 5 GG gedeckt sei. Nicht die behinderten und sich in kilometerlangen Schlangen stauenden Verkehrsteilnehmer sollten zuhören und das Publikum der Meinungsäußerung einzelner sein, sondern die Tatsache des Verkehrsstaus sollte einer Meinungsäußerung Nachdruck und jenes „gewisse Maß an Druck, an psychischer, nicht physischer Gewalt" im Prozess politischer Meinungsbildung verleihen, welches das LG Hannover[715] den Demonstranten allgemein zubillige.

R. Eilsberger, Wiss. Assistent aus Giessen, nahm Stellung zu dem „Laepple"-Uteil und setzte seine Kritik vor allem an den Ausführungen des BGH im Rahmen der Rechtswidrigkeit an.[716] Er sah die Weichen der Argumentationsführung dadurch gestellt, dass der BGH die Gewaltanwendung im Gegensatz zur Drohung als indiziell für die Verwerflichkeit der Nötigung ansah.

Für *Eilsberger* war es ein Unding, die Gewaltanwendung einerseits bis zur Zwangswirkung, und sei es auch zu der Zwangswirkung von Gewicht, zu erweitern und andererseits an einer Indizwirkung für die Verwerflichkeit festzuhalten. Je weiter man den Gewaltbegriff fasse, so Ansicht von *Eilsberger,* desto notwendiger werde das Korrektiv des § 240 II StGB a.F.

Auch bezüglich der Gewaltalternative müsse § 240 I StGB a.F. als „offener Tatbestand" angesehen werden. Weiter sollte im Rahmen der Rechtswidrigkeit bei Demonstrationen geprüft werden, welcher soziale Konflikt dahinter stehe und inwieweit die Demonstration einziges dem sozial Schwächeren noch verbleibende Kampfmittel sei, so wie auch *Stöcker* argumentiert hätte[717]. Der BGH hätte diesen Gedanken nicht aufgenommen.

Die Frage der möglichen Druckausübung durch Demonstrationen beantwortete *Eilsberger* eher politisch als juristisch. Sie konnte für ihn nicht abstrakt, sondern nur mit Bezug auf einen konkreten Fall richtig beurteilt werden. Mit Recht sei die Frage gestellt worden, wie denn wohl eine Demonstration zu beurteilen wäre, die am 29. Januar 1933 den Straßenbahnverkehr für eine einzige Minute lahm gelegt hätte, um auf die Folgen einer „legalen" Ernennung Hitlers zum Reichskanzler hin-

---

[715] Vgl. dazu unten Kapitel 5.3.3.2.2.

[716] Die Kölner Straßenbahnblockade – BGH NJW 1969, 1772, JuS 1970, S. 164 ff., 166. Vgl. zum Urteil des BGH unten Kapitel 5.3.3.2.2.

[717] Vgl. dazu oben Kapitel 5.3.2.1.

zuweisen.[718] Insgesamt warf er der Entscheidung des BGH vor, für den Misstrauischen dränge sich die Vermutung auf, das ganze Urteil sei aus dem Geiste geschrieben: „Denen wollen wir es aber mal zeigen!"[719]

A. Kreuzer, Lehrbeauftragter an der Universität Hamburg, war nicht der Auffassung, dass die Gewaltanwendung im Rahmen der Nötigung praktisch indiziell für die Verwerflichkeit der Tat sein könne.[720] Auch er folgte bei der Frage nach zulässigem Demonstrationsverhalten der heiklen Abwägung über die Demonstrationsinhalte.

Seiner Auffassung nach begaben sich der BGH und das OLG Celle[721] der immer erforderlichen Sozialwertung. Gäbe es eine Indizwirkung für die materielle Rechtswidrigkeit und könnten „nur ausnahmsweise besondere Umstände das Verwerflichkeitsurteil ausschließen", wäre das Bemühen müßig, objektive Kriterien aufzuzeigen, um die zahlreichen Fälle alltäglichen noch nicht sozialwidrigen Willensdrucks von den seltenen sozial untragbaren Fällen im Rahmen des § 240 Abs. 2 StGB a.F. zu unterscheiden.

Gerade weil es auf eine Sozialwertung der Handlung ankomme, erschien es *Kreuzer* schlechterdings unvertretbar, ihren gesellschaftspolitischen Sinngehalt völlig zu ignorieren. Selbstverständlich könne das Verwerflichkeitsurteil und das Strafmaß davon beeinflusst werden, ob die Nötigung um ihrer selbst willen oder um eines politischen Zieles wegen geschehe. Sollten Rockerkrawalle, deren Sinn sich oft im Krawall selbst erschöpfe, und Blockadeaktionen, die immerhin zu einer an sich erlaubten Meinungsäußerung und politischen Zielsetzung geschähen, auf einer Stufe stehen? Im Falle der Pressehausblockaden ließe sich eine materielle Rechtswidrigkeit zudem herleiten, dass ein für den erstrebten politischen Zweck ungeeignetes, zumindest unverhältnismäßiges Mittel gewählt worden sei.[722]

Baumann und *Frosch* zogen wie *Neuberger* jenseits von irgendwelchen Überlegungen über mit der Demonstration verfolgte Inhalte die Grenze zwischen gezielter Blockade und notwendigerweise mit einer Demonstration einhergehenden Behinderungen. Dabei wollten sie das Demonstrationsrecht nicht über Gebühr einschränken. In ihrer Prüfung

---

[718] Eilsberger, Die Kölner Straßenbahnblockade - BGH NJW 1969, 1772, JuS 1970, S. 164 ff., 168.

[719] Eilsberger, a.a.O., S. 165.

[720] Urteilsanmerkung zu OLG Celle, NJW 1970, 206, NJW 1970, S. 670.

[721] Vgl. zu diesen Urteilen unten Kapitel 5.3.3.2.2.

[722] Kreuzer, Urteilsanmerkung zu OLG Celle, abgedruckt in NJW 1970, S. 206, NJW 1970, S. 670.

von Art. 8 GG gingen sie allerdings sehr pauschal vor und zogen die Grenzen der Friedlichkeit nach heutigen Maßstäben zu eng.

Sie merkten an, dass vielfach übersehen werde, dass Art. 8 GG nur das Recht zur friedlichen Versammlung enthalte.[723] Zwar gehöre zum Demonstrationsrecht wesensnotwendig auch die Willensdemonstration, dem Demonstranten gehe es ja überwiegend darum, auch auf den bisher noch Andersdenkenden einzuwirken, seine Zielvorstellungen mit einer Signalfunktion vor Augen zu führen. Dies bedeute aber noch nicht,

> „daß man durch die Art der Versammlung, ihrer Art der Durchführung, die Wahl des Zeitpunktes usw. auf Andersdenkende Druck ausübt. Das Versammlungs- und Demonstrationsrecht gibt kein Nötigungsrecht und grundsätzlich auch keine Rechtfertigung im Bereich des § 240 StGB."[724]

Andererseits sei nicht zu verkennen, dass jede Versammlung, wolle sie effektiv sein, mit einer gewissen Belästigung anderer Personen verbunden sein müsse. Und „Nebenstraßenspaziergänge" könnten den Demonstranten nicht zugemutet werden. Versammlungen seien, wenn sie auf andere einwirken wollten, nutzlos, fänden sie am Waldrand statt. Ein gewisses Belästigungsminimum gehöre zur Effektivität. Wiederum sei zu beachten, konzediere man dieses Belästigungsminimum, dass eine unheilvolle Eskalation einsetzen könne. Stumpfe nämlich die Bevölkerung gegenüber Demonstrationen ab, müsse ein stärkeres Maß an Belästigung erfolgen, um wiederum Effektivität der Demonstration zu erreichen. Für *Baumann* und *Frosch* blieb daher für diesen Problemkreis festzuhalten:

> „Zwischen dem grundsätzlichen Ausschluß gewaltsamer Bekehrung und Nötigung und ineffektiver Demonstration wird man also (im Bereiche des Polizeirechts) einen Mittelweg finden müssen, der der konkreten Verkehrssituation, aber auch etwa der Zahl der für diesen Tag angemeldeten Demonstrationen, ihrer Art, ihrem voraussichtlichen Umfang usw. Rechnung trägt."[725]

H. Maul, Landgerichtsrat in Karlsruhe, schließlich gehörte zu denen, welche die Rechtswidrigkeit einer Nötigungshandlung in jedem Einzelfalle besonders festgestellt haben wollten.[726] Seine Argumentation im Rahmen der Grundrechtsabwägung lief dabei auf eine konkrete inhaltliche Wertung der Demonstrationsziele hinaus.

Die Frage, ob die Anwendung von Gewalt oder die Drohung mit einem empfindlichen Übel zur Erreichung des angestrebten Zwecks als ver-

---

[723] Der Entwurf des 3. Strafrechtsreformgesetzes, JZ 1970, S. 113 ff., 114. Vgl. zu deren grundsätzlichen Ausführungen oben Kapitel 5.1.1.

[724] Baumann/Frosch, Der Entwurf des 3. Strafrechtsreformgesetzes, JZ 1970, S. 115.

[725] Ebenda, S. 115.

[726] Demonstrationsrecht und allgemeine Strafbestimmungen, JR 1970, S. 82 ff., 85.

werflich angesehen werden müsse, konnte seiner Ansicht nach zunächst nur bei gebührender Berücksichtigung der Grundrechte des Täters beantwortet werden. Andererseits müsse aber auch berücksichtigt werden, dass jedermann die Freiheit hätte, sich einer an ihn herangetragenen Meinungsäußerung zu entziehen. Von diesem Standpunkt aus konnte *Maul* weder dem BGH in seinem „Laepple"-Urteil noch dem OLG Stuttgart zustimmen[727]:

> „In beiden Fällen ging es den Demonstranten um eine – wenn auch nachdrückliche – Meinungsäußerung, eine über eine Störung hinausgehende Schädigung der Demonstrationsgegner war weder geplant noch ist sie – von den Exzessen wie dem Verbrennen von Zeitungsfahrzeugen abgesehen – tatsächlich eingetreten. Dabei war zu beachten, dass sowohl die Kölner Straßenbahn als auch das Verlagshaus Springer – jedenfalls auf dem Gebiet der Boulevard-Zeitung – *monopolartige Marktmacht besitzt, die ein härteres Gegenvorbringen rechtfertigt*. Schließlich ist aber vor allem wichtig, dass in beiden Fällen ein Gegenschlag geführt wurde: Sowohl die geplanten Preiserhöhungen als auch die ständige Verleumdungskampagne griffen in wichtige Interessen der demonstrierenden Studenten ein."[728]

In beiden Fällen waren also die Nötigungshandlungen der Studenten, welche gegenüber den anzugreifenden Monopolbetrieben machtlos waren, rechtmäßig.[729]

5.3.3.2 *Lösungswege der Rechtsprechung in den Demonstrationsprozessen*

Völlig unstreitig war in der Rechtsprechung bei der Anwendung des § 240 StGB a.F., dass das Verhalten der Studenten, also die hier zu beurteilenden Sitzblockaden, Gewalt im Sinne der Vorschrift darstellten. Mit ihren Blockaden hatten die Demonstranten die Handlungs- und Entscheidungsfreiheit der Betroffenen beeinträchtigt. Ausführlicher Erörterungen über die Qualität der Gewalt bedurfte es in den Entscheidungen dazu nicht. So lassen sich beispielhaft die Ausführungen des LG Köln anführen, das urteilte:

> „Dadurch, daß die demonstrierenden Studenten durch Stehen und Sitzen auf den Schienen die Straßenbahnfahrer zum Anhalten der Straßenbahnzüge veranlaßten und ihnen die Weiterfahrt verwehrten, nötigten sie im Sinne des § 240 Abs. 1 StGB einen anderen mit Gewalt zu einer Handlung und Unterlassung.
>
> Bei der Auslegung des Begriffs der Gewalt folgt die Kammer der Auffassung der Staatsanwaltschaft, die sich ihrerseits die in Rechtsprechung und Lehre ganz überwiegend vertretene Ansicht zu eigen gemacht hat. Danach wird unter Gewalt heute nicht mehr die zur Überwindung eines Widerstandes entfaltete

---

[727] Vgl. zu den Urteilen unten Kapitel 5.3.3.2.2.

[728] Maul, a.a.O., S. 85.

[729] Maul, Demonstrationsstrafrecht und allgemeine Strafbestimmungen, JR 1970, S. 85.

physische Kraft, sondern in erster Linie die Zwangswirkung verstanden. Es kommt in erster Linie nicht darauf an, welches Mittel der Täter einsetzt; entscheidend ist vielmehr, welche Wirkung der Täter auf die Handlungs- und Entscheidungsfreiheit des Opfers hervorruft."[730]

Der eigentliche Erörterungsbedarf wurde auf der Ebene der Rechtswidrigkeit erblickt, also die Frage, ob die Gewaltanwendung auch automatisch die Verwerflichkeit der Tat indiziere. Wie in der Literatur problematisierten die Richter, inwieweit gezielte Blockadeaktionen rechtlich zulässig sein konnten.

5.3.3.2.1 Urteile aus dem Jahr 1968

Die Urteile aus dem Jahr 1968 mussten ohne rechtswissenschaftlichen Hintergrund auskommen, erschienen die ersten Literaturbeiträge in den Zeitschriften doch erst im Jahre 1969.

Im Urteil des AG Bremen vom 22. April 1968 findet sich auch ohne diesen Rückhalt der nach Demokratisierung des politischen Meinungsbildungsprozesses strebende Zeitgeist. Das AG war gegenüber der Stärkung plebiszitärer Elemente so positiv eingestellt, dass es ähnlich wie Teile der Literatur die Zulässigkeit von Blockadeaktionen bejahte, insbesondere unter Berücksichtigung des mit der Versammlung verfolgten Kommunikationszweckes[731].

Hatte das Gericht schon den Landfriedensbruch anlässlich des Versperrens der Straßenbahngleise durch die Demonstranten verneint[732], so urteilte es nun im Rahmen der Rechtswidrigkeitserwägungen zur Nötigung, dass ein verwerfliches Handeln nicht gegeben sei, vielmehr ein durch die Umstände gerechtfertigtes sozial-adäquates Verhalten:

> „Ein verwerfliches Handeln wäre dann gegeben, wenn das Vorgehen des Angeklagten und der anderen Demonstranten unter Berücksichtigung aller Umstände eindeutig so anstößig wäre, daß es als grober Angriff auf die Entschlussfreiheit des Zeugen Kranz angesehen werden könnte und deshalb der strafrechtlichen Ahndung bedürfte (vgl. OLG Hamburg NJW 68, 662)."[733]

Die Demonstranten seien im vorliegenden Fall zusammengekommen, um ihrer Meinung zu den Fahrpreiserhöhungen Ausdruck zu verleihen

---

[730] LG Köln, JZ 1968, S. 80 ff., 81. Vgl. ähnlich die anderen Gerichte zum Begriff der Gewalt AG Bremen, KJ 1968, S. 78 ff., 78; AG Esslingen, JZ 1968, S. 800 ff., 800; AG Göttingen, DRiZ 1969, S. 89 f., 89; AG Hannover, DRiZ 1969, S. 90 f., 91; OLG Stuttgart, NJW 1969, S. 1543 ff., 1543; BGHSt 23, S. 46 ff., 54; OLG Celle, NJW 1970, S. 206 ff., 207.

[731] Vgl. zu dieser Argumentationsführung auch BVerfGE 104, S. 92 ff., 93.

[732] Vgl. dazu und zum Sachverhalt oben Kapitel 5.3.2.2.1.

[733] AG Bremen, KJ 1968, S. 78 ff., 78.

und für eine Rückgängigmachung dieser nach ihrer Meinung nicht gerechtfertigten Preissteigerung zu kämpfen:

> „Dieses Anliegen ist anerkennenswert. Es ist geradezu eine Angelegenheit von allgemeinem öffentlichen Interesse, über ungerechtfertigte oder auch nur vermeintlich ungerechtfertigte Preissteigerungen eines Monopolbetriebes wie der Bremer Straßenbahn AG öffentlich zu diskutieren und mit angemessenen Mitteln eine Überprüfung dieser Preissteigerung zu erzwingen."

Hierzu seine Meinung kundzugeben sei durch die Versammlungsfreiheit gewährleistet. Zweifelhaft war für das Gericht nur, in welcher Weise der Meinung Ausdruck verliehen werden könne und wo die Grenzen zu ziehen seien, die dabei nicht überschritten werden dürften.

Das Gericht folgte dem Bundesverfassungsgericht, wonach das Recht der freien Meinungsäußerung eines der vornehmsten Menschenrechte überhaupt sei. Es ermögliche erst die ständige Auseinandersetzung, den Kampf der Meinungen, der das Lebenselement der freiheitlich-demokratischen Staatsordnung sei. Demokratie sei Diskussion, wozu gehöre, zuhören zu wollen und sich in die Auffassungen des anderen hineinversetzen zu wollen und daraus Schlussfolgerungen zu ziehen. Das Gericht befand weiter entsprechend der „Lüth"-Entscheidung, dass Sinn des Grundrechtsschutzes nicht nur sei, die Meinung frei zu äußern, sondern dass auch die darin liegende und bezweckte Wirkung auf andere geschützt sei:

> „Die bloße Äußerung einer Meinung, z.B. bei einer Demonstration auf einem freien Platz, ohne das diejenigen, die es angeht, es überhaupt zur Kenntnis nehmen, ist sinnlos. Der grundrechtliche Schutz bezweckt geradezu, daß eine geistige Wirkung auf die Umwelt ausgeübt werden kann, daß versucht werden darf, meinungsbildend und überzeugend auf die Gesamtheit einzuwirken."[734]

Bei der Abwägung des so beschriebenen Grundrechts mit dem beeinträchtigten Rechtsgut bezog das Gericht in seine Überlegungen mit ein, dass es sich bei der Straßenbahn AG um ein Monopolunternehmen handele, dass die Betroffenen vor der Erhöhung der Fahrpreise kaum oder gar nicht gehört worden seien und dass von den verantwortlichen Organen des Staates bzw. der Straßenbahn AG jede Diskussion mit den betroffenen Demonstranten abgelehnt worden war:

> „Gerade diese Tatsache zeigt, daß die bloße Meinungsäußerung keinerlei Wirkung versprach und erst nach mehrtägigen Demonstrationen mit Behinderung des Straßenbahnbetriebes die im allgemeinen Interesse liegende Wirkung erzielt werden konnte, daß verantwortliche Persönlichkeiten mit den Demonstranten die Diskussion aufnahmen, um die Angelegenheit, für die demonstriert wurde, zu erörtern."[735]

---

[734] AG Bremen, KJ 1968, S. 79.

[735] AG Bremen, a.a.O., S. 80.

Um also dem Grundrechtsschutz der Meinungsäußerung Wirkung zu verschaffen, musste daher die Verkehrsbehinderung in Kauf genommen werden.

> „Wenn es darum geht, daß sich in einer für das Gemeinwohl berechtigten Frage eine öffentliche Meinung bildet, müssen private und wirtschaftlich Interessen einzelner, d.h. der Straßenbahnbenutzer und der Aktionäre der Straßenbahn AG, grundsätzlich zurücktreten."[736]

Für das Gericht drängte sich dabei auch ein Vergleich mit dem Streikrecht auf. Hier würde niemand mehr bezweifeln, dass zur Durchsetzung von z.B. Lohnforderungen, Mittel eingesetzt werden könnten, welche unter Umständen in empfindlicher Weise in die Rechte oder Interessen anderer eingreifen. Und zu guter Letzt konnte all diesen Ausführungen auch nicht entgegengehalten werden, dass die Parlamente allein bzw. deren Ausschüsse diejenigen Einrichtungen seien, über welche die berechtigten Belange der Demonstranten hätten durchgesetzt werden müssen:

> „Diese Möglichkeit besteht in der Praxis nicht in ausreichendem Maße. Mit überzeugenden Argumenten allein sind, wie die Erfahrung lehrt, in den Gesetzgebungskörperschaften berechtigte Belange nicht durchzusetzen. Dazu sind notfalls Maßnahmen, wie sie die Demonstranten letzten Endes mit Erfolg angewendet haben, nötig."[737]

Das AG Esslingen brachte Verfassungsrecht und Strafrecht im Sinne der heutigen Verfassungsrechtsprechung und damit damaligen Anforderungen genügend überein, wenn es in seinen Entscheidungsgründen zur Rechtswidrigkeit den Kommunikationszweck der Versammlung und die Entscheidung über die Art und Weise seiner Verfolgung durch die Grundrechtsträger berücksichtigte. Es befand in seinem Urteil daher weder Zweck noch Mittel einer Demonstration, bei der mit PKWs die Straße und damit eine der Springer-Druckereien blockiert wurden, als unrechtmäßig.[738]

Zu dem *Nötigungsmittel* der auf der Straße abgestellten PKWs führt das Gericht aus:

> „Für sich allein betrachtet handelte es sich dabei um leichte Verstöße gegen die Straßenverkehrsordnung ohne kriminellen Charakter. [...] So hat der BGH [...] auch festgestellt, daß nicht jede Behinderung anderer Verkehrsteilnehmer, die schon nach § 1 StVO als Übertretung angemessen geahndet werden kann, immer schon sittlich so mißbilligenswert, sozial so unerträglich ist, daß sie ver-

---

[736] Ebenda, S. 80.

[737] AG Bremen, KJ 1968, S. 81.

[738] AG Esslingen, JZ 1968, S. 800 ff. Vgl. zu dem genauen Sachverhalt OLG Stuttgart oben Kapitel 5.3.2.2.2, welches als Revisionsentscheidung zu diesem Urteil hier erging. Vgl. die Ausführungen des OLG zu § 240 StGB a.F. unten Kapitel 5.3.3.2.2.

werflich sein müsste (BGH, NJW 63, 1629). [...] Auch im vorliegenden Fall kann somit das verkehrswidrige Verhalten allein nicht als so verwerflich angesehen werden, daß es ein als über die Erfüllung des bloßen Übertretungstatbestandes hinausgehendes Unrecht darstellen sollte."[739]

Den *Nötigungszweck* sah das Gericht nicht in dem unmittelbaren Ziel, die Auslieferung zu blockieren, Ziel war vielmehr, die Öffentlichkeit auf die überhand nehmende Pressekonzentration aufmerksam zu machen.

„Dies war bereits früher durch Demonstrationen und Resolutionen versucht worden, die jedoch nahezu ergebnislos blieben. Der Mordanschlag auf Rudi Dutschke, an welchem man die Springer-Presse für mitschuldig hielt, mußte deshalb zwangsläufig zu stärkeren Aktionen führen. Von Übergriffen abgesehen, die ihrer strafrechtlichen Ahndung bedürfen, gleichgültig ob sie von Demonstranten, Gegendemonstranten oder Polizeibeamten begangen wurden, waren die gemeinsamen, spontanen Proteste im Lichte der Versammlungsfreiheit (Art. 8 GG) und der freien Meinungsäußerung (Art. 5 GG) besehen, für sich allein jedenfalls nicht verboten, bzw. zu mißbilligen. Zwar war die Demonstration nicht bei der zuständigen Behörde angemeldet, die Durchführung öffentlicher Versammlungen unter freiem Himmel ohne Anmeldung stellt aber nur beim Veranstalter oder Leiter eine strafbare Handlung dar.

Es muß weiter geprüft werden, ob die Verwerflichkeit, trotz des Erlaubtseins von Mittel und Zweck sich daraus ergibt, daß diese zueinander außer Verhältnis stehen. Hierzu müssen die Hintergründe der Demonstration vom 12.4.1968 wenigstens kurz beleuchtet werden."[740]

Mit seinen weiteren Ausführungen zur Verhältnismäßigkeit von Mittel und Zweck verließ das Gericht nun aber den Entscheidungsspielraum, der im Rahmen von § 240 Abs. 2 StGB dem Richter auferlegt ist. Hier ließ sich das AG zu eigenen persönlichen Wertungen in seinem Urteilsspruch hinreißen, geht doch aus seinen Erwägungen deutlich die Antipathie gegenüber der Springerpresse und die Sympathie für die Studenten hervor.

Um die Hintergründe zu beleuchten setzte sich das Gericht mit der Pressearbeit von Springer und der Berichterstattung über die Studenten in den Springer-Zeitungen, sowie den Ergebnissen der Günther-Kommission auseinander.

„Diese unbequemen Studenten wurden hierauf von der Springer-Presse in einen Topf geworfen mit Gammlern und Halbstarken und als Radaubrüder qualifiziert. Die in der Zeitschrift 'Spiegel' vom 29.7.1968 auf S. 51 zitierten Veröffentlichungen der Springer-Presse [...] machen die Verhetzung eines Teils der Studentenschaft deutlich. Die politischen Ansichten dieser Studenten mögen radikal, je revolutionär sein; in einer freiheitlichen Demokratie aber sollte eine Presse objektiver darüber berichten. Wenn 'Bild' am 7.2.1968 schriebt: 'Man darf über das, was zur Zeit geschieht, nicht einfach zur Tagesordnung überge-

[739] AG Esslingen, JZ 1968, S. 801

[740] AG Esslingen, JZ 1968, S. 801.

hen. Und man darf auch nicht die ganze Drecksarbeit der Polizei und ihren Wasserwerfern überlassen`, so ist dies nicht ein demokratische Auseinadersetzung mit einem Andersdenkenden, sondern üble Stimmungsmache und Aufhetzung zu Gewalttaten. (§ 130 StGB!)."[741]

Vor diesen Hintergründen erschien dem Gericht die Meinung der Studenten, dass Springer an dem Mordanschlag mitschuldig sei, zumindest verständlich:

> „Verständlich ist auch, daß sich die politische Forderung nach Enteignung der Springer-Presse unter dem Eindruck des Mordanschlags [...] zu einem spontanen Protest, der in der Öffentlichkeit nicht mehr übergangen werden konnte, steigerte. [...] Im Widerstreit der Meinungs- und Demonstrationsfreiheit und der Pressefreiheit (welches Grundrecht durch den Grundrechtsträger selbst gefährdet ist) war es auch ein durchaus angemessenes, sozial adäquates Mittel der berechtigten (siehe Günther-Kommission) politischen Forderung durch eine zeitweise Auslieferungsblockade Nachdruck zu verleihen."[742]

Das Gericht hielt dies auch deshalb für vertretbar, weil derartige Dinge im Arbeitskampf ohne weiteres toleriert würden, obwohl das Streikrecht im Grundgesetz nicht einmal garantiert sei. Dass nur die Studenten aktiv geworden seien, sei bezeichnend für die Gesellschaft. Bei der auch von den Parlamentariern beklagten Interesselosigkeit und Staatsverdrossenheit zahlreicher Bürger sei es von großer Bedeutung, dass wenigstens die Studenten als zukünftige Elite des Volkes sich mit den politischen Problemen auseinandersetzten und ihre staatsbürgerlichen Pflichten ernst nähmen. Manches Problem wäre in den letzten Jahren nicht erkannt und nicht angegangen worden, wenn die Studenten nicht protestiert oder gar auf die Straße gegangen wären.[743]

Abschließend führte das Gericht zur Rechtswidrigkeit aus:

> „Was ist schließlich nur die einige Stunden verzögerte Auslieferung eines Presseerzeugnisses wie der 'Bild`-Zeitung, gegenüber der staatsbürgerrechtlich gebotenen Auflehnung gegen Pressekonzentration und Meinungsdiktat."[744]

Das LG Köln verfolgte in seiner Argumentation, wenn auch teilweise mit einer ungewöhnlichen Terminologie, Demokratisierungsbestrebungen und führte im Rahmen der Rechtswidrigkeit eine differenzierte, heutigen Maßstäben entsprechende Abwägung der kollidierenden Rechtsgüter durch. Auch seine Erwägungen zu dem zulässigen zeitlichen Maß der Blockadeaktionen finden sich in der aktuellen Verfas-

---

[741] Ebenda, S. 801.

[742] AG Esslingen, JZ 1968, S. 801.

[743] Ebenda, S. 801.

[744] AG Esslingen, a.a.O., S. 802.

sungsgerichtsrechtsprechung wieder.[745] Die Blockierung der Kölner Straßenbahn durch Studenten wertete das Gericht in seinem Urteil vom 31. Oktober 1968 zwar als rechtswidrige Nötigung.[746] Das Gericht verurteilte die Angeklagten aber dennoch nicht, weil sie sich in einem unvermeidbaren Verbotsirrtum befunden hätten.[747]

Der Zweck der Demonstration erschien dem Gericht legitim. Die Studenten hätten gegen die Erhöhung der Straßenbahntarife demonstriert, weil sie ihre Interessen bei den Behörden nicht hatten vorbringen können. Ihre Forderung auf die Anhörung war für das Gericht eine durchaus notwendige, damit ein möglichst gerechter Ausgleich zwischen den oft widerstreitenden Interessen der verschiedenen Gruppen der „pluralistischen" Gesellschaft erzielt werden könne.[748] Dabei sollte es unerheblich sein, ob diese Forderung die Arbeit der Einrichtungen dieser Gesellschaft erschwere; denn nur ihre Erfüllung sichere den immer komplizierter werdenden Interessenausgleich und damit ein möglichst friedliches Zusammenleben:

> „Eine Pflicht zur Gewährung von Gehör besteht in einem 'Sozialstaat' - also in diesem Sinne einer Gesellschaftsordnung, die sich die Bedürfnisse der wirtschaftlich Schwachen angelegen sein läßt - in besonderem Maße gegenüber den 'sozial Schwachen'."[749]

Da für das Gericht die Studenten zu diesen aber zählten, durften sie aus diesem Grund fordern, dass die Anhörung nachgeholt werde. Der Zweck der Demonstration war also nicht zu missbilligen.

Jedoch war das Mittel, die Demonstration, verfehlt. Zwar nicht im Grundsatz, so doch aber in der Art und Weise der Durchführung und Einsetzung. Nach den Worten des Gerichts waren Demonstrationen grundsätzlich erlaubt, das Recht auf Demonstrationen sollte aber seine Grenzen finden, wenn die Rechte und berechtigten Interessen der Gesellschaft, einzelner Gruppen oder eines einzelnen Staatsbürgers so erheblich beeinträchtigt würden, dass die Demonstration im Interesse eines guten Gemeinschaftslebens nicht mehr geduldet werden könne. Für die Grenzziehung müssten die Umstände des Einzelfalls berücksichtigt werden:[750]

---

[745] Vgl. dazu BVerfGE 104, S. 92 ff., 93.

[746] Vgl. das Gericht schon zu § 125 StGB a.F. und zum genauen Sachverhalt oben Kapitel 5.3.2.2.1.

[747] LG Köln, JZ 1969, S. 80 ff.

[748] LG Klön, a.a.O., S. 82.

[749] Ebenda, S. 82.

[750] LG Köln, JZ 1969, S. 82.

„Zu diesen Umständen gehören in erster Linie das Gewicht des durch die Demonstration vertretenen Anliegens und das Gewicht des durch die Demonstration veranlaßten Eingriffs in Rechte und berechtigte Interessen Dritter. [...] Ein erheblicher Eingriff in Rechte und berechtigte Interessen Dritter wird um so weniger anzunehmen sein, je bedeutsamer das Anliegen für die Gesellschaft insgesamt ist und je größer die Zahl derjenigen verständigen Mitbürger, die es akzeptieren. Bei der Abwägung des Gewichts des Eingriffs kommt es auf die Qualität der Rechte und berechtigten Interessen an. Je wertvoller das Rechtsgut sein wird, desto enger werden die Grenzen der Erlaubtheit einer Demonstration zu ziehen sein. [...] bloße Unbequemlichkeiten und Belästigungen bei einem billigenswerten Demonstrationszweck werden in aller Regel für eine gewisse Zeit hingenommen werden müssen." [751]

Nachdem der Kölner Senat nicht böswillig die Anhörung unterlassen hatte, wurde auf diese Weise auch das Gewicht des Anliegens der Studenten eingeengt und damit auch die Grenzen, in denen mit einer Demonstration in Rechte und berechtigte Interessen Dritter eingegriffen werden konnte. Somit hätten die Studenten einen kurzen Warnstreik durchführen dürfen, um auf ihr Anliegen aufmerksam zu machen. Dadurch, dass die Straßenblockade aber eine Stunde dauerte, gingen die Studenten weit über diese Grenzen hinaus. Das machte das Verhalten der auf diese Weise demonstrierenden Studenten unrechtmäßig und damit rechtswidrig.[752]

Das AG Göttingen verhängte im Rahmen der Demonstrationsprozesse in seinem Urteil vom 4. November 1968 den ersten Strafspruch und verurteilte die Angeklagten wegen Nötigung und Beamtennötigung zu Geldstrafen, weil sie aus Protest gegen die Notstandsgesetze im Mai 1968 das Auditoriengebäude der Universität Göttingen versperrt hatten.[753]

Ob die Angeklagten mit anderen zusammen Türen und Fenster des Gebäudes versperrt hatten, war nicht festzustellen. Aber nach den Feststellungen des Gerichts billigten sie durch ihr Dabeisein die Blockade und wollten mit ihrem Verhalten diese Gewaltanwendung unterstützen. Denn in dem Versperren des Weges sah das Amtsgericht eine Gewaltanwendung.[754]

Die Rechtswidrigkeit bejahte das Gericht, da seiner Ansicht nach jegliche Blockadeaktion unzulässig war. Zu diesem Ergebnis gelangte es an Hand einer sehr knappen Rechtsgüterabwägung. So sollte jeder im Rahmen der Meinungsäußerung befugt sein, in die Interessen und Rech-

---

[751] Ebenda, S. 82.

[752] LG Köln, JZ 1968, S. 83.

[753] AG Göttingen, DRiZ 1969, S. 89.

[754] AG Göttingen, DRiZ 1969, S. 89.

te Dritter einzugreifen, wenn es nötig sein sollte, die Meinung bekannt zu machen und ihr möglichst große Wirkung zu verschaffen. Bei der Güterabwägung der kollidierenden Rechtsgüter kam das Gericht jedoch zu dem Ergebnis, dass im vorliegenden Fall die Demonstranten das auch den Andersdenkenden zustehende Grundrecht der freien Meinungsäußerung in grob sozialwidrigem Maß verletzt hatten. Auch der Aspekt, dass die Verabschiedung der Notstandsgesetze als ein tiefer Einschnitt im politischen Leben der Bundesrepublik begriffen worden sei,

> „ging es nicht an, daß die Gegner der Notstandsgesetze durch ihre Zwangsmaßnahmen die politischen Rechte, die sie selbst in Anspruch nahmen und verteidigen wollten, zu Lasten anders denkender verletzten".[755]

Auch das Schöffengericht Hannover kam zu einer Strafbarkeit wegen Nötigung. Seiner Ansicht nach hatten die Angeklagten dadurch, dass sie das Tor zum Druckereigebäude in Hannover mit zwei Holzbalken verriegelten, zwar keinen Landfriedensbruch und Auflauf begangen, wohl aber andere rechtswidrig mit Gewalt genötigt.[756] Mit der gleichen Argumentation wie das LG Köln kam das Gericht über den Zeitfaktor zu diesem Ergebnis.

Zunächst ermittelte es den Begriff der Verwerflichkeit unter Zugrundelegung „allgemeingültiger sittlicher Bewertungsmaßstäbe". Fraglich war beim Abwägen der sich gegenüberstehenden Demonstrationsfreiheit einerseits und der Pressefreiheit andererseits, ob es tatsächlich eine Gefahr für die Meinungsfreiheit darstellen konnte, wenn eine einzige Auflage der „Bild"-Zeitung die Leser, die sich aus dieser Zeitung ihre politische Meinung bildeten, einmal etwas später erreichte:

> „Da die Demonstranten über keine wirkungsvolleren Publikationsmittel verfügten, wollten sie lediglich dokumentieren, daß es noch eine andere Meinung als die der sogenannten 'Springer-Blätter' gebe und im allgemeinen Interesse geben müsse. Eine solche Kundgebung stellte gegenüber dem gewaltigen Zeitungsunternehmen Springer zunächst allenfalls eine Belästigung dar. Eine solche Belästigung in Ausübung eines verfassungsmäßig garantierten Rechts, des Demonstrationsrechts, kann nicht als 'verwerflich' angesehen werden. Es wird heute bereits auf vielen Gebieten von der Allgemeinheit als selbstverständlich hingenommen, daß durch eine Demonstration Belästigungen eintreten, zum Beispiel gegenüber dem Straßenverkehr oder Straßenanwohnern. Das Gericht steht daher auf dem Standpunkt, daß die durch die Demonstration zunächst eingetretene Belästigung nicht die Grenzen des Demonstrationsrechts sprengte,

---

[755] Ebenda, S. 89.

[756] Schöffengericht Hannover, DRiZ 1969, S. 90 ff. Vgl. zum Sachverhalt oben Kapitel 5.3.1.2.2. Die Ausführungen des Gerichts zu § 116 wurden nicht abgedruckt.

sondern von den im hp-Gebäude arbeitenden Personen hingenommen werden mußte."[757]

Aber die Belästigung habe zu lange gedauert. Denn das Gericht befand, dass die Allgemeinheit zum Beispiel eine stundenlange Lahmlegung des Verkehrs nicht mehr nur als „Belästigung", sondern als einen ungerechtfertigten Eingriff in die öffentliche Ordnung begreifen würde. Auf den vorliegenden Fall bezogen hieße das, „daß die Blockade [...] bis zu einem gewissen Zeitpunkt noch rechtmäßig und nicht 'verwerflich' war und erst nach diesem Zeitpunkt unrechtmäßig wurde."[758]

5.3.3.2.2 Urteile aus dem Jahr 1969

Auf die mittlerweile zur Verfügung stehende Literatur griff das OLG Stuttgart in seinem Urteil vom 9. Juli 1969 nicht zurück und schien sich auch nicht mit ihr auseinandergesetzt zu haben. Es erteilte der Auffassung des vorinstanzlichen AG Esslingen bezüglich der Nötigung eine rigorose Absage.[759] Dabei ging seine Grundrechtsprüfung wie auch schon im Rahmen des § 125 StGB a.F. über eine pauschale und formale Abwägung nicht hinaus. Auch hier blieb sie weit hinter den damals auch schon nötigen verfassungsrechtlichen Abwägungsüberlegungen zurück. Restriktiv und im Widerspruch zum heutigen Verständnis war seine Auffassung zur Friedlichkeit einer Versammlung[760]. Diese Auffassung verdeutlichte sich noch weiter in der übersteigerten Würdigung der Gefährlichkeit der Versammlung.

Entsprechend dieser Grundhaltung verurteilte das OLG die Angeklagten entgegen der Vorinstanz noch zusätzlich zu einem Landfriedensbruch und verhalf der von der Staatsanwaltschaft eingelegten Revision wegen Verletzung von § 240 StGB a.F. zum Erfolg:

> „Es geht nicht an unter dem Deckmantel der Demonstrationsfreiheit Gewalttätigkeiten zu begehen. Die vom Angeklagten und seinen Gesinnungsgenossen angewandten Mittel und der damit unmittelbar bezweckte Erfolg verstießen gegen das Gesetz und den Rechtsfrieden."[761]

Der Senat vermochte den Ausführungen der unteren Instanz nicht folgen, dass der Begriff des „friedlichen Versammelns" in Art. 8 GG auch die Blockade und das Verbarrikadieren von Ausfahrten und Ausgängen

---

757 Schöffengericht Hannover, DRiZ 1969, S. 91.

758 Ebenda, S. 91.

759 Vgl. zu den Ausführungen des AG Esslingen zu § 240 StGB a.F. oben Kapitel 5.3.3.2.1 und zum genauen Sachverhalt OLG Stuttgart zu § 125 StGB a.F. oben Kapitel 5.3.2.2.2.

760 Vgl. dazu BVerfGE 73, S. 206 ff.

761 OLG Stuttgart, NJW 1969, S. 1543 f.

umfassen sollte. Es gebe kaum ein deutlicheres Gegenbeispiel zu einer friedlichen Versammlung als eine Menschenmenge, die sich zusammenrotte und Barrikaden errichte, um Kraftfahrzeuge aufzuhalten und den Berufstätigen eines bestimmten Betriebes den Weg zu versperren, wobei auf das Urteil des BayObLG, NJW 1969, 1127 verwiesen wurde.

Auch die Ausführungen des AG Esslingen zum Zweck der Demonstration verwarf das Gericht. Denn Zweck könne nur das in Abs. 1 der Vorschrift genannte Handeln, Dulden oder Unterlassen sein und nicht die Wirkung, die Täter mit der Nötigung erreichen wollte, wie das AG meinte. Das ergebe sich aus Sinn und Wortlaut des Gesetzes, so auch LK, Schäfer, § 240 StGB, Anm. III, 2. Abs; BGHSt 5, 245, 246 = NJW 54, 438. Aber dieser vom Angeklagten verfolgte Zweck widerspräche dem Gesetz. Die Demonstranten hatten keinen Anspruch darauf, dass die rechtzeitige Auslieferung der Zeitung unterblieb und die Betriebsangehörigen des Verlages den Betrieb nur mit ihrer Erlaubnis verlassen durften.[762]

Das Verhältnis von Mittel und Zweck konnte die Tat des Angeklagten nicht als billigenswert erscheinen lassen, selbst bei Berücksichtigung des Motivs der Blockade, nämlich die „Bild"-Leser im südwestdeutschen Raum anzusprechen:

> „Die gewalttätige Blockierung eines Gewerbebetriebes und das Verhindern des Verbreitens einer Zeitung schießen weit über anerkennenswerte Mittel und Ziele einer Demonstration hinaus. Die 'Aktion' war nicht nur geeignet, zu unerträglichen Zuständen zu führen - trägt doch die Anwendung von Gewalt stets den Keim zu weiteren Gewalttaten in sich, sondern setzte auch im Falle eines energischen Durchgreifens der für den Schutz der Bürger vor Terror zuständigen öffentlichen Organe die Demonstranten selbst der Gefahr schwer abzuschätzender körperlicher und materieller Schäden aus. Die Gefahr, die von derartigen, auf Gewalttätigkeiten gerichteten Demonstrationen ausgeht, ist so erheblich, daß allein schon deshalb diese Art der 'Meinungsäußerung' sittlich zu mißbilligen ist."[763]

In seiner Revisionsentscheidung vom 8. August 1969 stimmte der BGH zwar der Auffassung des LG Köln[764] zum Landfriedensbruch zu, bezüglich der Nötigung entwickelte er aber einen Gedankengang, der so in der veröffentlichten Rechtsprechung des RG oder des BGH selbst ohne Vorbild war.[765] Der Vorsitzende des 2. Strafsenats, Paulheinz Baldus,

---

[762] OLG Stuttgart, NJW 1969, S. 1543.

[763] OLG Stuttgart, NJW 1969, S. 1543.

[764] Vgl. dessen Ausführungen zu § 125 StGB a.F. und zum Sachverhalt oben Kapitel 5.3.2.2.1., zu den Ausführungen zu § 240 StGB vgl. oben Kapitel 5.3.3.2.1.

[765] Leipziger Kommentar, § 240 Rdnr. 17, 10. Auflage 1989.

Jahrgang 1904[766], äußerte in einer mündlichen Begründung zu dem Urteil, dass der Senat nicht daran denke, wie offenbar von ihm erwartet worden sei, Ausschreitungen bei Demonstrationen mit dem Etikett der Rechtsstaatlichkeit zu versehen. Er sei auch nicht bereit, ein Sonderrecht für die Studenten zu schaffen. Zur Sache äußerte er, die Lahmlegung des Straßenverkehrs auch nur „für eine einzige Minute" mache eine Demonstration illegal.[767] Baldus war 1939 in der Strafrechtsabteilung des Reichsjustizministeriums tätig und wechselte von dort zur Führerkanzlei, wo er als juristischer Mitarbeiter arbeitete. Im Krieg hatte er als Feldkriegsgerichtsrat gewirkt.[768] In der Bundesrepublik hatte er Urteile im Rahmen der Kommunistenprozesse gesprochen.[769] Im Jahre 1971 quittierte er kurz vor seiner Pensionierung den Dienst. In einem Revisionsverfahren gegen Euthanasieärzte war gegen ihn vom Vertreter der Nebenklage, Professor *F. K. Kaul*, ein Befangenheitsantrag gestellt worden.[770]

Mit der Etablierung des so genannten „vergeistigten" Gewaltbegriffs formulierte der BGH eine schon lange in der Strafrechtsprechung andauernde Entwicklung ausdrücklich und deutlich aus: entscheidend war nach seiner Begründung allein die psychische Zwangswirkung, in dem Sinne, dass die Sitzstreikenden mit nur geringem körperlichen Kraftaufwand (dem Niedersetzen und Verharren auf dem Gleiskörper) einen „psychisch determinierten Prozeß in Lauf setzten".[771]

Entscheidender und kritikwürdiger waren seine Ausführungen zur Rechtswidrigkeit, die nicht nur die bis dahin zum Demonstrationsrecht durchgeführten Erwägungen der Untergerichte hinfällig werden ließen. Sie setzten sich auch über die einhellig vertretene Auffassung hinweg, dass die Rechtswidrigkeit bei Erfüllung des Tatbestandes durch die Verwerflichkeitsklausel relativierbar sei. So verengte er die grundsätzlich zur Prüfung der Rechtswidrigkeit verwendete Formel zu Lasten der Gewaltanwendung dahingehend, dass sie in der Regel die Verwerflichkeit indizierte:

> „Die Formel gilt allgemein für alle tatbestandsmäßigen Fälle. Sie ist auch anzuwenden, wenn die Nötigung mit Gewalt begangen wird. Da aber die tat-

---

[766] Handbuch der Justiz, 1966, S. 2.

[767] So wiedergegeben bei Ridder, Über die Minima rationalia des Judizierens, ZRP 1969, S. 217 ff., 218, hier Fußnote 2.

[768] I. Müller, Furchtbare Juristen, 1989, S. 218 f.

[769] Vgl. dazu BGH in HuSt I, S, 246 ff.

[770] I. Müller, Furchtbare Juristen, 1989, S. 218 f.; vgl. zu F. Kaul Rosskopf, Friedrich Karl Kaul, 2002.

[771] BGHStE 23, S. 46 ff., 54.

> bestandliche Erweiterung, die zur jetzigen Fassung des § 240 StGB geführt hat, nur die Alternative der Drohung betraf und nur diese Erweiterung die Rechtswidrigkeitsklausel notwendig macht, ist die Gewaltanwendung praktisch indiziell für die Verwerflichkeit der Nötigung. Nur ausnahmsweise können besondere Umstände das Verwerflichkeitsurteil ausschließen."[772]

Wann die von ihm angeführten „besonderen Umstände" vorliegen sollten, ließ der BGH ohne weiteres so stehen und konkretisierte diese nicht weiter.

Die weiteren Ausführungen nach diesem „Befreiungsschlag" zum Prüfungsumfang der Rechtswidrigkeit können dann schon allein ihres inhaltlichen Umfanges wegen als „lieblos" bezeichnet werden. Zwar war es tatsächlich nicht Aufgabe des BGH, ein Sonderrecht für Studenten zu schaffen. Mit seinen formalen und schematischen Rechtswidrigkeitserwägungen unterließ er es aber in der auch damals schon nach dem Wissensstand möglichen und gebotenen Weise Verfassungsrecht und § 240 StGB in Einklang zu bringen. Im Rahmen seiner Grundrechtsprüfung setzte er den strafrechtlichen Gewaltbegriff mit dem verfassungsrechtlichen Begriff der Unfriedlichkeit gleich. Pauschal erteilte er damit der Versammlung das Attest der Unfriedlichkeit, ohne ersichtlich äußere Handlungen von einiger Gefährlichkeit wie etwa aggressive Ausschreitungen gegen Sachen zu fordern. Seine Entscheidungsbegründung vollzog er jenseits der im Jahre 1969 weit fortgeschrittenen Literaturdebatte zum Demonstrationsrecht allgemein, ihm reichte die Auseinandersetzung mit lediglich einem Diskussionsbeitrag.

Unberührt von den zeitgeistlichen Demokratisierungsbestrebungen und deutlich am repräsentativen Prinzip ausgerichtet verwarf der BGH die Abwägungen des LG Köln zur Rechtswidrigkeit. Schon die Ansicht, dass der Rat der Stadt Köln von Rechts wegen gehalten gewesen sei, die Studenten zu hören, war für den BGH verfehlt. Die Tätigkeit der Organe von Gesetzgebung und Verwaltung würde in unerträglicher Weise erschwert und zum Nachteil des Ganzen behindert[773]:

---

[772] BGHStE 23, S. 54 f. Die „jetzige Fassung" war diejenige, welche die Norm im Nationalsozialismus im Jahre 1943 erhalten hatte, nämlich die weite Fassung des Tatbestandes und der wertenden Rechtswidrigkeitsklausel, Maul, Demonstrationsrecht und allgemeine Strafbestimmungen, JR 1970, S. 81 ff., 83 und Leipziger Kommentar, § 240, Rdnr. 59 ff. 10. Auflage 1989. Das BVerfG führte im Jahre 1986 in einer Entscheidung zur Beurteilung von Sitzblockaden vor militärischen Einrichtungen in seinem Leitsatz aus, dass § 240 StGB dahin verfassungskonform auszulegen sei, dass die Bejahung nötigender Gewalt im Falle einer Erstreckung dieses Begriffs auf solche Sitzdemonstrationen nicht schon zugleich die Rechtswidrigkeit der Tat indiziere, BVerfGE 73, S. 206 ff., 206.

[773] BGHStE 23, S. 55.

„Eine Anhörung solcher Art kann vielmehr immer nur eine Frage des politischen Taktes oder der politischen Klugheit sein. Sie wird oft im Sinne jenes freien Austausches von Meinung und Gegenmeinung liegen, der der Willensbildung im demokratischen Staat sein besonderes Gepräge gibt und in aller Regel auch dem Ausgleich von Gegensätzen und der Vermeidung von Härten, damit aber dem öffentlichen Frieden dienlich ist. Sie wird mitunter aber auch im öffentlichen Interesse um des Ansehens der von der Mehrheitsentscheidung des Volkes getragenen Organe willen zu meiden sein, wenn das Verlangen nach ihr sich in ungehörigen Formen kundtut, insbesondere mit der Ankündigung von Druckmitteln einhergeht. Ob so oder so verfahren wird und welche Folgen es hat, liegt jedenfalls ausschließlich im politischen Bereich und ist kein Gegenstand öffentlich-rechtlicher Verpflichtungen."[774]

Darüber hinaus konnte ein Demonstrationsrecht, nach welchem es möglich sein sollte, auf sich und seine Interessen in massiver Form aufmerksam zu machen und dabei auch zur Blockade des Straßenverkehrs zu schreiten, nicht als ein rechtfertigender besonderer Umstand gelten. Die Ausführungen des LG Köln konnte der BGH nicht für richtig erkennen:

„Die Anerkennung eines solchen Demonstrationsrechtes [...] ist abwegig. Niemand ist berechtigt, tätlich in die Rechte anderer einzugreifen, insbesondere Gewalt zu üben, um auf diese Weise die Aufmerksamkeit der Öffentlichkeit zu erregen und eigenen Interessen oder Auffassungen Geltung zu verschaffen. Der von der Verfassung gewährte weitere Spielraum für die Auseinandersetzung mit Worten (Art. 5 GG und § 193 StGB; vgl. BVerfGE 7, 198; BGHSt 12, 287) duldet keine Erweiterung auf tätliches Verhalten. Andererseits kann sich daraus, daß mehrere oder viele einzelne zu gemeinsamer Aktion zusammentreten, kein qualitativer Umschlag im Sinne weitergehender Berechtigung ergeben. Der Demonstrant besitzt im Vergleich zum Einzelnen, der für seine Meinung eintritt oder protestiert, keine Vorrechte, sondern hat wie jeder andere dabei die allgemeinen Gesetze zu achten. Auch der Hinweis darauf, daß das vom Grundgesetz in Art. 8 allen Deutschen gewährleistete Grundrecht, sich friedlich und ohne Waffen zu versammeln, notwendigerweise das Eintreten von Verkehrsbehinderungen einschließe, eröffnet keine andere Betrachtungsweise. Aus dem Recht zu friedlicher Versammlung kann kein Recht zu unfriedlicher Demonstration hergeleitet werden. In welchem Maße Verkehrsbehinderungen hinzunehmen sind, die sich als Nebenfolge einer friedlichen Demonstration ergeben, hat der Senat nicht zu entscheiden. Hier ist die Verkehrsbehinderung gerade zum Ziel und Zweck einer öffentlichen Aktion gemacht worden, die damit einen unfriedlichen Charakter gewonnen hat und nicht mehr der Garantie des Art. 8 GG teilhaftig sein kann."[775]

Ansonsten musste die Auffassung der Strafkammer schon an ihrer Unverträglichkeit mit dem demokratischen Prinzip im allgemeinen und seiner Ausgestaltung im Sinne der repräsentativen Demokratie durch das Grundgesetz scheitern:

---

[774] Ebenda, S, 55 f.

[775] BGHStE 23, S. 56f.

„Personenverbänden so wenig wie einzelnen kann die Mitsprache in öffentlichen Angelegenheiten mit anderen Mitteln als denen der Werbung, Überzeugung und Überredung nicht gestattet sein. Entscheidungen in solchen Angelegenheiten müssen frei von gewaltsamer Einwirkung in den Händen der Organe liegen, die durch Verfassung und Gesetz dazu legitimiert und durch die Mehrheitsentscheidungen des Volkes auf der Grundlage von geordneten, gegen Mißbrauch und Verfälschung abgesicherten Wahlen und Abstimmungen berufen sind. Die Anerkennung eines Demonstrationsrechtes in dem von der Strafkammer angenommenen Ausmaß liefe auf die Legalisierung eines von militanten Minderheiten geübten Terrors hinaus, welcher mit der auf dem Mehrheitsprinzip fußenden demokratischen Verfassung, letztlich aber auch als Verstoß gegen das Prinzip der Gleichheit aller vor dem Gesetz mit den Grundsätzen der freiheitlichen demokratischen Grundordnung schlechthin unverträglich ist. (vgl. Zeidler in: Beilage zur Wochenzeitung „Das Parlament", B 10/69)"[776]

Das OLG Celle als Revisionsinstanz zu den Urteilen des AG Hannovers und des LG Hannover[777] setzte sich in seinem Urteil vom 21. Oktober 1969 zumindest mit einer der neuen Literaturstimmen auseinander, auch wenn es diese im Ergebnis ablehnte. Es folgte in seiner Entscheidung dem BGH, die Prüfung des § 240 StGB fiel insgesamt sehr kurz aus. Seine Überlegungen bewegten sich in der für die Obergerichte typischen kurz gehaltenen pauschalen Prüfung der Grundrechte. Gekennzeichnet war diese vor allem durch die sehr restriktive Beurteilung der Friedlichkeitsgrenzen, die mögliches Demonstrationsverhalten schnell aus dem Schutzbereich des Grundrechts ausgrenzte.

Die Blockadeaktion der Demonstranten vor dem Druckereigebäude qualifizierte das OLG als eine rechtswidrige Nötigung.[778] Nach dem Dafürhalten des Gerichts war angestrebter Zweck der Nötigung das Unterlassen der zeitgerechten Auslieferung der „Bild"-Zeitung.[779] Dass die Angeklagten weitere, über die Erfüllung des Tatbestandes hinausgehende Wirkungen beabsichtigten, war für das Verwerflichkeitsurteil ohne Bedeutung:

„Darin liegt keine Verwechslung von Mittel und Zweck, wie OTT der entsprechenden Erwägung des BGH im Urteil v. 8.8.1969 (NJW 69, 1770) in seiner Anmerkung dazu (NJW 69, 2023) entgegenhält. Denn die Gewaltanwendung war *unmittelbar* nur auf die Verzögerung der Zeitungsauslieferung gerichtet und erst *mittelbar* auf die Herbeiführung der darüber hinaus erhofften weiteren Wirkungen in der Öffentlichkeit."[780]

---

[776] BGHStE 23, S. 57.

[777] Vgl. zu diesen Urteilen oben Kapitel 5.3.2.2.1, 5.3.3.2.1 sowie 5.3.2.2.2.

[778] OLG Celle, NJW 1970, S. 206 ff. ; vgl. das OLG zu § 116 StGB a.F. oben Kapitel 5.3.1.2.2 und zu § 125 StGB a.F. oben Kapitel 5.3.2.2.2.

[779] OLG Celle, NJW 1970, S. 206.

[780] OLG Celle, NJW 1970, S. 208.

Aus der Entstehungsgeschichte der jetzigen Fassung ergab sich für das Gericht, vor allem in Anlehnung an das BGH-Urteil, dass die Gewaltanwendung praktisch indiziell für die Verwerflichkeit der Nötigung sei und nur ausnahmsweise besondere Umstände das Verwerflichkeitsurteil ausschließen könnten. Art 8 GG komme als Rechtfertigungsgrund nicht in Betracht. Diese Vorschrift gewährleiste nur, sich friedlich zu versammeln.

Das Gericht beurteilte die Unfriedlichkeit der Versammlung wie der BGH. Nach seiner Ansicht war daher die vorliegend zu beurteilende Versammlung von vorneherein als unfriedlich angelegt, da aus ihr heraus im strafrechtlichen Sinne Gewalttätigkeiten begangen wurden.[781]

5.3.3.3 *Zusammenfassung*

Wie in der Debatte um die Massedelikte war bei den Autoren Grundlage der Auslegung von § 240 StGB mehrheitlich eine freiheitlich-demokratische Rechtsauffassung. Entsprechend der reformorientierten gesellschaftlichen Tendenzen plädierten sie für einen politischen Willensbildungsprozeß, der den nicht institutionalisierten Gruppen ausreichenden Einfluss ermöglichen sollte.

Diese Grundeinstellung führte dazu, dass sich die Diskutanten ausführlich damit befassten, wie die verfassungsrechtlich garantierte Versammlungsfreiheit und das Strafrecht in Einklang zu bringen seien. Dabei etablierten sie mit den verschiedenen rechtlichen Aspekten, die sie in ihre Erwägungen mit einbezogen, den für die weitere Entwicklung der Auslegung grundlegenden Maßstab. Denn ihre Argumente fanden über den Lauf der Jahre weitgehend Eingang in die Rechtsprechung des BVerfG.[782]

Teilweise gingen die Autoren mit ihren Argumentationsführungen aber so weit, dass ihnen eine „Sympathiejurisprudenz" für die Angelegenheiten der Studenten unterstellt werden kann. Häufig stellten sie über den mit der Versammlung verfolgten Kommunikationszweck hinaus auf ganz konkrete Inhalte ab, für die mit den Mitteln der Studenten demonstriert werden durfte. Damit setzten sie aber ihre persönliche Überzeugung von der Strafwürdigkeit eines Tuns anstelle der dem Urteilenden gebotenen Inhaltsneutralität. Zwar kann diese „politische Justiz" zugunsten der Studentendemonstrationen nur unterstellt werden. Aber es ist fraglich, ob von diesen Autoren dieses Maß an politisch ausgeübten Druck zugestanden worden wäre, wenn es um Demonstrationen von „Rechten" mit gleichen Mitteln gegangen wäre.

---

[781] OLG Celle, a.a.O., S. 207 f.

[782] Vgl. dazu BVerfGE 73, S. 206 ff.; BVerfGE 92, S. 1 ff; BVerfGE 104, S. 92 ff.

Wie bei den Massedelikten kann von einer gefestigten Rechtsprechung bezüglich der zu beurteilenden Problematik nicht gesprochen werden. Auch hier differierten in Inhalt und Ergebnis die Urteilsprüche von den Unter- und Oberinstanzen: in der ersten Instanz überwogen die Freisprüche, in den nächst höheren Instanzen die Strafsprüche wegen Nötigung. Da sich die Gerichte häufig auch mit den Massedelikten befassten, setzten sich die Argumentationsmuster im Rahmen der Nötigung im Wesentlichen fort.

Die Rechtsauffassung der freisprechenden Gerichte war geprägt von einer positiven Einstellung gegenüber einem offenen, demokratischen Willensbildungsprozeß, der gerade durch die Versammlungsfreiheit dem einzelnen Bürger die Möglichkeit zur politischen Einflussnahme geben sollte.

In der konkreten Normanwendung hatte das die gleichen Konsequenzen wie bei den Massedelikten. Die zu beurteilenden Sachverhalte wurden demonstrationsnah gewürdigt, die verfassungskonforme Auslegung nicht nur formal anerkannt. Die Richter nutzten vielmehr den hier möglichen Interpretationsspielraum der Rechtswidrigkeitsprüfung, um bei der Wertung im Rahmen der Rechtsgüterabwägung die Demokratisierungsbestrebungen zugunsten eines freiheitlich verstandenen Demonstrationsrechtes umzusetzen.

Allerdings gilt für die Gerichte, die zu einem Freispruch gelangten, teilweise ähnliches wie für die Literatur: sie etablierten den bis heute gültigen Auslegungs- und Anwendungsmaßstab, wenn die Erzielung von öffentlicher Aufmerksamkeit spektakulär, gar bis zu einem gewissen Maß mit Druckausübung, erfolgen durfte. Aber die Richter gingen in ihren Erwägungen weiter zu inhaltlichen Wertungen über und versuchten mit ihren Abwägungen zu bestimmen, ob sie die in den Demonstrationen zum Ausdruck gebrachten Stellungnahmen als nützlich oder wertvoll einschätzten und sie ihre Billigung erhalten sollten oder nicht. Damit zogen sie die Entscheidungskompetenz darüber, für welches Anliegen von übergeordnetem Interesse welches Maß an konkreter Druckausübung zulässig sein sollte, zur Richterschaft. Auch hier weiß man nicht, wie die Urteile ausgefallen wären, wenn es um Inhalte gegangen wäre, die dem damaligen Zeitgeist widersprochen hätten. So wie sich die Urteile aber im konkreten Fall präsentieren, schlugen sich die Richter als „politische Richter" auf die Seite der Studenten und verfolgten eine „Gesinnungsjurisprudenz" zu ihren Gunsten.

Die Gründe, warum die Obergerichte auch bezüglich der Nötigung zu einer Strafbarkeit kamen, sind die gleichen wie im Rahmen der Massedelikte. Ausgangspunkt war eine ablehnende Rechtsauffassung gegenüber Demonstrationen. Dies führte zum einen dazu, den möglichen Handlungsspielraum der Versammlungsfreiheit sehr eng zu umgrenzen und dementsprechend die Demonstrationsgeschehen restriktiv zu würdigen. Zum anderen hatte die Rechtsauffassung auch wieder Konsequenzen für die rechtliche Würdigung. Die oberinstanzlichen Gerichte verschlossen sich der erforderlichen verfassungskonformen Auslegung und bewegten sich mit ihrer formelhaften Grundrechtsprüfung weit ab von den Auslegungsmaßstäben, die die unteren Gerichte auch schon damals vornahmen und die heute gültig sind. Mit der engen dogmatischen Handhabung des Verfassungs- wie des Strafrechts erteilten sie damit der Versammlungsfreiheit als aktives politisches Teilhaberecht eine deutliche Absage.

5.4 *Versammlungsfreiheit und Zivilrecht*

Die Springer-Verlage hatten nach den Osterunruhen 1968 Klage auf Schadensersatz wegen rechtswidriger Eingriffe in den eingerichteten und ausgeübten Gewerbebetrieb erhoben.[783] Damit standen nun auch die zivilrechtlichen Grenzen des Demonstrationsrechts in Frage und in der Bundesrepublik stellte sich damals für Lehre und Rechtsprechung erstmals seit der Kodifikation des BGB eine derartige Problematik.[784] Zwar hatte es um 1900 die Arbeiterstreiks gegeben, anlässlich derer die Zivilrichter vor die Frage gestellt worden waren, ob die die Rechtsgüter der Unternehmer beeinträchtigenden Streikaktionen zum Schadensersatz verpflichtende Handlungen darstellen sollten.[785] Und in der jungen Bundesrepublik hatte der Zeitungsstreik stattgefunden, nach dessen Durchführung um die Zulässigkeit des politischen Streiks gestritten wurde. Die Bundesvereinigung der deutschen Arbeitgeberverbände (BDA) hatte auf Schadensersatz gegen die Veranstalter - den DGB, die LG Druck und Papier und deren Vorstandsmitglieder – geklagt. Im Mit-

[783] Süddeutsche Zeitung vom 25. April 1968.

[784] Vgl. dazu Kreutziger, Die Haftung von Mittätern, Anstiftern und Gehilfen im Zivilrecht, 1985, S. 274 ff.

[785] Sie entschieden sich dagegen und sahen in Arbeitskampfhandlungen keine Schadensersatz auslösenden Ereignisse. Den in den Lohnkämpfen von der einen wie von der anderen Seite eingesetzten Kampfmitteln wollten die Richter nicht den Charakter sittlich verwerflicher Handlungen zuschreiben. Die Handlungen der Koalitionen sollten nicht deshalb rechtswidrig sein, weil durch sie bestehende selbständige Gewerbebetriebe geschädigt würden. Zwar zogen die Richter Grenzen für Kampfhandlungen, doch akzeptierte man Kampf und Kampfhandlungen in außergewöhnlicher Weise. Selbst das damals neu geschaffene Recht am eingerichteten und ausgeübten Gewerbebetrieb sah das Reichsgericht durch Streik und Boykotthandlungen nicht verletzt. Vgl. dazu vor allem R. Schröder, Die strafrechtliche Bewältigung der Streiks durch die Obergerichtliche Rechtsprechung zwischen 1870 und 1914, Archiv für Sozialgeschichte 31, 1991, S. 85 ff., S. 96 ff. und ders., Die Entwicklung des Kartellrechts und des kollektiven Arbeitsrechts durch die Rechtsprechung des Reichsgerichts vor 1914, 1988, S. 243 ff.

telpunkt der Prozesse stand die Frage, ob der schädigende Streik rechts- oder sittenwidrig war und demnach Ansprüche aus § 823 oder § 826 BGB gegeben waren.[786] Die Frage aber, wie das vorkonstitutionelle Schadensersatzrecht mit dem Freiheitsrecht der Versammlungsfreiheit in Einklang gebracht werden sollte, war neu.

Grundsätzlich stellte sich das Problem, in welcher Weise die Kollision von verfassungsrechtlich garantierter politischer Betätigung und bestehendem privaten Rechtsgüterschutz gelöst werden sollte. Erstens war zu klären, ob und wann Ersatz von Demonstrationsschäden an Rechtsgütern Dritter zu leisten sei. Zweitens stellte sich für die Ausübung des Demonstrationsrechtes die Frage, wer im Falle entstandener Demonstrationsschäden schließlich haften sollte.

5.4.1 *Schrifttum zur Zeit der Demonstrationsprozesse*

5.4.1.1 *Schadensverteilung auf die Allgemeinheit*

Einige Autoren suchten nach Lösungen außerhalb des Deliktsrechts und wollten die Schadensregulierung auf die Allgemeinheit verteilen.

Im Jahre 1968 äußerte sich erstmals *W. Henrichs* zur Problematik der Verursachung von Schäden durch Demonstrationen, da durch die Ausschreitungen der letzten Zeit auch erheblicher Sachschaden entstanden sei.[787] Für *Henrichs* beruhte die Tatsache, „daß es überhaupt zu derartigen Unruhen kommt, in gewisser Weise auf einem Versagen des Staates und seiner Ordnungsmacht“. Da ein solches Versagen dennoch nicht Amtshaftungsansprüche nach § 839 BGB begründen müsse, fordere das Prinzip der ausgleichenden Gerechtigkeit, die auf solche Ausnahmesituationen zurückzuführenden Schäden auf breitere Schultern zu verteilen.[788] *Henrichs* griff daher auf den Rechtsgedanken der aus dem vorigen Jahrhundert stammenden Tumultschädengesetze zurück, welche Ersatzregelungen für durch innere Unruhen entstandene Schäden ent-

---

[786] Vgl. zu diesen Fragen näher: Die politischen Streikaktionen des DGB anlässlich der parlamentarischen Beratung des BVG in ihrer verfassungs- und zivilrechtlichen Bedeutung. Zwei Rechtsgutachten von Forsthoff und Hueck. Schriftenreihe der BDA, Heft 6, 1952; Nikisch, Die privatrechtlichen Wirkungen des sog. Streikrechts, Schriftenreihe der BDA, Heft 1, 1951, S. 9 ff.; Die Ersatzansprüche, für die Schäden, die durch den von den Gewerkschaften gegen das geplante BVG geführten Zeitungsstreik vom 27. – 29.5.1952, entstanden sind. Rechtsgutachten von Nipperdey, Schriftenreihe der BDA, Heft 9, 1953; Die Berechtigung gewerkschaftlicher Demonstrationen für die Mitbestimmung der Arbeitnehmer in der Wirtschaft. Zwei Rechtsgutachten von Abendroth und Schnorr von Clarsfeld, herausgegeben vom Bundesvorstand des DBG, 1953; Niese, Streik und Strafrecht, S. 52 f.

[787] Tumultschädenrecht, NJW 1968, S. 973 ff.

[788] Henrichs, a.a.O., S. 974.

hielten.[789] Dabei könnten die Demonstrationen ohne weiteres unter den Begriff der „inneren Unruhe" entsprechend einer vom Reichsversorgungsgericht entwickelten Definition gefasst werden:

> „Innere Unruhen im Sinne des § 1 TSchG sind von innen heraus sich entwickelnde Bewegungen, welche über eine engere räumliche Abgrenzung oder einen begrenzten Personenkreis hinaus die Ruhe weiterer Volksschichten stören, ohne Unterschied der Beweggründe. Es kommt auf den Umfang der Auswirkung der Unruhen auf das normale öffentliche Leben an. [...] sofern damit weitere Bevölkerungsschichten mit dem Gefühl der Sorge um die öffentliche Ordnung, Sicherheit, Ruhe und Ordnung erfüllt werden. [...] Wann ein solcher Umstand vorliegt, ist Tatfrage. Es genügt einerseits nicht, daß die örtlich und in ihrer Wirkung begrenzt bleibenden Bewegungen in erhebliche Gewalttaten ausarten. Andererseits ist es auch nicht erforderlich, daß die Autorität der öffentlichen Sicherheitsorgane ausgeschaltet ist; auch wenn diese der Bewegung Herr werden, kann sehr wohl die Ruhe der Allgemeinheit gestört sein."[790]

Es blieb also im Ergebnis für *Henrichs* festzuhalten, Demonstrationen konnten innere Unruhen sein, die ein allgemeines Unglück darstellen. Die dadurch entstandenen Schäden müssten auf die Allgemeinheit verteilt werden.[791]

K.-O. Nikusch, Berlin, verfolgte zwar auch den Gedanken, von Demonstrationen Geschädigte nicht mit ihrem Schadensrisiko allein zu lassen, wählte aber einen anderen Ansatz. Er prüfte, ob die Haftung der Sachversicherer für Schäden, die durch Demonstrationen verursacht wurden, nach den einschlägigen Allgemeinen Versicherungsbedingungen (AVB) ausgeschlossen sei.[792] Anders als *Henrichs* wollte er Demonstrationen gerade nicht als „innere Unruhe" oder „Aufruhr" verstehen, denn die AVB schlossen die Haftung des Versicherers für aus solchen Ereignissen entstandene Schäden aus.[793] Er argumentierte:

> „Im Wandel der Verfassungslage sowie des Verhältnisses zwischen Staat und Gesellschaft wird man sagen können, daß eine Demonstration nicht ohne weiteres als 'Aufruhr', 'innere Unruhe' usw. betrachtet werden kann. Ganz sicher wird dieser Begriff nicht erfüllt, wenn die Veranstaltung dem Grundgesetz und den Gesetzen entsprechend abläuft. Aber auch wenn der Aufzug gegen das Versammlungsgesetz verstößt, ist er damit noch nicht als Aufruhr indiziert."[794]

Ermitteln lasse sich dies erst aus dem gesamten äußeren Geschehensablauf jeder einzelnen Versammlung, wobei die innere Auffassung der die

---

[789] Henrichs, Tumultschädenrecht, NJW 1968, S. 975.

[790] Henrichs, a.a.O., S. 974.

[791] Henrichs, a.a.O., S. 975.

[792] Demonstrationsschäden und Versicherungsschutz, NJW 1969, S. 20 f.

[793] Nikusch, a.a.O., S. 20.

[794] Nikusch, Demonstrationsschäden und Versicherungsschutz, NJW 1969, S. 21.

Veranstaltung tragenden Personen eine nicht unerhebliche Rolle spiele. Auch strafbare Einzelaktionen aus einer Demonstration heraus konnten nicht dazu führen, die Demonstration unter diese Begriffe zu subsumieren und damit eine „in ihrem Umfang nicht übersehbare und über die normale Prämienkalkulation hinausgehende Gefahrensteigerung" zu begründen, die einen Haftungsausschluss des Versicherers rechtfertigen würde.[795]

R. Wiethölter, Jahrgang 1929 und seit 1963 ordentlicher Professor für Bürgerliches Recht, Handels- und Wirtschaftsrecht in Frankfurt, gehörte zu den radikalsten Neuerern unter den Rechtswissenschaftlern. Zusammen mit *Denninger* hielt er in den Jahren 1967/68 Funkkollegs, die zu den „damaligen Reformhoffnungen in gesellschaftsverändernde Prozesse von historischem Rang und kulturellem Gewicht" gehörten.[796] In den juristischen Debatten um den eigenen Berufsstand, die Rolle und Aufgabe des Richters, vor allem die Frage nach dem politischen Richter, war er Diskutant in erster Reihe. Rechtstheoretisch forderte er von der Rechtswissenschaft die Umstoßung aller ihr vorgegebenen Werte und zweifelte an den tradierten methodischen Fundamenten der Rechtswissenschaft. Für ihn war ein vorgegebenes Wertprogramm nicht vorhanden. Er sah die Notwendigkeit einer Gesellschaftstheorie, die es gestatte, die aufgegebene Gesellschaft rational zu konstituieren.[797] Aus einer solchen Gesellschaftstheorie wäre eine Rechtstheorie abzuleiten, welche dem Entscheider die Handlungsorientierungen liefere, mit Hilfe derer er mit seinem Urteil die Grundlagenentscheidungen der Verfassung transferiere und vollziehe. Allerdings formulierte *Wiethölter* vorerst nur „eine zu Recht als dringlich empfundene Arbeitsaufgabe, bei deren Umsetzung der Wertehimmel erst noch zu konkretisieren ist".[798]

Entsprechend fielen seine Erwägungen zur Demonstrationsproblematik aus. Sein „Wertehimmel" gestand – ganz dem studentischen Zeitgeist entsprechend - dem Grundrecht der Versammlungsfreiheit ein weit über Demokratisierungsbestrebungen hinausgehenden Stellenwert zu. Um die möglichen Geschädigten nicht ganz im Stich zu lassen, vertrat auch er, Demonstrationsschäden auf die Allgemeinheit umzulegen.[799] Seiner Ansicht nach war die Vorstellung, für die Wahrung der freiheitlichen demokratischen Grundordnung gebe es exklusiv zuständige „öffentli-

---

[795] Ebenda, S. 21.

[796] Wiethölter, Zum Geleit, Rechtswissenschaft, 1968.

[797] Wiethölter, a.a.O., S. 61 f.

[798] Wiethölter, a.a.O., S. 41 ff.

[799] Zur politischen Funktion des Rechts am eingerichteten und ausgeübten Gewerbebetrieb, KJ 1970, 121 ff.

che Organe", ebenso weit verbreitet wie verfassungswidrig. Politische Willensbildung und Rechtsbildung seien nicht auf Parlamente kanalisierbar, sondern Prozesse öffentlicher Auseinandersetzung über Konflikt und Konsensus. Politische Demonstrationen seien ein Teil solcher Auseinandersetzungen, die sich vor allem am politischen Inhalt der Verfassung zu legitimieren hätten.[800]

> „Freilich fällt es unserem Recht und unseren Juristen schwer, das Kernproblem zutreffend zu beurteilen. Denn unsere Rechts- und Juristenwelt ist im ganzen vorindustriell, vordemokratisch, vorwissenschaftlich, kurzum: sie ist nicht auf der politischen Höhe unserer Zeit. Das Selbstverständnis unseres Rechts und unserer Juristen wird noch immer bestimmt von einem idealistisch-philosophisch-bürgerlich-liberalen Gesellschaftsmodell. Deshalb z.B. der Ruf nach 'Sicherheit und Ruhe! Ordnung und Freiheit' allerorten. Dieser Ruf verkennt die sozialen und politischen Existenzbedingungen unseres pluralistisch-politisch-demokratisch-sozialen Zeitalters. Sicherheit, Ruhe, Ordnung und Freiheit sind heute nicht Voraussetzung einer guten Einrichtung der Gesellschaft, wie der bürgerliche Liberalismus glaubte, sondern erst ihre mögliche Folge. Genau das ist der Kernunterschied zwischen unserem Staat, den wir noch nicht geschaffen haben, und dem Staat des 19. Jahrhunderts, den wir noch nicht überwunden haben."[801]

Die politischen Demonstrationen würden solche Zusammenhänge entlarven, weil sie nicht zuletzt die politische Natur des Rechts demonstrierten. Man müsse die politischen Demonstrationen demnach auch deliktsrechtlich als politische Anteilnahme und Anteilhabe an den verfassungsrechtlich wie verfassungspolitisch gewährleisteten Prozessen öffentlicher Auseinandersetzung über Konflikt und Konsensus in der Gesellschaft sehen. Eine ruhige, ordentliche oder friedliche Demonstration entspreche einem überholten unpolitisch-liberalen Rechts- und Politikverständnis. Heute sei die unruhige und unfriedliche Demonstration ein Stück Verfassungswirklichkeit, sie gehöre notwendig zum politischen und rechtlichen Leben der Gesellschaft. Geld- und Sachschäden seien demnach auch von minderem Rang gegenüber politischer Aufklärung und Kommunikation in der Öffentlichkeit, z.B. auch gegenüber dem Kampf um demokratische Pressefreiheit, im Ergebnis also gegenüber politischer Arbeit an der Veränderung des Bewusstseins, ohne die die Gesellschaft ihre notwendigen Veränderungen nicht zustande brächte.

Da politisch legitimierte Auseinandersetzungen zensurfrei zu gewähren seien, hieße es vor allem,

---

[800] Wiethölter, a.a.O., S. 136

[801] Wiethölter, Zur politischen Funktion des Rechts am eingerichteten und ausgeübten Gewerbebetrieb, KJ 1970, S. 136.

> „[...] uns falsche Gewalt- und Gewaltlosigkeitsmentalitäten abzugewöhnen. Karnevalssessionen mit allen ihren Störungen und 'Gewalttätigkeiten' hat die Gesellschaft internalisiert. Nicht daß wir Demonstrationen *als* Karneval empfinden, ist eine noch unerfüllte Aufgabe, sondern daß wir sie *wie* Karneval als selbstverständliche Erscheinungsformen gesellschaftlichen Lebens begreifen und auf uns wirken lassen."[802]

Schadensersatzansprüche aus dem Unternehmensrecht herzuleiten, hielt *Wiethölter* auf Grund seiner Erwägungen nicht für möglich. Lediglich unerträgliche Exzesse könnten Ansprüche aus § 826 BGB begründen. Da aber natürlich die Vermögensverluste für die Betroffenen schmerzlich seien, griff auch er auf den Rechtsgedanken der Tumultschädengesetze zurück:

> „Für *Naturschäden* im weitesten Sinne haben wir längst allgemeinen Versicherungsschutz begründet. Wir haben *Gefährdungshaftungssysteme,* wo immer der Fortschritt Gefahren unvermeidlich macht, und finanzieren sie über Versicherungssysteme. Es ist Zeit, daß wir für *'Politikschäden'* ähnlichen Schutz konzipieren und finanzieren. Daß wir bisher nicht auf solche Gedanken gekommen sind, liegt eben daran, daß wir die Gesellschaft als pazifiziert, 'zivilisiert', diszipliniert ansehen."[803]

5.4.1.2 Rechtmäßigkeitsgrenzen der Wahrnehmung politischer Interessen

Eine weitere Gruppe von Autoren problematisierte die Anwendung von § 823 BGB im Spannungsverhältnis zur Versammlungsfreiheit und suchte auf der Rechtswidrigkeitsebene die widerstreitenden Interessen in Einklang zu bringen.

Im Jahre 1969, noch vor den ersten Zivilrechtsurteilen, erschien der Aufsatz des sich im Jahre 1970 habilitierenden *F.-J. Säcker* „Wahrnehmung legitimer politischer Interessen und Deliktsrecht".[804] Wie *Wiethölter* betonte er die politische Dimension des Rechts. Mit seiner Argumentation plädierte er für einen offenen politischen Meinungsbildungsprozess, notfalls zu Lasten der öffentlichen Ruhe und Ordnung.

Sein Aufhänger war einerseits der Fall „Blinkfüer", als der Springer-Verlag zur Durchsetzung seiner Meinung einen wirtschaftlichen Boykott gegen die „Gegner" durchführte. Andererseits nun die von den Studenten Ostern 1968 durchgeführten Blockaden und die von Springer erhobene Schadensersatzklage. Für *Säcker* war kritikwürdig, dass die moderne Wirtschaftsgesellschaft zwar durch Zulassung und Gewährleistung von Wettbewerb und Arbeitskampf marktstrategische Instru-

---

[802] Wiethölter, Zur politischen Funktion des Rechts am eingerichteten und ausgeübten Gewerbebetrieb, KJ 1970, S. 136.

[803] Wiethölter, a.a.O., S. 138.

[804] ZRP 1969, S. 60 ff. Vgl. zu Säcker, Kürschners, 1976, S. 2768.

mente zur kampfweisen, nicht friedlichen Austragung privatwirtschaftlicher Interessenkonflikte geschaffen habe. Zur Ausformung privatrechtlicher,

> „genauer: *deliktsrechtlicher konkurrenzlösender Verhaltensnormen*, ('Spielregeln'), die die Austragung *politischer Konflikte* in einer demokratischen, die Freiheit der politischen Meinungsäußerung (Art. 5 Abs. 1 GG) und der politischen Demonstration (Art. 8 GG) ebenso wie die Integrität der Privatsphäre (Art. 1, 2 GG), des Berufs (Art. 12 GG) und des Gewerbebetriebs (Art. 14 GG) verfassungsrechtlichen Ordnung gewährleistenden erst ermöglichen, ist es indes nicht gekommen, obwohl der politische Interessenkonflikt in gleicher Weise wie der Wettbewerb und Arbeitskampf mit Beeinträchtigungen der privaten, beruflichen und gewerblichen Interessen anderer verbunden sein kann."[805]

Nach Ansicht von *Säcker* war diese Regelungslücke durch die in der polizeirechtlichen Doktrin vom unmittelbaren Störer fortlebende obrigkeitsstaatliche Maxime „Ruhe ist die erste Bürgerpflicht!" ideologisch verdeckt worden. Der Hauptgrund lag seiner Auffassung nach in dem noch nicht völlig überwundenen Verständnis des privatrechtlichen Vermögensrechts als eines unpolitischen, wertneutralen, technisch formalen Rechts. Dieses privatrechtliche Verständnis reduzierte die Freiheit auf private und wirtschaftliche Freiheit und deutete jede außerwirtschaftliche Störung dieser prinzipiell unbegrenzten Freiheit als Gewalt und eo ipso etwas Böses.[806]

Problematisch zur Bestimmung der Grenzen von politischer Interessenwahrnehmung in Übereinstimmung mit den allgemeinen Wertgrundsätzen des Deliktsrechts war für *Säcker* die „Generalklausel" des Rechts am eingerichteten und ausgeübten Gewerbebetrieb. Denn ohne dieses Recht sollte nach dem System des BGB nur die schutzgesetz- oder vorsätzlich sittenwidrige Schädigung des Vermögens eines anderen nach den §§ 823 ff. BGB eine deliktische Verantwortung nach sich ziehen. Die durch politischen Kampf um nicht rechtswidrige Ziele bewirkte Schädigung sei aber regelmäßig nicht sittenwidrig. Die Statuierung des generalklauselartigen Unternehmensrechtes als absolutes Recht dürfe keinesfalls zu einer verdeckten anti-liberalen Umgestaltung des Deliktsrechts führen, welche die gesetzlich eindeutigen Grenzen der Ersatzpflicht verschiebe.[807] War durch eine Behinderung des reibungslosen Ablaufs der Produktion auch der Tatbestand erfüllt, so konnte diese Druckausübung zur Unterstützung der eigenen politischen Ansichten nicht ohne weiteres als rechtswidrig gewertet werden.

---

[805] Säcker, a.a.O., S. 60.

[806] Säcker, Wahrnehmung legitimer politischer Interessen und Deliktsrecht, ZRP 1969, S. 60.

[807] Säcker, a.a.O., S. 61.

„Das Deliktsrecht sichert nicht davor, im rauhen Wind des Wettbewerbs oder der politischen Auseinandersetzung nicht angepustet zu werden; es sichert keine Idylle; andernfalls wären Arbeitskampf, wirtschaftlicher und sportlicher Wettbewerb generell rechtswidrig. *Nur bei Verletzung der allgemeine Spielregeln* für die Wahrnehmung berechtigter privater, beruflicher oder politischer Interessen gewährt das Deliktsrecht Schutz."[808]

Als Lösungsansatz für die Kollision zwischen der Freiheit der politischen Betätigung und den integritätsschützenden Unternehmens- und Persönlichkeitsrechten verwies *Säcker* auf das Wettbewerbsrecht und das Arbeitsrecht. Wie in diesen Rechtsgebieten müssten die Grenzen legitimer politischer Interessenwahrnehmung möglichst präzise umschrieben werden, zulässige von unzulässigen „Spielarten" abgrenzt werden.

Nach Auffassung von *Säcker* konnte demnach eine verhältnismäßige, etwa einstündige, symbolhafte Behinderung der Warenauslieferung als Instrument einer auf nachhaltige Beeinflussung der öffentlichen Meinung gerichtete Äußerung des Unbehagens über missliebige politische Entwicklungen ohne zusätzliche unrechtsbegründende Begleitumstände (z.B. Sachbeschädigungen, Aufruhr, Haus- oder Landfriedensbruch) nicht als deliktisches Unrecht ausgewiesen werden. Selbst wenn ein Unternehmer einen Vermögensschaden erleiden würde. Seiner Ansicht nach

„[...] sind wir von einer Herausarbeitung sicherer, der freiheitlichen Konzeption der §§ 823 ff. BGB adäquater Wertmaßstäbe zur Beurteilung der deliktischen Widderrechtlichkeit politischer Interessenwahrnehmung noch weit entfernt. Sicher scheint mir nur zu sein, daß die Lösung nicht darin liegen kann, daß man die dem Inhaber privater wirtschaftlicher Macht zugänglichen, höchst wirkungsvollen, 'subtilen' und häufig unsichtbaren Methoden politischer Pression für zulässig erklärt, die nicht so 'kultivierten', nämlich die 'Straße' als Mittel der politischen Auseinandersetzung miteinbeziehenden Methoden isoliert ohnmächtiger, erst durch Organisation zur effizienten Kundgabe ihrer Ansicht fähiger Privatpersonen dagegen generell als rechtswidrig verwirft."[809]

So sollte die Rechtsprechung von Entscheidung zu Entscheidung konsequent fortschreitend allgemeine, für jedermann geltende „liberale, aber eindeutige" Spielregeln politischer Auseinandersetzung entwickeln. Die Beurteilungsmaximen für deliktsrechtwidriges Verhalten könnten aus vier Prinzipien bestehen, die eine Widerrechtlichkeit begründen sollten: wenn Aktionen unzulässige Ziele verfolgten, wenn sie mit unzulässigen Kampfmitteln erfolgten oder wenn das Ausmaß der Beeinträchtigung

---

808 Säcker, Wahrnehmung legitimer politischer Interessen und Deliktsrecht, ZRP 1969, S. 63.

809 Säcker, Wahrnehmung legitimer politischer Interessen und Deliktsrecht, ZRP 1969, S. 64.

außer Verhältnis stünde zu dem vom Kämpfenden angestrebten Ziel. Eine rechtliche Sonderstellung sei der als Antwort auf einen rechtswidrigen Angriff erfolgenden politischen Verteidigungsaktion zuzuerkennen. Für diese sollten die Regelungen über die Notwehr, die Nothilfe bzw. das Widerstandsrecht gelten.

> „Die inhaltliche Konkretisierung dieser Prinzipien wird ebenso wie beim Arbeitskampf noch zahlreiche Schwierigkeiten bereiten. Das Ziel dieses Aufsatzes war nicht, diese Schwierigkeiten zu überwinden, sondern zu zeigen, daß *politisch liberalen* Konfliktlösungen keine *dogmatischen Hinderungsgründe* entgegenstehen."[810]

U. Diederichsen, Professor in Göttingen, und *P. Marburger*, wissenschaftlicher Assistent in Köln, gingen mit ihren Erwägungen in die gleiche Richtung wie *Säcker*. Auch sie räumten – im konkret zu beurteilenden Konflikt zwischen der „Springer"-Presse und den Studenten – dem Demonstrationsrecht gegenüber den individuellen Eigentumsinteressen und der Ruhe und Ordnung einen erheblichen Stellenwert ein.

Wie *Säcker* gingen *Diederichsen/Marburger* davon aus, dass als Anknüpfungspunkt für einen Schadensersatzanspruch gemäß § 823 I BGB nur ein Eingriff in das Recht am eingerichteten und ausgeübten Gewerbebetrieb durch die erfolgten Demonstrationen in Betracht käme.[811] Die Erfüllung dieses Tatbestandmerkmals sei auch unproblematisch, da nach ihrem Zweck als auch nach ihrer konkreten Auswirkung die Demonstrationsblockaden eines Verlagshauses mit dem Ziel, die Auslieferung der Zeitungen zu verhindern, unmittelbar in den Tätigkeitskreis des Unternehmens eingriffen. Die Schwierigkeiten ergäben sich aber um so mehr auf der Ebene der Rechtswidrigkeit. Es sei weitgehend noch unklar, wie der Konflikt zwischen Meinungsäußerungs- und Demonstrationsfreiheit einerseits und dem Unternehmensrecht andererseits zu lösen sei.

Die vom LG Frankfurt ein seinem Urteil zu den Oster-Blockaden der „Societäts"-Druckerei im Rahmen der Rechtswidrigkeit ausführlich durchgeführten Interessenabwägungen[812] fanden die Autoren im Ergebnis bedenklich. Ausgangspunkt für *Diederichsen* und *Marburger* in ihren Erwägungen waren das Lüth-Urteil des BVerfG[813], die so genannte Höllenfeuerentscheidung des BGH[814] sowie das kurz zuvor ergangene Ur-

---

[810] Säcker, a.a.O., S. 65.

[811] Die Haftung für Demonstrationsschäden, NJW 1970, S. 777 ff.

[812] Vgl. dazu unten Kapitel 5.4.2.

[813] BVerfGE 7, S. 198 ff.

[814] BGHZ 45, 296 ff.

teil des BVerfG im Fall Blinkfüer[815]. Die Essenz dieser drei Urteile ergab für die beiden, dass der Schutz des Gewerbebetriebes nach § 823 I BGB gegenüber einer öffentlichen Meinungsäußerung in einer die Allgemeinheit wesentlich berührenden Frage auch dann zurücktreten müsse, wenn sich die Meinungsäußerung schädigend auf die gewerbliche Betätigung auswirke.[816]

Bei dem Versuch, die Kollision der verfassungsrechtlich garantierten politischen Betätigung mit dem privaten Rechtsgüterschutz im bestehenden Deliktsrechtssystem einer Lösung zuzuführen, schien jede generalisierende Wertung dieses Interessenausgleichs ausgeschlossen. Der Richter war im konkreten Einzelfall vor die Aufgabe gestellt, die Wertordnung des Grundgesetzes zu verwirklichen und das Recht am eingerichteten und ausgeübten Gewerbebetrieb in seiner Schrankenfunktion an der „wertsetzenden Bedeutung" des jeweils betroffenen Grundrechts auszurichten.[817]

Anders als *Säcker* wollten *Diedrichsen* und *Marburger* nicht bei einem Programm stehen bleiben, sondern entwickelten eine Kasuistik von konkreten Verhaltensmaximen für politische Demonstrationen.

Die Beurteilung der Widerrechtlichkeit einer Sitz-Blockade sollte sich auf keinen Fall allein am Begriff der Gewalt festmachen. Der Gewaltbegriff sei viel zu schillernd, als dass er ein brauchbares Abgrenzungskriterium bilden könne. Unzweifelhaft konnte die Anwendung physischer Gewalt gegen Personen oder Sachen nicht von der Meinungsäußerungsfreiheit oder der Demonstrationsfreiheit gedeckt sein.[818] Anderes galt aber bei der Beurteilung von Formen lediglich passiven Widerstands:

> „Im übrigen steht es einer Gesellschaftsordnung, die subtilere, aber ungleich wirksamere Mittel politischer Einflußnahmen durch Ausnutzung sozialer und wirtschaftlicher Machtstellungen bis hin zur offenkundigen Abhängigkeit politischer Mandatsträger von wirtschaftlich oder gesellschaftlich mächtigen Einzelpersonen oder Personengruppen toleriert, schlecht an, die - befristete - Anwendung offenen Drucks durch sozial Schwächere, die nur in der Gruppe und nur mit eben diesem Mittel überhaupt eine begrenzte, ihrer Natur nach zufällige und politische Einwirkungsmöglichkeit erringen können, in jedem Falle und ausnahmslos zu verdammen. Die 'mit den Mitteln der Straße' ausgetragene Protestaktion unterscheidet sich - abgesehen davon, daß sie weit weniger effizient und auch ungefährlicher ist - von der lautlosen Machtentfaltung etwa ei-

---

815 NJW 1969, S. 1161 ff.

816 Diederichsen/Marburger, Die Haftung für Demonstrationsschäden, NJW 1970, S. 779.

817 Ebenda, S. 779.

818 Diederichsen/Marburger, a.a.O., S. 780.

nes marktbeherrschenden Meinungskonzerns nur dadurch, daß sie den Bürger in seiner Ruhe aufschreckt."[819]

Diese „Bürger-Ruhe", von der die wirtschaftliche Existenz weiter Bevölkerungskreise abhinge, sei zwar von überragender Bedeutung. Ginge es aber um Fragen, wie der für

„das Funktionieren der parlamentarischen Demokratie lebenswichtigen Informations- und Pressefreiheit, die durch die marktbeherrschende Stellung eines Unternehmens gefährdet wird, das die ihm zu Gebote stehenden Kommunikationsmittel zur Verwirklichung bestimmter politischer Vorstellungen und zur Bekämpfung politischer Gegner rücksichtslos einsetzt"[820],

so müsse die Ruhe und Ordnung zurücktreten.

Damit ergab sich die Konsequenz, dass, wer wie im „Blinkfüer"-Fall wirtschaftlich vernichtende Machtmittel einsetze, um politische Ziele zu verwirklichen, „wer gegen Außenseiter der Gesellschaft Progromstimmung zu erzeugen versucht", sich nicht über entschlossenen Widerstand wundern dürfe. Darüber hinaus könne er vom Staat nicht das Maß an Hilfe fordern, dass üblicherweise gewährt würde.[821]

Die Präzisierung der Voraussetzungen, unter denen schädigende Eingriffe in den Gewerbebetrieb durch politische Demonstrationen gerechtfertigt sein sollten, ergab folgende Liste:

Das Anliegen der Demonstration musste eine die Allgemeinheit wesentlich berührende Frage betreffen; die Demonstration musste ein zulässiges Ziel verfolgen; das angewandte Mittel musste als solches zulässig sein; das Mittel musste in einem angemessenen Verhältnis zum erstrebten Ziel stehen; die Demonstration musste sich gegen den richtigen Adressaten richten.[822] Präzisiert bedeutete dieses Prüfungsschema dann: eine Frage von allgemeiner, staatsbürgerlich-politischer Bedeutung beispielsweise lag nicht vor bei Einzel- oder Gruppeninteressen. Unzulässig sollte demnach die gezielte Blockierung von Straßenbahnschienen durch Schüler und Studenten sein, die gegen eine Erhöhung der für sie geltenden Fahrpreise demonstrierten.[823] Im Rahmen der Prüfung der Zweck-Mittel-Relation musste abgewogen werden das Gewicht des verfolgten Anliegens und andererseits der Grad der Beeinträchtigung. Da-

---

[819] Diederichsen/Marburger, Die Haftung für Demonstrationsschäden, NJW 1970, S. 780.

[820] Ebenda, S. 780.

[821] Diederichsen/Marburger, Die Haftung für Demonstrationsschäden, NJW 1970, S. 780.

[822] Diederichsen/Marburger, a.a.O., S. 781 f.

[823] Ebenda, S. 781.

bei wäre zum Beispiel im Fall der Springer-Verlags-Blockaden das Grundrecht der Pressefreiheit mit einzubeziehen gewesen, was zu einer Einschränkung der Demonstrationsfreiheit führen konnte. Allerdings musste man bedenken, dass

> „je mehr wirtschaftliche, gesellschaftliche und politische Macht, oder treffender: *Meinungsmacht*, ein Presseunternehmen auf sich vereinigt, je stärker es dadurch den für die repräsentative Demokratie lebenswichtigen freien geistigen Wettbewerb der Meinungen und damit das Recht jedes Bürgers auf umfassende Information beeinträchtigt, desto weniger kann es sich auf sein Grundrecht der Pressefreiheit gegenüber solchen Aktionen berufen, die gerade dem Zweck dienen, die Öffentlichkeit auf eine derartige Gefährdung ihrer für die politische Willensbildung unerläßlichen Informationsmöglichkeiten nachdrücklich hinzuweisen. Mit anderen Worten: was gegenüber einem auflagenschwachen, in seiner meinungsbildenden Wirkung unbedeutenden Provinzblatt eine unzulässige, weil gegen Art. 5 I Satz 2 GG verstoßende Behinderung ist, kann gegenüber einem Unternehmen mit monopolartiger Marktposition eine erlaubte Form politischer Meinungsäußerung sein".[824]

Merten fiel mit seiner Argumentation aus dem bis dahin unter den Diskutanten über die Wertung des Demonstrationsrechts bestehenden Konsens heraus. Durch seine restriktive Umgrenzung des Schutzbereichs von Art. 8 GG und der damit möglichen Handlungsmöglichkeiten kam es für ihn überhaupt nicht zu einer Kollision zwischen Deliktsrecht und Versammlungsfreiheit.[825] Mit Entschiedenheit trat er den Ausführungen von *Diederichsen-Marburger* entgegen:

> „Ihr Diskussionsbeitrag widerspricht nicht nur klaren Verfassungsaussagen und eindeutigen höchstrichterlichen Rechtsansichten, sondern bewegt sich auf dem schmalen Grat zwischen herkömmlicher Rechtswissenschaft und modern gewordener Gesinnungsjurisprudenz."[826]

Zunächst konstatierte er, dass Versammlungen, die sich im vorgegebenen verfassungsrechtlichen Rahmen bewegen würden, von vorneherein keine zivilrechtlichen Schadensersatzansprüche begründen könnten. Zwar könnten durch diese Gewerbetreibende Schäden erleiden. Es fehle aber in der Regel an einem unmittelbaren oder betriebsbezogenen Eingriff in das Recht am eingerichteten und ausgeübten Gewerbebetrieb. Die Mehrzahl der Fälle sei also rein zivilrechtlich lösbar, ohne dass der in erster Linie das Staat-Bürger-Verhältnis regelnde Art. 8 GG im Verhältnis der Bürger zueinander in Anspruch genommen werden müsse.[827]

---

[824] Diederichsen/Marburger, Die Haftung für Demonstrationsschäden, NJW 1970, S. 781.

[825] Haftungsprivileg für Demonstrationstäter?, NJW 1970, S. 1625 ff.

[826] Merten, a.a.O., S. 1625.

[827] Merten, Haftungsprivileg für Demonstrationstäter?, NJW 1970, S. 1625.

Anders seien aber Demonstrationen zu beurteilen, bei denen mit Sitzstreiks Verkehrsbetriebe lahm gelegt oder durch Blockaden der Zugang zu einem Gewerbebetrieb oder die Auslieferung gewerblicher Erzeugnisse verhindert werde. Hier liege unproblematisch ein Eingriff in das Recht am Unternehmen vor. Die Rechtswidrigkeit sei aber durch die Tatbestandsmäßigkeit nicht indiziert. Hier sei daher auch die Frage von Bedeutung, inwieweit die primär gegen den Staat gerichteten Grundrechte des Bürgers auf das zivilrechtliche Verhältnis der Bürger untereinander einwirken würden. Auch wenn das Verfassungsrecht für die Feststellung der Widerrechtlichkeit von Bedeutung sei,

> „kann die Widerrechtlichkeit eines unmittelbar betriebsbezogenen Eingriffs in ein Unternehmen in Form von Sitzstreiks oder Blockaden nicht unter Hinweis auf Art. 8 GG negiert oder modifiziert werden. Voraussetzung wäre nämlich, daß das gewerbeschädigende Verhalten überhaupt tatbestandlich Grundrechtschutz genießt. Erst danach kann sich die Frage stellen, inwieweit eine Beeinträchtigung gewerblicher Belange im Hinblick auf die 'objektive Wertordnung' des Grundgesetzes hinzunehmen ist. Demonstrationen, bei denen mit Gewalt gegen Personen oder Sachen einer 'Meinungsäußerung' Nachdruck verliehen werden soll, stehen jedoch von vorneherein außerhalb des Grundrechtschutzes der Versammlungsfreiheit."[828]

Das eindeutige Friedlichkeitsgebot des Art. 8 GG besage, dass nur friedlich verlaufende Versammlungen geschützt seien und niemand ein Recht auf gewaltsame Aktionen hätte. Ausgehend von seinem verfassungsrechtlichen Verständnis, dass Art. 8 GG nur die rein geistige Auseinandersetzung und kein tätliches Verhalten schütze[829], war nach *Merten* jede Versammlung unfriedlich, die einen gewalttätigen und aufrührerischen Verlauf nehme. Weder könne man, wie *Hannover*, Gewaltakte gegen Sachen als rechtmäßig ansehen, noch könne die Anwendung physischer Gewalt als Frage der Verhältnismäßigkeit, wie *Dietel-Gintzel* und *Hoffmann* dies täten, angesehen werden.[830] Genieße demnach eine Gewaltanwendung nicht den Grundrechtsschutz des Art. 8 GG, so bestünde ein Konflikt zwischen Meinungsäußerungsfreiheit und Versammlungsfreiheit auf der einen und dem Recht am eingerichteten und ausgeübten Gewerbebetrieb auf der anderen Seite von vorneherein nicht.[831]

Ein deutlicher Verfechter der studentischen Gesellschafts- und Rechtsinterpretation meldete sich mit *H. Düx* zu Wort, der das Urteil des LG Ber-

---

828 Ebenda, S. 1625.

829 Vgl. dazu oben Kapitel 5.1.

830 Merten, Haftungsprivileg für Demonstrationstäter?, NJW 1970, S. 1626.

831 Merten, a.a.O., S. 1627.

lin[832] gegen Rechtsanwalt *H. Mahler*[833] zum Anlass nahm, um auf die neue Qualität der justiziellen Verfolgung einer politischen Opposition und die damit intendierte Liquidation aufmerksam zu machen.[834] Seiner Ansicht nach dienten die Zivilrechtsverfahren der bürgerlichen Existenzzerstörung, politische Apathie sollte die Folge sein, die man in diesem Staate wünschen würde.

> „Das Mahler-Urteil zeigt auf der methodologischen Ebene und von seiner juristischen Diktion her, wie politische Sachverhalte ihres politischen Inhalts entkleidet werden, damit Recht überhaupt erst funktional werden kann, zeigt in sehr einprägsamer Weise die politischen Vorstellungen der Rechtsprechenden, nämlich Gesellschaft als hierarchisch strukturiertes Gewaltverhältnis, politische Opposition als Gefahrenquelle per se."[835]

Ausgehend von dieser Prämisse war für *Düx* die Anwendung von Gewalt als Mittel der politischen Auseinandersetzung nicht von vorneherein rechtswidrig. Gewalt konnte seiner Auffassung nach sehr wohl ein Mittel zur Befreiung des Menschen aus Unterdrückung und Verknechtung darstellen, es müsse ferner zwischen progressiver und reaktionärer Gewalt unterschieden werden.

> „Hierbei geht es nicht um die Rechtfertigung von Gewalt, sondern um die Feststellung von Tatsachen. Aber hinter der Ablehnung von Gewalt verbirgt sich noch etwas anderes: Hier wird der politische Sachverhalt, warum überhaupt eine Demonstration gegen den Springer-Konzern stattfand, aus den Urteilsgründen herauskatapultiert. Die Schüsse auf Rudi Dutschke hatten ihre Ursache in der beispiellosen Hetze dieses Konzerns gegen die außerparlamentarische Opposition."[836]

Da *Düx* bezüglich der Gewaltfrage damit grundsätzlich anderer Auffassung als das *LG Berlin* war, stimmte er dementsprechend mit dem Urteil in Gänze nicht überein.

> „Über die Verkehrssicherungspflichten wird in dem Mahler-Urteil die Demonstrationsfreiheit praktisch zunichte gemacht, da die Beteiligung an einer Demonstration ohne die Gefahr einer zivilrechtlichen Haftbarmachung nicht mehr möglich ist. Daß mit einem solchen Urteil Demonstranten eingeschüchtert werden sollen und die Verhinderung der Umsetzung theoretischer Erkenntnisprozesse in politische Praxis bezweckt wird, versteht sich von selbst."[837]

---

[832] Vgl. dazu unten Kapitel 5.4.2.

[833] Vgl. dazu unten Kapitel 5.4.2

[834] Zivilurteile als Disziplinierungsmittel, KJ 1969, S. 397 ff., 397.

[835] Ebenda, S. 397.

[836] Düx, Zivilurteile als Disziplinierungsmittel, KJ 1969, S. 397.

[837] Düx, a.a.O., S. 400.

5.4.1.3 Schadensverantwortlichkeit

Die letzte Gruppe von Beiträgen ging der Frage nach, wer für Demonstrationsschäden am Ende haftbar gemacht werden könne.

H. Kollhosser, Priv.-Doz., argumentierte mit rechtstechnischen und -systematischen Überlegungen gegen zu weitgehende Beschränkungen des Demonstrationsrechtes, dem er einen erheblichen Stellenwert einräumte. Typische Schwierigkeit bei Demonstrationsschadensprozessen war, dass die unmittelbaren Täter und ihre Taten nur schwer feststellbar seien.[838] Der Geschädigte trüge bei Deliktsklagen im Grundsatz die gesamte Beweislast. Es stellte sich also die Frage, unter welchen Umständen er sich an weitere Demonstranten halten könne, die nicht selbst nachweisbar als Täter, Anstifter oder Gehilfen von kausalen Gewalthandlungen aktiv geworden waren. Genau diese Frage hätte sich auch dem LG Berlin anlässlich der Klage vom Springer-Verlag auf Schadensersatz gegen den Rechtsanwalt Mahler nach den Osterunruhen in Berlin 1968 gestellt.[839]

Nach Ansicht von *Kollhosser* hatte das Gericht die Frage nicht zufrieden stellend gelöst. Richtigerweise hatte das Gericht zwar eine Haftung gemäß § 830 I 2, II BGB sowie gemäß § 830 I 1 BGB verneint. Die Stattgabe der Klage auf Ersatz des entstandenen Gesamtschadens durch Rückgriff auf die Generalbestimmung des § 823 I BGB aber kollidierte laut *Kollhosser* mit zwei Rechtsgedanken des Deliktsrechts: einmal mit dem Rechtsgedanken, dass die unvorsätzliche Förderung fremder Delikte nicht haftbar mache, soweit sie nicht spezialgesetzlich geregelt sei, zum anderen aber noch mit dem viel ausgeprägteren Rechtsgedanken, dass das Schadensersatzrecht des BGB im Grundsatz individualistisch konzipiert sei. Dem ersten Rechtsgedanken liefe das Urteil insoweit entgegen, als der einzelne Demonstrant nicht nur mit der Verantwortung für die aus seinem individuellen Tun fließenden Gefahren, sondern zusätzlich mit der Verantwortung für die Gefahren belastet werde, die sich aus dem Zusammentreffen seines Tuns mit dem gleichartigen Tun anderer – also aus dem kollektiven Tatbestand der Großdemonstration ergäben.

Entsprechend dem zweiten Rechtsgedanken gehe das Deliktsrecht

> „im *Grundsatz* davon aus, daß zwar jeder die Verantwortung dafür zu tragen hat, daß er nicht durch eigenes Tun (unmittelbar oder mittelbar) fremde Rechtsgüter oder Rechte verletzt, daß er es aber nicht mehr zu verantworten braucht, wenn erst durch das Zusammenklingen seines Tuns mit dem gleichartigen Tun

---

[838] Haftung für Demonstrationsschäden, JuS 1969, S. 510 ff.

[839] Vgl. dazu unten Kapitel 5.4.2.

anderer ein kollektiver Gefährdungstatbestand geschaffen wird, der die Neigung anderer zu Gewalttaten (jedenfalls objektiv) fördert."[840]

Der Umfang der Sorgfaltspflichten des Einzelnen könne also keinesfalls soweit gehen, dass er auch dagegen Vorsorge treffen müsste, dass erst durch das Zusammenspiel seines Tuns mit dem Tun anderer Dritter (ohne seinen Willen) im Entschluss zu Gewalttaten animiert oder bestärkt würden. Nach dem Haftungssystem des BGB bräuchte man die Fernwirkungen seines Handelns nicht mehr zu bedenken, die sich ungewollt erst aus der stimulierenden Wirkung eines gefährlichen kollektiven Verhaltens ergäben, an dem man sich beteilige. Der fremde Tatvorsatz unterbreche zwar nicht den Kausalzusammenhang, setze aber eine Grenze für die Zurechnung der Handlungsfolgen.[841]

Kolhosser leugnete nicht das relevante Schutzbedürfnis der Gefährdeten von Demonstrationsschäden. Das LG hätte in seinen Ausführungen aber zu schnell von der Verursachung auf die Verantwortung geschlossen. Denn für die Ausgestaltung der deliktischen Sorgfaltspflichten war nach seiner Auffassung neben der Verursachungsgefahr insbesondere die soziale Bedeutung des gefährlichen Verhaltens und die Zumutbarkeit anderen Verhaltens zu bedenken. Diese Kriterien und darüber hinaus den Wert und die Bedeutung des Demonstrationsrechts hätte des Gericht nicht genügend gewürdigt:

„Das Demonstrationsrecht ist heute nicht mehr bloß notwendiges Übel (Ventilfunktion), sondern ein aktives Staatsbürgerrecht, das unter dem Schutz der Art. 5, 8 GG steht. Es ermöglicht außerhalb der Wahlen schon im vorparlamentarischen Raum eine Beteiligung am politischen Willensbildungsprozeß durch prononcierte Kundgabe eigener Meinungen. Da sich hinsichtlich des Demonstrationsrechts gerade gegenwärtig ein Wandel in den gesellschaftlichen Wertvorstellungen vollzieht, ist sein Stellenwert zwar nicht exakt zu beschreiben. Aber sicher ist, daß ihm ein erheblicher Wert im Rechtsgefüge beizumessen ist."[842]

Jede Ausweitung der Sorgfaltspflichten des einzelnen Demonstranten zum Schutz Dritter gegen Gewalttaten anderer Demonstrationsteilnehmer würde notwendig zur Einschränkung der Möglichkeiten friedlicher Demonstrationen führen. *Kollhosser* favorisierte dementsprechend eine andere Lösung. Statt den friedlichen Demonstranten die Mitverantwortung für die zu Gewalttaten neigenden Demonstranten aufzubürden,

---

[840] Kollhosser, Haftung für Demonstrationsschäden, JuS 1969, S. 513.

[841] Ebenda, S. 513. Kollhosser führte diesen Gedanken noch weiter aus und verwies darauf, dass ein Anwendungsfall von § 830 I 2 BGB vorgelegen hätte, wenn alle Demonstranten Steine geworfen hätten und ein Stein – ungewiss welcher – eine Scheibe zertrümmert hätte. Alle Werfer würden als Gesamtschuldner haften, könnte einer nachweisen, dass er nicht geworfen hatte, so würde er von der Haftung frei.

[842] Kollhosser, Haftung für Demonstrationsschäden, JuS 1969, S. 514.

sollte die Polizei die Verantwortung für die Gefahrenabwehr tragen: nach den gesammelten Erfahrungen sollte sie besser und mehr in der Lage sein, alles zu tun, was ein Demonstrationsleiter tun konnte, und Gefahren abwehren.[843]

> „Wenn sich also für den notwendigen Rechtsgüterschutz gegen Ausschreitungen bei (Spontan)Demonstrationen zwei Wege anbieten, von denen der eine (der Ausbau der deliktischen Verhaltenspflichten der Demonstranten über die Friedenspflicht hinaus) zumindest keine Vorteile gegenüber dem anderen (der Übertragung der Alleinverantwortung auf die Polizei) bietet, wohl aber erhebliche Beschränkungen der Demonstrationsmöglichkeiten auch für friedlich gesonnene Demonstranten zur Folge hat sowie eine Reihe von Problemen und Zweifelsfragen aufwirft, dann besteht kein erhebliches Bedürfnis dafür, den ersten Weg zu gehen. Zumindest ist dieses Bedürfnis nicht so groß, daß es die Rechtsprechung legitimieren würde, gegen den oben skizzierten, klar ausgeprägten Rechtsgedanken des Zivilrechts Rechtsfortbildung zu betreiben."[844]

E. Reinelt aus Regensburg ging in seinen Ausführungen konform mit *Kolhosser* und lehnte ebenfalls die Entscheidung des LG Berlin[845] ab.[846] Auch er sah keine dogmatische Möglichkeit, eine Haftung für einen Demonstrationsteilnehmer zu konstruieren, der nicht in seiner Person die Voraussetzungen eines deliktischen Haftungstatbestandes verwirklicht hätte. Wie wohl bei den meisten Demonstrationsfällen sei ein konkreter Kausalnachweis in Form einer Mitwirkung, einer Anstiftung oder einer Beihilfe zu einer bestimmten unerlaubten Handlung aber gerade nicht zu erbringen. Auch ließe sich eine Verabredung von Gewaltakten meist nicht nachweisen. Eine Haftung durch Unterlassen aus vorangegangenem gefährdenden Tun müsse daher ausscheiden.[847]

Auch eine Schadensverantwortlichkeit eines jeden Demonstrationsteilnehmers aus § 823 Abs. 2 iVm § 125 StGB a.F. kam für *Reinelt* nicht in Betracht, da es sich hierbei nicht um ein Schutzgesetz im Sinne des § 823 Abs. 2 BGB handele. Schutzgesetze seien nur solche gesetzliche Bestimmungen, die unmittelbar und vorwiegend den Schutz eines anderen bezweckten. Die Norm des § 125 StGB a.F. sei aber vorwiegend im öffentlichen Interesse erlassen. Der einzige Fall einer Haftung ohne konkreten Kausalnachweis im BGB sei die Schadensherbeiführung durch Beteiligte nach § 830 Abs. 1 S. 2 BGB. Die Beteiligung setze hier voraus, dass mehrere wissentlich an einer gefährlichen, zur Schadensverursachung geeigneten Tätigkeit teilnähmen. Beteiligtsein hieße bei einer Tätigkeit

---

843 Kollhosser, a.a.O., S. 515.

844 Kollhosser, Haftung für Demonstrationsschäden, JuS 1969, S. 515.

845 Vgl dazu unten Kapitel 5.4.2.

846 Zivilrechtliche Haftung für Demonstrationsschäden, NJW 1970, S. 19 ff.

847 Reinelt, Zivilrechtliche Haftung für Demonstrationsschäden, NJW 1970, S. 20.

mitwirken, die zunächst nur eine Gefährdung hervorrufe, aber in ihrer weiteren Entwicklung zu der den Schaden unmittelbar bewirkenden Handlung geführt habe.

> „Nun könnte man meinen, bei einer verabredeten oder auch einer spontanen Demonstration werde ja eben ein gemeinsamer Zweck, nämlich der die Demonstration veranlassende verfolgt. Es ist aber fraglich, ob man den gemeinsamen Zweck einer bestimmten Meinungsäußerung bzw. die schlichte Teilnahme an einer friedlich konzipierten Demonstration als solche bereits für die Anwendung des § 830 Abs. 1 S.2 genügen lassen kann. Eine solche Interpretation würde die Grenzen der Beteiligung bei dem Massenphänomen der Demonstration zu weit ziehen, weil sie jede Teilnahme an einer Demonstration durch die Überspannung der zivilrechtlichen Haftung zu einer unerlaubten Handlung und damit zu einem illegalen Vorgang stempeln könnte. Denn jede Demonstration – auch die friedlich geplante – birgt die Gefahr spontaner gewaltsamer Handlungen Einzelner in sich und ist damit ein gefährliches Vorhaben."[848]

Eine weite, dieses Recht negierende Interpretation des Begriffs der Beteiligung bei einer Demonstration könne also nicht richtig sein. Der gemeinsam verfolgte Zweck, der die Demonstranten zu Beteiligten nach § 830 Abs. 1 S. 2 machen könne, sei nur die Teilnahme an den unmittelbar gefährdenden Handlungen im Verlauf der Demonstration. Nur die Demonstranten könnten Beteiligte sein, bei denen festzustellen sei, dass sie Steine aufgehoben hätten, geworfen oder sonst Gewalt angewendet hätten.[849]

In den Kommentaren fand sich zur Problematik von Demonstrationsrecht und Zivilrecht bis zu den Urteilen nichts. Im Rahmen zu den Erläuterungen des Rechts am eingerichteten und ausgeübten Gewerbebetrieb fanden sich lediglich Ausführungen zum Streik.[850] Im *Palandt* aus dem Jahre 1970 wurde als Beispiel für Einzelfälle der Verletzung der allgemeinen Verkehrssicherungspflicht und sonstiger Verstöße gegen § 823 die Demonstration: Haftung der Teilnehmer für Schäden aus Gewalttaten genannt und das Urteil des LG Berlin sowie die Aufsätze von *Kollhosser* und *Reinelt*, allerdings ohne Kommentar, zitiert.[851]

5.4.2 *Lösungswege der Rechtsprechung in den Demonstrationsprozessen*

Die Rechtsprechung ging andere Wege als die Literatur. Sie sah weniger Probleme, die deliktsrechtlichen Normen auf Demonstrationen anzu-

---

[848] Ebenda, S. 20.

[849] Ebenda, S. 20.

[850] Zeuner, in: Soergel-Siebert, Kommentar zum BGB, Band 3, Schuldrecht II, Stand Frühjahr 1969, § 823, Rdnr. 85; Thomas, in: Palandt, § 823, Anm. 6 g), 28. Aufl. 1969.

[851] § 823, Anm. 14, 29. Auflage.

wenden und eine zivilrechtliche Verantwortung für einzelne Demonstrationsteilnehmer zu bejahen.

Nach den Demonstrationen vor dem Springer-Hochhaus in Berlin hatte das LG Berlin über die Schadensersatzklage des Springer-Konzerns gegen den Studentenanwalt *H. Mahler* zu urteilen.[852] Bei der Demonstration am Abend des 11. April 1968 war es zu erheblichen Sachbeschädigungen bei der Klägerin gekommen. Das Gericht konnte allerdings nicht feststellen, dass der Beklagte mit eigener Hand Sachbeschädigungen verübt und andere Personen zu Sachbeschädigungen vorsätzlich veranlasst hatte.

Von dem politischen Beteiligungsrecht der Demonstration schien das LG nicht besonders viel zu halten. Seine Rechtsauffassung zum Demonstrationsrecht legte es zwar nicht in allgemeinen Grundsatzausführungen dar. Mit der schon vorhandenen zeitgenössischen Literatur setzte es sich nicht ausdrücklich auseinander. Seine Ausführungen lassen aber auch nicht erkennen, dass es sie zur Kenntnis genommen hat bzw. nehmen wollte. Seine Entscheidungsbegründung spiegelt aber ein deutliches Vorverständnis gegenüber Demonstrationen als grundsätzlich nicht wünschenswerte potentielle Gefahr möglicher Unruhe wieder. Mit seiner Auslegung des Deliktsrechts schob das Gericht der Teilnahme an Großdemonstrationen einen deutlichen Riegel vor. Seine Vorstellung davon, wie eine Großdemonstration abzulaufen habe kann als lebensfremd und eigentlich abwegig bezeichnet werden. § 823 Abs. 1 BGB legte es soweit aus, dass jede friedliche Teilnahme an einer Versammlung mit Ausschreitungen Einzelner ein wirtschaftliches Risiko in sich barg.

Der Klage gab das Gericht teilweise dem Grunde nach statt und zwar aus § 823 Abs. 1 BGB. Das Gericht konstruierte aus der Demonstration einen Gefährdungstatbestand, nämlich den Verstoß gegen eine Verkehrssicherungspflicht:

> „Wer demonstriert, übt nicht nur ein Recht aus, er übernimmt auch eine große Verantwortung. Er belastet sich mit der Pflicht, dafür Sorge zu tragen, daß kein anderer durch die Demonstration Schaden erleidet. Sorgfalt schuldet er nicht nur seinen Mitdemonstranten sowie unbeteiligten Dritten, er schuldet sie auch demjenigen, gegen den demonstriert wird. Dabei geht das Gericht von der selbstverständlichen Voraussetzung aus, daß die Anwendung von Gewalt, sei sie nun gegen Personen oder Sachen gerichtet, als Mittel der politischen Auseinandersetzung in jedem Falle rechtswidrig, als Mittel der politischen Beeinflussung darüber hinaus ungeeignet und sogar schädlich ist; denn durch Gewalt läßt sich niemand überzeugen."[853]

---

[852] LG Berlin, NJW 1969, S. 1119 f.

[853] LG Berlin, NJW 1969, S. 1119.

Wer also durch ein Vorhaben eine Gefährdung verursache, sei verpflichtet, die zur Gefahrenabwehr erforderlichen Maßnahmen zu treffen. Für das Gericht war durch die Demonstration eine erhebliche Gefährdung verursacht worden.

> „Die Demonstranten befanden sich in großer Erregung. Das Gefühl, das eigene Wollen durch die vielen anderen Demonstranten vervielfältigt zu sehen, war [...] geeignet, Hemmungen gegenüber Unrechtshandlungen abzubauen; es mußte jederzeit damit gerechnet werden, daß sich die gefühlsmäßige Hochspannung zu Aktionen entlud, deren Auswirkungen nicht mehr abzusehen waren. Diese Möglichkeit kündigte sich schon an, als der Demonstrationszug das Amerika-Haus erreichte und als dort einige Scheiben durch Steinwürfe zu Bruch gingen [...]. Ob der Beklagte diese Beschädigungen damals wahrnahm oder nicht, kann dahingestellt bleiben; denn er durfte auf keinen Fall sorglos darauf vertrauen, daß die in seinen Schriftsätzen hervorgehobene 'große Disziplin des Demonstrationszuges' auch noch anhielt, wenn der Demonstrationszug sein eigentliches Ziel, das Springer-Hochhaus, erreichte."[854]

Unerheblich war für das LG Berlin auch das Vorbringen des Beklagten, dass die Gewalt nicht von den Demonstranten ausgegangen sei. Urheber der Demonstration waren nach Ansicht des Gerichts alle Demonstranten, so dass alle Demonstranten die Sachbeschädigung mitverursacht und den Tatbestand des § 823 Abs. 1 BGB erfüllt hatten:

> „Urheber der Gefahr, die von emotional beeinflußten Demonstranten und von den sich unter sie mischenden Rockers ausgeht, ist ein jeder, der in irgendeiner Weise an dem Zustandekommen der Demonstration beteiligt ist. Die bloße Teilnahme genügt; denn ohne die teilnehmenden Demonstranten ist eine Demonstration nicht denkbar. Der Beklagte als Teilnehmer der Demonstrationen [...] war daher zur Gefahrenabwehr wie alle anderen Teilnehmer verpflichtet."[855]

Da die Demonstration weder über einen Leiter noch über Ordner verfügte, war sie nach Auffassung des Gerichts derart unzulänglich organisiert, dass jeder Teilnehmer schon deshalb fahrlässig handelte, weil er durch seine Anwesenheit die Gefahr vergrößerte. Auch bei der Durchführung einer Demonstration sei so sorgfältig zu verfahren, dass die Rechte Dritter hinreichende Berücksichtigung finden würden. Die Rechtswidrigkeit war also zu bejahen.[856] Hatte es sich, nach dem Vorbringen des Beklagten, um eine Demonstration ohne Anführer gehandelt, so hätte für jeden Demonstranten zur verkehrserforderlichen Sorgfalt gehört, bei Formierung der Demonstration darauf zu dringen, dass Sicherheitsvorkehrungen zum Schutz unbeteiligter Dritter getragen

---

[854] LG Berlin, NJW 1969, S. 1120.

[855] Ebenda, S. 1120.

[856] LG Berlin, NJW 1969, S. 1120.

würden, falls 'emotional beeinflusste Demonstranten' oder zerstörungswütige Dritte ("Rockers") gewalttätig würden:

> „Wäre es ihm wider Erwarten nicht gelungen, seinen Standpunkt durchzusetzen, oder hätte er sich hier nicht einschalten wollen, so hätte er der Demonstration fern bleiben müssen. Er selbst wäre dann nicht mehr die Ursache dafür gewesen, daß sich Gewalttäter unter die Demonstranten mischten und dann 'ihrer Zerstörungswut freien Lauf ließen'."[857]

Da Schutzvorkehrungen aber nicht getroffen worden waren, ließ jeder, der an der ungesicherten Demonstration teilnahm, die verkehrserforderliche Sorgfalt außer Acht. Die Schlussbemerkung des Urteils des LG Berlins lautete:

> „Mit den Anforderungen, die an die bei Demonstrationen zu beobachtende Sorgfalt gestellt werden müssen, wird selbstverständlich das Grundrecht der Versammlungsfreiheit in keiner Weise eingeschränkt; denn dieses Recht besteht nur für friedliche Versammlungen (Art. 8 GG), und jeder Versammlungsteilnehmer hat die Pflicht dafür zu sorgen, daß die Versammlung friedlich verläuft."[858]

Das LG Frankfurt setzte sich anders als das LG Berlin mit der aktuellen Literatur auseinander, folgte ihr jedoch nicht. Auch anders als das LG Berlin brachte es dem Demonstrationsrecht zumindest im Grundsatz eine positive Einstellung entgegen. Allerdings legte es Art. 8 GG in Bezug auf die Friedlichkeit genauso aus, wie die restriktiven Strafrechtsurteile und schloss von dem strafrechtlichen Gewaltbegriff auf die verfassungsrechtliche Unfriedlichkeit. Aus diesem Grunde gelangte das Gericht im Ergebnis zu einer zivilrechtlichen Verantwortung der Beklagten, obwohl diese auch hier nicht die eigentlichen Schadensverursacher waren. Da sie aber eine hervorgehobene Position vor und während des Demonstrationsgeschehens innehatten, kann seine Auslegung des § 830 BGB nicht als übermäßig weit bezeichnet werden, wenn es diesen bejahte.[859]

Nach dem Tatbestand des LG Frankfurt blockierten am Karfreitag dem 12. April 1968 etwa 1200 Demonstranten sämtliche Tore des Verlagsgebäudes der Klägerin, der Frankfurter „Societäts"-Druckerei GmbH, indem sie sich vor die Einfahrten setzten.[860] Mit dieser Blockade sollte die Auslieferung von Zeitungen verhindert werden, die in der Druckerei der Klägerin hergestellt wurden. Die Blockierenden wollten die Art der Berichterstattung der Springer-Presse, insbesondere der „Bild"-Zeitung

---

857 Ebenda, S. 1120.

858 Ebenda, S. 1120.

859 Vgl. dazu Kreutziger, Die Haftung von Mittätern, Anstiftern und Gehilfen im Zivilrecht, 1985, S. 280.

860 LG Frankfurt, KJ 1970, S. 90 ff., S. 92.

brandmarken. Die Teilnehmer der Blockade waren bestrebt, die Öffentlichkeit „wachzurütteln", um schließlich eigene Beschränkungsmaßnahmen selbst oder des Gesetzgebers gegenüber einer Gefährdung der Informationsfreiheit der Staatsbürger herbeizuführen. Der Beklagte H. Krahl umfuhr während der Demonstration mit einem PKW das Verlagsgebäude und ließ über einen Lautsprecher verlauten: „Haltet aus Genossen!", „Wenn wir es schaffen, daß bis 21.00 Uhr keine Wagen ausfahren, sind schon die wichtigsten Termine verpasst." Drei Fahrzeuge, welche die Ausfahrt aus der Druckerei versuchten, wurden fahruntüchtig gemacht, während der Blockade gingen Fensterscheiben zu Bruch, Teilnehmer beschädigten die Begrenzungsmauer des Grundstücks und beschmierten sie an anderer Stelle mit Aufschriften wie „Springer-Mörder". Der Beklagte *G. Amendt* sollte nach der Behauptung der Klägerin genaue Anleitungen für die Belagerung ihres Verlages gegeben habe.

Die Klägerin verlangte nunmehr Ersatz für den entstandenen Schaden, der auf der Verhinderung der Auslieferung von Zeitungen, auf Beschädigung von Kraftfahrzeugen sowie der Begrenzungsmauer und der Zerstörung von Fensterscheiben beruhe. Sie war der Auffassung, dass die beiden Beklagten durch ihr Verhalten einen rechtswidrigen Eingriff am eingerichteten und ausgeübten Gewerbebetrieb und die Eigentumsverletzungen schuldhaft mit verursacht hätten. Sie hätten für sämtliche Schäden zu haften.

Die beklagten Studenten räumten ein, dass ihre Aktionen Ostern 1968 das Ziel hatten, die Verbreitung der Erzeugnisse des Springer-Verlages zu verhindern.[861] Sie bestätigten, dass die Blockade die Auslieferung der im Verlagsgebäude der Klägerin gedruckten Zeitungen verhindert hatte. Dennoch stellten diese Handlungen ihrer Auffassung nach keinen Eingriff in das Recht am eingerichteten und ausgeübten Gewerbebetrieb dar. Denn die politischen Zwecken dienende zeitweilige Verhinderung der Auslieferung von Zeitungen sei in keiner Weise auf die Beschränkung oder den Bestand des Gewerbebetriebes der Klägerin gerichtet gewesen. Zumindest aber seien die Teilnehmer, wolle man die kausale Schadensverursachung bejahen, durch das Demonstrationsrecht gerechtfertigt. Denn die Blockade sei mit Rücksicht auf die Falschberichterstattung und die Hetze der Springer-Presse als das sozial-adäquate Mittel anzusehen, um Abhilfe zu veranlassen, wie auch die Entscheidung des BGH im Fall Blinkfüer gezeigt hätte.[862]

Das LG Frankfurt bejahte sämtliche Schadensersatzansprüche dem Grunde nach gemäß §§ 823 Abs. 1, 830, 840, 421 BGB. Unzweifelhaft lag

---

[861] LG Frankfurt, KJ 1970, S. 92.

[862] LG Frankfurt, KJ 1970, S. 92.

ein Eingriff in den eingerichteten und ausgeübten Gewerbebetrieb vor. Die Blockadeschäden hatten die Beklagten nach Ansicht des Gerichts als Gehilfen mit verursacht. Sie hätten die Blockade des Verlages durch Beihilfehandlungen gefördert. Der Beklagte Krahl hätte bei der Vorbereitung der Blockade psychische Unterstützung geleistet, der Beklagte Amendt hätte Informationsfunktionen und Koordinierungsaufgaben wahrgenommen.[863]

Das Gericht erachtete sowohl die Blockade als auch die festgestellten Beihilfehandlungen der Beklagten als rechtswidrig. Zu der Berufung der Beklagten auf das Demonstrationsrecht führte das LG Frankfurt aus:

> „Dieses aktive Staatsbürgerrecht, das aus Artikel 5 und 8 GG abzuleiten ist, gehört zu den wesentlichen politischen Ausdrucksformen gelebter Demokratie. Es ermöglicht auch außerhalb der Wahlen im vorparlamentarischen Raum eine Beteiligung am Willensprozeß der Gemeinschaft durch prononcierte Kundgabe eigener Meinung. Insbesondere ist das Demonstrationsrecht für solche Kreise das hauptsächliche Mittel wirksamer Meinungsäußerung, die keinen unmittelbaren Einfluß auf Presseorgane haben und sich daher nur durch öffentliche Meinungsäußerung als Gruppe artikulieren können. Das Demonstrationsrecht besteht nach dem objektiven Willen der Verfassung nicht nur gegenüber dem Staat, sondern auch gegenüber privaten Dritten; denn es gibt Formen privaten Verhaltens, die demonstrative Gegendarstellungen verantwortlicher Bürger ebenso erfordern wie bestimmtes staatliches Handeln."[864]

Die demonstrative Gegendarstellung musste aber nach Ansicht des Gerichts entsprechend Art. 8 GG dem Erfordernis der Friedlichkeit entsprechen. Dabei bedeutete Friedlichkeit für das Gericht nicht Konfliktlosigkeit der Demonstration schlechthin oder die Einhaltung der Rechtsordnung auch in formellen Punkten. Abgrenzungskriterium war die Frage der Gewaltlosigkeit. Hier nun übertrug das Gericht die strafgerichtliche Rechtsprechung des BGH zu § 240 StGB[865] auf das Verfassungsrecht. Gewalt lag für das LG daher vor, wenn ein Zu- oder Durchgang durch eine Menschenmenge versperrt wurde.

Übertragen auf den vorliegenden Fall war damit die Blockade Gewaltanwendung und die Demonstration nicht mehr friedlich, also auch nicht mehr gerechtfertigt. Nach diesem logischen Schluss musste sich das Gericht dann auch nicht weiter mit der Frage auseinandersetzen, inwieweit Blockadeaktionen als politisches Druckmittel grundsätzlich zulässig sein konnten oder nicht. Vertiefend zur Frage der Friedlichkeit führte es noch weiter aus, dass das Recht zu Eingriffen in die Bewegungsfreiheit

---

[863] LG Frankfurt, a.a.O., S. 97.

[864] LG Frankfurt, KJ 1970,, S. 97.

[865] Das Gericht zitierte hier das Läpple Urteil des BGH, NJW 1969, 1770 ff. sowie auch die Entscheidung des BayObLG NJW 1969, 1127, vgl. dazu auch oben Kapitel 5.3.3.2.2.

anderer im Rahmen des Art. 8 GG nur soweit zugestanden werden könne, als diese Einschränkung mit der Durchführung einer Versammlung notwendigerweise verbunden sei:

> „Die stundenlange Blockierung des Verlages der Klägerin war nicht unerläßliche Voraussetzung für eine demonstrative Meinungsäußerung. Die vor den Toren des Verlagshauses der Klägerin Versammelten hätten auch ohne Auslieferungssperre (d.h. ohne sog. Widerstandsakt) allein durch Meinungsäußerung (d.h. durch Artikulation) ihre Auffassung gegen Springer verlautbaren können. Die Blockade ist folglich auch nicht durch Art. 8 gerechtfertigt, da diese Vorschrift nur die friedliche Versammlung schützt."[866]

Bezüglich der Eigentumsschäden der Klägerin, welche die Beklagten ja nicht eigenhändig ausgeführt hatten, sah das Gericht eine Mitverursachung gemäß §§ 823 Abs. 1, 830 BGB gegeben. Schon jede friedliche Demonstration berge die Gefahr in sich, dass erregte Teilnehmer sich zu Gewalttaten hinreißen ließen. Eine viel stärkere Gefahr würde von einer rechtswidrigen Demonstration ausgehen. Ohne Blockade wäre es nicht zu den weiteren Beschädigungen gekommen. Alle Teilnehmer der Blockade, also auch die Beklagten hätten es unterlassen, die geschilderten Sachbeschädigungen zu unterbinden. Für die Beklagten hätte eine Rechtspflicht bestanden, Gegenmaßnahmen bezüglich der Zerstörungen zu treffen, da sie eine Garantenstellung innegehabt hätten. Sie hätten während der Vorbereitungen tatmächtige Positionen eingenommen, zu diesem Zeitpunkt hätten sie wegen der erkennbaren Ausschreitungsgefahren Sicherungsvorkehrungen treffen können. Es wurden aber weder ein Leiter noch Ordner bestellt. Das Gericht folgte nicht der Meinung von *Kollhosser*[867],

> „daß aus Gründen der Übung und Ausrüstung die Polizei die Alleinverantwortlichkeit für die Gefahrenabwehr übernehmen müsse. Diese Auffassung steht im krassen Widerspruch zum Leitbild des Menschen im demokratischen Staat, der Freiheit und Verantwortung selbst zu tragen hat."[868]

Beide Urteile gingen bis in die Revision. Jeweils mit Urteil vom 30. Mai 1972 urteilte der BGH in zwei Parallelurteilen über den Fall „Mahler" sowie die Ereignisse in Frankfurt.[869] Anders als der Strafsenat des BGH setzten sich die Zivilsenate mit den in der aktuellen wissenschaftlichen Debatte ausgetauschten Argumenten auseinander ebenso wie mit der zu dieser Problematik neu erschienen Literatur. Die Urteile erwecken daher anders als das Strafurteil nicht den Eindruck eines von oben erfolgten arroganten Aburteilens der Studentendemonstrationen. Wie der Strafse-

---

866 LG Frankfurt, KJ 1970, S. 98.

867 Vgl. dazu oben Kapitel 5.4.1.

868 LG Frankfurt, KJ 1970, S. 102.

869 NJW 1972, S. 1571 ff. und S. 1367 ff.

nat vertrat der Zivilsenat die gleiche zurückhaltende Grundauffassung über das Demonstrationsrecht und betonte den rein geistigen Wirkungsaspekt dieses Freiheitsrechtes. Infolgedessen schloss er sich auch, was die Beurteilung der Friedlichkeit anging, den Ausführungen des „Laepple"-Urteils an.

Im Fall *„Mahler"* rekurrierte der BGH auf § 830 Abs. 1. S. 1 BGB, um zu einer Schadensverantwortlichkeit zu gelangen. Wie dargelegt, war er als eigentlicher Schadensverursacher nicht zu ermitteln gewesen. Es stellte sich nunmehr die Problematik der Haftung von Mittätern, Anstiftern und Gehilfen im Zivilrecht. Der BGH übertrug die strafrechtlichen Begriffe hier ohne weiteres auf das Zivilrecht. Dabei berücksichtigte er allerdings nicht die konkreten Gegebenheiten einer Großdemonstration, wenn er eine Haftung für durch andere begangene Eigentumsverletzungen bejahte. Zwar konnte im Sinne der strafrechtlich anerkannten psychischen Mittäterschaft eine Haftung für einen nicht eigenhändig begangenen Tatbeitrag durch bloße Anwesenheit, geistige Unterstützung oder Ermunterung begründet werden. Die zivilrechtlichen haftungsbegründenden Kausalitätserfordernisse legte er damit aber zuungunsten der Demonstrationsfreiheit sehr weit aus.[870] Eine kritische Hinterfragung der Übernahme dieser strafrechtlichen Begrifflichkeiten ins Zivilrecht in Anbetracht der neuen Demonstrationsproblematik erfolgte nicht.

Der Beklagte *Mahler* war also nach Ansicht des BGH Mittäter im Sinne des § 830 Abs. 1 S. 1 BGB. Mittäterschaft setze nicht physische Mitwirkung bei der Ausführung der Tat voraus, auch eine bloß geistige Mitwirkung reiche aus. Der gemeinsame Tatwille könne dabei aus den äußeren Umständen geschlossen werden:

> „Insoweit hat das Berufungsgericht in Betracht gezogen, dass der Beklagte in der ersten Reihe der Demonstranten in Kenntnis der Stein- und Fackelwürfe sich aktiv an dem gleichfalls mit Gewaltanwendung verbundenen Ansturm gegen die das sog. Springer-Hochhaus sichernde Polizeikette beteiligte, um diese zu durchbrechen und in das Gebäude zu gelangen, obwohl er sich hätte entfernen können. Hieraus konnte das Berufungsgericht ohne Rechtsfehler den Schluß ziehen, daß der Beklagte sowohl das Ziel der Auslieferungssperre, als auch die dabei verübten Gewalttätigkeiten insgesamt billigte und diese in sein eigenes Tun als Teile eines gemeinschaftlichen zur Erreichung des ihm bekannten Gesamtzwecks notwendigen Vorgehens betrachtete."[871]

Die Rechtswidrigkeit des Eingriffs in den eingerichteten und ausgeübten Gewerbebetrieb ergab sich, weil eine zu missbilligende Art des schädi-

---

[870] Vgl. dazu vor allem die Arbeit von Kreutziger, Die Haftung von Mittätern, Anstiftern und Gehilfen im Zivilrecht, 1985, S. 24 ff.

[871] BGH, NJW 1972, S. 1572.

genden Vorgehens vorgelegen hatte. Diese Voraussetzung sei erfüllt, wenn Demonstranten durch eine Blockierung von Verlags- und Druckereigebäuden die Auslieferung von Zeitungen und Zeitschriften verhinderten, um dadurch eine vermehrte Aufmerksamkeit der Öffentlichkeit zu erlangen. Die Einschließung eines Betriebsgebäudes dergestalt, dass niemand es betreten oder verlassen könne, stelle im Sinne von BGHSt 23, 46 (Läpple-Urteil) ebenfalls Gewalt dar.

Der BGH verwarf die von einigen Untergerichten vertretene Auffassung, dass das Demonstrationsrecht unter gewissen Voraussetzungen auch die Anwendung von Gewalt rechtfertige.[872] Er vertrat vielmehr, an der Rechtsprechung der höheren Gerichte festzuhalten, die durchweg die Anwendung von Gewalt – und sei es auch nur in Gestalt passiven Widerstandes – als rechtswidrig erachteten.[873] Eine andere Auffassung trage dem Umstand nicht Rechnung, dass Art. 8 GG nur das Recht zu einer friedlichen Versammlung gewährleiste:

> „Was das Grundgesetz unter einer friedlichen Demonstration verstanden wissen will, ist aus der Verfassung selbst zu entnehmen, insbesondere aus der Funktion, die der Versammlungsfreiheit im Rahmen der demokratischen Grundordnung des Grundgesetzes zukommt, sowie aus ihrem systematischen Zusammenhang mit den anderen, in der Verfassung gewährleisteten Grundfreiheiten und -rechten, in erster Linie mit der in Art. 5 I GG verbürgten Meinungsfreiheit. [...] Beide Grundrechte dienen dazu, die für das Funktionieren der freiheitlichen Demokratie unabdingbare öffentliche Diskussion über Gegenstände von allgemeinem Interesse und staatspolitischer Bedeutung zu gewährleisten. Das Demonstrationsrecht ist deshalb ebenso wie das Recht der freien Meinungsäußerung auf den geistigen Kampf der Meinungen angelegt, [...]."[874]

Sinn und Zweck der Demonstrationsfreiheit seien daher verfehlt, wenn die kollektive Meinungsäußerung nicht mehr auf geistige Wirkung ausgehe, sondern ihre Ziele mit Hilfe von Gewalt und Zwang zu erreichen suche.[875] Auch könne der von der Rechtsprechung zur Rechtfertigung verletzender Meinungsäußerungen herangezogene Gedanke der Effektivität[876] nicht auf Demonstrationshandlungen übertragen werden, die

---

[872] Das Urteil verwies auf AG Esslingen, JZ 68, 799; AG Bremen, JZ 69, 79; LG Köln, JZ 69, 80; AG Hannover, DRiZ 69, 90 sowie AG Frankfurt, DRiZ 69, 94

[873] Hier wurde auf BGHSt 23, 46; BayObLG, NJW 69, 63 und 1127; OLG Stuttgart, NJW 69, 1543, OLG Celle, NJW 70, 203 sowie OLG Köln, NJW 1970, 260 verwiesen.

[874] BGH, NJW 1972, 1573; in der gleichen Weise argumentierte BGH, NJW 1972, S. 1367.

[875] BGH, NJW 1972, S. 1573.

[876] Dies war der Grundgedanke von BGHZ 45, S. 296 ff. (Höllenfeuerentscheidung).

sich zur Verhinderung fremder Meinungsäußerung des Mittels der Gewalt oder des Zwanges bedienten:

> „Da eine Begrenzung einmal gestatteter Gewaltanwendung erfahrungsgemäß nicht gelingt, birgt der Rechtsstandpunkt von der Zulässigkeit begrenzter Gewaltanwendung die Gefahr einer ständig fortschreitenden Gewalt, die letztlich das Funktionieren der Rechtsordnung überhaupt in Frage stellen würde."[877]

Die Überlegungen des Schrifttums, dass die subtile Wirtschaftsmacht von Springer die Gegenöffentlichkeit der Demonstrationen rechtfertige, legte der BGH in eine andere Richtung aus:

> „Auch der Gesichtspunkt der Chancengleichheit vermag eine andere Beurteilung nicht zu rechtfertigen. Die Chance, mit seiner Meinung zu Gehör zu kommen, gewährleistet das Grundgesetz gerade dadurch, daß Gewalt und Zwang als Mittel des Meinungskampfes ausgeschlossen werden zugunsten einer freien geistigen Auseinandersetzung einschließlich friedlicher Demonstration. Daß sich bei der Ausübung des Grundrechts der Meinungsfreiheit für den Einzelnen Unterschiede hinsichtlich der Wirkungsmöglichkeit deshalb ergeben, weil nicht jeder über die gleichen technischen und organisatorischen Möglichkeiten der Meinungsverbreitung verfügt, wird vom Grundgesetz als Ausfluß der Handlungsfreiheit grundsätzlich hingenommen. Sofern im Einzelfall eine übermäßige Pressekonzentration eine Gefahr für die Meinungs- und Pressefreiheit darstellt, die ein konstituierendes Prinzip der freiheitlichen Demokratie ist, mag das ein Eingreifen des Gesetzgebers oder des BVerfG zu ihrem Schutz erfordern. Eine solche Sachlage gibt aber denjenigen, die auf eine derartige Gefahr hinweisen wollen, nicht die Befugnis, ihrer Warnung durch Anwendung von Zwang und Gewalt gegen bestimmte Personen oder Unternehmen vermehrte Aufmerksamkeit zu verschaffen."[878]

Ebenfalls sah der BGH die Beklagten in beiden Fällen als Mittäter gemäß § 830 Abs. 1 S. 1 BGB verpflichtet, vollen Ersatz derjenigen Schäden zu leisten, die bei der Demonstration während dem Eintreffen des Beklagten vor dem sog. Springer-Hochhaus und der polizeilichen Auflösung der Demonstration am Betriebsgebäude der Klägerin entstanden waren bzw. für die fahruntüchtig gemachten Fahrzeuge und Sachbeschädigungen in Frankfurt. Denn die Beklagte hatten die Gewalttätigkeiten insgesamt gebilligt und ihr eigenes Tun als Teil eines gemeinschaftlichen Vorgehens betrachtet.

Die Anwendung des § 830 BGB auf Demonstrationsfälle, wenn dem einzelnen Demonstranten selbst die Schadensverursachung nicht nachzuweisen war, stellte für den BGH keine Belastung des Demonstrationsrechts mit einem unzumutbaren Risiko dar. Die Regelung treffe gerade auf Demonstrationsfälle zu, denn hier sei es dem Geschädigten in der Regel nur möglich, einige Wenige aus der Vielzahl der Beteiligten zu

---

[877] BGH, NJW 1972, S. 1573.

[878] Ebenda, S. 1573; der gleichen Argumentationslinie folgte BGH, NJW 1972, S. 1368.

identifizieren und den Nachweis zu führen, dass sie zu denjenigen gehören, die den rechtswidrigen Eingriff in ihre Rechte auch gewollt haben. Für den „Herausgegriffenen" kam noch hinzu:

> „Denn die Haftung nach dieser Vorschrift trifft nicht Demonstranten, ohne deren Willen und Zutun andere Teilnehmer die Grenzen des Demonstrationsrechts überschreiten, indem sie in Rechte Dritter eingreifen. Sie kommt nur bei einem Demonstrationsteilnehmer in Betracht, der sich wissent- und willentlich an den schadensstiftenden Ausschreitungen oder an der Blockade eines Unternehmens in Kenntnis ihres Ziels beteiligt."[879]

Dieses Ergebnis, als beliebiger Demonstrant möglicherweise für entstandene Schäden in einer für den einzelnen nicht mehr überschaubaren Großdemonstration haften zu müssen, korrigierte der BGH im Jahre 1984. In dieser Entscheidung gelangte er zu einer sehr viel restriktiveren Interpretation des § 830 BGB, die dem Vorgang Groß-Demonstration weit mehr Rechnung trug.[880] Nach diesem Urteil muss für eine haftungsbegründende Teilnahme in objektiver Hinsicht eine Beteiligung an der Ausführung der Tat nachgewiesen werden, die in irgendeiner Form deren Begehung fördert und für diese relevant ist.[881] Einen derartigen Tatbeitrag sieht der BGH nunmehr nur bei solchen Demonstranten, die sich aktiv an Gewaltaktionen beteiligt haben.

5.4.3 *Zusammenfassung*

Auch in der zivilrechtlichen Debatte über das Demonstrationsrecht überwogen wie in den anderen Rechtsgebieten die an einem demokratischen Willensbildungsprozeß orientierten Grundeinstellungen, die über einen lediglich formalen Demokratiebegriff hinausgingen. Dabei waren einige Autoren – vor allem die Jungwissenschaftler - besonders dem aufklärerischen Zeitgeist und der politischen Aufbruchstimmung der sechziger Jahre zugetan.

Diesen Grundeinstellungen folgte die entsprechende Normanwendung. So nutzten die Autoren die einen Interpretationsspielraum eröffnende Rechtswidrigkeitsprüfung, um ihr Grundrechtsverständnis umzusetzen. Für den arbeitsrechtlichen Streik hatte sich im Rahmen des Zeitungsstreiks 1952 die Auffassung durchgesetzt, dass es rechtswidrig sei, den Streik neben dem eigentlichen Arbeitskampf als Druckmittel in globalen

---

[879] BGH, NJW 1972, S. 1574. Das Parallel-Urteil für die Beklagten aus Frankfurt kam zu dem gleichen Ergebnis, wobei hier gegen eine Haftung aus § 830 Abs. 1 S. 1 BGB noch weniger Bedenken bestanden, da die an der Demonstration Beteiligten Beklagten auch maßgeblich am Zustandekommen der unfriedlich geplanten Demonstration mitgewirkt hatten, S. 1369.

[880] BGH, NJW 1984, S. 1226 ff.

[881] BGH, a.a.O., S. 1228.

politischen Auseinandersetzungen einzusetzen. Die Mehrheit der Autoren traf für die Versammlungsfreiheit nun eine andere Wertung. Sie erachteten es nicht in jedem Falle als rechtswidrig, mit Boykott-Demonstrationen politischen Druck auszuüben. Dabei kommt bei einigen Autoren der gleiche Verdacht auf, wie auch schon bei der Nötigung: die für die Ausübung der Versammlungsfreiheit sehr weitgehenden Lösungsansätze wurden konkret nur an Hand der Studentendemonstrationen entwickelt. Man weiß nicht, welche Lösungswege die Autoren eingeschlagen hätten, wäre es um andere Themen gegangen. So wie die Beiträge aber abgefasst waren, können sie als juristische Unterstützungsschriften für die studentische Sache eingeordnet werden.

Weiter führten die Grundeinstellungen dazu, das Deliktsrecht nicht weit sondern zu Gunsten der Versammlungsfreiheit restriktiv hand zuhaben. Typischerweise ist bei einer Großdemonstration der eigentliche Schädiger nicht festzustellen und nach der tradierten und eigentlich eindeutigen deliktsrechtlichen Dogmatik kann mit den §§ 823 ff. BGB der typische Demonstrationsschadenfall nicht erfasst werden. Diese Problematik veranlasste die Autoren aber nicht dazu, haftungsbegründende Kausalitäts- und Ursachenzusammenhänge „dehnbar" zu betrachten. Denn das zivilrechtliche Haftungsrisiko sollte nicht unnötig ausgeweitet werden.

Zusammenfassend bestand im vorliegenden Quellenmaterial die deutliche Tendenz, nur mit Zurückhaltung eine zivilrechtliche Haftung von Demonstrationsteilnehmern begründen zu wollen. Bei den im Zusammenhang mit Demonstrationen problematischen Normvoraussetzungen favorisierte die Mehrheit der vorgestellten Autoren Lösungen, die das Demonstrationsrecht so weit wie möglich zur Geltung kommen und die Teilnahme an einer Großdemonstration nicht zu einem unüberschaubaren wirtschaftlichen Risiko werden ließen.

Die Äußerungen der Rechtsprechung über die Versammlungsfreiheit allgemein fielen teilweise sehr freiheitlich aus. Dennoch schob sie insgesamt mit ihrer Auslegung und Anwendung des Deliktsrechts der Teilnahme an Großdemonstrationen einen deutlichen zivilrechtlichen Riegel vor.

So legte sie die §§ 823 ff. BGB zwar im Lichte des Art. 8 GG aus. Die inhaltliche Prüfung viel aber sehr restriktiv aus, da sie ohne weitere Hinterfragung den engen strafrechtlichen Gewaltbegriff auf den verfassungsrechtlichen Begriff der Friedlichkeit anwendete und so die Studentendemonstrationen von vorneherein aus dem Schutzbereich des Grundrechts nahm. Blockadeaktionen im Rahmen von Demonstrationen waren damit grundsätzlich unzulässig.

Anders als die Literatur legte vor allem der BGH den § 830 BGB zuungunsten der Versammlungsfreiheit weit aus. Denn die von ihm vorgenommene Begriffsinterpretation der zivilrechtlichen Mittäterschaft hatte ähnliche Auswirkungen wie die überkommene Auslegung der Massedelikte im Strafrecht. War auf Grund dieser Auslegung das eigene friedliche Sich-Aufhalten in einer teilweise unfriedlich verlaufenden Demonstration zu einem unkalkulierbaren Risiko geworden, sich strafbar zu machen, so war es nunmehr zusätzlich ein ebenso unkalkulierbares wirtschaftliches Risiko.

Die Gerichte kamen in den Demonstrationsprozessen also zu einem ähnlichen Ergebnis wie die Rechtsprechung zu den Schadensersatzklagen anlässlich des Zeitungsstreiks. Allerdings bestand bei der Beurteilung der Schadensverantwortlichkeit für die damals in Frage stehenden Demonstrationssachverhalte ein wesentlicher Unterschied: bei letzterem wurden die für den Streik verantwortlich zeichnenden Organisationen in Anspruch genommen. Bei den Studentendemonstrationen waren aber mehr oder weniger beliebige Teilnehmer aus der versammelten Menge als Beklagte in Anspruch genommen worden.

6 Ende des Konflikts

6.1 *Strafrechtsreform*

Am 18. März 1970 beschloss der Bundestag das Dritte Gesetz zur Reform des Strafrechts (3. StrRG). Inhalt war unter anderem die Aufhebung der §§ 115-118 StGB a.F., § 125 wurde geändert. Der Landfriedensbruch erhielt die noch heute gültige Fassung, eingefügt wurde § 125 a StGB, der besonders schwere Fälle des § 125 StGB vorsieht. In Artikel 2 des 3. StrRG wurde die Ordnungswidrigkeit für unerlaubte Ansammlungen festgelegt. Danach handelte ordnungswidrig, „wer sich einer öffentlichen Ansammlung anschließt oder sich nicht aus ihr entfernt, obwohl ein Träger von Hoheitsbefugnissen die Menge dreimal rechtmäßig aufgefordert hat, auseinanderzugehen".[882]

6.2 *Die Amnestie*

Im Zusammenhang mit der Neuregelung des Demonstrationsstrafrechts beschloss der Bundestag ein Straffreiheitsgesetz.[883] Danach wurde wegen Straftaten „nach Vorschriften, die durch das Dritte Gesetz zur Reform des Strafrechts aufgehoben oder ersetzt werden [...] sowie wegen Straftaten, die in der Zeit vom 1. Januar 1965 bis zum 31. Dezember 1969 durch Demonstrationen oder im Zusammenhang hiermit begangen worden sind" Straffreiheit gewährt. Straftaten nach den §§ 110, 114 bis 119 und 125 StGB a.F. sowie nach den §§ 23 und 29 VersG wurden amnestiert. Ebenso amnestierte man Freiheitsstrafen und Geldstrafen wegen Straftaten, die durch eine zur Meinungsäußerung oder Meinungsbildung in öffentlichen Angelegenheiten bestimmte Demonstration oder im Zusammenhang hiermit begangen worden waren. Erlassen wurden Strafen, die beim Inkrafttreten des Gesetzes rechtskräftig verhängt waren und soweit sie noch nicht vollstreckt worden waren. Anhängige Verfahren sollten eingestellt, neue nicht eingeleitet werden. Darüber hinaus erstreckte sich die Straffreiheit auf Nebenstrafen, soweit sie noch nicht vollstreckt waren, auf Untersagung der Berufsausübung, gesetzliche Nebenfolgen sowie auf rückständige Bußen und Kosten, auch wenn die Strafe bei Inkrafttreten dieses Gesetzes bereits vollstreckt war.[884]

---

[882] Bundesgesetzblatt, Teil I, S. 505 f.

[883] Vgl. dazu beispielsweise Pinger, Amnestie im demokratischen Rechtsstaat, ZRP 1970, S. 73 ff.; Kaiser, Demonstrationstäter und Amnestie, ZRP 1970, S. 51.

[884] Bundesgesetzblatt, Teil I, S. 509 ff.

7 Resümee

Die Einschätzung des justiziellen Handelns durch die Studenten war eine politische Bewertung. Nicht ausschlaggebend für diesen politischen Eindruck insgesamt und vor allem dem der kritischen Agitatoren ist, ob er sich statistisch belegen lässt. Wesentlich ist, dass sich seitens der demonstrierenden Studenten das Gefühl einer ungerechten Behandlung einstellte. Und dieses Gefühl von tiefem Misstrauen war gerichtet gegen die Polizei, die Staatsanwaltschaft und vor allem die Institutionen, die zugleich staatliches Handeln kontrollieren sollten, die Straf- und Verwaltungsgerichte.

An der Tatsache, dass es zu Lasten einiger Demonstranten ungerecht harte Urteile gab, kann man nichts beschönigen. Einige strafrechtliche und zivilrechtliche Urteile vor allem der Obergerichte, die sich der durch das BVerfG in seiner „Lüth"-Entscheidung konkretisierten verfassungskonformen Auslegung weitestgehend verschlossen, konnten Anlass für die Kritik der Studenten und der „bildungsbürgerlichen" Kreise bieten. Sie bestätigten auch den Vorwurf, ihre Staatsauffassung orientiere sich noch am Kaiserreich. Sie hielten sich an die tradierten Auslegungsstandards der Gesetze, gingen über diese allerdings auch nicht hinaus, indem sie etwa zu einer noch restriktiveren Anwendung kamen. Genau durch diese überkommene Auslegung und mit ihrer in den Wertungen rückwärtsgewandten Argumentation im Rahmen der verfassungskonformen Auslegung aber bewegten sich diese Urteile nach den damaligen rechtlichen Rahmenbedingungen an der Grenze des dogmatisch noch Vertretbaren. Den seit Bestehen der Bundesrepublik in Bezug auf das politische Teilhabrecht der Versammlungsfreiheit geänderten gesellschaftspolitischen und verfassungsrechtlichen Verhältnissen trugen die Richter mit dieser Rechtsprechung und Rechtsanwendung nicht Rechnung. Sie setzten dem Demonstrationsrecht vielmehr Grenzen, sowohl strafrechtliche als auch zivilrechtliche, die die Betonung auf den Staat und obrigkeitsstaatliche Aspekte legten und damit tatsächlich ganz auf der Linie der konservativen politischen Kräfte lagen.

Es ist davon auszugehen, dass es sich bei dieser Art der Auslegung um eine bewusste Entscheidung der Richter gegen eine freiheitlich verstandene Versammlungsfreiheit handelte und sie somit ihren persönlichen Wertvorstellungen über das Demonstrationsrecht Geltung verschafften. Zwar zählten die Richter der Obergerichte vorwiegend zu den älteren Jahrgängen und nur einige von ihnen waren im Jahr 1968 erst Ende der zwanziger Jahre des letzten Jahrhunderts geboren.[885] So war

---

[885] Vgl. dazu Handbuch der Justiz zur Besetzung der Gerichte 1968.

der Präsident des 2. Strafsenates des BGH *Baldus* Anfang des letzten Jahrhunderts geboren und hatte seine (juristische) Sozialisation noch zur Zeit der Weimarer Republik erfahren. Man könnte diesen Richtern insofern zu Gute halten, dass sie die seit Bestehen des Grundgesetzes erforderliche verfassungskonforme Auslegung mit den entsprechenden Wertungskriterien noch nicht verinnerlicht hatten, insoweit ihre Rechtsprechung eher dogmatische und methodische Unzulänglichkeit als bewusste Willkür war. Dagegen spricht allerdings zum einem, dass der Richter bei der Auslegung der Gesetze in der Wahl seiner Methode grundsätzlich frei ist[886], er sich also bewusst gegen eine Methode entscheiden und dementsprechend zu anderen Ergebnissen kommen kann. Zum anderen spricht dagegen, dass Richter des gleichen Alters, wie etwa der Präsident des OLG Frankfurt *Staff*, sich methodisch und inhaltlich in völlig anderer Wertung mit dem Demonstrationsrecht befassten.

Entgegen der gängigen Vermutung stimmt allerdings mehrheitlich das Bild der Handhabung des Demonstrationsrechtes durch Rechtswissenschaft und Rechtsprechung im Verwaltungsrecht, im Strafrecht als auch im Zivilrecht, das sich aus den großen juristischen Publikationsorganen ergibt, mit dem politischen Urteil der Studenten nicht überein.

Vielmehr vollzogen die Juristen bei der Anwendung des Demonstrationsrechtes im Rahmen der verfassungskonformen Auslegung die gesellschaftlichen und politischen Umbrüche der sechziger Jahre nach: es wurde nicht für die Bewahrung des gesellschaftspolitischen Status quo argumentiert, sondern für die öffentliche Auseinandersetzung, die offene, gesamtgesellschaftliche Austragung der politischen Konflikte. Die rechtsgeschichtliche Betrachtung der Versammlungsfreiheit ergibt, dass zur Zeit der Studentenproteste in der rechtlichen Auseinandersetzung mit diesem Grundrecht eine qualitative Änderung der Staatsauffassung zu verzeichnen ist. In der Auseinandersetzung mit der Versammlungsfreiheit kamen die Juristen ab von der Überbetonung des Staates, durch ihre Gesetzesanwendung war die Versammlungsfreiheit nicht mehr ein nur theoretisch anerkanntes politisches Teilhaberecht. Dabei bestand allerdings mehrheitlich die Tendenz, das politische Teilhaberecht als reines Kommunikationsgrundrecht auszugestalten. Das Demonstrationsrecht sollte nicht zu einem politischen Handlungsinstrument werden, das es ermöglichte, eine vertretene Meinung auch im Ergebnis durchzusetzen. Die „Demonstrationsblockade" wurde nicht als legitimes politisches Handlungsmittel anerkannt.

---

[886] Vgl. dazu Hassemer, Rechtssystem und Kodifikation, in: Kaufmann/Ders. (Hrsg.), Einführung in die Rechtsphilosophie und Rechtstheorie der Gegenwart, 1977, S. 72 ff., 84 f.; vgl. dazu auch R. Schröder schon für die Methodendiskussion um die Jahrhundertwende, Die deutsche Methodendiskussion um die Jahrhundertwende, Rechtstheorie 19 (1988), S. 323 ff., S. 366.

Einige Rechtswissenschaftler als auch Richter der Untergerichte gestalteten die Versammlungsfreiheit in einem über dieses Maß hinausgehenden Umfang aus. Zum Teil handelte es sich bei den Rechtswissenschaftlern um engagierte Teilnehmer an der theoretischen Debatte über den eigenen Berufsstand. Bei ihnen blieb es nicht bei den abstrakten Äußerungen losgelöst von der Ebene des materiellen Rechts. Vielmehr setzten sie in der konkreten Anwendung und Auslegung des Demonstrationsrechtes ihr Verständnis über das Recht und den Rechtsanwendenden praktisch um. Nach Auffassung dieser Juristen sollte die Versammlungsfreiheit ein politisches Mitbestimmungsrecht sein, also ein Instrumentarium mit dem die Meinung einer gesellschaftlichen Gruppe mittels konkreter Druckausübung auch durchgesetzt werden können sollte. Dabei verließen die Diskutanten mit ihrer politischen Argumentationsführung teilweise den systemimmanenten rechtlichen Rahmen und kamen mit ihren Positionen den studentischen Anliegen sehr nah. Da sie ihre Abwägungen allein an den Studentendemonstrationen ausrichteten und somit sehr ergebnis- und parteiorientiert vorgingen, ist eine Gesinnungsjurisprudenz im Sinne der Studenten nicht von der Hand zu weisen.

8 Literaturverzeichnis

Abendroth, Wolfgang: Zusätzliche Notstandsermächtigungen? Das Problem der Grundgesetzänderung I und II, Frankfurter Hefte, Nr. 3 und 4, 1962, S. 155 ff. und 244 ff.

Abendroth, Wolfgang/Clarsfeld, v., Schnorr: Die Berechtigung gewerkschaftlicher Demonstrationen für die Mitbestimmung der Arbeitnehmer in der Wirtschaft. Zwei Rechtsgutachten herausgegeben vom Bundesvorstand des DBG, 1953

Agnoli, Johannes: Thesen zur Transformation der Demokratie und zur außerparlamentarischen Opposition, Neue Kritik, Nr. 47, 1968, S. 24 ff.

Albrecht, Willy: Der Sozialistische Deutsche Studentenbund (SDS): Vom parteikonformen Studentenverband zum Repräsentanten der neuen Linken, Bonn 1994

Allerbeck, Klaus: Soziologie radikaler Studentenbewegungen. Eine vergleichende Untersuchung in der Bundesrepublik Deutschland und den Vereinigten Staaten, München und Wien 1973

Anschütz, Gerhard: Die Verfassung des Deutschen Reiches vom 11. August 1919, 2. und 14. Auflage, Berlin 1921 und 1933

Arndt, Adolf: Das nichterfüllte Grundgesetz, Recht und Staat, Band 224, 1960, S. 3 ff.

Ders.: Das Wesen des Landfriedensbruchs, ZStW 53, 216 (1933)

Ders.: Der Jurist in unserer Zeit, Recht und Politik 1966, S. 4 ff.

AStA der Freien Universität (Hrsg.): Von der Freien zur Kritischen Universität. Geschichte der Krise an der Freien Universität, 2. Auflage, Berlin, 1968

Autorenkollektiv: Welche praktische Solidarität erfordert die Konfrontation mit der Justiz?, Neue Kritik, Nr. 51/52, 1969, S. 10 ff.

Aust, Stefan: Der Baader Meinhoff Komplex, Hamburg 1998

Bahman, Nirumand: Persien, Modell eines Entwicklungslandes oder die Diktatur der Freien Welt, Reinbek bei Hamburg 1967

Baumann, Jürgen/Frosch, Hartmut: Der Entwurf des dritten Strafrechtsänderungsgesetzes, JZ 1970, S. 113 ff

Baumann, Jürgen: Ordnung und Unordnung, ZRP 1969, S. 34 ff.

Ders.: Der Schutz des Gemeinschaftsfriedens, ZRP 1969, S. 85 ff.

Bäumen, Heinz: Sinn und Grenzen der Vereins- und Versammlungsfreiheit, 1955

Bauss, Gerhard: Die Studentenbewegung der sechziger Jahre in der BRD und West-Berlin. Handbuch, 2. Auflage, Köln 1983

Bayer, Hermann-Wilfried: Staatsbesuch und politische Demonstration, DöV 1968, S. 709 ff.

Behnken, Klaus/Reiner, Geulen/Knapp, Udo/Wolff, Reinhard: Revolutionäre Disziplin, Zur Organisation einer radikalen sozialistischen Opposition, Konkret, Heft 8/1969, S. 16 ff.

Benda, Ernst: Die Notstandsverfassung, München/Wien 1968

Ders.: Notstandsverfassung und Arbeitskampf, Berlin 1963

Bender, Gerd: Rechtssoziologie in der alten Bundesrepublik. Prozesse, Konturen, Zäsuren, in: Simon, Dieter (Hrsg.), Rechtswissenschaft in der Bonner Republik, 1. Auflage, Frankfurt am Main 1994, S, 100 ff.

Benneter, Klaus-Uwe: Februar 1968. Tage die Berlin erschütterten, Frankfurt am Main 1968

Bergmann, Uwe/Dutschke, Rudi/Lefevre, Wolfgang/Rabehl, Bernd: Rebellion der Studenten oder Die neue Opposition, Reinbeck bei Hamburg 1968

Bericht der Günther-Komission: BT V/1950, Bonn 1968

Berlit, Jan-Wolfgang: Provokation im Gerichtssaal, DRiZ 1969, S. 73

Berra, Xaver: Im Paragraphenturm, Neuwied 1966

Binding, Karl: Grundriss des Gemeinen Deutschen Strafrechts, 5. Auflage, Leipzig 1897

Birtsch, Günter (Hrsg.): Grund- und Freiheitsrechte im Wandel von Gesellschaft und Geschichte. Beiträge zur Geschichte der Grund- und Freiheitsrechte vom Ausgang des Mittelalters bis zur Revolution von 1848, Veröffentlichungen zur Geschichte der Grund- und Freiheitsrechte, Band I, Göttingen 1981

Ders. (Hrsg.): Grund- und Freiheitsrechte von der ständischen zur spätbürgerlichen Gesellschaft, Veröffentlichungen zur Geschichte der Grund- und Freiheitsrechte, Band II, Göttingen 1987

Blanke, Thomas/ Sterzel Dieter: Demonstrationsfreiheit - Geschichte und Demokratische Funktion, Kritische Justiz, 1981, S. 347 ff.

Blasius, Dirk: Geschichte der politischen Kriminalitäten in Deutschland 1800 - 1980, Frankfurt am Main 1989

Bluem, Burkhard: Mißlungene Proben des akademischen Proletariats für den aufgeschobenen Aufstand, abgedruckt in: Kraushaar, Wolfgang: Frankfurter Schule und Studentenbewegung: von der Flaschenpost zum Molotowcocktail 1946 - 1995, Band 2 Dokumente, Hamburg 1998

Böll, Heinrich: Nachtrag zum Notstand. Zersetzen, Zersetzen, Zersetzen, Konkret, Heft Nr. 10, 1968, S. 39 ff.

Bonner Kommentar: Kommentar zum Bonner Grundgesetz, Zweitbearbeitung, Hamburg 1950 ff., 1964

Börnsen, Gert: Die Außerparlamentarische Opposition im Konflikt mit der etablierten Obrigkeit, in: Hans Schoeps/Christoph Dannemann (Hrsg.): Die rebellischen Studenten, München 1968, S. 77 ff.

Botur, Andre: Privatversicherung im Dritten Reich. Zur Schadensabwicklung nach der Reichskristallnacht unter dem Einfluß nationalsozialistischer Rassen- und Versicherungspolitik, Berlin 1995

Bracher, Karl-Dietrich: Wird Bonn doch Weimar? in: Der Spiegel vom 13.6.1967, S. 60 ff.

Ders.: Staatsbegriff und Demokratie in Deutschland, Politische Vierteljahresschrift (PVS) 1968, S. 2 ff.

Brand, Karl Werner/Büsser, Detlef/Rucht, Dieter: Aufbruch in eine andere Gesellschaft: neue soziale Bewegungen in der Bundesrepublik, Frankfurt am Main 1986

Brentano v., Margarita: Privilegierter Protest?, in: Hans Gerd Schumann (Hrsg.), Die Rolle der Opposition in der Bundesrepublik Deutschland, Darmstadt 1976

Brünneck v., Alexander: Politische Justiz gegen Kommunisten von 1949 bis 1968, Frankfurt am Main 1972

Buchholz, Martin: Die Strategie der Angst in Berlin, Pardon, Nr. 3, 1968, S. 20

Bundsminister des Inneren (Hrsg.): Analysen zum Terrorismus, Opladen 1981

Bundeszentrale für politische Bildung: Freiheit und Sicherheit. Die Demokratie wehrt sich gegen den Terrorismus, Bonn 1979

Burichter, Clemens: Kritisches zur Außerparlamentarischen Opposition, in: Hans Schoeps/Christoph Dannemann (Hrsg.), Die rebellischen Studenten, München 1968, S. 68 ff.

Büttner, Werner: Richter und Politik, ZRP 1969, S. 53 ff.

Chausy, Rüdiger: Keine Story. Studentenunruhen in München. Zwei Menschen sterben. Sie wurden nie ein großer Fall für die Medien, taz Ostern 1998, S. 18

Cohn-Bendit, Dany/Mohr, Reinhard: 1968. Die letzte Revolution die noch nichts vom Ozonloch wußte, Berlin 1988

Dahrendorf, Ralf: Deutsche Richter, in: Dahrendorf, Ralf, Gesellschaft und Freiheit, München 1961

Delius, Hans: Art. 123, in: Nipperdey, Hans Karl, Die Grundrechte und Grundpflichten der Reichsverfassung, Kommentar zum 2. Teil der Reichsverfassung, Berlin 1929 - 1930

Denninger, Erhard: Demonstrationsfreiheit und Polizeigewalt, ZRP 1968, S. 42 ff.

Ders.: 12 Thesen zur Demonstrationsfreiheit, DRiZ 1969, S. 70 ff.

Ders.: Polizei und demokratische Politik, JZ 1970, S. 145 ff.

Deutscher Richterbund, Landesverband Hessen: Demonstrationsfreiheit, Strafrecht und Staatsgewalt. Informationstagung für Richter und Staatsanwälte, Bad Homburg 1968

Diederichsen, Uwe/Marburger, Peter: Die Haftung für Demonstrationsschäden, NJW 1970, S. 777 ff.

Dietel, Alfred/ Gintzel, Kurt: Demonstrations- und Versammlungsfreiheit, Kommentar zum Gesetz über Versammlungen und Aufzüge vom 24. Juli 1953, Köln u.a. 1. Auflage 1968 und 2. Auflage 1969

Dietel, Alfred/Gintzel, Kurt/Küchenhoff, Erich/Plitt, Werner: Demonstrationen. Aufruhr oder Element der Demokratie?, Bonn 1969

Dietel, Alfred: Ermessensschranken bei Eingriffen in das Versammlungs- und Demonstrationsrecht, DVBl 1969, S. 569 ff.

Dietrich, Eckart: Notstandsübung, in: Grossmann, Heinz/Negt, Oskar, Die Auferstehung der Gewalt. Springerblockade und politische Reaktion in der Bundesrepublik, Frankfurt am Main, 1968, S. 42 ff.

Doemming v., Klaus-Berto/Füßlein, Rudolf/Matz, Werner: Entstehungsgeschichte der Artikel des Grundgesetzes, JöR 1951, S. 42 ff.

Dreher, Eduard: Das 3. Strafrechtsreformgesetz und seine Probleme, NJW 1970, S. 1153 ff.

Drews, Bill: Allgemeine und politische Polizei. Kommentar zu den Vorschriften über allgemeines Polizei-, Vereins-, Versammlungs-, Presse- und Lichtspielrecht, Republikschutz- und Ausnahmerecht, Berlin 1932

Dutschke, Rudi: Geschichte ist machbar, Berlin 1980

Dutschke-Klotz, Gretchen/Jürgen Miermeister/Jürgen Treulieb: Rudi Dutschke. Die Revolte, Reinbek bei Hamburg 1983

Düx, Henry: Zivilurteile als Disziplinierungsmittel, Kritische Justiz 1969, S. 397 ff.

Ebert, Theodor. Direkte Aktion in formalen Demokratien, in: Schoeps, Christoph/ Dannemann, Hans: Die rebellischen Studenten, München 1968, S. 124 ff.

Eckart, Dietrich: Notstandsübung, in: Großmann, Heinz/Negt, Oskar: Die Auferstehung der Gewalt. Springerblockade und politische Reaktion in der Bundesrepublik, Frankfurt am Main 1968

Ecker, Walther: Das Recht wird in und mit der Auslegung, JZ 1969, S. 477 ff.

Ehls, Marie-Luise: Protest und Propaganda. Demonstrationen in Berlin zur Zeit der Weimarer Republik, Berlin 1997

Eilsberger, Rupert: Die Kölner Straßenbahnblockade - BGH NJW 1969, 1772, JuS 1970, S. 164 ff.

Ellwein, Thomas: Das Regierungssystem der Bundesrepublik, 2. Auflage, Köln, Opladen 1965

Ders.: Krisen und Reformen. Die Bundesrepublik seit den sechziger Jahren, München 1989

Ender, Karl: Zur erneuten Reform des Haftungsrechts - insbesondere zur Vorbeugungshaft, NJW 1969, S. 867 ff.

Enderling, Günter: Gesetz über Versammlungen und Aufzüge (Versammlungsgesetz) mit allen einschlägigen Nebengesetzen, Stuttgart und Köln 1953

Enzensberger, Hans Magnus (Hrsg.): Der nicht erklärte Notstand, Kursbuch 12, 1968

Erdsieck, Gerhard: Die gewalttätige Demonstration im Rechtsstaat, FAZ Nr. 189 vom 18.8.1969, S. 2

Eschke, Dieter: Autoritätskrise in der Justiz, ZRP 1969, S. 235

Fichter, Tilman/Lönnendonker, Siegward: Kleine Geschichte des SDS. Der Sozialistische Deutsche Studentenbund von 1946 bis zu seiner Selbstauflösung, Berlin 1977

Fischer, Erwin: Deine Rechte im Staat. Eine gemeinverständliche Darstellung der Grundrechte, Frankfurt am Main, Berlin, 9. Auflage 1958.

Flechtheim, Ossip K.: Die Neue Linke in der Neuen Welt, Frankfurter Hefte 18 (1963), S. 148 ff.

Forsthoff, Ernst: Rechtsstaat im Wandel, Stuttgart 1964

Forsthoff/Hueck: Die politischen Streikaktionen des DGB anlässlich der parlamentarischen Beratung des BVG in ihrer verfassungs- und zivilrechtlichen Bedeutung. Zwei Rechtsgutachten, Schriftenreihe der BDA, Heft 6, 1952

Franssen, Eberhardt: Positivismus als juristische Strategie, JZ 1969, S. 766 ff.

Friedeburg v., Ludwig, u.a.: Freie Universität und politisches Potential der Studenten. Über die Entwicklung des Berliner Modells und den Anfang der Studentenbewegung in Deutschland, Neuwied und Spandau, 1968

Friesenhahn, Ernst: Der Richter in unserer Zeit, DRiZ 1969, S. 169 ff.

Frowein, Jochen Abr.: Versammlungsfreiheit und Versammlungsrecht, NJW 1969, S. 1081 ff.

Füßlein, Rudolf: Vereins- und Versammlungsfreiheit, in: Neumann, Franz/Nipperdey, Hans Carl/Scheuner, Ulrich (Hrsg.): Die Grundrechte, Band II, Berlin 1954, S. 425 ff.

Ders.: Versammlungsgesetz. Ein Erläuterungsbuch, Berlin und Frankfurt a.M. 1954

Ders.: Rechtliche Probleme des Versammlungsgesetzes, DVBl 1954, S. 553 ff.

Gast, Wolfgang: Freispruch trotz erwiesener Tötung, taz vom 31.5/1.6.1997, S. 4.

Gelhausen, Walter: Die große Justizreform hat schon begonnen!, DRiZ 1967, S. 145 ff.

Gilcher-Holtey, Ingrid: Prolog, in: dieselbe (Hrsg.): 1968 - vom Ereignis zum Gegenstand der Geschichtswissenschaft, Göttingen 1998, S. 7 ff.

Glaser, Hermann: Deutsche Kultur. Ein historischer Überblick von 1945 bis zur Gegenwart, 2. Auflage, Bonn 2000

Glaser, Michael: 2000 Chefideologen. Nachspiel zu den Senghor-Demonstrationen anläßlich der 68er Buchmesse, Konkret, Heft Nr. 23, 1969, S. 51

Goehrke, Fritz: Das Reichsvereinsgesetz vom 19. April 1908, Dortmund 1908

Gottwald, Stefan: Das allgemeine Persönlichkeitsrecht. Ein zeitgeschichtliches Erklärungsmodell, Berlin 1996

Götz, Volkmar: Die Sorge für die öffentliche Sicherheit und Ordnung, in: Deutsche Verwaltungsgeschichte, Band 5, Die Bundesrepublik Deutschland, Stuttgart 1984

Grebing, Helga: Volksrepräsentation und identitäre Demokratie, Politische Vierteljahresschrift, Nr. 13, 1972, S. 162 ff.

Grimm, Dieter: Recht und Politik, JuS 1969, S. 501 ff.

Ders.: Deutsche Verfassungsgesichte 1776-1866, 1. Auflage, Frankfurt am Main 1988

Gross, Johannes: Die Deutschen, Frankfurt am Main 1967

Grosser, Alfred: Die Bonner Demokratie. Deutschland von Draußen gesehen, Düsseldorf 1960

Ders.: Die Bundesrepublik Deutschland. Bilanz einer Entwicklung, Stuttgart 1967

Grossmann, Heinz/Negt, Oskar (Hrsg.): Die Auferstehung der Gewalt. Springer-Blockade und politische Reaktion in der BRD, Frankfurt am Main 1968

Gröttrup, Hendrik: Demonstrationsverbot und vorläufiger Rechtsschutz, DVBl. 1969, S. 579 ff.

Guradze, Heinz: Demonstrationsfreiheit und Polizeigewalt, ZRP 1969, S. 6 f.

Habermas, Jürgen: Strukturwandel der Öffentlichkeit, Berlin und Neuwied 1962

Hamann, Andreas: Das Grundgesetz für die Bundesrepublik Deutschland vom 23. Mai 1949, 2. Auflage, Berlin 1961

Hannover, Heinrich: Demonstrationsfreiheit als demokratisches Grundrecht, KJ 1968, S. 52 ff.

Hardtwig, Wolfgang: Deutsche Verwaltungsgeschichte, Stuttgart 1987

Ders.: Politische Gesellschaft und Verein zwischen aufgeklärtem Absolutismus und der Grundrechtserklärung der Frankfurter Paulskirche, in: Birtsch, Günter: Grund- und Freiheitsrechte im Wandel von Gesellschaft und Geschichte, Band I, S. 336 ff.

Hartung, Klaus: Versuch, die Krise der antiautoritären Bewegung wieder zur Sprache zu bringen, Kursbuch 48/1977, S. 20 ff.

Hassemer, Winfried: Strafrechtsdogmatik und Kriminalpolitik, Reinbek bei Hamburg 1974

Ders.: Rechtssystem und Kodifikation, in: Kaufmann/Ders. (Hrsg.), Einführung in die Rechtsphilosophie und Rechtstheorie der Gegenwart, Heidelberg und Karlsruhe 1977, S. 72 ff.

Hattenhauer, Hans: Die geistesgeschichtlichen Grundlagen des deutschen Rechts, 4. Auflage, Heidelberg 1996

Hearing des Bundestages: (Sonderausschuß für Strafrechtsreform), Bonn, 12. und 13. Januar 1970, Bundestagsdrucksache, S. 96 ff.

Heinitz, Ernst: Nötigung, Aufruhr und Landfriedensbruch bei Streikausschreitungen, JR 1956, S. 3 ff.

Hennis, Wilhelm: Die Rolle des Parlaments und die Parteiendemokratie, in: Richard Löwenthal/Hans-Peter Schwarz, Die zweite Republik, 25 Jahre Bundesrepublik Deutschland – eine Bilanz, Stuttgart 1974, S. 203 ff.

Hermann, Kai Die Revolte der Studenten, Hamburg, 1967

Ders.: Wie sich das angebahnt hat, in „Die Zeit" vom 16. Juni 1967, in: Dönhoff, Marion/Schmid, Helmut/Sommer, Theo (Hrsg.): Zeit - Geschichte der Bonner Republik 1949-1999, Reinbek bei Hamburg 1999, S. 242 ff.

Ders.: Die Polizeischlacht von Berlin, Die Zeit, Nr. 23, 9.6.1967

Herzog, Roman: Die Einschränkung der Versammlungsfreiheit durch Gesetzgebung und Verwaltung, BayVBl 1968, S. 77 ff.

Ders.: Art. 8, in: Maunz, Theodor/Dürig, Günter: Das Bonner Grundgesetz Lieferung 9, München 1968

Hesse, Konrad: Bestand und Bedeutung der Grundrechte in der Bundesrepublik Deutschland, EuGRZ 1978, S. 427

Ders.: Ausnahmezustand und Grundgesetz, DöV 1955, S. 741 ff.

Ders.: Grundfragen einer verfassungsmäßigen Normierung des Ausnahmezustandes, JZ 1960, S. 105 ff.

Hildebrand, Klaus: Geschichte der Bundesrepublik Deutschland. Von Erhard zur Großen Koalition 1963-1969, Band 4, Stuttgart 1984

Hoch , Wolfgang: Rechtsfragen bei Spontanversammlungen, JZ 1969, S. 18 ff.

Hoffmann, Wolfgang: Inhalt und Grenzen der Demonstrationsfreiheit nach dem Grundgesetz, JuS 1967, S. 393 ff.

Hofmann, Werner: Die Krise des Staates und das Recht, Kritische Justiz 1968, S. 1 ff

Huber, Ernst-Rudolf: Deutsche Verfassungsgeschichte, Band VI, Stuttgart u.a. 1981

Huhn, Dieter: Gesetz und Recht, DRiZ 1967, S. 340 ff.

Interview mit Bahrman Nirumand: taz vom 31.5/1.6.1997, S. 5

Interview mit Jürgen Seifert: taz vom 18/19.4.1998, S. 2

Janknecht, Hans: Verfassungs- und strafrechtliche Fragen zu „Sitzstreiks", Sonderdruck aus Goldtammers Archiv für Strafrecht, 1969, S. 33 ff.

Janssen, Karl-Heinz: Neue Linke - Aufbruch in die Sackgasse?. Der SDS, die aktivste und stärkste politische Studentengruppe in der Bundesrepublik, die „Zeit" vom 9. September 1966, in: Dönhoff, Marion/Schmid, Helmut/Sommer, Theo: Zeit - Geschichte der Bonner Republik 1949-1999, Reinbek bei Hamburg 1999, S. 217 ff.

Jaspers, Karl: Wohin treibt die Bundesrepublik?, München 1966

Jeschek, Hans-Heinrich/Ruß, Wolfgang/Willms, Günter Leipziger Kommentar, 8. Auflage und 10. Auflage, Berlin 1957 und 1989

Joachim, Hans G.: Politisches Engagement des Richters, Recht und Politik 1968, S. 9 ff.

Ders.: Kritik und Selbstkritik der Richter, Kritische Justiz 1968, S. 22 ff.

Juchler, Ingo: Die Studentenbewegungen in den Vereinigten Staaten und der Bundesrepublik Deutschland der sechziger Jahre, Diss., Berlin 1996

Kaiser, Eberhard: Demonstrationstäter und Amnestie, ZRP 1970, S. 51 ff.

Kaiser, Günther: Randalierende Jugend. Eine soziologische und kriminologische Studie über die sogenannten „Halbstarken", Heidelberg 1959

Kaupen, Wolfgang/Rasehorn, Theo: Die Justiz zwischen Obrigkeitsstaat und Demokratie, Neuwied und Berlin 1971

Kaupen, Wolfgang: Der Jurist als Behüter oder als Gestalter der Gesellschaft, Recht und Politik 1970, S. 112 ff.

Ders.: Die Hüter von Recht und Ordnung, Neuwied und Berlin 1969

Kempfes, Dorothea: Baader und Herold. Beschreibung eines Kampfes, Berlin 1997

Keller, : Die neue Entwicklung des strafrechtlichen Gewaltbegriffs in der Rechtsprechung, JuS 1984, S. 109 ff.

Kinnigkeit, Willi: Eine rote Laus im Pelz des Bären?, Süddeutsche Zeitung vom 9.2.1966

Ders.: Aus der TU Rufe nach Gewalt, „Süddeutsche Zeitung" vom 16. April 1968, S. 3

Kirchheimer, Otto: Funktionen des Staates und der Verfassung. 10 Analysen, Auflage 1972, Frankfurt am Main

Ders.: Politische Justiz: Verwendung juristischer Verfahrensmöglichkeiten zu politischen Zwecken, Frankfurt am Main 1981

Klein, Hans: Zur Auslegung des Rechtsbegriffs der „öffentlichen Sicherheit und Ordnung" DVBl. 1971, S. 233 ff.

Ders.: Überlegungen zur Verfassungsmäßigkeit der „einfachen" Notstandsgesetze, DB 1967, S. 297 ff.

Kleinknecht, Thomas: Die Polizei im gesellschaftlichen Diskurs. ′68er‵-Demonstrationen als Motor polizeilicher Bildungsarbeit. Das westfälische Beispiel, Westfälische Forschungen, 48/1998, S. 311 ff.

Kleßmann, Christoph: 1968 – Studentenrevolte oder Revolution, in: Manfred Hettling: Revolution in Deutschland? 1789 – 1989, S. 90 ff.

Kloepfer, Michael: Versammlungsfreiheit, in Isensee, Josef/Kirchhof, Paul (Hrsg.): Handbuch des Staatsrechts, Band VI, Heidelberg 1989, S. 739 ff.

Klug, Ulrich: Rechtsstaatswidrige Vorbeugehaft, ZRP 1969, S. 1 ff.

Ders.: Tagung des Landesverbandes Hessen des Deutschen Richterbundes, ZRP 1968, S. 18 f.

Klughardt, Werner: Die Gesetzgebung zur Bekämpfung des Terrorismus aus strafrechtlich- soziologischer Sicht, München 1984

Knoche, Wolfgang: Zum strafrechtlichen Schutz des öffentlichen Friedens, in: Wassermann, Rudolf (Hrsg.): Justizreform, Neuwied und Berlin 1970, S. 165 ff.

Knorr, Lorenz: Geschichte der Friedensbewegung in der Bundesrepublik, Köln 1983

Koenen, Gerd: Das rote Jahrzehnt. Unsere kleine deutsche Kulturrevolution 1967-1977, Köln 2001

Kogon, Eugen: Die Funktion des Antikommunismus in der Bundesrepublik, in: Peace Education Division des American Friends Service Committe (Hrsg.), Anatomie des Antikommunismus, Freiburg 1970

Köhler, Otto: Störenfriede ausmerzen, in: „Der Spiegel", Nr. 4/1967

Kollhosser, Manfred: Haftung für Demonstrationsschäden, JuS 1969, S. 510 ff.

Kramer, Ernst: Der Kampf um die Rechtswissenschaft, ZRP 1970, S. 82 ff.

Kraushaar, Wolfgang: Autoritärer Staat und Antiautoritäre Bewegung, in: Ders. (Hrsg.): Frankfurter Schule und Studentenbewegung: von der Flaschenpost zum Molotowcocktail 1946 - 1995, Band 3 Aufsätze und Kommentare, Hamburg 1998

Ders.: Die Protestchronik 1949 - 1959. Ein illustrierte Geschichte von Bewegung, Widerstand und Utopie, 4 Bände, Hamburg 1996

Kreutziger, Stefan: Die Haftung von Mittätern, Anstiftern und Gehilfen im Zivilrecht, 1985

Kreuzer, Arthur: Urteilsanmerkung zu OLG Celle, abgedruckt in NJW 1970, S. 206, NJW 1970, S. 670

Kriele, Martin: Antijustizkampagne - Was Tun ?, ZRP 1969, S. 38 ff.

Ders.: Politische Funktionalisierung des Rechts?, ZRP 1969, S. 145 ff.

Ders.: Zur Geschichte der Grund- und Menschenrechte, in: Festschrift für Hans Ulrich Scupin, Berlin 1973, S. 187 ff.

Krohn, Michael: Die gesellschaftlichen Auseinandersetzungen um die Notstandsgesetze, Köln 1981

Krockow, Graf v., Christian: Staatsideologie oder demokratisches Bewusstsein, die deutsche Alternative, Politische Viertel Jahresschrift, Nr. 6, 1965, S. 118 ff.

Kübler, Friedrich: Amt und Stellung des Richters in der Gesellschaft von morgen, DRiZ 1969, S. 379 ff.

Küchenhoff, Erich: Die geistesgeschichtliche Entwicklung der Vereins- und Versammlungsfreiheit; in: Vereinigungs- und Versammlungsfreiheit, Schriftenreihe der Niedersächsischen Landeszentrale für politische Bildung, Hannover 1966

Kuhlmann, Werner: Moderne Gesellschaft – Moderne Polizei. Reden, Aufsätze, Kommentare, Hilden 1969

Külz, Helmut: Neue gerichtliche Verhandlungsformen. Gedanken zur Hoheit der Gerichte, Recht und Politik 1968, S. 111 ff.

Kürschers: Deutscher Gelehrtenkalender, Berlin u.a., 1976

Langhans, Rainer/Teufel, Fritz: „Strafprozeßordnung", Anweisung der Kommune I für Angeklagte bei bürgerlichen Gerichten, Edition Voltaire 1968

Lautmann, Rüdiger: Soziologie und Rechtswissenschaft, in: Grimm, Dieter (Hrsg.): Rechtswissenschaft und Nachbarwissenschaften, 2. Auflage, München 1976

Laun, Veit: Das Grundgesetz Westdeutschlands, 2. Auflage, Hamburg 1953

Leggewie, Klaus: 1968 – Ein Laboratorium der nachindustriellen Gesellschaft? Zur Tradition der antiautoritären Revolte seit den sechziger Jahren, Aus Politik und Zeitgeschichte, Nr. 20, 1988, S. 3 ff.

Lehmann, Hans Georg: Chronik der Bundesrepublik Deutschland 1945/49 bis heute, 3. Auflage, München 1989

Leibholz, Gerhard: Parteienstaat des Bonner Grundgesetzes, Recht, Staat, Wirtschaft, Band III, 1951, S. 99 ff.

Ders.: Demokratie und Rechtsstaat, Schriftenreihe der Niedersächsischen Landeszentrale für politische Bildung, 1961

Ders.: Strukturprobleme der modernen Demokratie, Karlsruhe 1967

Leverenz, Bernhard: Das Bild des Richters von morgen, DRiZ 1967, S. 115 ff.

Link, Christoph: Herrschaftsordnung und bürgerliche Freiheit, Wien 1979

Löwenthal, Richard: Der romantische Rückfall, Stuttgart 1970

Ders.: Prolog: Dauer und Verwandlung, in: ders./Schwarz, Hans-Peter (Hrsg.): Die zweite Republik. 25 Jahre Bundesrepublik Deutschland – eine Bilanz, 2. Auflage, Stuttgart 1974

Lübbe, Hermann: Der Mythos der „kritischen Generation“. Ein Rückblick, Aus Politik und Zeitgeschichte, Nr. 20, 1988, S. 17 ff.

Mangoldt v., Hermann: Das Bonner Grundgesetz, Berlin und Frankfurt am Main, 1953

Mangoldt v., Hermann/Klein, Friedrich: Das Bonner Grundgesetz, Berlin und Frankfurt am Main 1954 ff.

Mania, Thomas: Jugend, Protest, Kultur, in: Begleitbuch zur gleichnamigen Wanderausstellung des Westfälischen Museumsamtes, Münster, Landschaftsverband Westfalen-Lippe, Münster 1999, S. 7 ff.

Maul, Heinrich: Demonstrationsrecht und allgemeine Strafbestimmungen, JR 1970, S. 81 ff.

Maunz, Theodor: Deutsches Staatsrecht, 5. Auflage, München und Berlin 1956

Maurach, Reinhard: Strafrecht, Besonderer Teil, 2., 3., 4. und 5. Auflage, Karlsruhe und Heidelberg 1956, 1959, 1964 und 1969

Mayer-Maly, Theo/Simsons (Hrsg.): Das Naturrechtsdenken heute und morgen, 1983

Mayer-Maly, Theo: Die politische Funktion der Rechtsprechung in einer pluralen Gesellschaft, DRiZ 1971, S. 325 ff.

Ders.: Brauchen wir eine politische Rechtstheorie? ZRP 1970, S. 265 ff.

Merten, Detlef: Demonstrationen unter dem Gesetz, Schriften der Bundeszentrale für politische Bildung, Bonn 1969, S. 55 ff.

Ders.: Gedanken zur Demonstrationsfreiheit, MDR 1968, S. 621 ff.

Ders.: Haftungsprivileg für Demonstrationstäter?, NJW 1970, S. 1625 ff.

Mezger, Edmund, fortgeführt von Blei, Hermann: Strafrecht, II. Besonderer Teil, 6. Auflage 1958, 8. Auflage 1964, 9. Auflage 1966, München und Berlin

Mosler, Peter: Was wir wollten, was wir wurden. Studentenrevolte - 10 Jahre danach, Reinbek bei Hamburg 1977

Müller, Ingo: Furchtbare Juristen, München 1989

Müller, Klaus: Zum „Spiegelbild" des Juristen, ZRP 1969, S, 223 ff.

Müller-Emmert, Adolf: Die Reform der Vorschriften über den Gemeinschaftsfrieden, ZRP 1970, S. 1 ff.

Mündemann, Tobias: Die 68er ... und was aus ihnen geworden ist, München 1988

Negt, Oskar: Der Großeinsatz ist ihre Stunde, Pardon, Juli 1967, Nr. 7, S. 12

Negt, Oskar: Gesellschaft und Gesellschaftsbewußtsein der wirtschaftlichen und militärischen Führungsschichten. Zur Ideologie der autoritären Leistungsgesellschaft, in: Schäfer, G./Nedelmann, C.(Hrsg.): Der CDU - Staat. Analysen zur Verfassungswirklichkeit in der Bundesrepublik, II, Frankfurt am Main 1969

Neidhard, Hans: Der Richter im Urteil der deutschen Öffentlichkeit, DRiZ 1969, S. 316 ff.

Nell-Breuning v., Oswald: Streit um Mitbestimmung, Frankfurt am Main, 1968

Neubauer, Franz: Notstandsgesetze, in: Drechsler, Hanno/Hilligen, Wolfgang/Ders. (Hrsg.), Gesellschaft und Staat. Lexikon der Politik, 7. Auflage, Baden-Baden 1989

Neuberger, Josef: Das Recht und die Grenzen der studentischen Demonstration, Goldtammers Archiv für Strafrecht, 1968, S, 2 ff.

Neusüss, Arnhelm: Außerparlamentarische Opposition, in: Schoeps/ Dannemann: Die rebellischen Studenten. Elite der Demokratie oder Vorhut eines Linken Faschismus?, München 1968, S. 48ff

Nevermann, Knut: Der 2. Juni 1967. Studenten zwischen Notstand und Demokratie. Dokumente zu den Ereignissen anläßlich des Schah-Besuchs. Hrsg. vom Verband Deutscher Studentenschaften, Köln 1967

Niese, Werner: Streik und Strafrecht, Tübingen 1954

Nikisch, : Die privatrechtlichen Wirkungen des so genannten Streikrechts, Schriftenreihe der BDA, Heft 1, 1951, S. 9 ff.

Nikusch, Karl-Otto: Demonstrationsschäden und Versicherungsschutz, NJW 1969, S. 20 f.

Nipperdey, Hans-Karl: Die Ersatzansprüche für die Schäden, die durch den von den Gewerkschaften gegen das geplante BVG geführten Zeitungsstreik vom 27. – 29. 5.1952 entstanden sind. Ein Rechtsgutachten, Schriftenreihe der BDA, Heft 9, 1953

Nirumand, Bahrman: Persien, Modell eines Entwicklungslandes oder die Diktatur der freien Welt, 1967

Oestreich, Gerhard: Geschichte der Menschenrechte und Grundfreiheiten im Umriß, 2. Auflage, Berlin 1978

Ohlshausen, : Kommentar zum Strafgesetzbuch, 11. Auflage 1927

Ossenbühl, Fritz: Versammlungsfreiheit und Spontandemonstration, Der Staat, 1971, S. 53 ff.

Ott, Siegahrt: Demonstrationsfreiheit und Strafrecht, NJW 1969, S. 454 ff.

Ders.: Das Recht auf freie Demonstrationen, 2. Auflage, Berlin und Neuwied 1969

Ders.: Gesetz über Versammlungen und Aufzüge (Versammlungsgesetz), München 1969

Ders.: Demonstrationsrecht und Meinungsfreiheit, DRiZ 1969, S. 66 ff.

Otto. Karl A.: APO. Die außerparlamentarische Opposition in Quellen und Dokumenten 1960-70, Köln 1989

Peters, Butz: RAF - Terrorismus in Deutschland, Stuttgart 1991

Pieroth, Bodo/Schlink, Bernhard: Grundrechte, Staatsrechte II, 15. Auflage, Heidelberg 1999

Pinger, Winfried: Amnestie im demokratischen Rechtsstaat, ZRP 1970, S. 73 ff.

Polzin, Carsten: Deutscher Herbst im Bundesverfassungsgericht. Zur Verfassungsrechtlichen und verfassungspolitischen Dimension terroristischer Entführungsfälle, Neubiberg 2001

Pontius, Miriam: Wohl nicht ganz richtig im Kopf, Konkret, Heft 17, 1969, S. 7 f.

Presse und Informationsamt der Bundesregierung: Probleme der Jugend unserer Zeit. Diskussion des Deutschen Bundestages zur innenpolitischen Situation, Bulletin des Presse- und Informationsamtes der Bundesregierung 1968

Preuß, Ulrich K.: Der Fall Teufel. In Berlin: Nach dem Polizeiskandal der Justizskandal, in: „Die Zeit" vom 28.7.1967, Nr. 30, S. 28

Raiser, Ludwig: Aufgabe und Verantwortung des Juristen in unserer Gesellschaft, in: Tübinger Festschrift für Eduard Kern, Tübingen 1968, S. 398 ff.

Raiser, Thomas: Was nützt die Soziologie dem Recht, JZ 1970, S. 665 ff.

Rasehorn, Theo/ Ostermeyer, Helmut/Hasse, Fritz/Huhn, Dieter: Im Namen des Volkes, Neuwied 1968

Rasehorn, Theo: Obrigkeitliches Bewußtsein im Richterstand, Kritische Justiz 1969, S. 81 ff.

Ders.: Von der Klassenjustiz zum Ende der Justiz, Kritische Justiz 1969, S. 273 ff.

Ders.: Über gesellschaftliche und psychologische Abhängigkeiten des Richters, NJW 1968, S. 2370 f.

Redeker, Konrad: Bild und Selbstverständnis des Juristen heute, Berlin 1970

Reinelt, Ekko: Zivilrechtliche Haftung für Demonstrationsschäden, NJW 1970, S. 19 f.

Richter, Ingo/Schuppert, Gunnar Casebook Verfassungsrecht, 3. Auflage, München 1996

Richter, Pavel A.: Die Außerparlamentarische Opposition in der Bundesrepublik 1966 bis 1968, in: Ingrid Gilcher-Holtey, 1968 - vom Ereignis zum Gegenstand der Geschichtswissenschaft, Göttingen 1998, S. 35 ff.

Richter, Walther: Zur soziologischen Struktur der deutschen Richterschaft, Stuttgart 1968

Ders.: Bemerkungen zur Sozialstruktur der Richterschaft, DRiZ 1969, S. 34 ff.

Ridder, Helmut: Über die Minima rationalia des Judizierens, ZRP 1969, S. 217 ff.

Röhrl, Klaus Rainer: „Haut sie, bis die rote Rotze fließt", Konkret, Nr. 3, 1969, S. 6f.

Rolke, Lothar: Protestbewegungen in der Bundesrepublik, Opladen 1987

Ross, Jan: Zwischen Kirch und Kirche. Nach Kohls Untergang und Haiders Aufstieg: Was bleibt vom Konservativismus, in „Die Zeit" vom 17.2.2000, S. 49

Rosskopf, Annette: Friedrich Karl Kaul: Anwalt im geteilten Deutschland (1906 – 1981), Berlin 2002

Roth, Andreas: Kollektive Gewalt und Strafrecht. Die Geschichte der Massendelikte in Deutschland, Diss., Berlin 1989

Rottleuthner, Hubert: Zur Soziologie richterlichen Handelns, Kritische Justiz, 1970, S. 283 ff.

Ders.: Klassenjustiz?, Kritische Justiz 1969, S. 1 ff.

Rucht, Dieter: Die Ereignisse von 1968 als soziale Bewegung: Methodologische Überlegungen und einige empirische Befunde, in: Ingrid Gilcher-Holtey, 1968 - vom Ereignis zum Gegenstand der Geschichtswissenschaft, Göttingen 1998, S. 116 ff.

Rupp, Hans Karl: Außerparlamentarische Opposition in der Ära Adenauer: Der Kampf gegen die Atombewaffnung in den fünfziger Jahren, Köln 1970

Ders.: Politische Geschichte der Bundesrepublik Deutschland, 3. Auflage, München und Wien 2000

Ders.: Arbeitskampf und Notstandsverfassung, Der Betrieb 1968, S. 1948 ff.

Sack, Fritz: Protest und Reaktion, in: ders./Steinert, Fritz: Bundesminister des Inneren: Analysen zum Terrorismus, Prozesse und Reaktionen in Staat und Gesellschaft, Band 2, Opladen 1984

Säcker, Franz-Jürgen: Wahrnehmung politischer Interessen und Deliktsrecht, ZRP 1969, S. 60 ff.

Samper, Rudolf: Rechtsfragen zum Demonstrationsrecht, BayVBl 1969, S. 77 ff.

Sandweg, Eberhard: Ist Sitzdemonstration eine „Versammlung"?, DRiZ 1969, S. 73 f.

Schäfer, Friedrich: Die Notstandsgesetze. Vorsorge für die Menschen und den demokratischen Rechtsstaat, Köln und Opladen 1966

Schieler, Rudolf: Demonstrationsprozesse, DRiZ 1969, S. 79

Schmid, Richard: Weltanschauliche Hintergründe in der Strafrechtsprechung, in: Wolfgang Böhme (Hrsg.), Weltanschauliche Hintergründe in der Rechtsprechung, Karlsruhe 1968, S. 33 ff.

Schmid, Thomas: Die Wirklichkeit eines Traumes. Versuch über die Grenzen des autopoietischen Vermögens meiner Generation, in: Baier, Lothar (Hrsg.) Die Früchte der Revolte, Berlin 1988

Schmidt, Eberhard: Urteilsanmerkung zu BayObLG, Urteil vom 26.11.1968 in NJW 1969, S. 63 ff., JZ 1969, S. 395 f.

Ders.: Verfassungskonforme Auslegung?, JR 1968, S. 321 ff.

Schmidt, Walter: Grundrechte - Theorie und Dogmatik seit 1946 in West-Deutschland, in Simon (Hrsg.), Rechtswissenschaft in der Bonner Republik, Frankfurt am Main 1994, S. 188 ff.

Schmidt-Bleibtreu, Bruno/Klein, Franz: Kommentar zum Grundgesetz für die Bundesrepublik Deutschland, 1. Auflage 1967, Neuwied und Berlin

Schneider, Detlef: Alle Richter sind Papiertiger, Konkret, Nr. 16, 1968, S. 11 ff.

Schneider, Hans Peter: Richterrecht, Gesetzesrecht, Verfassungsrecht, Frankfurt am Main 1969

Schneider, Michael: Demokratie in Gefahr?, Bonn 1986

Schoenbohm, Wulf/Runge, Jürgen Bernd/Radunski, Peter: Die herausgeforderte Demokratie. Deutschlands Studenten zwischen Reform und Revolution, Mainz 1968

Scholler, Heinrich (Hrsg.): Die Grundrechtsdiskussion in der Paulskirche, Darmstadt 1982

Schönke, Adolf/Schröder, Horst: Strafgesetzbuch, 9. Auflage 1959, 12. Auflage 1965, 14. Auflage 1969, München

Schröder, Horst: Streik und Strafrecht, Der Betriebsberater 1953, S. 1015 ff.

Schröder, Rainer: Die deutsche Methodendiskussion um die Jahrhundertwende: Wissenschaftstheoretische Präzisierungsversuche oder

Antworten auf den Funktionswandel von Recht und Justiz, Rechtstheorie 19 (1988), S. 323 ff.

Ders.: Die strafrechtliche Bewältigung der Streiks durch Obergerichtliche Rechtssprechung zwischen 1870 und 1914, Archiv für Sozialgeschichte, 31.1991, S.85 ff.

Ders.: Die Entwicklung des Kartellrechts und des kollektiven Arbeitsrechts durch die Rechtsprechung des Reichsgerichts vor 1914, Ebelsbach am Rhein 1988

Schwark, Eberhard: Anmerkung zum Beschluß des BayOLG vom 14.4.1969, NJW 1969, S. 1495 f.

Schwarz, Otto/Eduard Dreher, Strafgesetzbuch, 24. Auflage 1962, 29. Auflage 1967, 31. Auflage 1969, München

Schuster, Hans: Die missbrauchte Freiheit, Süddeutsche Zeitung vom 10. Februar 1968, S. 4

Seibold, Carsten (Hrsg.): Die 68er. Das Fest der Rebellion, München 1988

Seifert, Jürgen: Grundgesetz und Restauration, 3. Auflage, Neuwied und Darmstadt 1977

Ders.: Die Neue Linke. Abgrenzung und Selbstanalyse, Frankfurter Hefte, 1968, S. 30 ff.

Ders.: Gefahr im Verzuge. Zur Problematik der Notstandsgesetzgebung, Frankfurt am Main 1963

Semler, Christian: Der 2. Juni war die Zäsur, taz, Sonnabend/Sonntag, 31.Mai/1. Juni 1997, S. 2

Sichtermann, Barbara: 1968 - ein Symbol, in: Baier, Lothar (Hrsg.): Die Früchte der Revolte, Berlin 1988

Simon, Dieter: Die Unabhängigkeit des Richters, Darmstadt, 1975

Ders.: Vorwort, in: ders.: Rechtswissenschaft in der Bonner Republik, 1. Auflage, Frankfurt am Main 1994, S. 7 ff.

Simson v., Werner: Verfassungskonforme Demonstrantenbestrafung, ZRP 1968, S. 10

Skriver, Ansgar: Gerechte Sühne oder Einschüchterung?, ZRP 1968, S. 2 ff.

Sommer, Theo: Die Vernunft bleibt auf der Strecke, in „Die Zeit" vom 19. April 1968, in: Marion Dönhoff, Helmut Schmid, Theo Sommer: Zeit - Geschichte der Bonner Republik 1949-1999, Reinbek bei Hamburg 1999, S. 253 ff.

Sommer, Theo: Koalition auf Bewährung, in „Die Zeit“ vom 2. Dezember 1966, in Dönhoff, Marion/Schmid, Helmut/Sommer, Theo: Zeit - Geschichte der Bonner Republik 1949-1999, Reinbek bei Hamburg 1999, S. 227 ff.

Sontheimer, Kurt: Justiz und Demokratie in Deutschland, Recht und Politik 1968, S. 6 ff.

Ders.: Deutschland zwischen Demokratie und Antidemokratie, München 1971

Stascheid, Ulrich/Hart, Dieter: Vorbeugehaft für Demonstranten, Kritische Justiz 1969, S. 88 ff

Stern, Klaus: Idee der Menschenrechte und Positivität der Grundrechte, in; Isensee, Josef/Kirchhof, Paul: Handbuch des Staatsrechts, Band V, Heidelberg 1992, S. 3 ff.

Sterzel, Dieter: N., Frankfurt am Main 1968

Stöcker, Hans: Anmerkung zum Beschluß des BayObLG vom 26.11.1968, JZ 1969, S. 397 f.

Stümper, Alfred: Das polizeiliche Einschreiten gegen Menschenansammlungen, DöV 1960, 116 ff.

Thomas, Heinz: § 823 BGB in: Palandt, 28. Auflage 1969

Thränhardt, Dietrich: Bundesrepublik Deutschland 1949-1990, Frankfurt am Main 1996

Tiedemann, Klaus: Beteiligung an Aufruhr und Landfriedensbruch, JZ 1968, S. 761 ff.

Ders.: Bemerkungen zur Rechtsprechung in den sogenannten Demonstrationsprozessen, JZ 1969, S. 717 ff.

Tießler, Hans: Das Grundrecht der Vereins- und Versammlungsfreiheit und die Polizei, Diss., Halle-Wittenberg 1930

Trubel, Hans/Hainka, Franz: Das Versammlungsrecht, ausführlicher Kommentar zum Versammlungsgesetz, 1. Auflage, Hamburg 1953

Vester, Michael: Die Linke in den USA, Neue Kritik, Nr. 4, 1963, S. 4-14

Vogel, Hartmut: Demonstrationsfreiheit und ihre Grenzen, in: Zeidler, Wolfgang/ders./Merten, Detlef/Schreiber, Manfred: Das Recht auf Demonstration, Bundeszentrale für politische Bildung, Bonn 1969, S. 15 ff.

Wassermann, Rudolf (Hrsg.): Justizreform, Neuwied und Berlin 1970

Ders.: Richter, Reform, Gesellschaft, Karlsruhe 1970

Welche praktische Solidarität erfordert die Konfrontation mit der Justiz: Neue Kritik, Februar 1969, 51/52, S. 10 ff

Welzel, Hans: Das Deutsche Strafrecht, 5., 6. und 9. Auflage, Berlin 1956, 1958 und 1965

Werbke, Axel: Das Dilemma der Anmeldepflicht im Versammlungsgesetz, NJW 1970, S. 1 f

Wichardt, Hans Jürgen: Die Rechtsprechung des königlich Preußischen Oberverwaltungsgerichtes zur Vereins- und Versammlungsfreiheit von 1875 bis 1914, Diss., Kiel 1976

Wiethölter, Rudolf: Recht und Politik, ZRP 1969, S. 155 ff.

Ders.: Rechtswissenschaft, Basel und Frankfurt am Main 1968

Ders.: Zur politischen Funktion des Rechts am eingerichteten und ausgeübten Gewerbebetrieb, Kritische Justiz, 1970, S. 121 ff.

Wiggershaus, Rudolf: Die Frankfurter Schule. Geschichte, Theoretische Entwicklung, Politische Bedeutung, 3. Auflage, München 1991

Wilhelm Henrichs: Tumultschädenrecht, NJW 1968, S. 973 ff.

Winkler, Hans-Joachim: Das Establishment antwortet der APO, Opladen 1968

Woicke, Michael: Verhandlungen des Deutschen Bundestages über den Terrorismus (1973 – 1980), Bonn 1982

Würtenberger, Thomas: Zeitgeist und Recht, 2. Auflage, Tübingen 1991

Zeidler, Wolfgang: Außerparlamentarische Bewegungen, Demonstrationsrecht und Widerstand, in: Aus Politik und Zeitgeschichte, Beilage zur Wochenzeitung „Das Parlament" vom 8.3.1969, Bonn 1969, S. 3 ff

Zeuner, Albrecht: § 823 BGB, in: Soergel-Siebert, Kommentar zum BGB, Band 3, Schuldrecht II, Stand Frühjahr 1969

Zimmer, Jürgen: Füchsejagen in der Bismarckstraße, die „Zeit" vom 9. Juni 1967, in: Dönhoff, Marion/Schmid, Helmut/Sommer, Theo: Zeit - Geschichte der Bonner Republik 1949-1999, Reinbek bei Hamburg 1999, S. 233 ff.

Zöllner, Wolfgang: Arbeitsrecht und Politik, DB 1970, S. 54 ff.

Zundel, Rolf: Die heimatlose Opposition, in „Die Zeit" vom 16. Juni 1967, in: Dönhoff, Marion//Schmid, Helmut/Sommer, Theo: Zeit - Geschichte der Bonner Republik 1949-1999, Reinbek bei Hamburg 1999, S. 239 ff.

Zur Funktion der Justizkampagne: Rote Presse Korrespondenz, 5.9.1969, Nr. 29, S. 14

Zur Geschichte der Justizkampagne: Rote Presse. Korrespondenz, 1969 Nr. 23/24, S. 4

Zur Justizkampagne: Rote Presse Korrespondenz, 1969 Nr. 4, S. 10

Zweigert: Zur Unabhängigkeit des Richters, in: Festschrift für v. Hoipel, Tübingen 1967, S. 711 ff.

André Book

Die Justizreform in der Frühzeit der Bundesrepublik

Die Beratungen der Kommission zur Vorbereitung einer Reform der Zivilgerichtsbarkeit in den Jahren 1955 bis 1961

Frankfurt am Main, Berlin, Bern, Bruxelles, New York, Oxford, Wien, 2005. 369 S.
Rechtshistorische Reihe. Verantwortlicher Herausgeber: Werner Schubert. Bd. 317
ISBN 3-631-54151-1 · br. € 56.50*

Die *Große Justizreform* und die Reform der Zivilprozeßordnung von 1877/98 begleiten die Rechtsgeschichte Deutschlands seit Beginn des 20. Jahrhunderts bis heute, wo erneut die Notwendigkeit einer *Großen Justizreform* sowohl in der Wissenschaft als auch in der Politik diskutiert wird. Auch in der Frühzeit der Bundesrepublik bestimmte die Frage nach der *Großen Justizreform* die rechtspolitische Diskussion, die das Bundesministerium der Justiz 1955 zu der Einsetzung einer *Kommission zur Vorbereitung einer Reform der Zivilgerichtsbarkeit* veranlaßte. Berufen wurden in diese Kommission so bedeutende Juristen wie *Fritz Baur, Helmut Coing, Bruno Heusinger* und *Hermann Weinkauff*. Kernthema der Arbeit sind die Beratungen, die die Kommission während ihrer Tätigkeit in den Jahren 1955 bis 1961 gehalten hat. Anhand der umfangreichen, nicht veröffentlichten Protokolle und des Abschlußberichtes werden der Verlauf der Erörterungen und das in der Kommission vertretene Reformpotential dargestellt und die Gründe für das nahezu vollständige Scheitern der Idee der Großen Justizreform herausgearbeitet.

Aus dem Inhalt: Die Entwicklung der Zivilgerichtsbarkeit von 1871 bis 1955 · Die Beratungen der Kommission zur Vorbereitung einer Reform der Zivilgerichtsbarkeit · Große Justizreform · Der künftige Richter